写在《中国雕塑年鉴》(2009）前面

任何研究和判断都必须建立在了解全面情况的基础之上。“年鉴”就是提供“全面情况”的一个“平台”。

本来，这是一个大工程，需要大量的工作人员及时而迅速地收集和整理十分庞杂的资料，但“年鉴”编辑部不可能有足够的人力和财力。只能说他们都兢兢业业地贡献了全部的精力。因此，不够全面，不十分完备是很难避免的。希望广大读者随时提出信息以求改善。但是尽管有许多不足，他们已坚持了十年，已经为业内朋友带来了不少便利和帮助，也让广大读者比较便捷地了解了当代中国雕塑的基本情况。

现在,我们惟一的希望是想使它能引起更多不同意见的探讨和争论。只有这样，才能逐渐活跃和深化我们相对薄弱的雕塑理论研究。

2009年3月3日

时代的雕塑

——写在《中国雕塑年鉴》（2009）之前

85’新潮过后，具象写实主义雕塑一统天下的局面不复存在，新科技、新材料、新图像、新观念，乃至新文化现象的层出不穷，致使中国雕塑艺术呈现出前所未有的视觉饕餮。回顾过往的岁月，艺术带来了太多的惊喜。选择此时推出《中国雕塑年鉴》（2009），除了旨在作为一种文化凭证和集体意识而存在，提供重要的雕塑理论、创作的参照依据外；更为关键的是面对艺术市场饱受寒流侵袭的大气候，辅助所有的艺术家冷静而理性地思索雕塑发展的所得所失。

秉承这样的前提，《中国雕塑年鉴》（2009）更为开放和包容地记录下了那些贡献新思维，作品具有文化后果和精神价值，并且长期不懈坚持创新探索的优秀艺术家。在这里，我们看到的艺术评判标准，不在于东西之分，无所谓观念有无，不关乎视觉媒材的新奇与否，艺术家们围绕着“艺术可以怎样表达”的追问，运用各自擅长的语言形式和思维模式与社会、文化、生活的各个层面建构对话关系。

毋庸置疑，艺术的发展轨迹与时代精神紧密相连。不同的时代背景为艺术家们孕育了不同的发展契机和符合其时代特色的课题，更形成了他们迥异于前辈的艺术观念。但有一条主脉始终贯通其间，那就是：艺术既是个人的，也是时代的！

顺着这条线索，《中国雕塑年鉴》（2009）对2007年度至2008年度中外雕塑艺术发展所做的巡礼，或许不能够精确地定义不同时代所有艺术家的创作特点，但它基本上涵盖了各个时代下，雕塑艺术发展的总体面貌。

“鉴者”，可以知兴替，知得失，明方向。特别是此时此刻，《中国雕塑年鉴》（2009）的出版，对我们而言，不仅具有记载历史的工具作用，更肩负着积极的时代参与意义，即在不断的时间积淀下，淘出精华，让这些宝贵的“资料”能真正广泛地参与到艺术实践之中！

2009年3月18日

凡例

一、本书记录了国内外优秀雕塑艺术家在2007年1月1日至2008年12月31日间创作的代表作品以及在此期间发生的重要艺术事件和重要文献资料。

二、本书记录以时间为序，艺术家出现顺序基本按出生年先后编排（因排版需要特殊调整除外），纪事和文献按时间先后，不做逐日记录，对于日期不详时间，以“x月”标示。

三、本书按类别设为“人物”“纪事”“文献”三大栏目，每个栏目下分设子栏目。记录范围分别是：

人物

记录国际、国内具有代表性和影响力的雕塑家，刊载他们创作于2007年至2008年度最具学术贡献和实验探索精神的优秀雕塑作品。此部分以图录为主，辅以艺术家简历及艺术评论等少量文字。国内部分通过断代方式划分为“体制与艺术：新中国第一代艺术家”“形式与观念：50、60后艺术家”“传统与现代：70后艺术家”“越界与综合：80后新生代”四大版块，梳理了出生于不同历史时期的艺术家在2007年至2008年度所取得的艺术成果。“域外”栏目则是对海外的优秀雕塑家及其代表作品做一掠影式介绍。

纪事

记录2007年至2008年度发生在中国雕塑艺术界的具有重要影响的展览、交流、研讨、拍卖等活动。此部分并非事无巨细，而是有侧重的纪录两年间对雕塑艺术发展有重大影响的事件，特别是一些重量级的展览活动，并辅以图片说明。

文献

记录2007年至2008年度对于雕塑艺术的发展和探索具有学术价值的重要文献索引。此部分按文章类别设有“个案·批评”“理论·研究”“教育·教学”“市场·文化”“域外·交流”“优秀硕博论文”六个栏目。索引内容包括作者、作者单位、刊名、关键词以及摘要等等。

四、地名，除必要外，一般不加省（市、自治区）、区、县等字样。

五、本书采用国家规定的标准简体字，特殊情况（如人名、地名）除外。

中国雕塑年鉴

（2009）

ALMANAC OF CHINESE SCULPTURE

中国雕塑杂志社 编

中国轻工业出版社

《中国雕塑年鉴》（2009）
编辑委员会

目　录

人物

体制与艺术：新中国第一代艺术家

形式与观念：50、60 后艺术家

传统与现代：70 后艺术家

越界与综合：80 后新生代

域外

钱绍武《周公营造洛邑》石材 500cmx120cmx309cm 2007

马改户《范仲淹》石材 约高300cm 2007

陈启南《老子》 青铜 约高200cm 2007（左图）

叶毓山《巍然浩气》 青铜1100cm 2008（右图）

田金铎《太空一步》综合材料　约高 200cm　2007

何　鄂《海》汉白玉　长220cm　2007

田世信 《鲁迅坐像》 青铜 70cmx50cmx80cm 2007（左图）

孙家钵 《风韵》 木 高约200cm 2008（右图）

张大生 《孩子与马》 泥 约100cm 2008（左图）

姚永康 《世纪娃》 陶瓷 约50cm 2007（右图）

刘万琪《多彩贵州之三》不锈钢 高600cm　2008（左图）

韩美林《钱王射潮》青铜铸造　4800cmx2800cm　2007（右图）

人物

体制与艺术：新中国第一代艺术家

形式与观念：50、60 后艺术家

传统与现代：70 后艺术家

越界与综合：80 后新生代

域外

项金国《江城印象》钢板　88cmx200cmx38cm　2008（左图）

每个城市有每个城市的历史沉淀。江城武汉，曾经在一个江汉湖泊汇聚，白鳍豚、中华鲟自由穿梭，鱼虾蟹鳖遍野的洲头之地。现今建成为一个交通东西南北交叉，街道人来人往，高楼林立的超大城市。雕塑采用了沉重的堆砌手法堆焊了鲟鱼的形象为基础，而上部则用现代电子激光切割技术手段，用传统剪纸的艺术形式，叙事般地叙说着这个城市的过去、今天，更希望提示人们着眼于人与自然和谐的未来。——项金国

何力平《融入》汉白玉　54cmx27cmx65cm　2008（右图）

我们看到何力平在光明与静谧中，在漫长的时间废墟中寻找着他生命的场所，那是用木、石铜构建出的关于爱、关于生与死的一切空地，燃烧着他创作的激情。——尹国均

霍波洋《竹林七闲人》合成纸浆 60cmx48cmx28cm 2007（左图）

回眸自己的创作，作品的道理渐渐模糊，生活中的印记反而清晰可见。社会教育固然重要，童年的记忆更让我魂牵梦绕，我不得不把自己创作作品的隐式初衷，归于从儿童时代开始的心理成长过程，身不由己的生活经历和今日的创作混为一谈。无论怎样，如果创作中用心灵去做，总会在作品中潜行着我的人格性情，刻下一道属于自己的印记。儿时的玩耍是发自内心的，今日的创作也源于生活中的品行。就好像回到了童年时的游戏状态，只管将性情抛洒出去，然而生活中造就的性情，就如同涓涓细流不断地流淌过我的作品……——霍波洋

陈云岗《扬州八怪-金农》玻璃钢 高100cm 2008（右图）

艺术永远应该是个人心灵立场的发言！但是艺术史表明，人类为走进这个目标费尽了心血！时至今日，它离我们仍然很远，仍然是大打折扣的“接近”。因为这是个绝对无限而相对有限的目标。永远不可真正进入的渊底！既如此，我主张：跳开自我，反观一下臭皮馕包裹着的自己到底有怎样的心灵？能够自由发言的立场有多大的转身四顾的空间？你的发言能够语惊四座、不同凡响吗？能，你就继续；不能，你就闭嘴！找准你赖以安身立命的立脚点，借着你能够扩音的“设备”，发出哪怕是稍微一点点不同于他人的声音都是难能可贵的、都是要拼着气力才能做到的！——陈云岗

施　　惠《惊梦》综合材料　60cmx70cmx70cm　2008（左图）

施慧从一开始选择了白色的中国宣纸、纸浆作为主要媒介之后，就再也没有放弃，足可见她对于这种媒介的钟爱，而这种钟爱的后面，显然既是对媒介与自己心灵默契的那种特殊属性的体认，也是对中国传统媒介在当代的价值转换的信念，后者是更为重要的——在中国艺术被西方的媒介种类和媒介经验普遍笼罩的时代，中国艺术家对媒介的认识和选择本身，就是考量文化认知的一个尺度。在这方面，施慧无疑是一个清醒者。——范迪安

徐　　冰《天书》综合材料　长约500cm　2007（右图）

禅有一句话也是这样说的:“在没有任何可供判断的东西时，佛才出现。”我们看事情总是戴着知识和现成概念的眼镜，丢也丢不掉，再加上不同文化的认识基点不同，就把事情搞得更乱了。你说这是一堆“poop”，他却说是一块“甜点”，争论不休。但对哪里的孩子都一样，这堆东西就是这堆东西，叫它什么都没有关系。——徐冰

邓　乐《千秋雪》综合材料　660cmx680cmx450cm　2008（左图）

邓乐作品始终着眼于雕塑的形态意义和文化价值。或者挪用传统经典，或者取材工业产品，有具象造型，也有抽象形态。他经常运用钻孔和透光的方式，把空间植入形体，让司空见惯的现成品发生文化学意义的嬗变。这种无之为用，以无为有，虚者不虚，虚实转换的雕塑观念，积淀了东方的空间思维智慧。同时又以石材雕塑特有的坚固性与耐久性沟通历史诗意，指正了工业文明乃至后工业文明的现实状态。——王林

吕胜中　《方和圆》木浆纸　约高100cm　2008（右图）

方和圆是一个密切关联的互生系统，地上有天，天中有地，在相互矛盾中相互依存。方和圆的和谐，是在“形而上”立场上的一种抽象化了的世界观和宇宙观图式。——吕胜中

朱尚熹《人工岛1号》不锈钢 30cmx50cmx80cm 2007（左图）

从艺多年，艺术成了我的饭碗，而且是“铁”的；艺术成了我的生活方式，而且是乐的。——朱尚熹

黄永砯《蝙蝠计划》约高200cm 2007（右图）

世界上有一部分事物是不可言说的，对于这部分不可言说的事物，我们或者是保持沉默，或者是乱说。——黄永砯

E

师进滇《北京吉普》不锈钢丝着色 420cmx180cmx150cm 2008

师进滇是个举重若轻、具有东方美学追求的艺术家。钢丝着色构成了师进滇作品的基本艺术手段。他的雕塑清透、空灵，材料的运用简洁纯净，形成一种轻薄、朴素的视觉景象，如同千万道流经他生命的“线条”构成了反复多元的视觉奇观。那些看似轻盈无重量的线条中却蕴含着深沉的诗意，如同回到万物最初的源头寻求事物本心的追寻，在空灵中充满了禅意。交错重叠的线条畅游于多维的空间中，寻找内心的宁静。当今纷乱浮躁的城市生活中，往往产生出骚动不安的艺术，而在喧嚣的环境中师进滇的内心却越来越倾向于平静。他的作品轻薄而稳定，幽静中有生命渐渐幻灭的寂寥，犹如时间的萧然逝去。在记忆的恍然易逝中，感知艺术最初带给我们的快乐本真状态。——管郁达

李秀勤《道叉·基石1》约长800cm　2007

李秀勤说，她喜欢那种不断否定自己，不断超越自己的艺术家。在英国学习的时候，她的指导老师给她印象最深的一句话就是："在工作中学习。"李秀勤就是在不断的思考和永无止境的探索中，从自己的内心和生活出发，用作品表达自己思考的结果。——孙振华

张修竹《梦象·国色天香》宣纸拓塑 130cmx80cmx95cm 2008

任光辉《水墨方舟》纤维 280cmx66cmx60cm 2008

作品取中国水墨之意象，借树枝的自然形态，用缠绕技法营造出两组水墨之舟，试图借用纤维媒材转换传统文化语义，以唤起人们在现代化进程中对中国传统文化的反思。我愿意读者以多样的观赏方式，来品读我用纤维材料所营造的东方水墨之意境。——任光辉

王小蕙《梦在中国》瓷雕 58cmx42cmx25cm 2008

王小蕙许多作品中的题材元素、观念元素、形式元素、材料元素及制作元素，均从不同的角度显露出她对当代雕塑形式语言和美学问题的执著的探询与试验，也自然浸透着她不断的吸收、选择与融变的意志与毅力。她的作品属于专业艺术的圈子，也属于当代大众社会，此间并没有截然分割的鸿沟。直率的说，她的许多作品中具有艳而不俗、甜而不腻、细而不碎的艺术气质（如《美甲系列》《喜洋洋》及《过天桥》等作品），这都依赖于艺术家的综合修养和能力的调适与把控，并需要作者使传统架上雕塑及装饰性雕塑走向户外公共空间——接受当代多元社会的审视的突破性跨越的能力和勇气；在她的另外的一些看似“雕塑小品”形式的人物系列中，可以见出简约、率真、大气而具有幽默感的特征。更为重要的是，这些人物与潜在的情节中透出了作者对于文化生态及人的命运与理想的真切的关注和尊重。——翁剑青

刘炳南《留守族》金属铸造　高170cm　2007

雕塑艺术由浓缩的艺术语言和独特的艺术形式的呈现来表达作者的创作情感，无论是具象、意象、抽象的表现手法和赞颂、讽刺的思想意念，其主观愿望是要达到人们通过雕塑作品的传达而受到启迪、升华和抑制，同时也促使雕塑的表现不断创新。——刘炳南

赵　莉《石在聆听 - 为 2008-05-12 家乡震难》大理石　300cmx300cmx120cm　2008

赵莉，一位用双手聆听石头语言，一位在西藏寻觅着石头魂灵的女人……石头在这个时代过于寂静，年代久远，属于最初的山岭。你在石穴的黑暗中伸出手来，石墙与你的手指。冰冷，这石头，向你讲述无人知觉逝去的岁月，没有光。在那里岁月迷失了道路，在你手下一切都已稳定，那是你手下的世界。——斯塔福德

范伟民《翔》金属　约高400cm 2007

抽象不是对事物的客观模拟，而是摈弃物质非本质实体的自我表达。因为艺术的本源是内心的冲动，是冲破形态束缚的意图再造。抽象有一种“测不准的原理”，正是这种“测不准”使得抽象可以使人的思维游离于实在与虚幻的无限空间之中。而正是这种无限空间才是我心展意驰的快乐源泉。——范伟民

李先海《情》乌木　高152cm　2008（左图）

《电话亭》体现了重庆民俗，20世纪30年代年轻人的爱情。——李先海

石　村《风雪祁连》青石　约高100cm　2008（右图）

任何艺术都是文化的载体，雕塑艺术也不例外，她不仅表达着作者的思想、情感和对人生的理解与认识，同时也要体现出一个民族的情感、审美和理想追求，她不是一个形式的空壳。——石村

展　望《看 - 新北京》不锈钢　约长500cm　2008（左图）

其实所谓艺术品是用来解决艺术家自己的问题的，所以，艺术家现在所想的问题就显得非常重要，也就是说，假如这个艺术家现在不再想任何问题了，他也就不再需要艺术了“除非是为了生计”。那么，为了别人“比如社会、大众、收藏家、策展人等”做的艺术呢，很简单，就是“为了别人的艺术”，即使埋葬一千年后出土，还是为了别人的艺术。为自己的艺术就不为别人了吗？也不是，因为，有些艺术家天生喜欢替别人分担忧虑和思考问题，然后作品为自己的这些思考而思考。自此作品的意义也就具有了普遍性。——展望

隋建国《公共化的个人痕迹》综合材料　约高400cm　2008（右图）

由于我对于时间、空间问题认识的深入，觉得实体雕塑以及作为物体的装置不能完全负载起自己的想法，那只好看什么媒介好用、能用就用什么。这其中最重要的是，只有在尝试着使用这些媒介时，才发现这些媒介所具有的一些新的可能性。这时候，障碍其实就会转化为特点。换句话说，这之前我发现和使用雕塑中不同材料语言的经验以及我在自己艺术实践中所形成的创作方法在起作用。凭着这些经验和方法，我可以比较容易地找到既适合我的想法，同时也适合作品制作方法的媒介。虽然这媒介可能已经被别人用了多少遍，但我也还是可以找到为我所用的方法。——隋建国

钱步辉《影子系列 - 蹴鞠》铸铜 60cmx17cmx50cm 2007（左图）

从当代回归到了民族传统，又直接深深地潜入到了民间，再从民间寻求当代艺术的表现与创作，走出了一条不同寻常的路子，创造出了具有独特个性的艺术语言和艺术样式。——陈培一

郭景涵《生存模型》钢板、树脂 126cmx48cmx48cm 2007（右图）

人的生存被迫也必须为自己找到理由；有理由的生存就是文化；理由很无奈，文化成为人们制造文化的理由；人们假借理由获得生存；假借文化树立权威；假借理想塑造经典；假借经典叙述历史；循环往复地改变着生存的理由；理由很虚无。——郭景涵

景育民《禄》铸钢　55cmx60cmx60cm　2007（左图）

“福、禄、寿、喜”作为我国重要的民俗文化，凝聚了中国人数千年来所追求的生存理想与生活境界。然而，随着历史的变迁，中国经历了由农业社会向当代工业社会的迅速转型，传统的文化价值观在当代社会的大语境下，其原始的文化意义、精神指向也产生了重大的转变。作品《福禄寿喜》以“福、禄、寿、喜”作为中国传统文化的载体，通过与当代社会中形形色色的“畸形”社会现象相结合，使传统文化与当代精神相互碰撞，造成文化的“错位”，生动、戏谑的勾勒出当代人的生存状态与价值取向，以文化反思的方式来表达对社会现象的反讽。——景育民

陈连富《沉思》铸铜　82cmx42cmx30cm　2007（右图）

从男性的视角来关注女性身体属自然行为，用艺术语言表达出来则又成了老达（陈连富）的艺术品。老达的艺术视角无疑是男性的、唯美的、主观的。他的艺术语言是写实的、具象的、典雅而又细腻。借助当代的中国女性人体，将这些因素融合在一起，却又具有一些非现实意味。"老达的人体雕塑的确围绕着女性肉体和性感展开的，而那些诉诸感官的肉体和性感又是围绕着女性的青春和青春展开的。雕塑的肉体和性感是具体的（借助了写实和唯美，凸显传统的性别视角），而她们的青春和清纯却都是抽象的（通过更多的作品暗示出来，凸显了年龄上的反差）。也许正是这种双重性构成了引力。——尹吉男

傅中望《中国帽子》不锈钢　600cmx600cmx120cm　2007（左图）

傅中望的设计，以独特的个人智慧，跳出了此类限制性创作可能出现的过于装饰性的巢臼；也突破了此类柱式雕塑陈陈相因，面面俱到，沿袭使用一些传统符号，以求取地域特色的习惯套路。他创造性地将他在国外参加国际雕塑创作活动的作品意念加以扩充，采取了在45根具有抽象雕塑感的花岗岩石柱上，设置不同时代、不同国家的各式帽子的方式，使得整个设计既统一又富于变化，将雕塑环境的整体性的要求和当代艺术的个性特点和原创性很好地结合在了一起。——孙振华

王　度《摇篮》综合材料　约高500cm　2007（右图）

媒体是空气、血液，是人工进化的生态系统。——王度

吴雅琳《新潮州翁仔屏》约高60cmx4 2007（左图）

以诗入塑——胡博

于小平《奔小康》玻璃钢着色 200cmx180cmx120cm 2008（右图）

于小平的创作就是一个例证。以传统而经典的艺术语汇，去叙述经典而又精英的文化情结，在一个有限的空间之中去挖掘生命的可能的自由形式。这种强烈而又鲜明的知识分子的使命感和责任感是艺术家作为知识分子一员的自身身份及社会意义的公共诉求。不仅如此，它转化为创作基因并生长成为他不得不去献身的道德剧场。这种情结在他的近期创作中表现得尤其鲜明。那种青年时期的理想主义的集体记忆在当今商业浪潮下显得单薄而又不合时宜。正是这种“错位”展现了作品的特殊魅力。那依然是梦，是放飞生命之舟的梦。但这个“梦”，已不再沉重，甚至还带有几分调侃和幽默。可这依然是梦，凝聚了一代人的梦。——马钦中

魏小明《惑鱼》青铜铸造 260cmx336cmx245cm 2007（左图）

内在真实与超然之"然"——翁剑青

蔡国强《任意的历史-无界限的河》综合材料 约长2000cm 2008（右图）

流动装置是我的一个追求，因为我认为在展厅中对空间体积的处理上面，西方已达到很高的造诣，但是对时间方面的处理，西方比较薄弱，因为西方的哲学更加建立在对空间的征服和把握上，对体积、线条的掌握。对流动时间，对那种看不见的世界的追求比较薄弱。这样，使我们在文化和本能方面能提出一些新的可能性和新的发展空间。——蔡国强

王少军《幻系列之2·人面桃花》玻璃钢着色　41cmx26cmx24cm　2007（左图）

手法有些刻意的“飘”，传达着“轻”且“慢”的信息，和李叔同的字好象有些异曲同工。但又有些不同，因为在人物的眼睛后面明明流露出中国文人小小的狡邪，使作品多了几许人味儿。哲思中，既超然又很享受入世快感的形象是今天的某些人物吗？如果是，出纸不多，刚好三分。——吴洪亮

张永见《通灵书局》白色太湖石　320cmx210cmx130cm　2008（右图）

生命感受的直觉力让我这样转换，我更痛苦，也更解放。——张永见

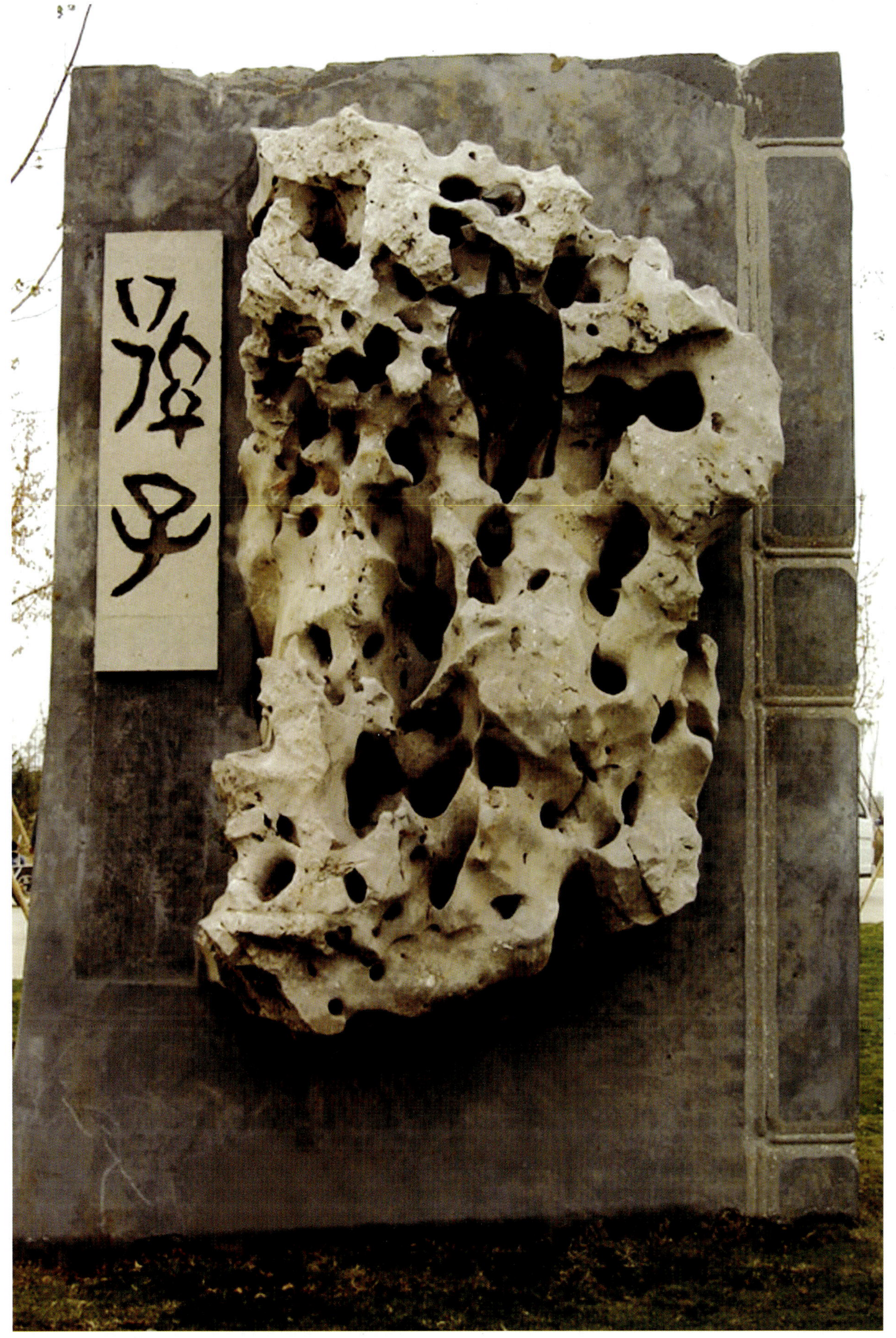

陈妍音《母亲-1963》玻璃钢　约高100cm　2008（左图）

这件作品是该系列作品中的一件，个体主观与群体共性、内心与外境之间互相交织与回应。通过三个时期母亲的形象变化，感悟人生。——陈妍音

梁　好《衡》木　44cmx24cmx240cm　2008（右图）

我对木头的肌理和空间感有浓厚兴趣，随意而粗糙，质朴，原始，厚重。中国的传统艺术给了我灵感，中国的哲学给了我启示，在我的作品中，我在寻找一种心灵的体验和无形的贯通，以创造出一种神秘的东方意境。——梁好

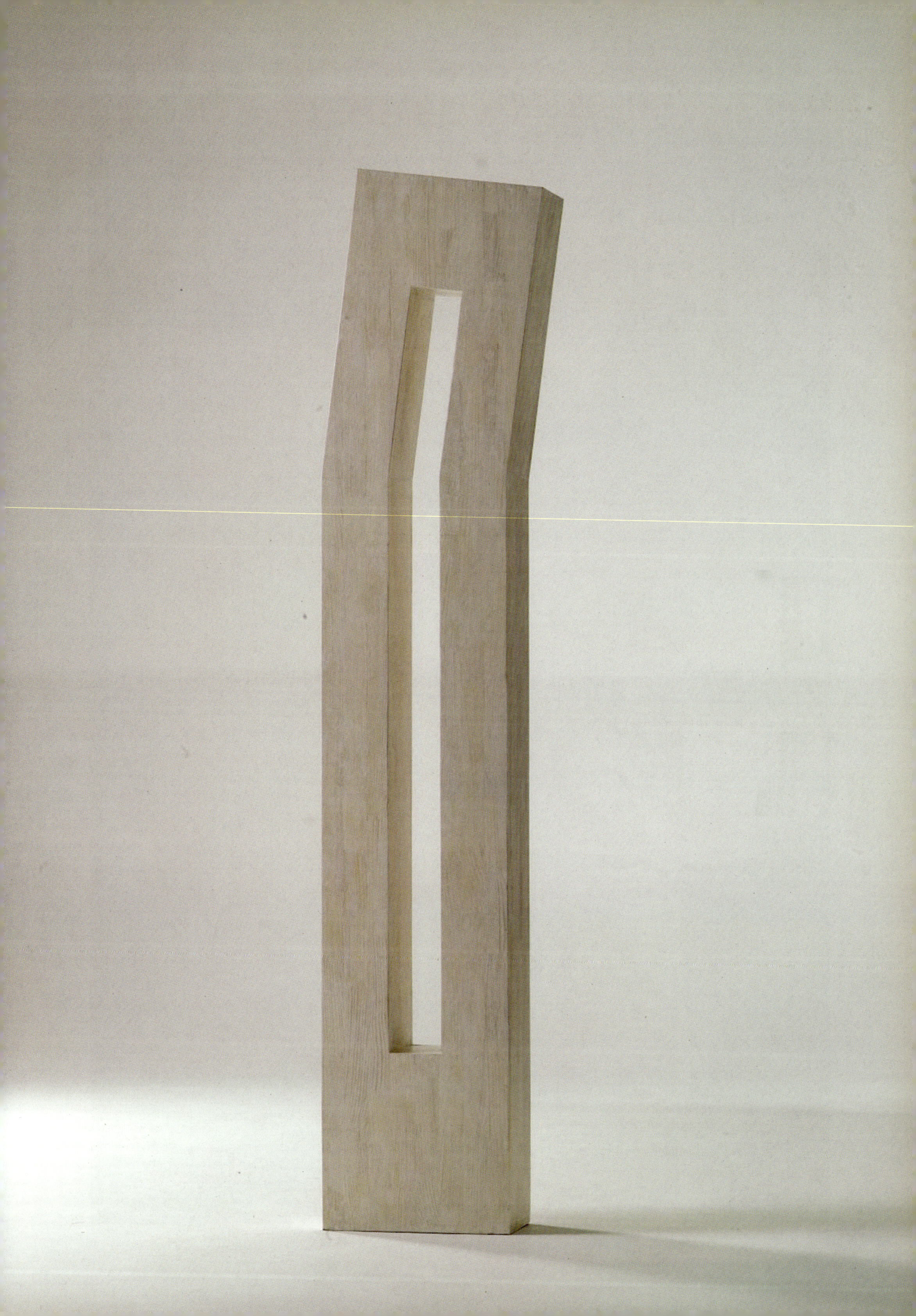

杨奉琛《异华》不锈钢　高1100cm　2008（左图）

光和我们传统的油画、水彩原料一样，可以通过三原色调配出各种颜色。通过科技的发展，未来对于光的使用我们可以普及到像传统的画家使用水彩一样，透过控制器去玩光，把光当作颜料，创造出完全立体的环境本身，不只是雕塑本身。——杨奉琛

范海民《诺·行》青铜　100cmx90cmx30cm　2008（右图）

大仲马曾说："当信用消失的时候，内体就没有世界。"可见信诺就是生命，作品塑造了以双指缠绕意为"拉钩"这种人们熟识的许诺方式，来象征无言之诺，是将理念转化为视觉语言的富有意味的表达。——范海民

王　中《景观-平衡》钢板、钢筋、溶灰岩　220cmx310cmx300cm　2007

王中的艺术是在实践中发展起来的，他既不是主动地追求某种既定的风格和样式，也不是为了顺应某种思潮和流派，而是在作为社会实践的艺术活动中随着生活观念的变化而导致自身艺术的发展。因此，他的作品虽然具有强烈的形式感，但渗透在其中的人文精神与社会意识却是对形式的超越。——易英

秦　红《那个秋》不锈钢　110cmx50cmx45cm　2008

很喜欢这个季节，不光是因为秋天的凉爽，还有秋天丰盛的果实和收获，秋天浓烈醉人的色彩。以及那个秋淡淡的感伤。那一片片落叶，它们就像飘飞的蝴蝶在秋的童话中。总是在你不经意间纷纷落下铺满大地，在骤起的风中依然高歌生命。人生若同一株树，那簇拥一生的往事就是一身的叶片了；当往事像落叶一样从人生的那株树上纷纷而落，人生是不是已走过秋了，接下来便是冬了。但生命枯竭了，往事还活着，阳光依然明媚。秋还是那个秋。——秦红

曹春生《泊》陶瓷 9cmx29cmx16cm 2008

最大感触就是越做越有劲，越做越有想法，雕塑可以将自己对人生、对世界、对时代的一些认识展示出来，是一种媒介，以反映我们跟随时代的那种评判标准。这是一个思想活动，是其他东西替代不了的。——曹春生

李红军《里外》纸、木　135cmx52cmx56cm　2008

剪纸的经验是李红军一系列作品的核心依据，他的创作首先是将剪纸从平面语言转化成一种立体语言，在制作《自己》的手部之时，李红军注意到了分层装配而成的体积在一次错误安装时出现了自然界中不可能看到的镜像翻转，形象本身隐藏着不为人知的秘密，还是这种艺术语言给造型增添了魔幻式的变型能力？于是变型和对变型状态的研究就成为现在这一件作品要解决的问题。——阎安

夏和兴《杆秤》综合材料　450cmx90cmx160cm　2008（左图）

艺术贵在创造，我没有创造，我只是发现，探寻着我们自己的宝藏。凭着一种眼力，修养和操守，把先祖的遗物或平淡的生活，拂去灰尘，擦出光亮，重新供奉。用后现代复制的方法，将其改变材质，放大尺寸，置换环境，寄托思想。以单纯、清新、坚定的姿态呈现在公众面前。期待着激活人们的眼神，唤起人们的情绪，引起人们的重新思考。——夏和兴

姜　波《当下状态系列 No.15》玻璃钢　95cmx40cm　2008（右图）

姜波的雕塑作品富于当代性，除了在当下经验的精神世界中寻找最佳的呈现，以及文化批判，还在于他的敏感，即对我们所生存的社会现实和文化的敏感，他所揭示的问题有真切的当代社会的现场感，作对当代问题的“在场”和“直面”的状态，使他的作品与正在发生着的社会现实有同步的互动关系和对话关系，这种具有当下色彩的对应性和直接性，使他的《当代状态》系列作品明显区别于一般意义上的日常经验和受之于艺术语言规范基础上的“现代主义”雕塑，并从大众的“流行图式”中抽离出来，用自身独立的面貌去解读大家对雕塑诸多关心的话题和相关的讨论，呈现出明显的艺术个案发展的强势趋势。——孙振华

袁　顺《软着陆》综合材料 约长400cm 2008（左图）

他的“意念之”模型是取自他内心宇宙的风景：它们反映了他的信念即“现实”是一个微妙的事物，是许多因素的复杂组合，对于我们的单一的理性来说，它难以把握，但是在我们的“第六感”这个界域它却是可以领会到的。——冯博一

王志刚《天仙配》青铜　高50cm　2008（右图）

思想者和开拓者们曾用理想铸就了我们精神的青铜时代，他们曾是信仰的化身，至今仍是我们身心重心的基本支撑。——王志刚

张德峰《好山好水好地方》综合材料　高110cm　2008（左图）

他的角度调侃而又充满了某种文化情结，这个情节纠缠着他，让他苦恼，甚至有种侵入骨髓、流入血管的悲怆感，因此，有种使命意识和庙堂气象。——马钦中

尚晓风《元素·之一》金属焊接　240cmx170cmx110cm　2008（右图）

尚晓风觉得，在自己经历了以各种材料直接在空间中自由地造型，有了抽象雕塑这样的经验之后，重新面对写实雕塑，获得了一种全新的感觉：如同使用木材、金属在空间中营造体积，把泥做为材料，最大限度地感受它的泥性，放手构筑和塑造“形”“体”。一句话，强调空间体积的感受性是第一位的。——尚晓风

张克端 《学习雷锋》石膏 60cmx25cmx25cmx10 2007（左图）

做出来的这三件作品，已不是自己新的想法了。其中有两、三年前的想法。这和我的创作方法有关，想到一个新的想法不是马上把它们做出来，而是在脑子里放一放，冷却一下。我觉得作者不由自主会为自己的想法激动，会美化自己的想法。放一放的好处是退火。随着时间一天天过去，激情也会消退。这时再把原来的想法拿出来审视一下，如果感觉那想法还能有力地表现出来，自己还觉得那个想法有意思，这时那个想法差不多可以做了。另外，头脑中的想法所涉及的方方面面会随着时间被展开，会被修改或增添。有位老师称之方“养”，做出来时叫“养熟了”。很难说哪种创作方法好，只是我多年来养成了这么一种习惯。——张克端

李象群《堆云 · 堆雪》铜着色 140cmx80cm 2008（右图）

我做作品始终以做肖像作为我创作的载体，我想通过一个形象来表达我对一个历史、或者我自己的一种想法，作为表述我自己的一个手段。像这件作品其实是作为历史人物也好，或者作为一个肖像也好，或者作为一个身份也好，我对于一些事物的看法，通过我的眼睛，来审视历史，好像每个人都有这样一份权利，用自己的一些观点思考问题，或对于一些问题提出一些质疑，这是比较客观的想法。——李象群

周晓鸥《蜕》综合材料 约高200cm　2008（左图）

顾德新《顾德新2007,04,14》约长500cm　2007（右图）

我有时更关心“社会角色”、权力、艺术家、艺术作品、观者、艺术机构的一些问题。这些问题让我觉得观众用自己的方式读是有意思的一种方式。我想给观众提供一个无“语言障碍”的空间。我的作品题目基本上都是展览开幕的日期，也是出于这种想法。——顾德新

吴为山《逃难之二 - 挣扎》青铜　约长220cm　2008

“独辟蹊径，为时代塑像，为文化塑像”，“将文化精神融入历史发展生生不息之长河中，扬中华之文化，开塑像之新天”。——季羡林

吕品昌《罗汉 No.8》瓷 65cmx40cmx60cm 2008

现代陶艺的价值核心——精神性和审美性，在中国有深厚的文化基础，并不被中国古典陶艺所忽视。中国特有的文化精神，始终鼓舞古典陶艺追求一种超越单纯物用、兼重审美价值的精神品质。中国古代陶瓷特别是青瓷，对人文的、精神性的“玉”品质一直穷追不舍，这种追求赋予中国古典陶艺以不可低估或忽视的“现代性”。就今天的认识而言，古代烧造传统所蕴含的这种“现代性”因素，内在地促进了中国现代陶艺的发展。实际上，自20世纪中叶以来，中国现代陶艺已以较明显的现代姿态，随整个新手工艺术形态的发展而发展，迅速走出了实用价值领域。——吕品昌

林天苗《No.6》综合材料 136cmx53cmx60cm　2008（左图）

线条能够改变事物的价值，将有用的变为无用的，将无用的变为有用的。线条能够体现性别，改变身份。“线条既是真实的，又是虚幻的。”线条是敏感的，敏锐的。“线条是你所经历的一个过程。”——林天苗

刘　正《情人》陶　70cmx28cmx20cm　2008（右图）

刘正是属于那种能在现实生活和幻想生活之间寻找作品发展空间的艺术家。刘正的陶艺以人物为主线，以精神诉说为目标。夸张而怪异的形态语言总是刺激着人们的感官神经，并在记忆中留下深刻的印迹。但让人感到惊异的不仅仅是形态本身，作为陶艺作品，其成型的难度和过程本身就具有一种征服力；他采用泥条盘筑的方式构筑人体，过程是缓慢且耗人心力的，最关键的是最终作品的力量大多支撑在几个看似弱不禁风的着力点上。近期的作品以“战争面孔”为主题，采用纪念碑式的长柱形结构，仰面朝上出现在柱顶的人脸，则是战争灾难的象征。艺术家对民族、战争、文化、精神的思考和关注，已经超越了作为媒介和载体的艺术形态本身。从其简约的造型和单纯的手法及泥、釉色调中，我们可以强烈地感受到艺术家心灵的激情和人性关怀。——白明

鲍海宁《我们需要知道什么》综合材料 140cmx120cmx120cm 2008（左图）

现实世界是在不断的寻找中得到了拓宽与发展，而不同的时代造就了不同的艺术样式，并且在历史的沿革中留下了些许的痕迹。这些痕迹在充当营养的同时也束缚了后来者的思考。艺术并非具有现实的物质意义；也不具备强大的引领作用。它只是对人类现实生活中的情感与思想的可视化地担当；它不应偏离其自身的社会角色与位置。沉静、单纯、富于锐气与热情的艺术样式会成为社会体系中的润滑剂。它的意义不是要改变什么，而是感动什么、思考什么、促进什么。——鲍海宁

陈　钢《踏春》梨木 25cmx20cmx79cm 2007（右图）

每一个中国人都不会怀疑一个西方传教士对中国人的描述——“中国人的内心必定充满着诗意”；不论三言或五言，短句到长律，诗中描绘的故事亦或语言本身都会在我们心中自然的接受并无限广泛得流传着，百年到千年……“诗者言志”，我们会想到”志”的终点也许是留名汗青；可是无数留下美妙诗句的作者却连名字都没有留下，他们的志仅仅就是“莲叶何田田”亦或“鱼戏莲叶东”吗？志者为何？理想？理想是否包括这些：经邦治国的政治抱负；田园牧歌的生活；辗转反侧的精神追求；策杖雪耻的爱国勇气；花田月下的绵绵情义？志的含义恐怕远远超出了我们的概念了吧？西方人认可悲剧的伟大；“举手长劳劳”的离别愁绪何尝不是我们深刻的情感表达呢？诗在我们的心中是那么多情而丰富的存在着；简单、深沉、细腻地进入我们的每一寸光阴，每一滴生活；温柔地碰撞着我们的每一颗心灵；西方人将雕塑形容为“史诗”，他们的作品耸立而高大；我们更欣赏诗的平和与温柔；我们的情感既然充满了诗意，我们就应该有诗一样的生活和诗一样的雕塑；正如留下许多美丽诗句的佚名诗人一样，默默无闻，勤奋工作的雕塑家陈钢先生用20余年的生命创作了这些如诗的作品；愿它们能唤起我们对诗一样的生活的向往……——陈纪新

甘　丹　《风系列》　铜　高62cm　2008（左图）

许鸿飞　《童趣》　青铜　约高150cm　2007（右图）

艺术源于生活，只有出自生活的原创艺术才有生命力。——许鸿飞

殷小烽 《嬷嬷》 综合材料 230cmx250cmx90cm 2008（左图）

目前，在中国当代艺术中雕塑的影响力并不凸显，这是不争的事实。我想，一味地按照西方现当代艺术理念去强调所谓“文化介入”，绝不会根本改变这一现状。索性立足于民族、立足于地域、立足时代、立足于个人，才能真正提升中国雕塑艺术的当代性。直觉告诉我，当代艺术创作中，个人能动性仍然十分重要，这是无法回避的“自律”，正如我们无法真正区分现代主义和后现代主义的范畴。只有增强创作主体的文化问题意识，培养艺术创造中的真诚，并顺其自然的探索个人艺术的唯一性，才是沧桑正道。——殷小烽

魏 华 《夫妻》 陶 140cmx110cmx50cm 2007（右图）

与他过去的作品相比，我以为抽象、具像的变化倒是其次，重要的是他变换了一种趣味，找到了一种感觉，这就是好玩、通俗、调侃、幽默，它不仅扩大了雕塑图式来源，把老百姓的喜闻乐见的样式引入了雕塑，给当代雕塑赋予了一个无须仰望的平民视点。——孙振华

尹秀珍 《集体潜意识》 综合材料
约长1600cm 2007（左图）

艺术在于我，就是一种借尸还魂，在于发掘物质以下的潜在语言，将无生命的事物变为有生命，无用的东西变为有用，有用的东西变为无用。——尹秀珍

许正龙 《北平·北京》 综合材料
60cmx50cmx65cm 2008 （右图）

他的作品最具有现代艺术的生命抽象的特征，他从最简单的现实物象中感受生命的形态，寻找形式的表现力，在这种风格中，反映出雕塑家对形体的敏感有着两方面的要求，其一是对生命的热爱，正象生命之气存在于万事万物之中一样，只有热爱生命的人才能强烈地感受到它的存在。其二是对形式创造有着丰富的能力和强烈的欲望。只有这样才能从普通的对象中发现生命的存在，同时又赋予生命的各种形态的变化，凝重、纤细、柔和、强悍……即是对生命的赞美，又是雕塑形式语言的拓展。——易英

吕 军 《中国动力》综合材料 高68cm 2008

汽车工业的发展是社会经济发展动力的一种表现，给人类自身带来便利的同时亦产生许多危害，关注社会发展的动力，同时反思所产生的不良影响。——吕 军

陈志光　《白菜》 不锈钢　60cmx60cm　2008

在一个“拟象”成为艺术表征重要方式的时代，陈志光的作品既拥有与自己会心的“文本”，也具备不断从形态内部增殖的形象能量，指涉出多种文化感受的可能性。——范迪安

朱炳仁 《流畅的威严》 铜雕 30cmx16cmx13cm 2008（左图）

熔铜艺术于抽象的形态中描述了具体的意念，融入了可以产生联想的抽象形态，表达了他畅翔于形而上时空中的心展意驰。——宋伟光

吴永平 《同类生活》 青铜铸造 92cmx60cmx25cm 2008（右图）

一朵花开，于是宇宙便产生了。不管怎样，生命是一种痛苦的挣扎。反过来说，这同时又是幸运的。你遭受的痛苦越多，你的性格就会越加深沉，性格深沉后，你就更能透视生命的奥秘……——吴永平

李　真

《火神》 铜着色 156cmx300cmx340cm 2008

《风神》 铜着色 200cmx300cmx319cm 2008

这是未定天数，也是一种虚幻价值，源于人祸天险。——李真

翟庆喜 《雕塑家》 玻璃钢 高70cm 2007

《雕塑家》作品塑造的是一位熟悉的人物形象——张克端（中国美术学院雕塑系教授），基于与张克端多年共事，彼此了解，此作品是默塑而成，没有参照对象的照片，完全是凭借对他的印象进行塑造。作品在强调造型生动、准确的同时，更注重捕捉人物的精神气质。作品之所以作品取名为《雕塑家》而非被塑造者的名字，是因为作为雕塑家身份的个体一定具有其职业特点的共性存在，相信如果把具体人物的精神气质表现到位，就应该能够体现符合其职业特点的精神气质。——翟庆喜

张 峰 《倩倩》 青铜
112cmx50cmx27cm 2007（左图）

张峰不仅不拒绝雕塑艺术的当代性，恰好相反，他对当代艺术的贡献在于，他以人物雕塑系列丰富了中国当代雕塑的创作成就，为中国当代雕塑的多元发展提供了一种可能。他以自己出色的作品，回答了这样的问题：人物雕塑或者具象的造型方式，并非没有进入到当代艺术中的可能 中国当代雕塑的发展不可以抛弃人物塑造或者具象的造型方式作为它的前提。——张峰

白 明 《管锥篇-隐语》 瓷
50cmx10cmx10cm 2008（右图）

尽管表面上破碎、剥落、凹陷或折皱，但是，中国艺术家白明的这些小型陶瓷雕塑并没有太多地追求这种衰败的视觉效果，而是更多地关注作品的形式，正是这些形式抗御着岁月带来的毁灭性影响。在这些具有极少主义风格的作品中，时间似乎是抽象过程中的一种媒介，它紧紧地抓住这种持久性的本质，进而将这种本质融入到几乎等同于人的心脏大小的一块块质密的陶泥之中。这种对心脏的模糊暗示——心脏既是重要的器官，也是情感的象征性缩影——为阐释白明在作品中意欲表达的时间与人性之间的基本关系提供了一种解答的方式。——格伦·布朗（美国）

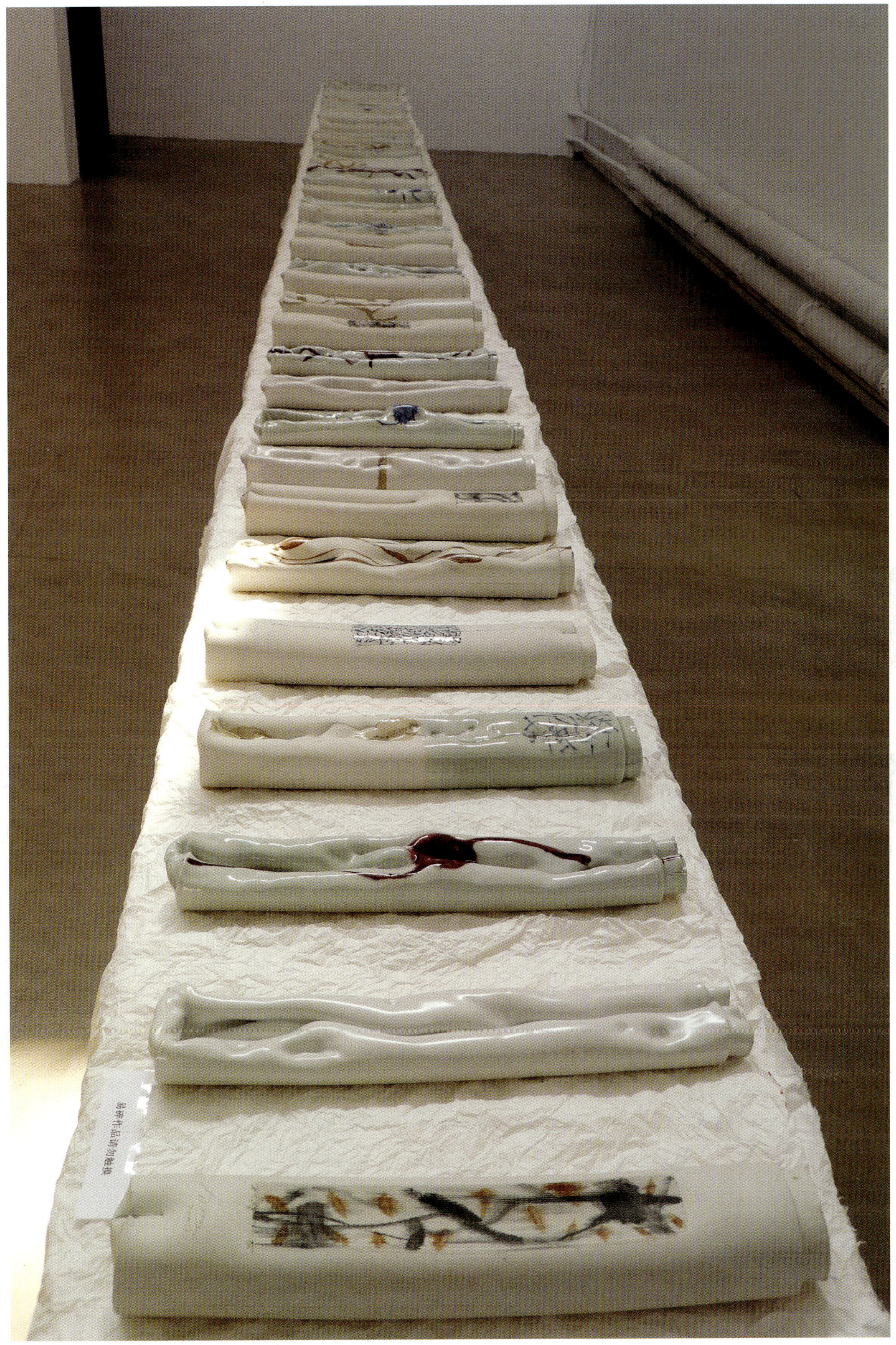
易碎作品请勿触摸

宋　冬　《吃城市（吃首尔）》综合材料　约长300cm　2008（左图）

宋冬的艺术是把“大”文化或曰“雅”文化的竞技、表演、甚至斗争变成了“小”文化或曰“俗”文化欣赏、自满、甚至自以为是。——冷林

蒋铁骊　《飘移的风景》　锻铜　高120cm　2008（右图）

在当今的情形下，能够坐下来让人仔细掂量的雕塑家大抵具有两种特质。一是强烈的个人风格。优秀的雕塑家往往能寻找到一个与众不同的点，并持续挖掘、重复表现，最终形成的鲜明语言让人无法不去记住。二是在现有雕塑样式的框架下，在总结和借鉴的基础上，努力做得更好一点。能够做到上述两点的雕塑家，依靠的是在必要的灵气与长期积累的基础上不断地自我否定以及对当代文化现象与艺术样式的机敏把握。——蒋铁骊

于　凡　《水兵与战舰》铜喷漆
82cmx13cmx5cm（水兵）86cmx10cmx3cm（战舰）2008（左图）

于凡雕塑的独特之处在于构思，构思来源于他对当代生活的观察和思考。我将他的雕塑称之为“世俗生活的谐谑”，是指他的作品中具有诙谐、幽默、反讽这样一些并非雕塑专有的、广义的艺术审美品质，说穿了，这是我们一些艺术家所忌讳的文学性。于凡以浪漫主义的手法，在雕塑中恢复现实主义的传统——关注生活，不只是再现生活。——于凡

林　岗《大音希声》 金属 45cmx32cmx165cm 2008（右图）

对于现代雕塑的深入研究所形成的现代视觉意识与对传统艺术所具有的丰富阅读所形成的中国文化气息，这二者的结合也许十分困难，但可能是中国当代雕塑走出强势的西方艺术范式，拓展自我发展空间的一条道路。——殷双喜

孙 艺 《服饰系列》 木
700cmx580cmx160cm 2007（左图）

林乐成 《胡杨》 综合材料
约高200cm 2007（右图）

曹 晖 《揭开你 - 牛之二》 综合材料 195cmx185cmx120cm 2007

艺术不是现实镜子式的简单反射，它不仅与现实隔着一层，而且是现实错综多重关系的展开。它不是想象一种观者对于视觉造型完全的、无条件的信任和肯定，而是在介于一种具体的现实形象与非真实场景之间的界限上，以及以一种意象的超现实的隐喻来寻求他对现实的别有怀抱的新判断和新思考。——冯博一

申红飙 《甘草黄》 青铜 113cmx97cmx48cm 2008

申红飙将自己的研究重心放在了人与自然的永恒关系，他提出了“人文之力”与“自然之力”的概念，并且将这一对应概念扩展到雕塑的材料与造型，使一种人类文化学的观念表述获得了视觉艺术的基础。具体说来，他用动物甲骨表现人与动物的某种相互依存与融合，用铁表现人类文明的进化，而离离原上草则表现了人所生存的环境与空间，并且蕴含着季节的变化与时间的流逝，这使得他的作品超越了当下的某些个体感受，而转向具有人文情思的历史感悟。——殷双喜

朱光宇 《囱阵2》 综合材料 120cmx140cmx50cm 2007（左图）

利用综合材料塑制的两具男女人体之上，是水泥等材料模拟出的“乌云”，而乌云之上，则直挺挺地耸立着两管大机械化时代的废弃工业烟囱。整组造型夺人眼球，在“保护环境”主题的表达上也显得通俗易懂。——朱光宇

薛 中 《邂逅》 综合材料 30cmx40cm 2007（右图）

我的初衷是想传达那些摆脱了物质功能的纯粹的视觉体验。——薛中

陈 克 《后文艺复兴-大卫》 铸铜 77cmx56cmx80cm 2008（左图）

从某种意义上说，陈克的雕像好像制造了一个真实空间中视觉的黑洞。这个黑洞与周围的三维物体一样真实地存在于我们的眼前，但它就是不断地摧毁我们的视觉经验，造成我们的晕眩。——隋建国

向 京 《孔雀》 玻璃钢着色 200cmx150cmx123cm 2007（右图）

“女权”所强调的是性别的政治化现实，刻意于对父权制、男性中心主义及性别歧视进行反叛与颠覆，其毕露的锋芒有时臻至矫枉过正的地步，显露着激进的文化复仇心理，而“女性”体认两性生命本体平等的尊严与价值，从女性的自我意识及视角对于这座世界作出独立而深入的表现。在向京这里，两种意识与立场并非得到了彻底的廓清，她对于“女性身体”的“演奏”可以说徘徊于两种调式之间，然而她灌注于其中的精神性以及语言的表现能力，使得每件作品首先作为一种强烈的形像而存在。——朱朱

董书兵 《惊梦》 铸铁 120cmx45cmx45cm 2007（左图）

他尝试了一种新的诠释孩子们的天真的角度，用雕塑的艺术形式，凝固生命诞生和成长过程中的瞬间，那种不断勾起了你的回忆，你的想象，你的爱恋，你的期盼的瞬间，他们或她们的天真的生命是那样的值得雕塑，不管他们或她们是笑还是哭，他们或她们就将成为你的人生、你的生命的一部分，甚或比你自己的生命更重要。——李建盛

陈文令 《物神》 综合材料 500cmx500cmx200cm 2008（右图）

陈文令的艺术透露出一种强烈的新现实主义的特征。他敏感于在一个极速膨胀的消费时代里社会滋生的享乐主义，一直在寻找表达、揭露并批判这种世俗现实的语言，其结果是在人与动物的“生物性”上找到了表达的契机。——范迪安

王瑞青 《○□▽系列》 金属、木材 60cmx90cmx30cm 2008（左图）

蔡 沙 《面孔》 陶瓷、铜线 58cmx30cmx30cm 2008（右图）

用现代的表现语言进行阐释对中国传统文人及智者的理解。——蔡沙

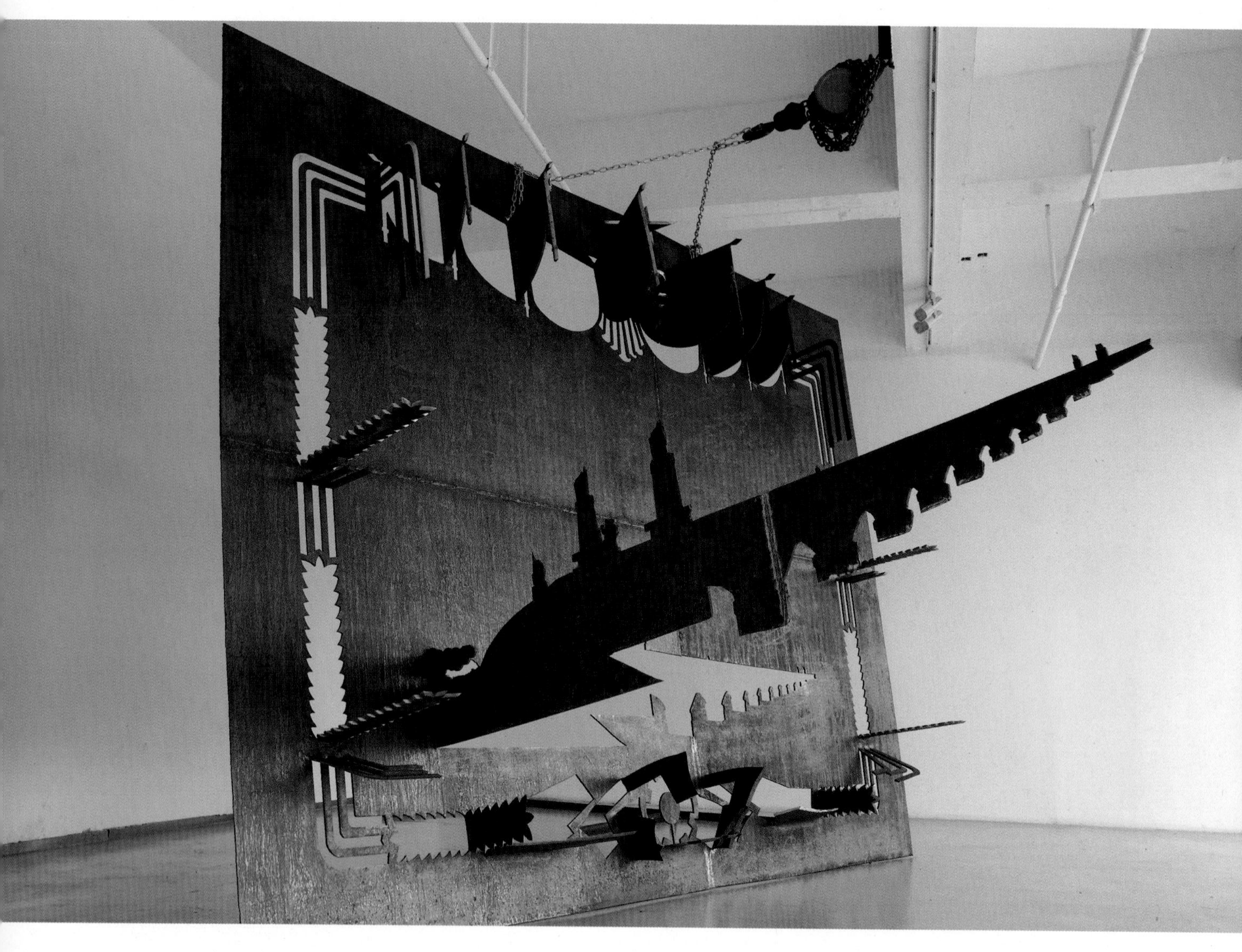

邱志杰　《奖状 2 号》　综合材料　400cmx350cmx220cm　2008

我现在就是比较关注怎么样打通传统艺术跟当代艺术的界限，我不认为存在着一种叫当代艺术的东西，好像跟传统的东西非常不一样，艺术就是艺术嘛，我们用当代艺术这个名义，设定了很多做法可以不用传统艺术来要求，我觉得当代艺术成熟的话，应该慢慢地把传统艺术的那些要求也放在上面。当代艺术曾经是评价标准很粗糙的状态，比如传统艺术，我们可能会看一个艺术家这笔是败笔，那笔是神来之笔，我们可以精细到这种程度，而当代艺术我们还很难在一件作品里去说这个部分很精彩，那个部分有点可惜，慢慢要开始进入这个细化，不是简单地看这个是革命的那就是好的，就是有美术史意义的。当代艺术成熟的时候我们可能就取消它的名字，艺术就是艺术，没有什么当代艺术了。——邱志杰

史金淞　《短松》　综合材料　300cmx130cmx130cm　2007

在我作品中似乎始终隐含着一种近乎奢靡的快感，那仿佛是一种极端无聊并不断游走于施虐与被施虐的临界点上的快感，正是这种深藏在内心某个阴郁角落的看似不太正当或不太健康的那点欲望，凭借着理想化的结构性光芒的遮掩，从而名正言顺的满足着我们祖组辈辈关于子子孙孙的集体臆淫。——史金淞

李占洋 《南山饭庄 1》玻璃钢着色 250cmx160cmx150cm 2007（左图）

在这个被内在的矛盾“复杂化”了的雕塑中，展现的是这个艺术家的眼光，这个艺术家的清醒，这个艺术家的超然，还有这个艺术家的高超技巧，“这个”也许是相对衡常的。当一个时代过去了，一整代人过去了，艺术品会留下来，它即使不能真正“永恒”，但在这个宇宙之中，它相对我们短暂的人生还是要长久得多。这多少给我们一点安慰，使我们得以借助这个相对的“永恒”，来传递我们对于人生的理解和看法。——王端云

瞿广慈 《最後的晚餐 - 谁动了我的沙发 》玻璃钢着色 98cmx124cmx102cm 2007（右图）

实际上艺术创作就像讲一个故事，人生就是一个影片一样，如果你要把它做得稍微辉煌一点或者怎么样，像一个大片一样，所有的片子一上来还是要抓人眼球的，所有大片上来一下就能抓住人眼球。对我来说，最简单的、最直接的方式就是去挪用存在别人脑子里的一些已经知道的一些题材。一下就把人家这块给勾起来了。当然这些东西都是跟我的生活的环境有关，或者说我的成长的环境和脉络有关。但是我越来越觉得圣愚化这个词用得真的挺不错的，我现在越来越觉得，我一直觉得我是个非常写实的一个人，我觉得人差不多都长的这样，我对这个东西直接挪用，做的人都是现实生活当中的人，但是大家还是认为那么初始化。或者是将其放到一个完全意想不到的环境里的原因。——瞿广慈

张松涛 《华丽的柱》 综合材料 60cmx60cmx300cm 2007（左图）

在深色石柱上镶嵌锡合金构成的华丽的纹路。简捷的外型布满繁复华丽的纹饰，深沉的石材与明亮的金属质感的对比，形成独特的雅致感。——张松涛

李险峰 《亭子》 综合材料 约高250cm 2008（右图）

罗小平 《牌戏时代 No.1》 镜面不锈钢 300cmx300cmx100cm 2008（左图）

罗小平的《游戏时代——博》《游戏时代——会议的秘密》用打扑克牌的游戏桌椅，置换上当前大众流行生活的各个方面的各路人物，拼合成为一个实际的游戏场。笑声是一场赌，哭声也是一场赌。成功者的游戏不是真实与否，不是美好与否，而是能不能帮助你挖掘低俗而又庸俗的快乐。一场赌局总是允诺给旁观者生命中的胜局。艺术家在这儿简单明白地告诉我们：一场赌局即是一场策划变局和洗牌的阴谋大战。——马钦忠

关东海 《城门系列 -7》 玻璃 47cmx32cmx13cm 2007（右图）

我游览了许多英国的城镇，印象最深的是它的建筑，尤其是老工业区的旧建筑。比较中国的建筑，使我看到就在我们身边的古代建筑在世界上是如此的个别，它拥有的特殊语言不同于任何其它的文化。 我发现各种形态的城门给我的感觉最为强烈。其形态所传递的信息告诉我们它的建造不是为了欢迎人们的到来，而是显示它的防御力量，显示它不可侵犯的尊严。不知什么时候“门”成为领域的象征， 我们用“入门”来形容开始一个新领域的研究；用“攻关”来形容解决重大的难题；我们也用“国门”来形容一个国家“闭关锁国”或“门户开放”。门的后面总是隐藏着未知和秘密，是财宝还是魔鬼？这吸引人们去猜测和探索。——关东海

黄清辉 《书海徜徉》 大理石 长1200cm 2007

阅读一本好书就像聆听音乐一般使人沉浸其中，无限想象。作品将书本与钢琴琴键的样式，透过雕刻排列使其正面呈现波浪状的起伏，低平的形式，鲜明有趣的造型让作品与人产生了良好的互动，使艺术品融入在生活中，民众在耳濡目染之下，提升国民的美学素养，我想这是公共空间设置艺术品的目的与意义吧。——黄清辉

刘 君 《伤秋》 综合材料 230cmx220cm 2008

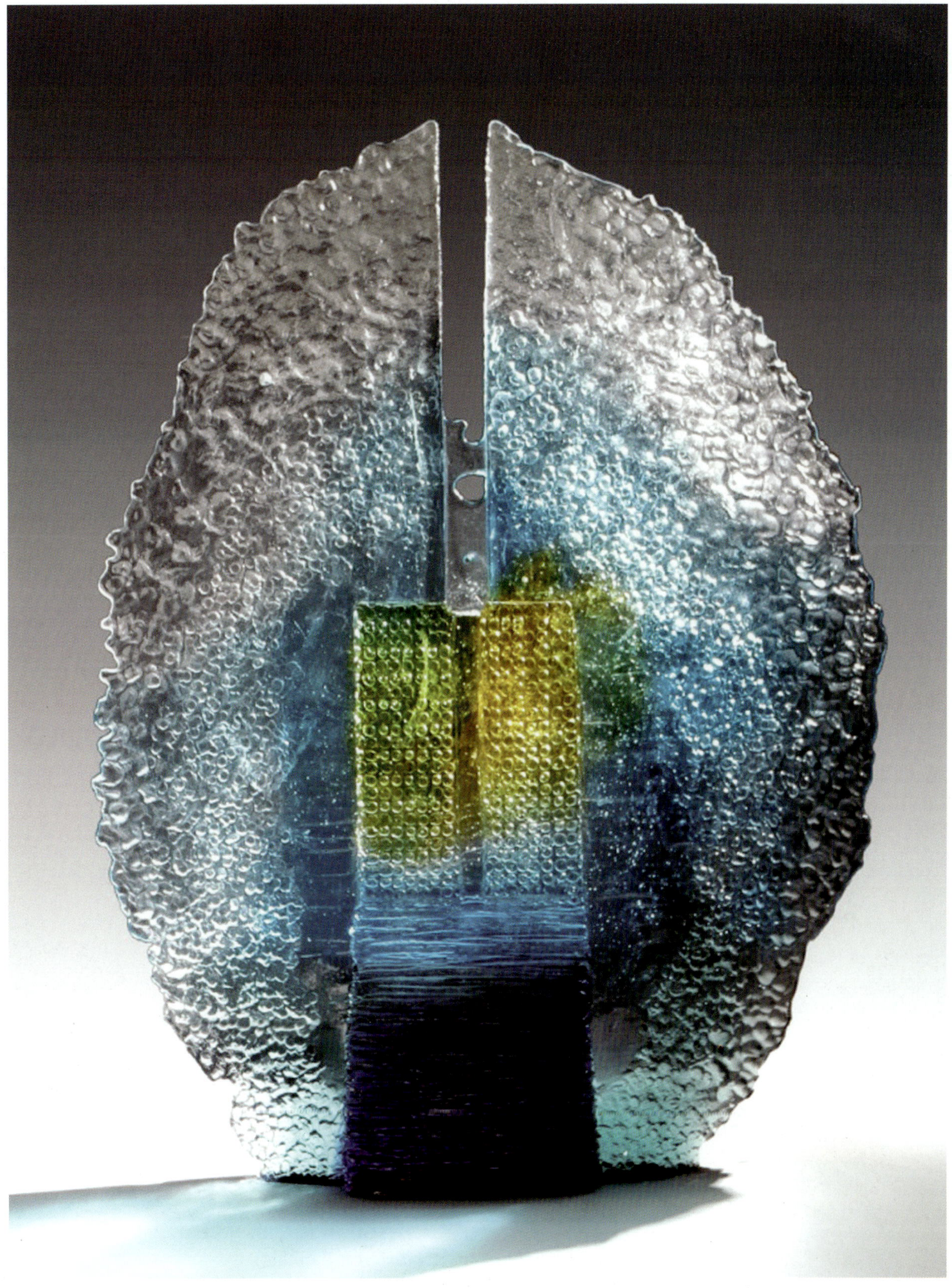

俞 峥 《华》 木胎、漆 40cmx45cmx30cm 2007

郭 新 《燃烧的圣坛》 玻璃 60cmx45cm 2008

景深在浊泥中挣扎、上升，直至升华到永在者的荣耀中。朝圣的路途遥远，门也是窄的，只有持之以恒的才能到达。玻璃的空、旷、灵、轻是表达这种意境最理想的媒介，与光的对话和互动，完成整个升华的过程。——郭新

人物

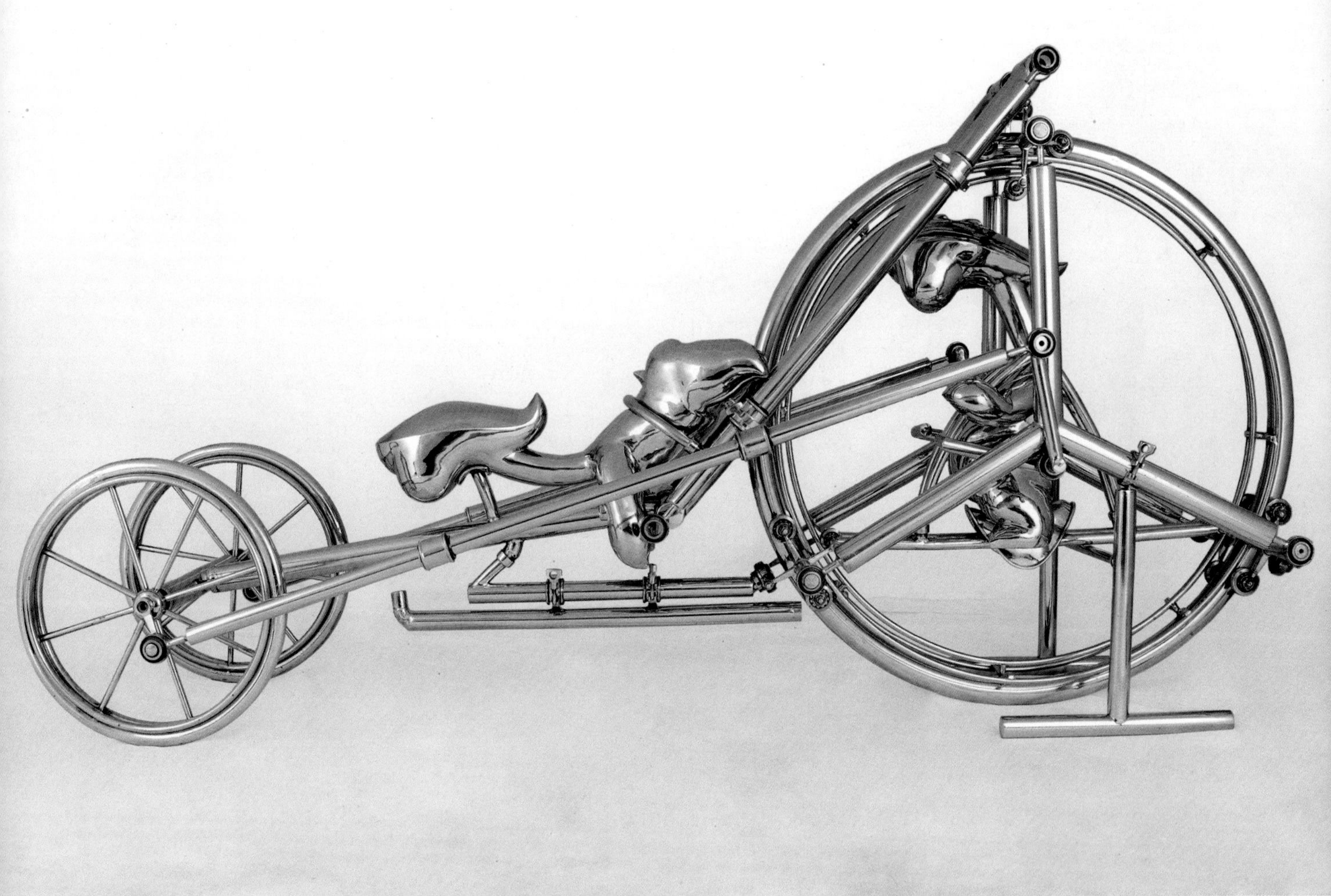

焦兴涛　《快乐遗忘》 玻璃钢、漆　222cmx125cmx70cm　2007（左图）

焦兴涛既不直接用现成品做作品，也不用翻制现成品的手法制作那个物的标本，他总是用传统雕塑的塑造手法去为那些被包装的物品造型。正是这种制作意识，使焦兴涛和正在表现的物之间产生了距离。恰恰是这个距离体现了艺术家、物和在场之间的关系。实际上，当艺术家看到、关注、进而思考和表现一个物的时候，那个物已经打上了艺术家的烙印，物已经不是所谓的纯然之物了。——高名潞

夏　航　《快到了》 不锈钢　80cmx80cmx170cm　2007（右图）

夏航把雕塑当作一个大玩具来摆弄、设计、创作。雕塑成为一个游戏的对象，做雕塑的过程就成为一个游戏的过程。通过做雕塑，夏航找到了自己生命中的游戏本能，并试着将其发挥为生命感性。在这一过程中，造型、空间、材料特性、加工技术、组合、拆装、运动的可能，在这一拆卸、组装的过程中，所有因素都通过理性的渠道过滤后，化为生命感性的游戏。——隋建国

李烜峰　《无间道》（正背面）　树脂　100cmx76cmx46cm　2007（左图）

“无间”一词源于佛教用语，大意是一无时间绝，无空间绝，在这里也有双关之意，一为人与人之间的关系即紧密错综又无情混乱；二则是探求雕塑创作自身的空间关系，由立体向平面延展的可能性，雕与画的无间关系。——李烜峰

曲英佐　《戏之 15》青铜　580cmx490cmx378cm　2008（右图）

相机不能还原的东西是人所直接面对物象的时间的痕迹，它是超越了普通意义上的真实，尽管如此，有一部分内容还是存留了下来供我们细细地打量，让想象和经验填补记忆的空洞。面对原作我们见到的是超出我们能力，超出我们想象的那一部分内容，有时的顶礼膜拜是自我升华的一个过程，很有效，也很说明问题。这样一个白日做梦一样的经历，可以说离开博物馆也可以想象那几张画的样子，怎样的从各个方向顺着我们的知觉延展开来，或者仅仅只是一个开始，一个有限的痕迹，那已是别有天地了，好的作品真的是“耳目一新”。有的时候在对自然对生活的观察上有过一些类似的感受，但只是瞬息即逝，哪有这里的光辉永恒。——曲英佐

林胜煌 《芸芸众生和谐之家》 不锈钢 约高 200cm 2008

中国是个泱泱的人口大国，各民族和谐共处、人们幸福生活。我籍此为创作的原点，从人们的各种姿态产生联想，抽象地加以造型组合，刻画了人们的喜怒哀乐、悲欢离合等表情和诸多形态，并考虑到与周边环境的吻合等因素，利用镜面的不锈钢来反映周围的风景空间，让人们融入雕塑，强调人与雕塑、环境与人的和谐共处，注重造型艺术的参与性；并体现人之间的共鸣感觉以及精神内外部的融合，追求一种“心”的和谐的交流之美，一个共同的心愿——和谐的大家庭。——林胜煌

赵　磊《静夜思》 不锈钢、花岗岩 高280cm 2008

作品用现代材料与形式表现月亮。配以李白的作品《静夜思》"床前明月光，疑是地上霜。举头望明月，低头思故乡。"——赵磊

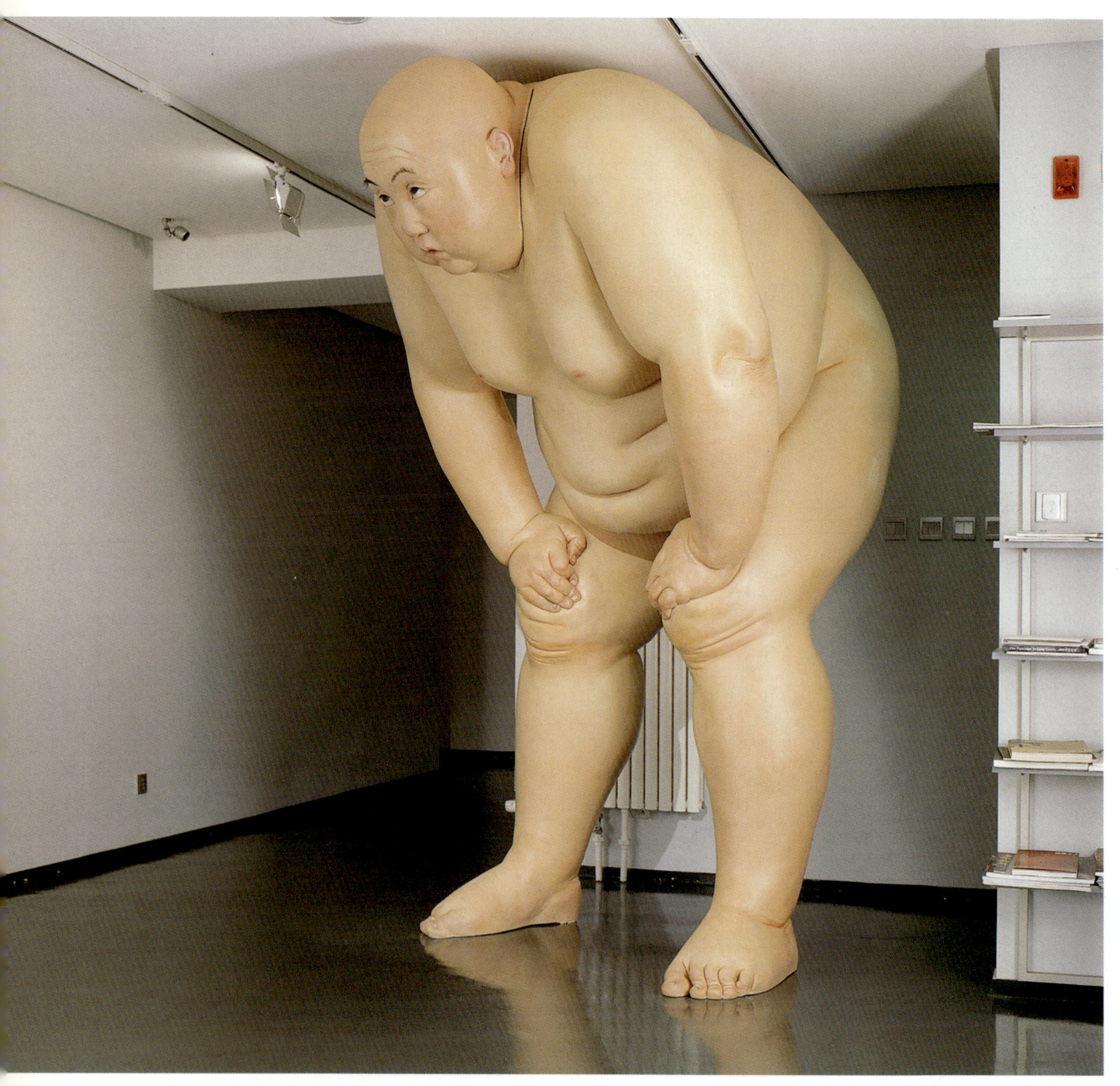

牟柏岩 《无题No.2》 树脂着色 263cmx144cmx207cm 2007（左图）

牟柏岩还很小的时候，大家就叫他“老牟”。“老”者“到”也。在造型艺术这一领域，他很早就掌握了塑造的“造型规律”。在意大利，米开朗基罗的东西令我惊叹不已，那么多的巨大石刻，都是他一点点凿出来的；那么美的壁画，是他把脖子都画歪了玩儿命干出来的。他的作品又多又好，并不是因为他学会了解剖，而是他掌握了一整套造型的方法。罗丹做了那么多好东西，塑造的力量出众，是因为他掌握了做“指向你的尖突”的“模塑法”。我喜欢老牟的东西，并不局限他技法的纯熟，我欣赏他对造型的认知，和他对空间的理解。“百炼钢，绕指柔”，我相信他随着态度的提高，会做出各式各样的好东西来。当他感觉到了的时候，下次可能给大家看的就是“干巴瘦”了。——孙家钵

张 勇 《指南者》 铜 高30cm 2008（右图）

我希望我在雕塑语言形式上不做任何探索，只在精神上表现。——张勇

王　芃　《鸟人》　综合材料 170cmx60cmx30cm　2007（左图）

作品有着超脱的幽雅及对生命的思索，在轻松之中透现着凝重，在幽默之中展现着深邃。与许多同时代艺术家不同的是，没有受到焦虑、绝望这一类流行情绪的影响。作品中的人物雕塑常显示着我行我素般的率真和自负；在作品中，常将出人意料的想象融入现实人物的日常动态，在纯真的和谐中显示出一种与流行和故作深沉不同的气质，在流行中显得卓然独立。作品中，那些从现代人的视角对中国文化所做的审视，成为其作品的一种新的出发点。——王芃

张　玮　《动物肖像 -1》　轮胎　220cmx140cmx150cm　2008（右图）

张玮的雕塑就属于这样一种形象的变异，他将我们常见的自然界的有机物加以改变，以工业橡胶制品来包裹其外形，从而使我们熟悉的形象陌生化，使我们在惊诧之余，进一步观察与思考其中的意义转换。——殷双喜

萧 泰 《合器系列 1》 玻璃 30cmx27cmx8cm 2008（左图）

《合器系列》吸收了我国传统器物造型的内敛风格，在制作上借鉴了陶瓷的一些工艺方法，用玻璃所特有的质感与技术来呈现一种宁静温婉的气氛。作品采用失蜡浇铸法，局部运用了西方的技术来造形与着色，使作品的感受主体更具丰富性，在蕴涵中国传统审美意境的同时，又流露出西方古典玻璃装饰艺术的特质。——萧泰

钟 声 《飘》 综合材料 143cmx14cmx15cm 2007（右图）

《飘》运用纯粹的传统材料，以抽象、简洁、自我的形态诠释了现代中国人的文化情怀。它可以是一片叶子、一叶小舟、一枚花种……在广阔的天地间真实而自由地飘荡，不张扬、不注目，但却拥有着无比坚韧的内心。现代社会的喧闹、浮华，使漂泊的人们更希望找到心中的一片宁静、放松、自在。《飘》正像是一艘航船，在为了心中的梦想，驶向了远方……，我国传统的大漆艺术，自古以来以它独特的气质和材料的美感，抒发着一代代中国人的情感和理想，体现出中华民族所具有的博大和细腻。大漆艺术走到今天，现代的观念与传统的材料不知不觉地交融在了一起，赋予了它全新的面貌，对它的理解和情感也在不断地发生着变化，但无论时代如何变迁，大漆文化在中国人心中的根始终越扎越深。——钟声

蔡志松 《印》 综合材料 22cmx22cmx10.5cm 2008

沉重的、悲剧性的心理意识实际上也是蔡志松将个人的情感意象与历史文化关怀结合起来的一种心理象征。我们可以再结合他以前的作品，一卷巨大的、铅质的无字立轴，便更能理解他内心的悲怆的历史情怀。——吴鸿

张　雷《奇迹》 综合材料 30cmx30cmx50cm 2008

作品是综合性、多视角考虑材料的实验性创作，打破了材料的限定、在不同种类之间进行交流，利用各种手段，调动一切因素，实现多形式、多材料、多种类之间的融合、嫁接、并置、转换而产生的新面貌。作品以生命为主题，揭示了生命从萌动到生长绽放的变化中蕴涵的奇迹，反映对生命存在状态的关注和思考。“蛋”造型代表孕育生命的母体，坚硬的外表，同内部植栽出的柔软、浓密、温情、富有生命力的纤维，互生共存，表达保护自然、关爱生命的主题思想。《奇迹》表达对自然与生命关爱的感情，生命在各种灾难与困难面前，百折不挠，寻找生的希望，绽放美丽，创造奇迹。作品完成之际，正值四川汶川 5.12 地震，生命的价值与意义更显珍贵，主题升华为企盼唤醒生命，创造奇迹！——张雷

吴 彤 《国韵系列》 综合材料
20cmx80cmx46cm 2008

《国韵——生旦净末》的构成关系基本上可以概括为四个四面体，看似随意性的线条是尝试创作神韵的关键所在，它与我以往雕塑不同的是，线条是在平面上运营，使绘画性的色彩在平面上扩充。换言之，就是想要将雕塑在立体中平面化、通俗化、个性化。也许有人说这是后现代艺术特性，其实后现代艺术的信息网是超越国界的、是东西方文化的重叠和大拼盘。《国韵——生旦净末》的平面经营，实际上是想要摆脱凹凸、长短、宽窄、粗细、大小等二元对立的哲学思维方式，尽力实现对现实物象的超越，用禅宗的话说就是“于相离相，于念离念”。我想，当代艺术的多元化与多元素趋势在给雕塑家增加了选择与被选择的机会的同时更需要雕塑家积极地立足现实，立足传统文化，关注自身的问题，以一种更开放更宽容的态度去创造属于这个时代的雕塑艺术。——吴彤

李　鹤《原本·元素1》透明有机材料 70cmx20cmx70cm 2008

李鹤严格地将自己限制在艺术的范围之内。这一方面与他的学院身份有关，另一方面与他对艺术的理解有关。李鹤在阐释自己的作品时，使用频率最高的词语就是“直接”“本原”“纯粹”。这与20世纪中期以来盛行的现象学美学关于艺术的洞见不谋而合。现象学美学强调，在“真实”世界之下还有一个更真实的“前真实”世界，这是一个我们只能用身体感受才能进入的世界。艺术家需要通过自己的劳作，去打破功利、概念、目的等等编织的“真实”世界的外壳，让更真实、更直接、更纯粹的“前真实”世界显露出来。当然，这并不是说李鹤在多大程度上受到了现象学美学思想的影响，而是说理论与实践在很大程度上具有惊人的一致性，它们身上有一种共同的时代气息。无论是高明的艺术家还是理论家，都具有异常敏锐的嗅觉，能够嗅出他们所处时代的独特气息，进而用作品来发散这种气息，直到它最终浓烈得成为一种时代精神。——彭锋

钞子伟 钞子艺 《光辉岁月》 陶 62cmx40cmx45cm 2007(左图)

当代纪念物可贵之处是其反思性和实验性，制作者所面临的一个基本两难实际上是一体两面的，不论使用任何媒材或手法，都必须经得起未来的考验，历史的“过去未来性”，也就是当代人对历史思考的意义维度。如何利用自身指涉性强的媒材来引述事件而不只是指涉媒材本身？如何能结合更有效的手法来表达主题？但无论在形式上如何实验，纪念性雕塑是以整体观之，首要目的是引发观者反思或沉思。——岛子

潘 松 《霓裳》 铸铁 约高150cm 2007（右图）

后现代主义建筑理论大师查尔斯·詹克斯曾经表述过一种“激进的折衷主义”，其中多元混杂的历史性和装饰性是最重要的特征。在潘松的霓裳系列中，我们恍惚地看到这种意图的体现。事实上，后现代主义的思想和价值判断十分驳杂，但它们却有一个共同的出发点，那就是对现代主义的不满。有趣的是，这种不满并不是像现代主义对古典主义那样以愤怒的、革命的激进方式表达出来，相反，这种不满带有幽默的微笑，这种愤怒是一种“冷”愤怒。——北人

陈　辉《欲望城市 · 花系列二》 玻璃钢烤漆　160cmx60cmx60cm　2007（左图）

城市是绚烂多彩的，它满足着不同人在此奋斗、挣扎，在此感伤、彷徨。它充满着人的需求和欲望，被城市启动的机器无限放大、无穷无尽地释放。欲望有如油腻的污水，满满地充斥在下水道里，四处流淌。 城市就是那样，它催生着欲望膨胀，欲望横流的城市有如花一样美丽地绽放。——陈辉

蒋颜泽《集合 -8 》 瓷　48cmx32cmx24cm　2007（右图）

在观念性的艺术作品中，功能性的器物失去了其最初的实用意义，新的价值在结构的重构中建立。通过作品，我试图剖析这其中的有关“有用与无用”“功能与观念”“工艺与艺术”“解构与重构”的概念。——蒋颜泽

张　新《气候》 不锈钢　约高 120cm　2008（左图）

揶用八大山人原作为蓝本，并制作成雕塑，放置于鸟笼之中，隐喻了当代文化的消费意识和人文解构的现实状况，此现实也是精神和物质的统一体。——张新

谭　勋《李明庄计划系列之 3》 铁、搪瓷　高 15cm　2008（右图）

谭勋的骨子里有一种对山水的兴趣，这不是中国艺术中那个山水的含义，也不是他刻意寻找了这样一个题材或形式，而是他一直在材料表达的各种实验中渐渐回归到自我内心表达的结果；正如中国文化出自内心寓意于“物”而最终由“物”又回归于内心从而达到内心自省的文化特性；材料的使用在谭勋的作品中越来越丰富，从玻璃、石材、陶瓷、木材到今天我们看到的旧物再创造，我们可以发现作者对“物”与精神表达的更深入细致的思考，在他作品中，物的性质和材料已经变得不重要了，对物质和材料本身的驾御使他的作品更多地具有精神表达的深度；内心表达的强烈欲望得以超越观者对物质本身的新奇和兴趣。——陈纪新

史钟颖 《空影·云雨云1》 综合材料 约长200cm 2007

史钟颖对雕塑的当代性认识正是建立于这种开阔的阅读视野之上。首先他意识到博伊斯的“社会雕塑”的观念已经将雕塑的观念无限扩张，我们继续扩展雕塑观念的空间已经相当有限，由此我们不必苛求自己拼命地进行雕塑观念的更新，而是要研究前人的雕塑遗产，在历史的基础上寻找自己的任务。其次我们所有想法都是建立在自己的肉身的基础上，受到许多个人无法控制的因素的制约，“我们要懂得适性，我们要有所敬畏”。这种对人类认识的有限性与连续性的思考，正是史钟颖注重雕塑自身的学科与语言特性，从而展开自己的雕塑研究的认识论基础。——殷双喜

郅　敏《美人鱼系列之小乌贼》 瓷 248cmx38cmx105cm 2007

青年雕塑家郅敏走过的路程犹如陶冶，从生料到熟料，从粗疏到精致，最终推进到“陶化”或“瓷化”的新境地。这是一个自我塑造的过程，一个由量变到质变的品格提升过程。在中央美院读研的三年间，已经娴熟掌握空间形态的郅敏为他的雕塑作品寻找最为适合的表现方式，同时为他充满才情的思想寻找新的精神寓所。他奔走于北京和景德镇之间，体会着当代与传统的交织碰撞，一步步推进他对雕塑及材料的理解和认知。他丰厚的知识结构和对中国传统文化的不俗修为使得他把目光准确地投向了当代社会问题，从社会变革的现实和个人成长的经验中提炼兼具理性和情感深度的作品主题，作品也日臻成熟，其中所展现出的人文情怀，让泥料浸透了情感，让粘土浸透了思想，使他和他的作品一道经历了质的变化。从容地开始建构起属于他自己的艺术语言和思想体系。——吕品昌

刘　娜　《生命·无华》 短兔毛　200cmx140cmx60cm　2008（左图）

这件作品创作的初衷是对普普通通大众生活状态的一个致敬。他们在平平淡淡的每一天中，认认真真、快快乐乐地为了理想而拼搏、奋斗。也正是这些普普通通的大众默默无闻的努力才使得我们的国家逐渐地强大，他们正是中国不断向前发展的动力。——刘娜

任雪梅　《爱滋林系列作品－爱之林》 综合材料　高20~90cmx28　2008（右图）

当爱以另一种方式蔓延的时候，在那种极端情感伴随着的极端快感中，我们的脚步也向死亡之谷缓缓迈进。——任雪梅

戴 耘 《国学罐头商标罐头盒》 综合材料 180cmx108cmx51cm 2007

我对戴耘学术状态最为赞赏的是，他有意识地关注当代文化和艺术问题，一直不间断地研读有关理论著作，这种浓厚的理论兴趣对于当代艺术家是十分必要的。正是基于此，我希望戴耘成为一个有思想有学养的雕塑家，如果在这一点上，戴耘与部分“七十年代艺术家”有距离，未必是坏事，因为我始终坚信，艺术家最终是以思想立足的。——孙振华

刘若望 《天兵之 - 端枪跪坐者》 玻璃钢 高 70cm 2008

刘若望提供了一个具有公共性的雕塑与环境的共同体，通过这个共同体，每个人把他们的存在与历史相联系，获得他们在历史及社会中的位置感。刘若望的作品把我们从日常的平凡中召唤出来，使我们回想起那种支配我们作为社会成员的生活的价值观；它召唤我们向往一个更好的、有点更接近于理想的生活。——殷双喜

喻　高　《身体系列3》　玻璃钢贴金彩绘　约长170cm　2007（左图）

人类生存的环境是复杂而多纬度的。真与假，生与死，古与今。一切的一切，循环在历史的节点上，一切的一切，逃不掉佛法的“五蕴”。严格意义上，喻高的作品不是现实的生命的记录，而是精神的或说心灵的虚拟。历史在这里不重要，重要的是以艺术的名义完成对生命的观照。符号是没有意义的，人类从不会因为生存而放弃意义。——李文子

邱启敬　《孪生系列》　玻璃钢　约高60~100cm　2008（右图）

处在身体青春感觉与社会规范约束的绞杀场中，邱启敬意识到青春的两面性，他试图用自己的作品来呈现他所意识到的作为孪生兄弟般无法分开的这种两面性。要在以体量和形体为主要造型语言的雕塑中呈现或者说揭示出这种两面性，人物对象的身体语言就成为重中之重。——高岭

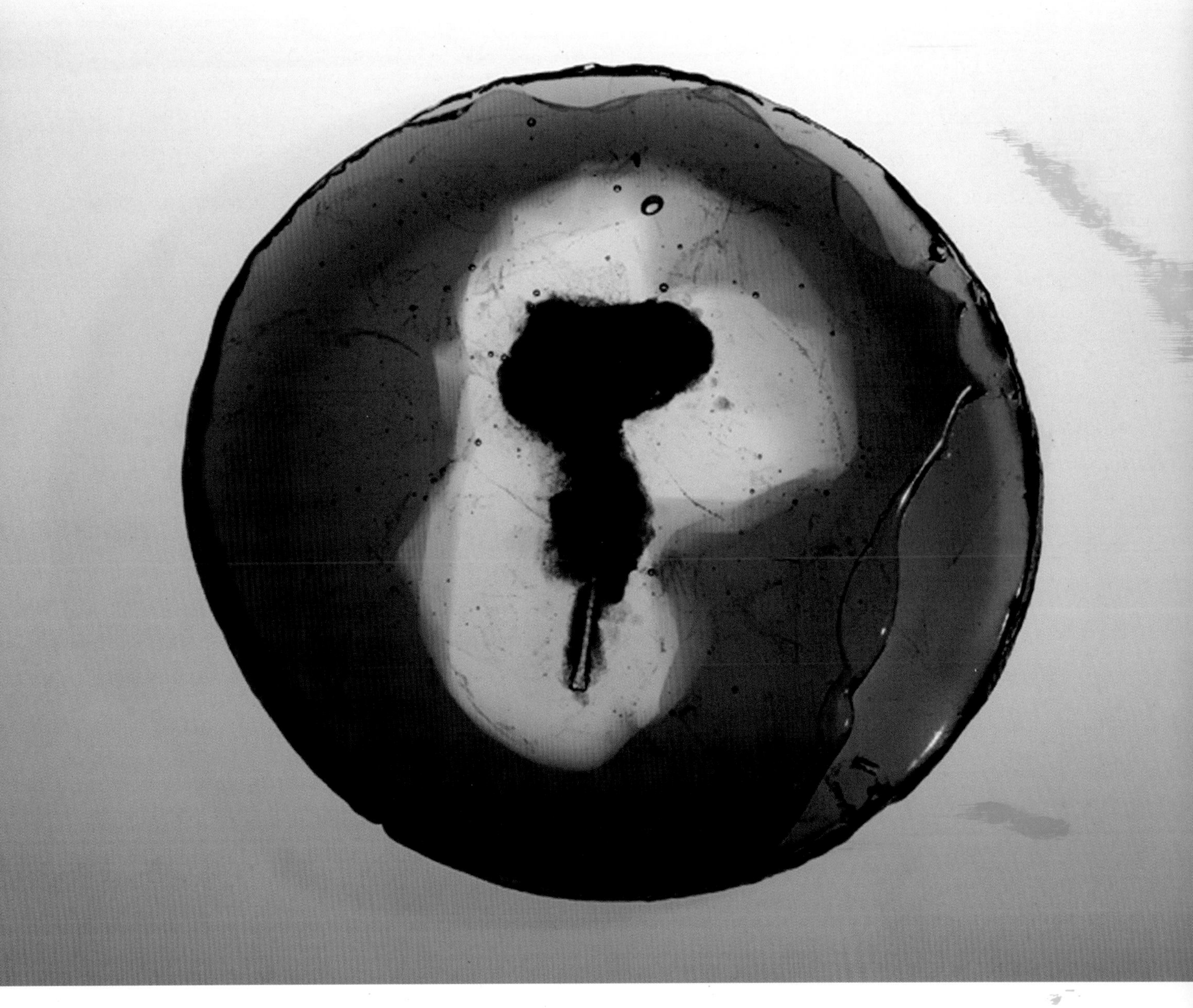

范 旻《泉》 玻璃 120cmx15cmx50cm 2007（左图）

玻璃雕塑的意义不仅要塑造形体， 更要赋予她生命，给于她情绪和灵魂。一切都在指间流出——呼吸，颤栗就象凡高给于她的油彩，徐渭给予她的水墨那样自然，真实，近乎残酷。梦，与神，与魔，与真实都那样近，近在咫尺，面对着面……——范旻

成 乡 《中国风景 - 花缺之冬》直径 31cm 2008（右图）

花的开放唯一季，缺失的花的痕迹经历三季，次年才能重现。花虽然缺失，但花开时的意境却仿佛一直在。作者用圆形借喻工笔国画面中经常用的形式，而花的形式是模糊并缺失的，创作的想法来自中国传统的哲学体系中对生命的认识：存在和消亡、有和无是相通的，可以相互转化，这也是作者创作时想表达的。——成乡

孙龙本 《铜牛献瑞》 青铜 约高90cm 2008

用增多的牛奶，象征多奉献，体现为民服务的精神。同时拉长的身体有利于儿童游戏在雕塑之间，增加环境的人气。总体上寓意牛踏沃土、无地不利。——孙龙本

杨　松《太极剑》青铜 高160cm 2008

太极是中国传统武术。为弘扬中国传统文化精神，为北京奥运会美术展览创作。——杨松

人物

体制与艺术：新中国第一代艺术家
形式与观念：50、60 后艺术家
传统与现代：70 后艺术家
越界与综合：80 后新生代
域外

安　然　《冰异-1》不锈钢、陶瓷　116cmx86cmx65cm　2008（左图）

作品《冰异》系列中借鉴了书法中运笔的方式，我把一些书法中笔画的形状提炼概括出来，又糅合了中国古代青铜器与陶器的一些造型特点，努力将传统的一些造型规律引入到符合现代气息的审美角度上来。追求一种和谐中的突变情绪。这种情绪正体现出了现代社会中人们的一些审美理念和趋向。在材料的运用上，我采用了不锈钢与陶瓷材料，探讨现代材料与传统材料之间的一种并置关系，在制作过程中，经过反复思考与经营，将冰冷带有现代感的亮色调不锈钢与深色空灵的网格状的陶瓷部分巧妙地结合在一起，达成视觉上的鲜明对比和形体结构疏密关系的和谐。从而使现代与传统材质形成了一种赋予哲理性的并置谋和关系。——安然

韩文华　《千年》　房山青石　160cmx80cmx290cm　2007（右图）

艺术不仅是表达个人思想情感和精神意涵的方式，也能反映出艺术家对这个社会变迁的认知和思考。我们身处一个被多元文化挤压的时代断层中，在创作中我坚持用自己独特的视角和审美经验来观察生活和表现生活，不断地从传统文化中吸取养分，运用中国传统雕塑的造型元素、结合当代艺术的创作理念，以多元创作手法构成宏大的视觉交响。——韩文华

沙　泉 《salmon》 综合材料 38cmx15cmx20cm 2008

艺术是感受的集合。——沙泉

张湘溪 《独自等待》 综合材料 约高50cm 2008

麻雀虽小，五脏俱全，逼真而精彩的生活细节纪录了年轻主人的生活痕迹，叙写着一个南方普通人的家居生活，也触动了观众心里最柔软的那个部分，里面小小的电视机却播放着真实的电视节目，这种亦真亦幻的袖珍场景引发的想象却是空间无限的。——陈晓阳、陈克

刘宝亮 《窥视》 硅胶、毛发 150cmx15cmx215cm 2008

作品不仅有视觉上的冲击，更有着心灵上的触动。在看着它的时候，我相信每个人都会有着不同的想法，不同的心境。我希望我的雕塑不但是具有美感的。同时还可以承载着一些东西，现在它完成了。也许在很多人眼里它并不完美，但是能够让看到它的人为之一叹，这样就够了。——刘宝亮

项　一《“救命” - 劫》 树脂 100cmx100cmx80cm 2008

徐 升 《心》 综合材料 80cmx110cmx110cm 2008（左图）

工业时代下，我们的心承受着比以往更大的负荷。——徐升

刘 强 《23 时 59 分 59 秒》 玻璃钢 约高 180cm 2008（右图）

作品《23 时 59 分 59 秒》的超现实风格，具象的手法，通过对生命体的重新结构、转换，表达出一种强烈的情感，对生存的空间、人的欲望，人的本性进行反思。作品具有较强的当代性和视觉冲击力。——申晓南

黎　薇　《幻听-1》　玻璃钢着色　95cmx55cmx75cm　2008（左图）

以一个面孔上的细节，体现着一个涉世未深的女孩在成长过程中的不同经历，以及这些经历所带给她的在心理上变化，艺术家带着深深的人文情怀、诉说着她脸上的眼神、雀斑、粉刺……，从另一个角度映射出了社会现状对人心理的影响。——黎薇

柳　青　《母亲》　玻璃钢着色　210cmx120cmx230cm　2007（右图）

"亲情""孝道"是中国人植根精神世界的传统观念。当一个大家庭面对全家福镜头时，他们抛开了社会对人的的很多异化，是一种真情的流露。——柳青

牛 淼 《产物系列之四》玻璃钢贴铅 300cmx80cmx50cm 2007

牛淼的《产物系列》是一组人与巨鳄、鱼变形演变的雕塑，探讨了在浮华时代的文化身份与自我角色的矛盾与错位中，精神的自我与物质自我的挣扎和冲突。巨鳄穿透身体而过，内在的自我仍然镇定从容，指引生命向前涌进，充满佛性的面孔暗示着灵魂的秘密。作品生猛而沉郁，具有神秘诡异的宗教般的体验，包容着自我救赎、禅与佛、人与自然等广泛的精神指向。——牛淼

任 哲 《气吞山河》 青铜 143cmx133cmx80cm 2008

与很多青年艺术家的文化取向不同，任哲的历史意识和社会责任感很浓厚。他喜欢选择生命力勃发的题材，并对英雄主义情有独钟，长久地反思它在历史中的演变和价值。在中国文化传统中，一直有一种对英雄主义的敬仰和倡导，但在当下众神喧哗、消费激情高涨、享乐主义盛行却道德力量低迷、“崇高”被人遗忘殆尽的后革命氛围中，在对英雄主义这一文化母题的不断掘进过程中，任哲的作品也自然地具有了历史感，并旗帜显明地区别于其他作品。——李象群

王轶男 《发动机》 综合材料 65cmx60cmx61cm 2007

《发动机》应该是一件批判性的作品。它把现代动力的核心机械马达和猪及其消费器官的意象组合在一起，那种长着黑色鬃毛的粉红色蠕动看起来非常荒谬，是这个消费主义时代的绝妙自嘲。——王轶男

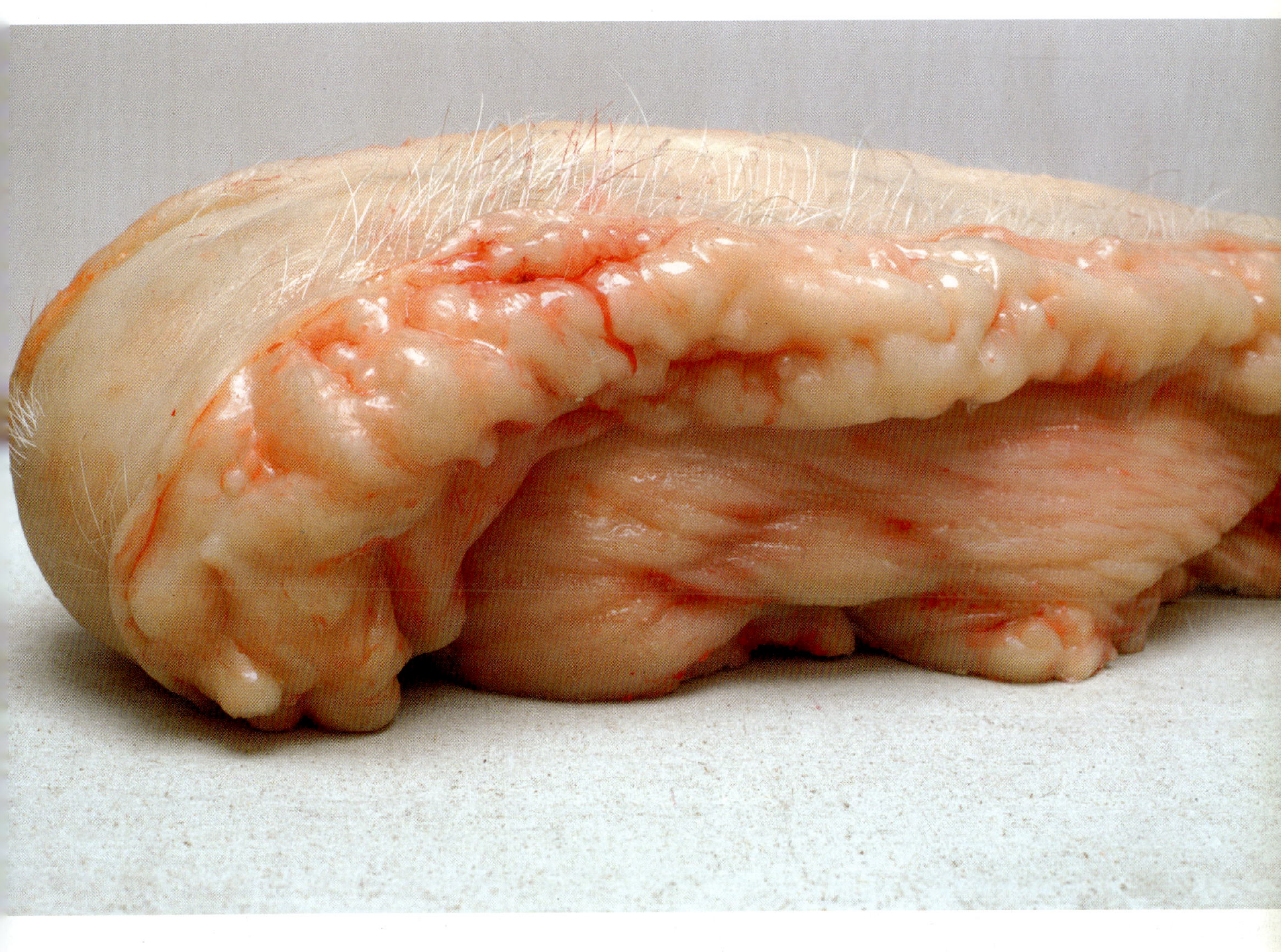

高 苏 《欲望之膨胀》 综合材料 60cmx25cmx15cm 2008

肥肉那种血淋淋的，膨胀的，表面让人不愿触及的感觉十分令我恶心、反感，但是本质上我却离不开它，几乎每天都不得不占有它并享受它那入口的本能快感。这种矛盾就正如作为人的我们对物质的依赖，各种利欲，肉欲，权欲等的充斥，可以说是一种本能的欲望，我们想要柏拉图式的艺术，但是物质的欲望却挥之不去，它始终影响着你的意志，让你不能纯粹。更甚者不断膨胀，最终因失衡、过度而落入俗套。——高苏

宋达 赵慧颖 《源·素》 综合材料 80cmx80cmx200cm 2008

作品用富于现代感的装饰语言符号，诠释着中国传统美学精神空无、虚静的意境，给人以无限的遐想空间。——宋达、赵慧颖

马景仁　《盛世山水系列》综合材料　约高200cm　2007

当下，生活或文化，看似丰富和繁盛，但也许是一种虚假表象，是一种泡沫。在繁荣和华丽的背后往往是一种空虚与荒芜。是一种现代人精神的荒芜。我尝试用一些生活废弃材料来堆砌出中国古代的传世山水名画。我们曾经追求的田园美景，博大的传统文化，现在只剩下什么呢？作品试图提出这种疑问，并体现这种变异和反差现象。在视觉效果方面，表面的诗意画面和实质的废弃材料形成一种极大的视觉反差，让观众产生一种特殊的视觉心理感受。——马景仁

王臻达 《Yang Xiaohu》 玻璃钢着色 约高 120cm 2007

沙伟臣 《爸爸里的空间》 综合材料 420cmx250cmx180cm 2008

住在爸爸的头里，把爸爸的侧卧的头像放大10倍，再精细地雕刻出父亲的皱纹，最后用这个头像的内部作为自己的卧室。——沙伟臣

钟康军 《城》综合材料 220cmx160cmx170cm 2007

《城》是纯粹的金属焊接作品，呈现出一种对未来世界的末日幻想。但我看来，它真正的价值是其作品细节的极致性繁琐！正是这种制作上的“工程浩大”，为作品带来一种处于现代金属与精于后现代卡通语境之间，甚至是震撼性的表达力量。——钟康军

王 超 《思愁知露》 木 230cmx180cmx170cm 2007

《思愁知露》是一件大型的木雕作品。粗犷雕凿出来的组件，被巨大的铁 螺钉扭结在一起，呈现出木雕语言拓展和更新的潜在可能性。三只骆驼和西部残城重叠在一起的意象浑厚而苍凉，把我们带到历史、文化与生命的坚韧行进之中，这在80后的新生代作者中时并不多见的。——王 超

王 君 《少女系列》 松木、榆木 40cmx40cmx70cm 2008（左图）

王国强 《红楼故事 - 丫鬟》 榆木 140cmx30cmx25cm 2008（右图）

李渊博 《都市夜系列》 玻璃钢 165cm 2008

张舒婷 《七宗罪》 玻璃钢 240cmx100cmx75cm 2008

陈继龙 《肩上的信仰》 玻璃钢 150cmx80cmx140cm 2008

亓星光 《新中国第一代建设者》 玻璃钢 170cmx85cmx160cm 2008

张浩光 《悟》 综合材料 60cmx38cmx107cm 2007

《悟》运用实物、光源和投影的换位和错位关系，展开动静、虚实、真幻的视觉思辨，是超越对本土文化符号的简单效仿，而深入到东方智慧与灵性层面的优秀作品。——张浩光

李松涛 《呆若木鸡》 陶 60cmx40cmx50cm 2008

王亚楠 《童年》 玻璃钢 199cmx99cmx181cm 2008

肖祥红 《胸纳百川》 陶瓷 43cmx30cmx25cm 2008

人物

朴石元[韩国] 《积 8707》 花岗石、玄武岩 820cmx300cmx200cm 2007（左图）

Hyonchu Lee[韩国] 《沉思者》 青铜 251cmx100cmx214cm 2007（右图）

绪方良信[日本] 《环的律动》 大理石 300cmx60cmx40cm 2007（左图）

安东尼·司顿斯[英国] 《从雅典到北京》 青铜 约高200cm 2008（右图）

Robert Ward[英国] 《门》 金属 300x200x200cm 2008（左图）

朝野浩行[日本] 《时间之墙》 石雕 约高200cm 2008（右图）

Canu Alessandro[意大利] 《流星》 石 400cmx100cmx100cm 2007（左图）

Ashish Ghosh[印度] 《巢》 金属 约高300cm 2008（右图）

迪娜·梅哈芙[以色列] 《Ezekiel's Vision》 钢 77cmx73cmx57cm 2007（左图）

简·提姆[荷兰] 《梦之径》 大理石 高200cm 2007（右图）

松尾光伸[日本] 《品》 不锈钢、花岗岩 480cm 2007（左图）

雷斯托·伊莫能[芬兰]《闪亮的风》不锈钢 22cmx20cmx37cm 2007（右图）

David Reekie[英国] 《羡慕别人》 玻璃 40cmx25cmx17cm 2007（左图）

叶迪兹·戈娜·图汗[土耳其] 《面具》木 高约50cm 2008（右图）

Jon Barlow Hudson[美国]《风龙》
不锈钢 高900cm 2008（左图）

金昉熙[韩国]《石·印象-08》 青铜
18cmx13cmx63cm 2007（右图）

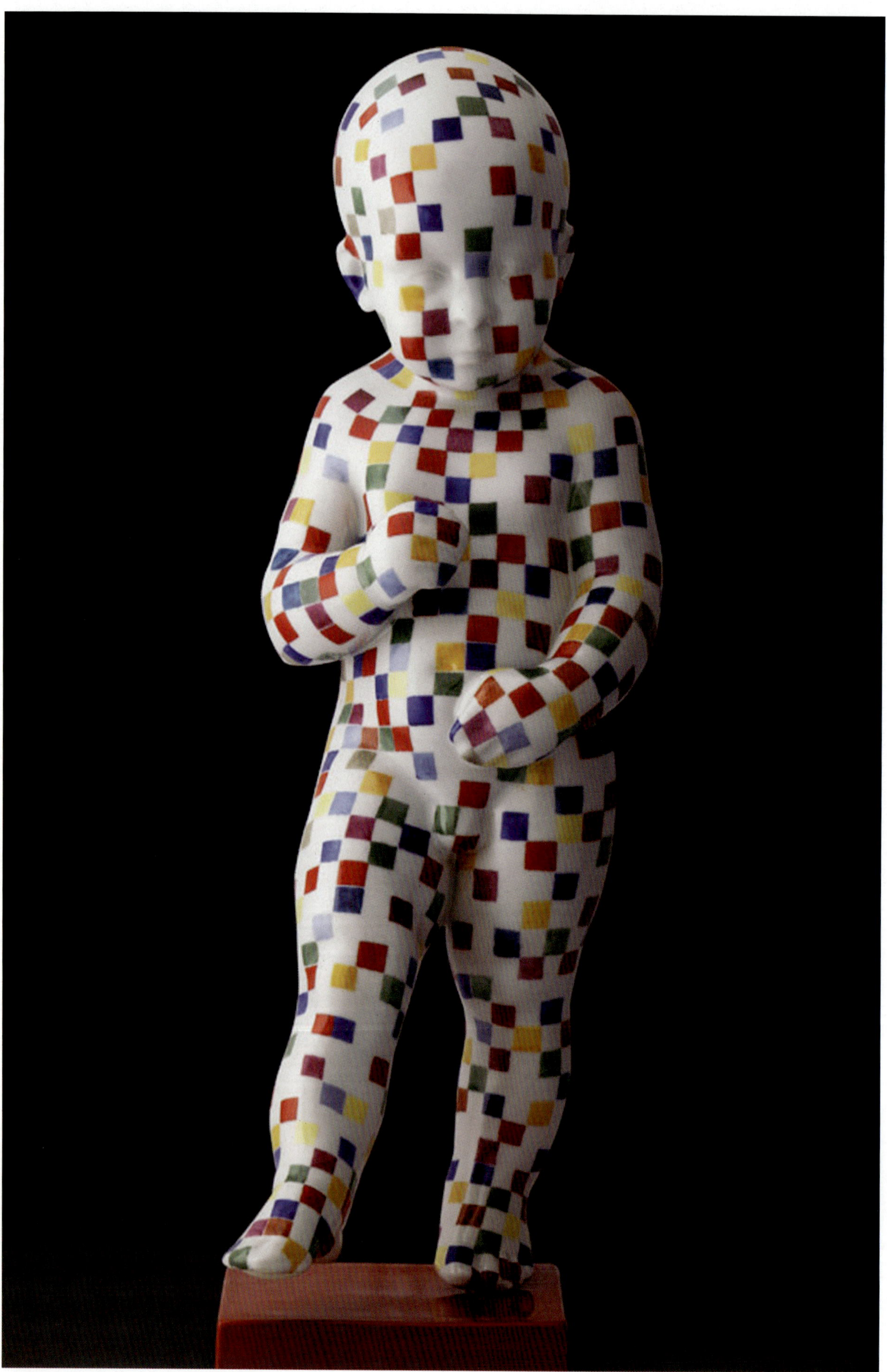

迪奥尼西奥［意大利］ 《小孩 No.6》 陶瓷 高 60cm 2007（左图）

北乡悟［日本］ 《Person-skin1》 综合材料 约高 250cm 2007（右图）

鱼田元生［日本］《蜕皮与再生》 综合材料 25cmx40cmx72cm 2008（左图）

刘·穆诗［荷兰］《困境》 灯箱画 200cmx150cm 2008（右图）

田中等[日本] 《月亮的舞姿》 金属 21cmx25cmx5.5cm 2008

郑官谟[韩国] 《心碑》 金属 40cmx24cmx84cm 2008

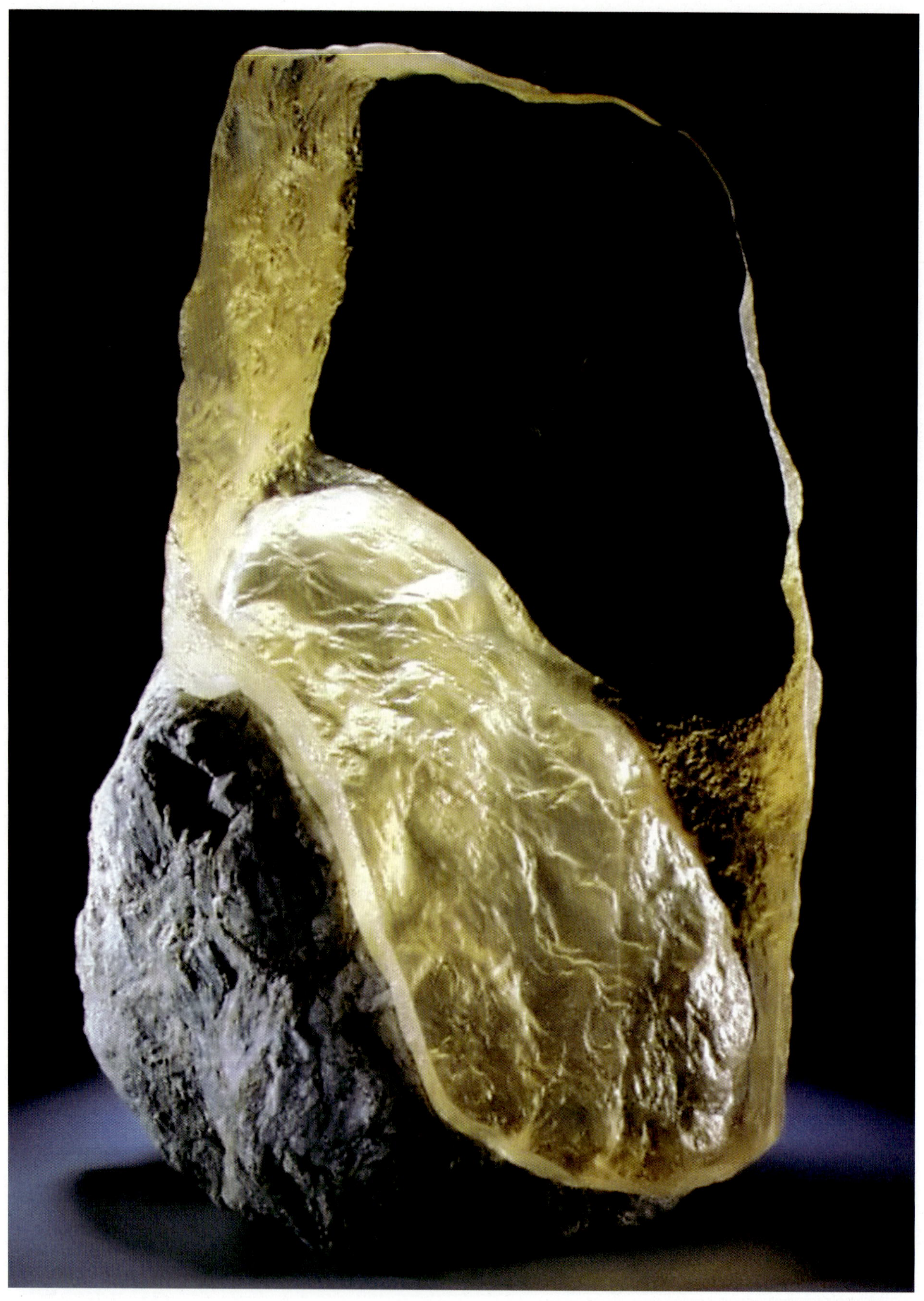

Vladimir Xbynovsky[捷克] 《石之辉光》 玻璃、玄武岩 60cmx24cmx16cm 2007

Devin·Laurence[美国] 《红色河流》 钢 400cmx300cm 2008

金东宪[韩国] 《风-1》 大理石 50cmx23cmx120cm 2007

Marcelo·Wong[秘鲁] 《Cupid》 雪花石膏、金属 15cmx15cmx20cm 2008

田钟武[韩国] 《话头》 铜 230cmx190cmx410cm 2007（左图）

约翰·尼尔森[瑞典] 《Ipsemet》 青铜、大理石 高50cm 2008（右图）

崔满麟[韩国] 《空间》 青铜 16cmx15cmx15cm 2008

Claudio・Capotondi[意大利] 《展翅》 大理石 70cmx35cmx18cm 2008

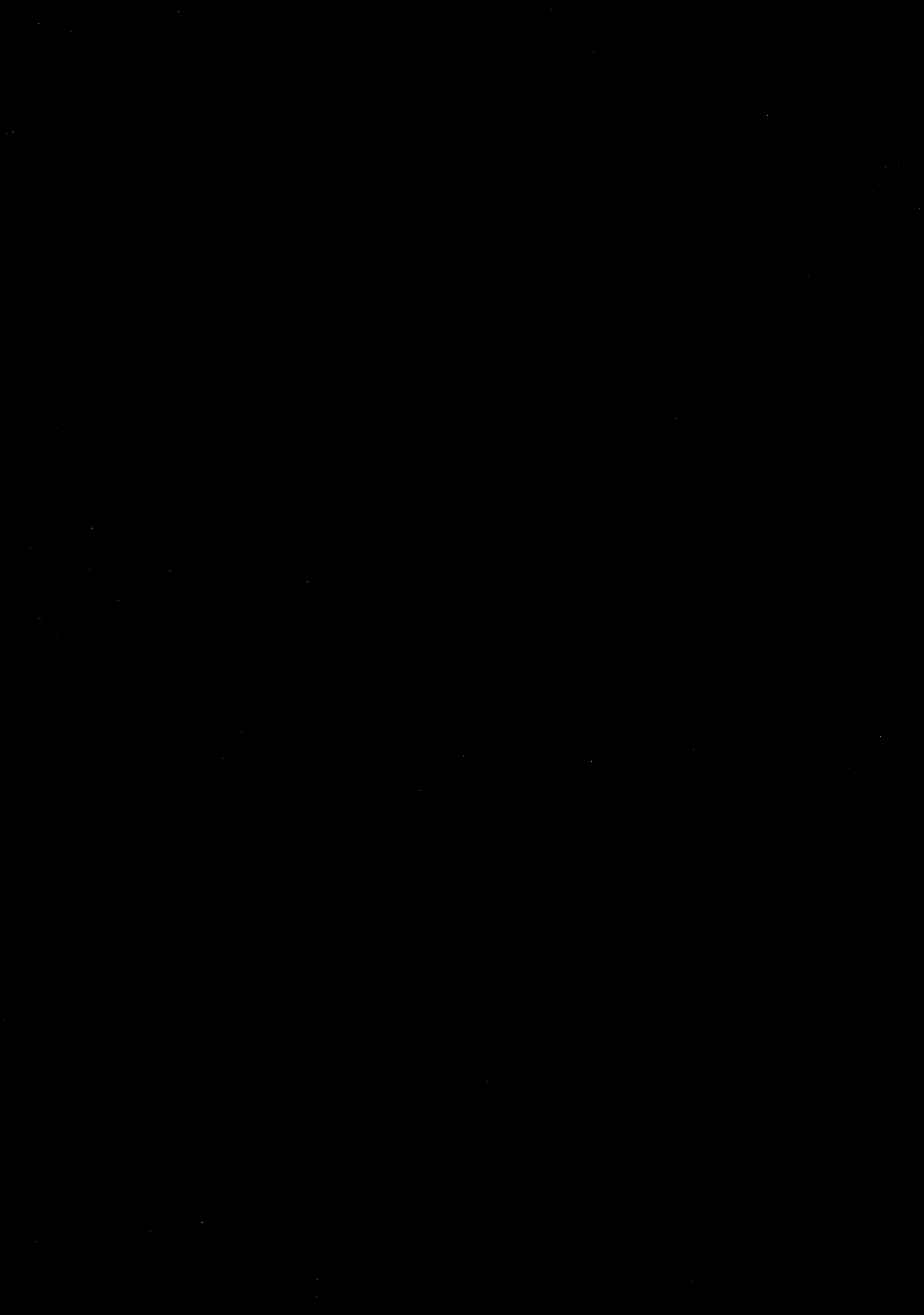

纪事

聚焦 2007

聚焦 2008

聚焦2007年

壹月

◎关键词　舒勇　《泡泡》

2007年1月6日，由著名诗人艾青之子、艺术家艾未未策划的行为艺术家舒勇《泡泡》系列作品展在北京东郊草场地艺术区中国艺术文件仓库举行。舒勇是近年来国内崭露头角的年轻行为艺术家，此次展览选择了一套名为“泡女郎”的作品，因为由一组硕大的乳房雕塑组成，而成为本次展览的焦点。

◎关键词　李占洋　“裸露的人性”

2007年1月7日，由顾振清策划的“裸露的人性”李占洋雕塑个展在朱屺瞻艺术馆展出。“裸露的人性”这个展览是李占洋现实主义创作手法的呈现。日常生活中创作雕塑作品已经是他不可缺少的情感宣泄，这次他给大家带来18组大小各异的雕塑作品，它们分别描绘了他在不同时期身边所经历的一些事情。

◎关键词　“和而不同”中国东北当代雕塑邀请展

2007年1月，“和而不同”中国东北当代雕塑邀请展在雕塑公园艺术馆拉开帷幕。此次展览从1月13日至23日，共展出10天，参展的作品汇集了来自东北三省50多位雕塑家的60余件作品。“和而不同”源于《论语》，借用在雕塑展览上，意在东西方交融、百家争鸣，倡导雕塑作品的个性和特色。

◎关键词　江苏　“分形意象——当代艺术展”

2007年1月，江苏当代艺术家以集体的身份向外展示江苏当代艺术的力量的“分形意象——当代艺术展”在南京博物院展出，吸引了不少南京观众前往。其中有些作品颇有争议，尤其是一件名为《天安门》的雕塑，描绘了“正在熔化中的天安门”，有观众在视觉上、情感上难以接受，并认为这样“有导向性错误”的作品，不应出现在南博这样的艺术殿堂。

◎关键词　傩面雕像

2007年1月8日，在位于红角洲卧龙山景区的南昌世界面具公园，园内的大型傩面雕像、日月广场及面具大道等主要景观已经基本完成，20尊造型各异的傩面人物雕像惟妙惟肖地矗立在广场两侧。这些6米多高的雕像都是各自用一块大石头雕刻而成，最重的达120吨。面具大道将展示中国及世界各具特色的傩面，同时三十余米高的傩魂主雕塑还创造了世界之最。

◎关键词 弘一法师石雕立像

2007年1月，由沈阳鲁迅美术学院艺术家刘毅教授设计的弘一法师3m高石雕立像，安放在惠安净峰寺。弘一法师（1880—1942）俗名李叔同，浙江平湖人，生于天津。他是第一个向中国传播西方音乐的先驱者，所创作的《送别歌》成为经典名曲。他的一生充满了传奇色彩，赵朴初先生评价他的一生为："无尽奇珍供世眼，一轮圆月耀天心。"

◎关键词 张伟 "见山"

2007年1月15日，中央美院教授张伟在新北京画廊推出雕塑个展"见山"，本次展览展出了其30件以山为题材的系列作品。

◎关键词 "卡塞尔文献展50年——移动的档案馆"

2007年1月21日至2007年2月25日，"卡塞尔文献展50年——移动的档案馆"在上海证大现代艺术馆展出。卡塞尔文献展诞生于1955年，该文献展5年举办一次，至今已经成功推出了11届，通过举办文献展，从而见证欧洲的

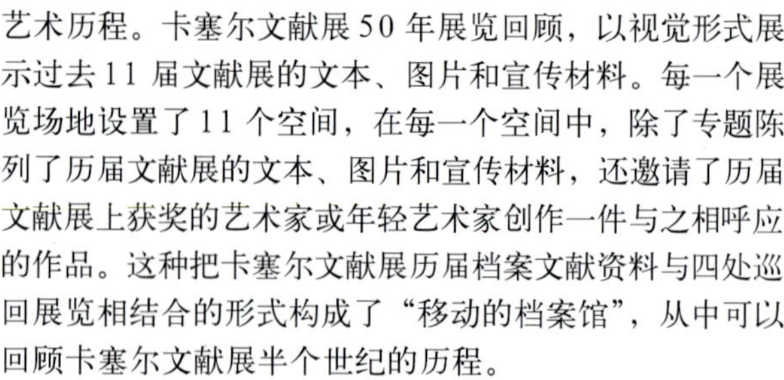

艺术历程。卡塞尔文献展50年展览回顾，以视觉形式展示过去11届文献展的文本、图片和宣传材料。每一个展览场地设置了11个空间，在每一个空间中，除了专题陈列了历届文献展的文本、图片和宣传材料，还邀请了历届文献展上获奖的艺术家或年轻艺术家创作一件与之相呼应的作品。这种把卡塞尔文献展历届档案文献资料与四处巡回展览相结合的形式构成了"移动的档案馆"，从中可以回顾卡塞尔文献展半个世纪的历程。

◎关键词 "2008奥运景观雕塑国际巡展——澳门展"

2007年1月24日至2月1日，为促进人文奥运的全国互动，让奥林匹克精神得到普及性的宣传，"2008奥运景观雕塑国际巡展——澳门展"在澳门隆重举行。展览期间，广大市民与游客可于现场参与评选活动，选出29件(组)自己最喜爱的作品。巡展总主办单位将于今年底选出29件(组)金、银、铜奖的作品，象征第29届奥运会，推荐城市景观建设之用。

◎关键词 "2007年北京雕塑艺术界新年团拜会"

2007年1月27日，由全国城市雕塑建设指导委员会办公室、北京市城市雕塑建设管理办公室联合举办的"2007年北京雕塑艺术界新年团拜会"在京举行。全国城市雕塑建设指导委员会主任陈晓丽、秘书长段喜臣、北京市城市雕塑建设管理办公室主任于化云等出席了团拜会。雕塑艺术家钱绍武、中国雕塑学会名誉会长曹春生、《雕塑》杂志社社长范伟民等及北京雕塑艺术界共计二百余人参加了团拜会。

◎关键词 中国佛文化特展

2007 年 1 月 28 日，中国佛文化特展系列活动在北京拉开序幕。由藏传佛教高僧虔心敬塑并开光的 3100 尊释迦牟尼 12 岁等身缩制像已制作完成。此次特展由中国民族文化宫博物馆、中国博物馆学会民族博物馆专业委员会、中国佛教协会等单位联合主办，展览从 2007 年 1 月持续到 2008 年 9 月。

◎关键词 钱绍武 “造型表演艺术创作研究成就奖”

2007 年 1 月，著名雕塑家钱绍武先生在中国文联 2006 年度“造型表演艺术创作研究成就奖”评选中，获“造型艺术创作研究成就奖”。“造型表演艺术创作研究成就奖”是中国文联专门用于奖励中国在造型、表演艺术领域取得卓越成就的艺术家和艺术理论家，原由文化部主持颁发。本奖项每年评选一次，每年一届，每届评选 10 人。获得造型艺术奖的是冯法祀、朱乃正、吕厚民、阳太阳、沈鹏、金维诺、段文杰、钱绍武、晁楣、常沙娜、黄永玉、崔子范、程十发、靳尚谊。

◎ 关键词 “广州三大名家雕塑园”

2007 年 2 月，“广州三大名家雕塑园”年内全开放，百余雕塑作品出自尹积昌、潘鹤、唐大禧广州三位雕塑家之手。广州市委常委、市委宣传部长陈建华表示，这些作品既是文化的展示，也代表着时代的进程，希望三个雕塑园的建成，会鼓励更多年轻的艺术家投入雕塑的创作中，让雕塑这个岭南文化中的奇葩更加璀璨。

◎ 关键词 “我是兵马俑” 玛瑞安

2007 年 2 月，在北京 798 艺术工厂，一个名为“我是兵马俑”的雕塑展吸引了众多的参观者。这些兵马俑全是女性。来自挪威的女艺术家玛瑞安以写实的方式表现了原大的兵马俑雕塑，材料采用中国的陶土。

贰月

◎ 关键词 傅中望 《进化与退化》 深圳关山月美术馆

2007 年 2 月 3 日，中国雕塑家——湖北省美术学院教授傅中望的雕塑作品《进化与退化》捐赠给深圳关山月美术馆，并在该馆落成。深圳关山月美术馆馆长王小明说，国际知名的美术馆都藏有雕塑作品，该馆在国内精心挑选了两位雕塑家特制雕塑弥补空白。首先落户的是傅中望的作品，另一位雕塑家——中央美院教授隋建国的作品不久也将完成，安家关山月美术馆。据了解，为完成《进化与退化》，傅中望来深圳实地考察，特地去福建惠安选材、制作了这部作品。

◎ 关键词 “刘永刚雕塑绘画作品展” 中国美术馆

2007 年 2 月 14 日，旅德中国蒙古族艺术家“刘永刚雕塑绘画作品展”在中国美术馆登场亮相。刘永刚在德国的十多年中，主要从事架上绘画。也先后受到德国表现主义和新表现主义的影响。但是，当他在西方经过多年的学习和磨练之后，他发现，无论他接受谁的影响，自身的文化背景都在发挥着作用。这使他又自觉地把视点转向对中国文化的重新审视。

◎ 关键词 第一批国家重点公园 长春世界雕塑公园

2007年2月20日，长春世界雕塑公园与北京颐和园、苏州拙政园等20个公园一同被国家建设部批准成为中国第一批国家重点公园。长春世界雕塑公园融合了各国艺术流派，集自然景观与人文特色于一体，不仅展现了中国风景园林的设计艺术，同时还展示了东西方文化艺术的交融和碰撞，被誉为“凝固了音乐的公园”和“世界雕塑艺术的后花园”。

◎ 关键词 万兆泉 “万兆泉雕塑园”

2007年2月，由广州文化公园与广东著名雕塑家万兆泉合作开设的“万兆泉雕塑园”在文化公园九馆前举行揭幕仪式。这里将逐步打造成广州第四个雕塑主题公园，集中展示以西关风情和民族特色为主题的雕塑作品，向游客们免费开放。同时，游客们在这里还可以看到广州美术学院雕塑系学生现场制作雕塑的全过程。

◎ 关键词 第3届天津民间工艺精品博览会 木雕傩面具《开山王》

2007年2月，第3届天津民间工艺精品博览会上，南城县里塔镇民间雕塑艺人王建明的参赛作品木雕傩面具《开山王》获得了金奖。同时，他还被联合国教科文国际民间艺术组织授予“民间工艺美术家”称号。

叁月

◎关键词 沙多·宾大维雕塑展

2007年3月，沙多·宾大维雕塑展在广州美术学院举办。沙多这个展览中的所有雕塑都用金属片或金属板切割成形，所以立体的雕塑看上去就像平面的剪纸。展览共分四个部分。第一部分是1号展厅的大型雕塑装置《进化及其理论》。第二部分在4号厅，包括大雕塑和精致的小雕塑群。第三部分是位于南雕塑园的《秋天的花朵》，由艺术家捐赠给广东美术馆收藏。最后第四部分是录像装置《艺术》。

◎关键词 “看见的和看不见的，知道的和不知道的” 陈劭雄

2007年3月10日至2007年4月8日，“看见的和看不见的，知道的和不知道的”陈劭雄个展在北京u空间举行，在“看见的和看不见的，知道的和不知道的”中观众看到的是一个连贯的水墨动画的展示过程。如同是透过疾驰的火车车窗所看到的沿途风景一样，只不过陈劭雄的这个风景不是高楼大厦，也不是自然风光，而是城市生活中极为平常的种种事物。它们之间并没有先后和轻重之分，但是它们的存在就是一种力量在影响着人们的生活。艺术家试图让人们从习以为常的观看方式中注意到生活中那些被忽略被遗忘的事物，并对它们有一种全新的体会和认识。

◎关键词 “舞王湿婆像” 《西天诸神——古代印度瑰宝展》

2007年3月15日，已经布展到位的展品“舞王湿婆像”的优美舞姿吸引众人的眼球。河南博物院举行《西天诸神——古代印度瑰宝展》媒体见面会，由一百件印度顶级文物组成的“西天诸神”——古代印度瑰宝展3月17日起在河南博物院展出。此次展览由国家文物局和印度考古局主办，中国文物交流中心、河南博物院、首都博物馆、重庆中国三峡博物馆、西汉南越王博物馆共同承办。

◎关键词 “?%??@?! #饿?日” 当代艺术展

2007年3月17日至2007年4月10日，“?%??@?! #饿?日”当代艺术展在当代唐人艺术中心举办。它抗拒策展人体制，尝试以非主题化、非线性的展览思路来策划一个当代艺术的群展，借以摆脱以往那种策展人给出主题，定出框架，然后以此为尺度来筛选和过滤参展艺术家的固有套路。这些参展艺术家大多很年轻，有的已经获得国际性的声誉，有的才刚崭露头角，他们并非是反对策展人制度本身，他们只是籍此探索一条更为自由和开放的道路和方式来介入当代艺术的领域，表达这些年轻艺术家们对社会，对体制，对艺术，对权力的一种反思。

◎关键词 美杜莎胸像雕塑 北京首都博物馆

2007年3月17日，刚刚完成修复的意大利国宝文物——美杜莎胸像雕塑在北京首都博物馆正式展出。这是这件世界雕塑名作首次走出意大利国门。在首都博物馆肃穆的展厅里，这件雕塑静静地立在场地中央迎接东方的观众。美杜莎表情忧郁，头顶上缠绕着众多小蛇，整座雕塑由白色大理石雕成，色泽晶莹。

◎关键词 “妄想国”——中国新生代艺术 上海对比窗艺廊

2007年3月17日至2007年5月2日，“妄想国”——中国新生代艺术展在上海对比窗艺廊举办。“妄想国”展反映了年轻一代艺术家们的兴趣所在。此次展览即以上述观点为出发点，并分为汽车，卡通以及日常生活三个主题，每个主题中，艺术家们都会给出他们对现今生活不同的视角。

肆月

◎关键词 新疆首届雕塑作品展 乌鲁木齐市美术馆

2007年4月1日，新疆首届雕塑作品展在乌鲁木齐市美术馆开幕。本届展览由新疆美术家协会举办，共展出雕塑作品70余件，分别为新疆美术家协会雕塑艺术委员会委员、新疆雕塑爱好者、新疆艺术学院学生的潜心之作。作品展现了新疆的城市建设、风土人情等。展览为期5天，于4月5日结束。

◎关键词 中国工艺美术学会雕塑专业委员会 《雕塑》杂志社 “玛歌春天·中国雕塑名家作品邀请展”

2007年4月1日，由中国工艺美术学会雕塑专业委员会、天津津滨创辉发展有限公司主办、天津市盛世国风艺术馆承办、北京精卫文化艺术中心、《雕塑》杂志社协办的“玛歌春天·中国雕塑名家作品邀请展”在天津玛歌艺术中心开幕。本次展览共展出韩美林、隋建国、范伟民、王小蕙、秦璞、乔迁、彭娣、沈允庆、叶毓山、林家卫、闵一鸣、魏小明、于世宏、陈钢、谭勋、陈连富、霍波洋、李秀勤、殷小烽、陈文令、许鸿飞、陈志勉、袁源、周鹏生、温朝勃、焦兴涛、林靖等当代中国具有相当实力和影响力的雕塑家的代表作品30余件。此展在一定程度上展示了当今雕塑艺术的风貌，此展于4月9日结束。

◎关键词 “雕塑与城市对话——迎世博2007上海国际雕塑年度展” 上海城市雕塑艺术中心

2007年4月“雕塑与城市对话——迎世博2007上海国际雕塑年度展”在上海城市雕塑艺术中心举办。来自法国、智利、意大利、西班牙等国家和中国北京、上海、天津、深圳、成都、广州等城市共190位艺术家的251件作品参加了本次展览。其中绝大多数作品出自中青年雕塑家之手，部分优秀作品被纳入世博园区域城雕建设中。

◎关键词 王小波 郑敏 王小波裸体雕像

2007年4月，在王小波逝世十周年之际，广州美术学院大四学生郑敏创作的王小波裸体雕像，因为王小波家人的强烈反对而被“上海国际雕塑年展”撤展。此事引起了各方的争议。

◎关键词 朱其 “Top10系列展II－中国当代雕塑十人展－媒介与传统的当代道路” 观音堂亚洲艺术中心

2007年4月7日，由策展人朱其策划，亚洲艺术中心筹备的“Top10系列展II－中国当代雕塑十人展－媒介与传统的当代道路”在观音堂亚洲艺术中心开幕，展览吸引了众多媒体、艺术机构以及艺术家，在校学生前来参观。参展艺术家隋建国、展望、于凡、陈文令、刘力国、史金淞出席了展览酒会，并同亚洲艺术中心及现场观众进行交流。

◎关键词 “炎黄二帝巨塑” 河南郑州黄河风景区

2007年4月18日，“炎黄二帝巨塑”在郑州开放，届时举行盛大的祭祖大典。“炎黄二帝巨塑”位于河南郑州黄河风景区的同盟山上，以山体为炎黄二帝之身，向上塑成头像。巨塑高106米，仅二帝面部的面积就有1000多平方米。“炎黄二帝巨塑”用掉混凝土7000多立方米、钢材1500多吨、花岗岩6000多立方米，相当于建造两座12层高的楼房。二帝巨像前是一个南北长650m、东西宽300m的炎黄广场。

◎关键词 《雕塑》杂志社 “和而不同·中国当代雕塑提名展” 炎黄艺术馆

2007年4月25日至29日，由中国《雕塑》杂志社主办的“和而不同·中国当代雕塑提名展”在炎黄艺术馆（北京）举行。这次“和而不同·中国当代雕塑提名展”，是从各展区中精选出来的120余件雕塑作品。

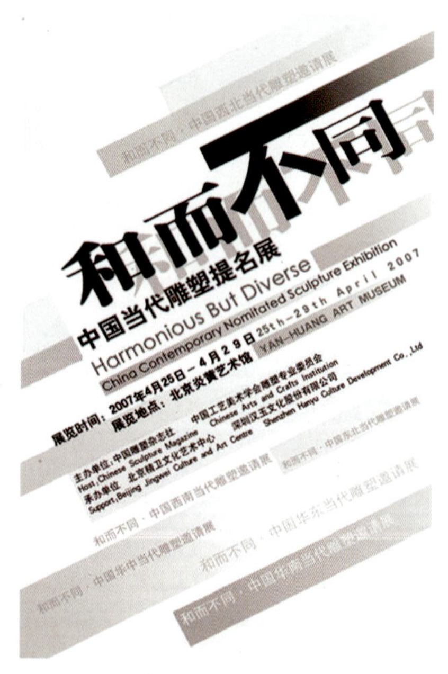

◎关键词 中国工艺美术学会雕塑专业委员会 “第8届中国雕刻艺术节‘汉玉杯’国际石雕邀请赛”

2007年4月28日至2007年5月18日，中国工艺美术学会雕塑专业委员会在深圳举办“第8届中国雕刻艺术节‘汉玉杯’国际石雕邀请赛”。第八届雕刻艺术节由宝安区人民政府，中国工艺美术学会雕塑专业委员会共同主办，钱绍武、韩美林、范伟民等都参加评审组织工作。本次大赛以汉白玉为主要创作材料，以唯美风格为主要追求，以“起点 · 辉煌”为主题讲述深圳的发展变化，讲述历史、讲述当下，讲述未来。

伍月

◎关键词　“可持续幻想——中国媒体艺术系列展览之1999—2007”　北京阿拉里奥北京艺术空间

2007年5月3日至2007年6月10日，“可持续幻想——中国媒体艺术系列展览之1999—2007”在北京阿拉里奥北京艺术空间展出，参展艺术家有曹恺、邱志杰、汪建伟、王郁洋、杨福东、郑云瀚。

◎关键词　“风中冥想——申红飙雕塑艺术个展”

2007年5月17日至5月21日，“风中冥想——申红飙雕塑艺术个展”在中央美术学院展出。申红飙选择了“风”作为他的创作切入点，这是一个具有多种解释空间的母题。在《诗经》中，“风”“雅”“颂”代表了不同艺术类型与风格，暗含了文化的地域性。而申红飙选用的“风”的概念，既有审美范畴中的“风骨”，也有自然之力的“风化”，还有人与自然相互作用所形成的人文“风景”，所有这些，又形成申红飙个人的独特艺术“风格”。

◎关键词　佩尔·柯克比　上海证大现代艺术馆

2007年5月19日至6月11日，丹麦艺术家佩尔·柯克比的作品展在上海证大现代艺术馆展出。此次展览还展出了柯克比的雕塑作品。那些如同科考化石的青铜模型，即便体量不大，作品气质也是沉稳厚重的，很少有修长、尖锐的造型。展览期间，他向上海证大现代艺术馆捐赠了一件雕塑作品。

◎关键词　“2007杨剑平作品展”　上海张江当代艺术馆　“状态”

2007年5月26日至2007年6月17日，“2007杨剑平作品展”在上海张江当代艺术馆举办。本次展览的作品是雕塑家杨剑平自1990年以来所创作的雕塑和摄影共20余件作品。其中的摄影系列，是他对人体感受的另一种表达。展览命名为“状态”，既是对这些人体形象最精练的概括，同时也反映出雕塑家在不同状态下对人的不同理解。

◎关键词　“张峰雕塑展”　上海索美画廊

2007年5月26日至2007年6月15日，“张峰雕塑展”在上海索美画廊举办。在他的作品中，你可以感觉到许多世界雕塑家对他的影响，但都化成了他强烈又特具个人色彩的表现风格，让人感觉到东方精神更像是他作品的灵魂所在。

◎**关键词 “物界” 北京娑罗花馆**

2007年5月26日至2007年6月26日，由中国《雕塑》杂志社主办的，一场名为“物界”的雕塑展在北京娑罗花馆举办。来自全国雕塑界12位活跃的中青年雕塑家们倾其对现实生活的感悟，以具像的自然物料堆砌出通透的雕塑作品，试图穿透物语世界，在人和物质世界的紧张关系中开辟一条审美沟通的途径。

◎**关键词 中国雕塑院 吴为山**

2007年5月28日隶属文化部中国艺术研究院、集雕塑创作、研究、教学于一体的中国雕塑院正式成立，南京大学美术学院研究院院长吴为山获聘为首任院长。吴为山表示，中国雕塑院成立后会组织召开一系列国际学术会议，组织创作中国五千年文化历史人物雕像，组织对中国古代雕刻艺术的考察研究以及其他学术活动，以推动中国雕塑艺术的发展，并设相关奖项以激励雕塑学人。

陆月

◎**关键词 河南省永城市 “刘邦铜像”事件**

2007年6月，河南省永城市花3000万元建“刘邦铜像”事件被媒体曝光后，在社会上引起强烈反响。由河南省有关部门组成的调查组进驻河南省永城市，对大汉雄风“刘邦铜像”事件展开全面调查。

◎**关键词 中央美院2007届本科毕业生作品展**

2007年6月6日到8日，中央美院2007届本科毕业生作品展的雕塑和油画系作品在美院多功能厅和地下展厅展出。本次展览约有毕业生85人参展，初审结果共有11人获得雕塑奖项，10人油画获奖，终审结果在7月份确定。

◎**关键词 “威尼斯双年展” 侯瀚如**

2007年6月10日至2007年11月20日，“威尼斯双年展”正式举办。策展人侯瀚如出任2007年威尼斯双年展中国馆策展人。他选择了四位在国内外都非常活跃的女艺术家：沈远、尹秀珍、阚萱和曹斐参展。侯瀚如认为，四位艺术家代表着中国当代艺术四个不同的年龄段，中国馆将以女性这一独特视角，展现一部中国当代艺术的活历史。

◎关键词 中国·钱江龙 钱江龙

2007年6月22日，高达48m的大型雕塑——中国·钱江龙成为杭州钱塘江畔的标志性艺术建筑。这座雕塑在钱江南岸滨江区的射潮广场落成，成为杭州沿江开发跨江发展的又一见证者。钱江龙雕塑气势雄伟，它与公园西面的“钱王射潮”雕塑遥相响应，形成了“钱王射潮”系列雕塑群体，使绵延已久的钱塘江精神有了具体的载体，同时也为钱江南岸增添了一道新的景观，展示着钱塘江时代的到来和滨江科技城的迅速发展。

◎关键词 第5届Une oeuvre de faience国际雕塑大赛评审团大奖 王臻达

2007年6月23日，第5届Une oeuvre de faience国际雕塑大赛评审团大奖揭晓，来自中央美院的2007届雕塑系毕业生王臻达以作品《Yangxiaohu》获大奖。

◎关键词 田世信雕塑展 北京表画廊

2007年6月23日至2007年7月23日，田世信雕塑展在北京表画廊开展，历时一个月。田世信的一系列历史主题作品显示了他的艺术在形式创造和精神表达上的成熟性。这是雕塑家由“野性”到“人文”转型的完成，它说明在田世信的艺术之中“质”和“文”已经完成和谐与统一。这些作品在精神层面集中地体现出了雕塑家的人文理想和道德理想，体现出了艺术家在当代社会中的“知识分子性”。

◎关键词 北京翰海春季拍卖会 “亚洲当代——油画雕塑专场

2007年6月24日，北京翰海春季拍卖会圆满完成两个各具特色的油画雕塑专场“经典美术——油画雕塑专场(一)”与“亚洲当代——油画雕塑专场(二)”。“经典美术——油画雕塑专场(一)”油画雕塑拍品计127件，成交109件，总成交额为人民币78041600元，成交比率86.51%。“亚洲当代——油画雕塑专场(二)”拍品计82件，成交73件，总成交额为人民币26212480元，成交比率计89.02%。两个专场拍卖成交总额合计人民币104254080元。

◎关键词 2007全国高校毕业生优秀雕塑作品展 清华科技园阳光厅 学术研讨会

2007年6月30日上午9时，2007全国高校毕业生优秀雕塑作品展在清华科技园阳光厅隆重开幕，随后举办了主题为“方向·方式”的学术研讨会。本次展览由中国《雕塑》杂志社、中国教育学会美术教育研究会和清华大学美术学院共同主办，汇集了近130件来自全国22家高校本科和硕士毕业生的优秀雕塑作品。本次展览的作品主题各异、风格多样，充分展现了当代艺术思潮影响下，年轻一代的艺术家对社会、对生活、对文化、对自我的思考和特殊的表达方式。

柒月

◎关键词 青海湖沙岛 首届国际沙雕艺术节

2007年7月，青海湖沙岛举办首届国际沙雕艺术节，主题为“生命自然，圣洁之湖”的组雕和以“青藏铁路”“藏羚羊”为主题的沙雕与游客见面。此次沙雕节主题定位为“人与自然”，主题口号为“青海湖，我们的家园”。主要展现青海湖自然风情和神秘的藏文化。并举行开雕仪式、沙雕作品展示、游客参与沙雕作品制作趣味赛等主题活动，同时举办中国青海汽车摩托车狂欢节、沙岛及沙雕节摄影大赛、藏獒和白牦牛展示等十余项配套活动。

◎关键词 北京华侨饭店 中国雕塑研究中心

2007年7月2日下午，在北京华侨饭店举办了中国雕塑研究中心成立仪式。中国雕塑研究中心于2006年5月开始筹备，2007年2月正式注册成立。中国雕塑研究中心是中国大陆第一个以研究中国雕塑为主要学术方向的非盈利性的民间学术机构。中国雕塑研究中心的主要工作是研究中国雕塑的历史和理论，开展当代中国雕塑的学术研究活动，策划重要的当代雕塑展览，推动中国雕塑家与国际雕塑界的艺术与文化交流，建立中国雕塑研究的图书文献与艺术家资料库。

◎关键词 “奢侈品环球嘉年华展” 北京农业展览馆新馆

2007年7月5日至8日，“奢侈品环球嘉年华展”在北京农业展览馆新馆开幕。此活动由国务院国有资产监督管理委员会轻工机关服务局批准，《奢侈品LUXURIES》杂志和北京铂文佳文化传播有限公司共同主办。届时20把绝世名琴展，法国最顶级的城堡藏品以及难得一见的《思想者》雕像等顶级奢侈品牌都将在展会上亮相。

◎关键词 汽车零部件装置和雕塑作品 山东省第六届汽车艺术节

2007年7月15日，由多家艺术院校参与，凝聚几十名艺术家集体智慧的汽车零部件装置和雕塑作品，在山东省第六届汽车艺术节上亮相。据了解，这些作品的原料都是在汽车维修站废料库里找出来的各种废旧汽车零件，大到车壳、仪表板、轮胎等，小到螺丝、大灯、弹簧等车辆零件。

◎关键词 “《胖子》牟柏岩雕塑展” aye画廊

2007年7月16日至9月9日，“《胖子》牟柏岩雕塑展”在aye画廊展览，牟柏岩的《胖子》也带有鲜明的批判色彩。胖子们在欲望得到极大满足时，也并不是快乐的。他们面无表情，姿态好像怎么都不舒适。玉制的胖子爬在金子做的树上——金玉良缘、丰润圆满，似乎具备了一切幸福的元素，但经过艺术家的罗列，也显现出了无趣甚至悲凉。艺术家带着怜悯之心塑造的《胖子》并不是一个人的塑像，他是想要告诉大家：《胖子》存在于每一个人的身体里。

◎关键词 “塑本求源——当代雕塑邀请展” 高地画廊

2007年7月21日至2007年8月19日，“塑本求源——当代雕塑邀请展”在北京高地画廊举行。作为一种上溯“源头”的方式，高地画廊此展仅仅是提出了一个话题，提出了一个思路，而并不是试图“解决”什么问题。因为这个话题也只有是雕塑界本身才能产生意义，而并没有什么厚此薄彼的意图。同时，此展也是为下一个探讨雕塑语言泛化问题的展览做铺垫。

◎ 关键词 “345度上海新锐艺术大展” 上海多伦美术馆

2007年7月28日至2007年8月28日，“345度上海新锐艺术大展”在上海多伦美术馆举行，该展是上海多伦现代美术馆协同上海惊蛰艺术联盟、意大利适时国际一起组织策办的。今年新锐大展以“345度”为题主要是传达我们寻觅和探索的一种过程，一种正在进行的状态，希望做到全面的360度的搜索和圆满！展览现场主要分为油画和雕塑两大部分，共占美术馆1、2、6三层展厅。旨在推动中国年轻艺术家多样性的创作与研究，关注当今年轻艺术家的创作状态，探讨年轻艺术家的发展新趋势，加强学术引导，促进艺术创作的交流。

捌月

◎关键词　“2008奥运景观雕塑国际巡展汇报展”　中华世纪坛

2007年8月5日，被列为北京奥运倒计时一周年官方重要活动的“2008奥运景观雕塑国际巡展汇报展”在中华世纪坛开幕。这次汇报展将展出300多件奥运景观雕塑方案、30余组大型展品。巡展活动自2005年8月8日启动，从五大洲90多个国家的应征作品中选出290件优秀方案，已经在全球20个城市展出。

◎关键词　国家文物局　香港苏富比有限公司　马首铜像　何鸿燊

2007年8月，国家文物局在获悉香港苏富比有限公司将拍卖马首铜像后，立即与该公司有关负责人取得联系，指出该文物原属圆明园海晏堂御制十二生肖铜像之一，是西方列强侵略中国时掠夺的珍贵文物，国家文物局不赞成公开拍卖，希望该文物能以适当方式回归。国家文物局博物馆司司长宋新潮表示，国家文物局对何鸿燊先生的爱国行为表示诚挚谢意，对香港苏富比公司为促成文物回归所做努力表示赞赏，并将在适当时候隆重举办马首铜像捐赠仪式，同时向公众作专题展出，以示褒扬。何鸿燊获悉后慷慨出资，经香港苏富比公司协调，最终与委托人达成马首铜像转让协议，并决定将其捐献国家。

◎关键词　“温柔的强硬”　王艽雕塑作品　广东美术馆

2007年8月16日至2007年9月9日，“温柔的强硬”王艽雕塑作品在广东美术馆9号厅展出。本次展览展出作品30余件，这些作品是王艽在1997–2007十年中的创作精华，也是女艺术家成长轨迹和艺术转型的一部断代史。

◎关键词　四川省文化厅　中国《雕塑》杂志　“首届中国职业雕塑家作品联展”　四川省成都市高新西区非物质文化遗产国家公园艺术馆

2007年8月20日，由四川省文化厅和中国《雕塑》杂志共同主办的2007成都“首届中国职业雕塑家作品联展”决定在四川省成都市高新西区非物质文化遗产国家公园艺术馆举办，由四川雕塑艺术院承办。来自全国各地和四川本地的250多件雕塑艺术品也从20日起，在三圣乡的荷塘月色画廊和高新区的非物质文化遗产公园公开展览一个月。首届全国职业雕塑家作品联展主题为“我雕故我在”，意在强调雕塑家的创作主体意识，要时刻提醒自己不要忘记自我，不要迷失自我，要通过动手创作来体现自我的存在价值，不要失语，不要自我边缘化。

◎关键词　“2007中国艺术博览会暨首届送拍作品展”　中国国际展览中心

2007年8月22日，“2007中国艺术博览会暨首届送拍作品展”在中国国际展览中心开幕，本届艺博会共有不同艺术门类的近万件作品参展，由中国人民对外友好协会、中国民族文化促进会、中国收藏家协会和中国文化艺术有限公司共同主办。本次展览特设入选送拍作品展区、油画作品展区、国画作品展区、残疾人公益展区、特邀国作品展区及艺术礼品展区等，其中特邀国津巴布韦、莫桑比克展区，首次集中展示代表非洲文化特点的当代艺术家原创作品，有取材稀有、技法精巧、构思奇特的古老头像、面具，以及奇幻莫测的树家族群雕，纯朴精致的动物木雕等艺术精品。艺博会于8月26日落幕。

◎关键词　广东省雕塑家座谈会　广州潘鹤雕塑艺术园

2007年8月24日下午，广东省雕塑家座谈会在广州潘鹤雕塑艺术园召开，该座谈会为“转型·建构2008首届广东雕塑大展”系列活动之一。新一届的广东省美协雕塑艺委会委员与大家见面，雕塑艺委会主任、广州美术学院院长黎明向与会的雕塑家通报了艺委会未来三年的工作重点。雕塑艺委会秘书长、广州美院雕塑系主任林国耀对首届广东雕塑大展的一些具体问题作了说明，并回答了大家提出的问题。

玖月

◎关键词 “动物凶猛——动物艺术的中国方式” 北京墨画廊

2007年9月1日至2007年10月14日，“动物凶猛——动物艺术的中国方式”在北京墨画廊展览，参展艺术家有隋建国、张小涛、杨劲松、苍鑫、沈少民、陈文令、陈志光、萧昱、华庆。本次展览以动物的凶猛和变异为题材，关注当代艺术中一种重要的现象。动物不再是以往那种温顺可爱的配角了，动物有其自己的性格特征和行为方式，动物的凶猛和变异，作为对人类自身难以克服的顽疾的反叛和反映，开始在当代艺术家的作品中大量出现。举办这个展览的目的，是试图对这种现象做一次全面的学术总结和分析展示，以学术为统领，改变此前对动物题材艺术活动的简单炒作或者否定的做法，揭示出蕴藏在这种现象背后的深刻的世界范围内的学术线索和学理，以证明中国当代艺术的国际视野和本土自身所带有的特色。

◎关键词 瞿广慈的展览“集体主义” 上海证大现代艺术馆

2007年9月2日至2007年9月16日，瞿广慈的展览“集体主义”在上海证大现代艺术馆展览，面对瞿广慈的雕塑《菜刀帮》，观众就不能不被那种表面虔诚狂热得有些愚蠢可笑、实则油滑狡诈的面貌所刺激，甚至是震惊。

◎关键词 “SH Contemporary 2007上海艺术博览会国际当代艺术展” 上海展览中心

2007年9月6日至2007年9月9日，“SH Contemporary 2007上海艺术博览会国际当代艺术展”在上海展览中心展出，“SH Contemporary”的主焦点是参展的艺术家和他们的作品。所以展会汇集了由被邀请的亚太区和国际画廊及艺术经销商所展示的经选择的艺术家，两个由Pierre Huber先生主持的特殊平台将给予展会一个特殊的焦点。上海艺术博览会国际当代艺术展将用一个全新的方法，将艺术融入到真正的当地市场与国际市场的结构关系中。在此次艺术展中，上海的地平线将会被描绘成充满创意及艺术感的芭蕾舞蹈。

◎关键词 第6届“蓝色空间”环保雕塑展 门头沟滨河世纪公园

2007年9月6日至2007年10月8日，第6届“蓝色空间”环保雕塑展首次在京郊门头沟滨河世纪公园举行。展览汇集了从全国挑选的70多件优秀作品，作者围绕“同在蓝色星球上”主题，利用废弃物品创作出造型各异的雕塑作品，将环保与艺术在大自然中完美结合。

◎关键词 刘建华的“出口——货物转运” 沪申画廊

2007年9月6日至2007年10月26日，刘建华的“出口——货物转运”在上海外滩三号沪申画廊展出，通过对多种媒材的创造性运用，呈现当今世界发达国家与发展中国家的社会经济现状的一个缩影，并提供深刻的反思。艺术家将以艺术的方式介入这个话题。他将通过对物质属性与价值概念的转换，提供一个关于经济、金融、政治价值观、权力、艺术等多向度的切面。

◎关键词 “目的地装置艺术展” 上海ov画廊

2007年9月7日至2007年10月20日，“目的地装置艺术展”在上海ov画廊展览，参展艺术家有沈少民、史金淞、白宜洛、史晶、李晖、刘卓泉。

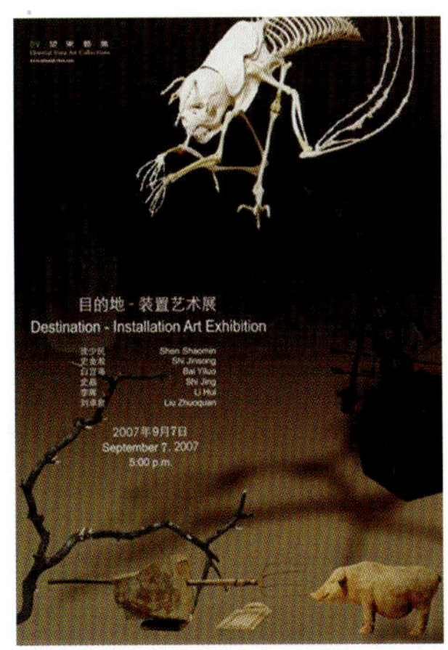

◎关键词 “钻——奥沙艺术空间上海开幕展”

2007年9月7日至2007年9月23日，“钻——奥沙艺术空间上海开幕展”正式举办。“钻石时代”是小说家尼尔·斯蒂芬森最受欢迎的一本科幻小说的标题，被置换在超现代的未来上海。标题延伸了人类历史的分类，从最初的石器时代，到伴随技术革新的青铜时代和铁器时代，再延伸至一个后技术时代的未来。这个词非常贴切地描述了中国当代艺术的断裂、澄澈与辉煌。这也是奥沙画廊新的上海艺术空间开幕展的标题。

◎关键词 “第10届伊斯坦堡双年展” 侯瀚如

2007年9月8日至11月4日，“第10届伊斯坦堡双年展”由伊斯坦堡文化艺术基金会所于伊斯坦堡市举办。展览策展人侯瀚如同时是旧金山艺术学院展览暨公共计划的主持人。第十届伊斯坦堡双年展将不采取传统的主题式展览，而是强调在以艺术制作为基础的集体思考和实际场所的协调过程。台新银行文化艺术基金会受邀赞助三位台湾艺术家——陈界仁、陈慧峤及彭弘智赴土耳其展出，展出作品分别为：陈界仁《八德2005》《路径图2006》《继续中2006》、陈慧峤《此时此刻－古老的感觉2006》《此时此刻——知觉的泡泡在结束中开始2006》与彭弘智《十诫及伊斯兰注解2007》。

◎关键词 “天人之际” 沈少民

2007年9月8日至2007年10月21日，“天人之际”是2007年秋天在北京展出的沈少民的四个个展的总名称。其中两个展览“天安门”和“磕头机”于9月8日在今日美术馆和唐人当代艺术中心分别展出。而《歼－X》在站台中国与在四合苑画廊的《盆景》于9月9日同时展出。四个展览都是由旅美著名策展人巫鸿策划，每个展览都是各自独立，又相互关联的装置作品。环顾此次《天人之际》展览的四件作品《磕头机》《天安门》《歼－X》和《盆景》，它们的一个共同之处是以不同的方式、从不同的角度开发当代艺术中的想象和解读空间。用沈少民的话来说也就是“揭秘”。这四个作品的另一个共性是它们都聚焦于“过程”之上：虽然以静态客体的形式出现，它们并不是传统意义上的雕塑或装置，最重要的原因在于它们所表现的都是调查、设计和制作的过程。

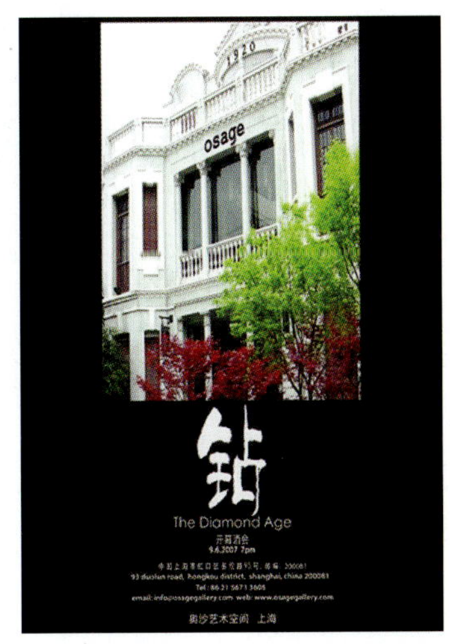

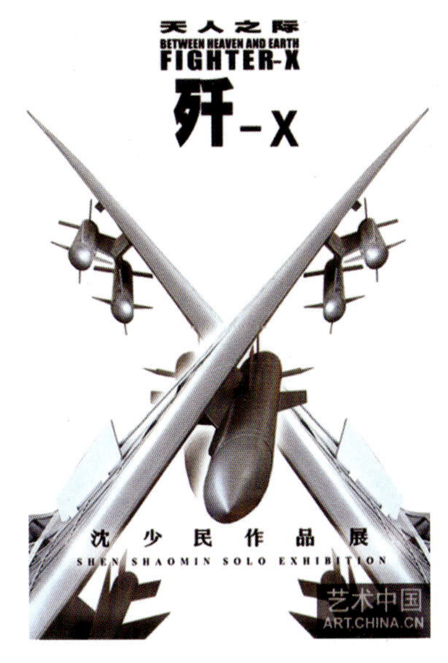

◎关键词　“对话·沟通—北京·世界—主题雕塑邀请展”　北京工业大学

2007年9月19日至2007年9月30日，“对话·沟通—北京·世界—主题雕塑邀请展”在北京工业大学隆重举办。“对话·沟通—北京·世界—主题雕塑邀请展自2007年3月起，经过了近6个月的筹备。本次展览是由北京工业大学建筑与城市规划学院与中国民间文艺家协会彩塑专业委员会共同主办，北京美术家协会雕塑艺委会和YMCA白雪美术研究会协办，主题为“绿色·运动·生命”。本届邀请展共收到来自全国19个省、直辖市、自治区共计265件雕塑作品方案。经专家初评，筛选出120余件作品参展，其中包括清华大学美术学院、中央美术学院、中国美术学院、鲁迅美术学院等共27所国内专业院师生的作品。

◎关键词　“第7届南京路雕塑邀请展”　上海南京西路五卅广场　上海市城市雕塑委员会　上海市黄浦区人民政府

2007年9月20日，上海“第7届南京路雕塑邀请展”在上海南京西路五卅广场隆重举办，这次展览由上海市城市雕塑委员会办公室与上海市黄浦区人民政府共同举办，展期为2个月。展览邀请了中国老一辈雕塑家、寓言雕塑的开创者刘政德教授及法国的雕塑家皮埃尔玛丽·勒热纳先生携其独特的变形字体雕塑前来参展，展出作品共43件。

◎关键词　“第2届中国美术·长安论坛”　西安美术学院　“写意精神——中国美术的魅力”

2007年9月20日至22日，“第2届中国美术·长安论坛”在西安美术学院举行，共有来自全国各地的60余位著名中国画家和理论家出席了会议。由中国美术家协会主办的“中国美术·长安论坛”是中国美术界最高层次的理论研究学术会议，本届论坛的主题是“写意精神——中国美术的魅力”。中华民族以东方人的世界观和审美趣味追求写意精神，创造了最富有浪漫色彩和审美旨趣的伟大的意象艺术。论坛期间同时举行了由刘文西、杨晓阳、吴山明、江文湛、霍春阳等著名画家参加的“中国当代写意画邀请展”。

◎关键词　“艺术突破：亚洲画廊学术邀请展”　全国农业展览馆（新馆）

2007年9月20日至2007年9月23日，“艺术突破：亚洲画廊学术邀请展”在全国农业展览馆（新馆）举办，此次学术委员会根据学术主题邀请参展画廊的艺术家，用他们的作品来搭成整个主题展，彰显展览的学术定位。

艺术突破:亚洲画廊学术邀请展

◎关键词　“网：再现空间、时间与文化”　前波画廊

2007年9月20日至2007年11月3日，“网：再现空间、时间与文化”在前波画廊展出。这个展览包括了18位艺术家的新作，对“网”的概念进行反思。由于这个概念本身的复杂性，这些作品涉及了历史、文化、哲学等多方面问题，以及“网”本身作为一个人类基本视觉形象的意义。

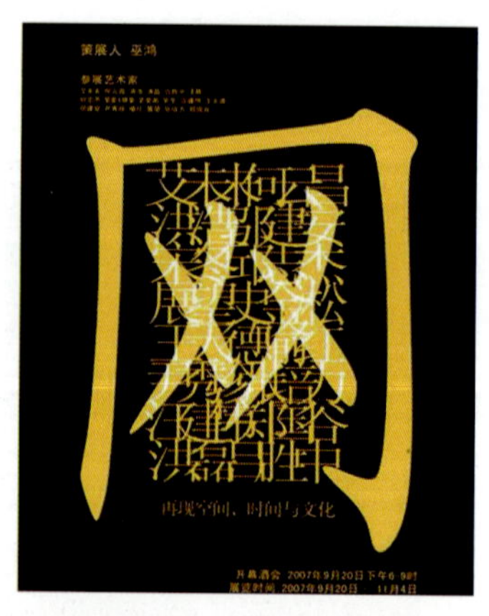

◎关键词　瞿广慈、向京、曹晖和陈文令的雕塑作品展　“指鹿为马”三尚空间

2007年9月21日至10月21日，瞿广慈、向京、曹晖和陈文令的雕塑作品展在三尚空间举办。主题是“指鹿为马”，他们的作品都和双面身份性有关。动物和人，女性和男性，人和自然等等在他们的作品中都被表现为一对身份悖论，也就是“指鹿为马”。

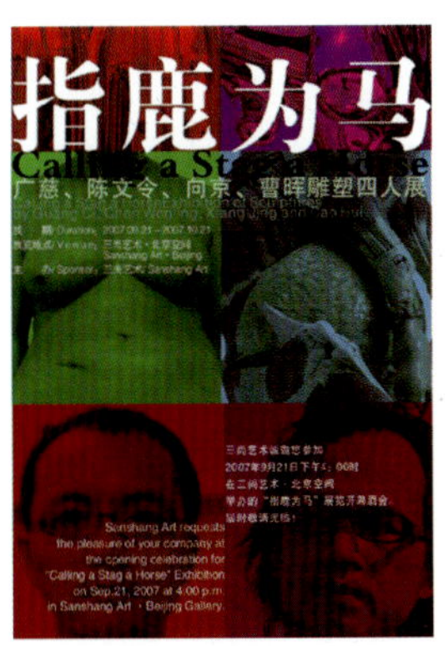

◎关键词　2007 中国（嘉祥）石雕艺术节　中国雕塑学会

2007年9月25日至27日，由中国雕塑学会、山东省文化厅、济宁市人民政府主办，济宁市委宣传部、济宁市文化局、嘉祥县人民政府承办的2007 中国(嘉祥) 石雕艺术节，在济宁市嘉祥县举行。这次嘉祥石雕艺术节立足于石雕之乡嘉祥的资源优势，借助曾子故里的深远影响和汉画像石深厚的历史文化内涵，对于进一步提升嘉祥乃至济宁在全国全省的知名度和影响力，将发挥极为重要的作用。

◎关键词　艺术教育杂志社　“2007第3届全国艺术院校院长高峰论坛”　沈阳师范大学

2007年9月26日，由艺术教育杂志社主办，沈阳师范大学承办的“2007第3届全国艺术院校院长高峰论坛”在沈阳师范大学召开。本次论坛旨在进一步推动艺术教育中新兴学科的建设、发展和创新，探索艺术教育的新模式，总结艺术教育的成功经验，解决我国目前高等艺术教育中存在的问题以及提出积极的对策与发展方向。

◎关键词　“山西省首届雕塑艺术作品展”山西大学美术学院

2007年9月28日，“山西省首届雕塑艺术作品展”在山西大学美术学院开展，展出的近百件架上雕塑作品是山西省雕塑艺术家近年的力作。展览力求全面反映山西省雕塑艺术的整体面貌与创作状态。本次展览还展出了多位国内著名雕塑家的代表作品。

◎关键词　史钟颖　红门画廊

2007年9月29日，史钟颖最新的油画、雕塑和装置作品在红门画廊展出。史钟颖在他的新作品中继续体现了当代佛教的审美理念，他最新创作的油画详细地阐述了他的雕塑作品，带有金属色泽的各种形状朦胧于画布之上。艺术家从佛学理念中找寻灵感，使其作品包含了矛盾、理想与效果，并从中探索空间与时间之间的关系。

拾月

◎关键词　《超女纪念碑》　孙振华　戴耘

2007年10月，孙振华、戴耘创作的《超女纪念碑》参加了第2届宋庄文化艺术节，由于其视觉形式语言的取材而引发莫大争议。

◎关键词　程允贤雕塑艺术馆　江西南昌

2007年10月1日，中华人民共和国成立58周年之际，中国艺术家程允贤雕塑艺术馆在江西南昌落成。该馆由南昌市政府与中国雕塑家学会以及程允贤先生之子、当代中国青年雕塑家程兵联手策划兴建，位于南昌市青云谱区南部梅湖南岸，建筑面积4000多平方米。馆内陈列近百尊神态各异的肖像雕塑，其中有孙中山，毛泽东、刘少奇、周恩来、朱德、邓小平、彭德怀等领导人，各界贤达鲁迅、张大千、刘开渠等。程允贤雕塑艺术馆是目前中国唯一的大型综合性军事历史博物馆。

◎关键词　“观念的形态：1987 – 2007中国当代艺术的观念变革”　湖北省艺术馆　湖北美术学院美术馆　美术文献艺术中心

2007年10月9日至10月29日，“观念的形态：1987 –

2007 中国当代艺术的观念变革”在湖北省艺术馆、湖北美术学院美术馆、美术文献艺术中心举办。本届美术文献展的主题的根本用意是在当代艺术被体制化和市场泡沫化的时刻，呈现出中国当代艺术中那些具有独立实验精神的创造，并从 20 年的历史中寻找这些观念实验的来源。本届美术文献展并非完全历史性地呈现过去，也并非简单地呈现当下，其真正的目的在于呈现现在和过去之间那些被遮蔽和忽视的关联。

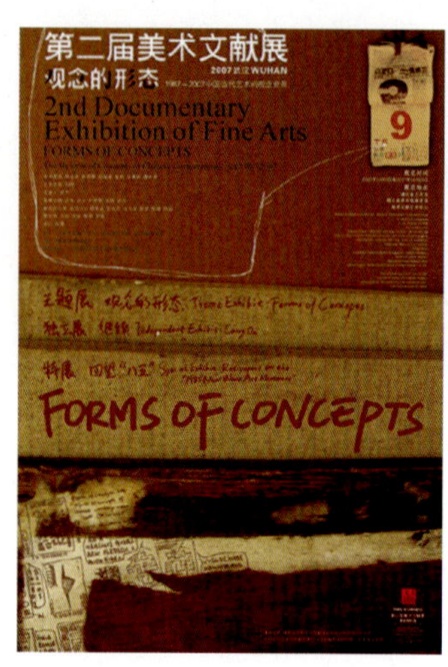

◎关键词 北京今日美术馆 “2007 首届今日文献展”

2007 年 10 月 17 日至 11 月 16 日，北京今日美术馆推出主题为“能量——精神、身体、物质”的大型展览——“2007 首届今日文献展”。她将从中国出发逐步建立起国际性的艺术交流机制。将与国内外重要的双年展、三年展并行发展，并以此为平台，起到不同文化间对话的作用。北京今日美术馆特邀请策展人黄笃作为首届文献展的总策展人，把“能量”作为展览主题，集中反映当代艺术的活力与蜕变。来自中国各地的 50 多位艺术家将展示各自丰富的想象力和创造力。

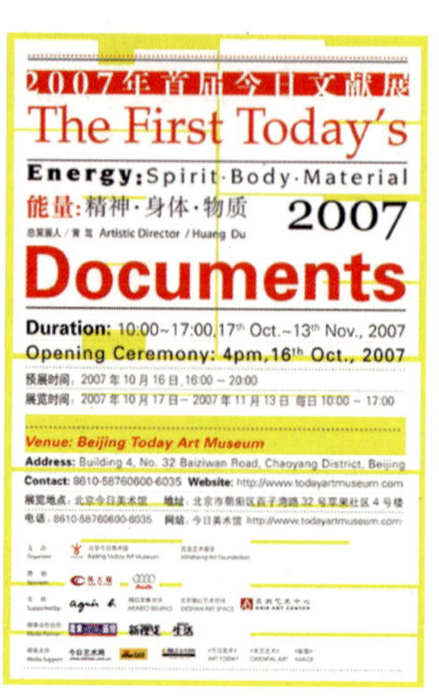

◎关键词 “泛雕塑艺术展暨第 13 届中国雕塑论坛” 上海世贸商城 中国工艺美术学会雕塑专业委员会 中国《雕塑》杂志社

2007 年 10 月 11 日至 14 日，2007 年“泛雕塑艺术展暨第 13 届中国雕塑论坛”在上海世贸商城四楼举行。本次展览由轻工业联合会批准，由中国工艺美术学会雕塑专业委员会及中国《雕塑》杂志社共同主办。这是一次学术上的革命和创新，是创意文化产业的一次有意义、有价值的尝试与探索。

◎关键词 “奥运之梦——2007 国际城市雕塑艺术展研讨会” 金池蟒山会议

2007 年 10 月 20 日，“奥运之梦——2007 国际城市雕塑艺术展研讨会”在北京十三陵水库边的金池蟒山会议中心召开。曾成钢和魏小明分别主持了上午和下午的会议。共有来自中国、希腊、瑞士、美国、德国、韩国、加拿大、奥地利、以色列、土耳其、印度、马其顿、西班牙等国家的 15 位艺术家在会上发言，从不同的角度介绍和阐释了他们对公共艺术发展的见解，包括他们各自国家的公共艺术状况，运作方式和经验，以及他们自己的作品。

◎关键词　“点穴：隋建国的艺术展”

2007年10月20日，“点穴：隋建国的艺术展”在上海举行。岭南美术出版社为展览出版了画册。共收录隋建国作品约85件，评论文章5篇，访谈和对话3篇。这些作品和评论记录了隋建国自1987年至2007年的整个创作过程，可以理解为是隋建国的回顾展。

◎关键词　“德中雕塑、摄影艺术展”　CFC写字楼

2007年10月20日，“德中雕塑、摄影艺术展”在CFC写字楼大堂中举办，本次活动是“2007德中文化艺术年”系列活动之一。作为一个重要的分展场，长发中心的大堂里放置了德中著名艺术家的雕塑、摄影作品，其中的雕塑作品更是将长期展示在长发中心各栋楼的大堂。

◎关键词　“降吉祥”　上海原弓美术馆　吕胜中

2007年10月20日，“降吉祥”在上海原弓美术馆以影像和装置的形式作为2007上海电子艺术节的组成部分再次重磅推出，这也成为人们新的关注和议论的焦点。艺术家吕胜中创造了小红人这一独特的形象，此形象是从人类早期的图腾和图画表现手法中提取抽离出的剪纸艺术形式。艺术家想通过这一形象探讨人类汉藏文化在远古时期的共同性和人类心理的共通性。从蛙型人身的形象中我们依稀看到巫文化的影子，看到人和动物的紧密联系，动物以及人类水陆两生的变迁。

◎关键词　“青春无忌——青年雕塑家作品展”　NEW GALLERY

2007年10月26日，以青年雕塑家为主体的“青春无忌——青年雕塑家作品展”在NEW GALLERY展出。参展雕塑家有吴松、巴秋、赵桢、陈洁、崔宇、黄春平这些活跃于雕塑界有潜力的青年雕塑家。这次展览围绕着青春这个主题展开，这些青年雕塑家的作品虽然面貌不同、风格迥异，但都无一例外地摆脱了追求合法性的共谋中类型化的陈述，致力于建立自己的视觉叙述模式，彰显了雕塑及其他空间艺术未来的发展空间。

◎关键词　2007广州雕塑院新作展　广州艺术博物院

2007年10月，由广州市文化局、广州市美术家协会、广州雕塑院共同主办的一年一度的2007广州雕塑院新作展在广州艺术博物院展览。该展览展出了广州雕塑院年内雕塑家们的新“身体实践”作品50余件，其中的代表作包括俞畅的《取舍》《归真》等。

◎关键词　第6届中国（惠安）国际石雕石材暨园林碑石博览会

2007年10月，第6届中国(惠安)国际石雕石材暨园林碑石博览会拉开了帷幕，吸引了包括港台在内的中国28个省(区、市)和国外24个国家的1300多名客商和雕刻艺术家参会。博览会期间，还将举办首届中国惠安石木雕艺术精品拍卖会，开设中国陵园建设论坛，召开中国石材工业协会石雕石刻专业委员会筹备大会，兴办博览会参展作品“惠艺杯”雕艺精品评比大赛，举行第四届传统雕刻“聚龙杯”大奖赛。

拾壹月

◎关键词　长征计划 2002—2007 五周年回顾展　长征空间

2007年11月1日至11月11日，长征计划 2002—2007五周年回顾展在长征空间举行。展览回视5年来长征所走过的历程，在长征的思想、观念和话语，以及独立的艺术综合体的组织结构和空间建设等的大框架下，尽量全面呈现长征在国际和本土，个人和集体，理论和实践的多个层面的成败与矛盾，由作品、文本、史料、遗物、图片、影像、实物等形态构成。

◎关键词　“追补的历史——馆藏中国当代作品展”　广东美术馆

2007年11月1日至12月9日，“追补的历史——馆藏中国当代作品展”在广东美术馆拉开帷幕。展览以图使观众们对当代艺术切入现实生活的种种状貌有一个直观的了解，同时也是对本馆当代艺术藏品进行的一次学术梳理。为展示当代艺术收藏之精品，呈现当代艺术收藏的

学术风格，集中反映广东美术馆当代艺术收藏之历程，从作品层面呈现出收藏成果，特组织馆藏中国当代艺术展。

◎关键词　“85 新潮：中国第一次当代艺术运动”　尤伦斯当代艺术中心

2007 年 11 月 5 日至 2008 年 2 月 17 日，“85 新潮：中国第一次当代艺术运动”在尤伦斯当代艺术中心举办。这是自 20 世纪 90 年代以来“85 新潮”艺术第一次深入、完整的展示。本次展览展出来自 30 个艺术家个人和团体的 137 件作品。除了“85 新潮”代表作品的展示以外，本次展览还向公众展示大量从未发表的文献，深入地揭示这场历史性的艺术运动的内在思想。

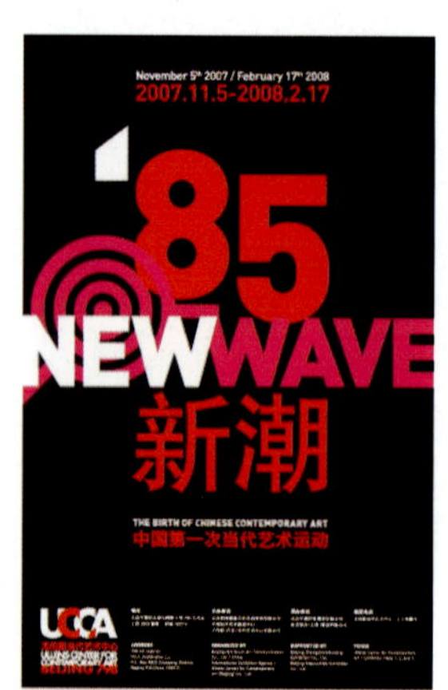

◎关键词　第 3 届宋庄文化艺术节

2007 年 11 月 8 日，宋庄举行了第 3 届宋庄文化艺术节的开幕式，推出多个展览、论坛等活动，成为国内镇一级举办的最大型的当代艺术活动。今年宋庄文化艺术节属于第 2 届中国北京国际文化创意产业博览会的分会场之一，艺术节持续到 11 月 20 日结束。

◎关键词　上海城市雕塑艺术中心　“南北雕塑交流展”

2007 年 11 月 11 日，在上海城市雕塑艺术中心开馆两周年之际，由鲁迅美术学院、上海油画雕塑院和上海城市雕塑中心联合主办的“南北雕塑交流展”　在淮海西路 750 号上海城市雕塑艺术中心举行。共有 37 位学院派雕塑家的近 60 件作品参加本次展览。通过交流互动形式，来深入思考彼此共同关注的问题，从而形成南北之间互相促进、互相提示的交流格局，共同促进中国当代雕塑的文化自觉。

◎关键词　科考船“雪龙”号

2007 年 11 月 12 日 10 时，中国惟一从事极地破冰航行的科考船“雪龙”号开赴南极执行第 24 次南极科学考察任务，很少人知道，一尊特殊的雕塑作品正随“雪龙”号前往，并将被放置于南极冰盖的最高区域冰穹 A 上，成为中国首尊登上南极的雕塑。这座雕塑就是由厦门青年艺术家吴曦煌创作的黄铜雕塑《华夏苍穹》。

◎关键词　“上海第 1 届钢雕展”

2007 年 11 月 12 日，宝山区举办了“上海第 1 届钢雕展”。作为上海第 3 届创意产业活动周的项目之一，“钢雕”这个还是陌生的艺术品会以丰富生动的形象展现在观者面前。

◎关键词　李小山　“周一清　杨明作品展”　南京四方当代美术馆

2007 年 11 月 17 日至 31 日，由李小山策展的“周一清　杨明作品展”在南京四方当代美术馆举办。杨明的雕塑在圈子里受到过一致好评，多年来，他的创作没有间断，时常有让人眼前一亮的新作问世。

◎关键词　“软力量：亚洲态度”　上海证大现代艺术馆

2007 年 11 月 17 日至 12 月 28 日，“软力量：亚洲态度”首次登陆上海证大现代艺术馆，“软力量：亚洲态度”的策展团队是一个高端的国际化队伍，其中担任总策划的是上海证大现代艺术馆馆长沈其斌，两位策展人皇甫秉惠、比利安娜分别来自澳大利亚和塞尔维亚。它于 2007 年 7 月起，辗转于波兰、德国进行巡回展示。

◎关键词　“方力钧展览”　上海美术馆

2007年11月18日至11月29日，由上海美术馆、中国民生银行和上海大家文化艺术基金共同主办，由张晴策划的“方力钧展览”在上海美术馆举行。本次展览展出艺术家近期创作的油画与雕塑近30件／套作品，其中绝大部分作品是第一次公开展出。在这些作品中，我们可以看到艺术家所呈现的一种更为放松的艺术状态，创作手法和思想意念都进入一种更为舒展的境地。

◎关键词　2007’当代雕塑开放展　北京展览馆

2007年11月22日至11月25日，2007’当代雕塑开放展作为国家文化部主办的第二届中国国际艺术品投资与收藏博览会的特别主题展，于2007年11月22日至25日在北京展览馆举行，作为艺术博览会的专业主题展览，组织方希望通过这种开放的展示方式和公益的准入条件，真正让最具创新精神的当代雕塑艺术作品亲近广大人民群众，实现艺术与生活的互动交融。参加本次联合展览的雕塑作品，均为活跃在当代雕塑界的代表性中青年艺术家精心创作，2007’当代雕塑开放展无疑将成为艺术博览会上又一个引人注目的崭新亮点。

◎关键词　“重构的世界图景”　成都K·画廊

2007年11月24日至12月21日，“重构的世界图景”在成都K·画廊举办。8位艺术家分别是郭伟、李一凡、罗发辉、钟飙、赵能智、张小涛、陈文令、师进滇。

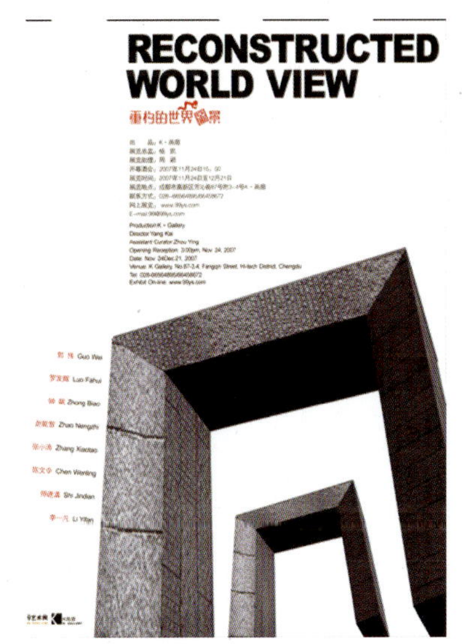

◎关键词　“向往永恒——王洪亮雕塑艺术展”　中国美术馆

2007年11月25日至30日，“向往永恒——王洪亮雕塑艺术展”在中国美术馆举办，24日召开研讨会，由邵大箴先生主持。

拾贰月

◎关键词 “自转——南京青和当代美术馆开馆展” 南京青和当代美术馆

2007年12月1日至15日，由朱朱策划的“自转——南京青和当代美术馆开馆展”在南京青和当代美术馆展览。参展艺术家有曹小冬、柴小刚、丁方、管策、沈勤、徐累、徐维德、徐一晖、杨志麟、赵勤、包忠、曹恺、陈辉、董文胜、高波、葛震、刘国夫、罗荃木、孙新宇、孙俊、吴翦、徐弘、俞洁、于小雨。本次展览力图从历史的角度，对江苏当代艺术的源起和发展做一次纵向的梳理和横向的展示，全面呈现“红色·旅”当年和当下创作面貌的同时，重新认识和确立其学术价值，由点及面地映射出当代艺术在近20年跨度中的发展生态，探讨未来的可能，并由此凝聚起本地艺术家的创作力量，提升本地艺术家的整体形象。

◎关键词 殷小烽 第23回韩国雕刻家协会展

2007年12月3日至8日，东北师范大学美术学院院长殷小烽一行应韩国檀国大学邀请，赴韩国进行学术交流，并应邀出席了第23回韩国雕刻家协会展。该展由韩国的雕塑组织“韩国雕刻家协会”举办。

◎关键词 “寂静·幻象”的艺术创作展 北京今日美术馆 叶锦添

2007年12月5日，名为“寂静·幻象”的艺术创作展在北京今日美术馆揭幕，作为艺术家叶锦添的首场大型艺术创作个人展，此次活动受到了艺术界、时尚界、娱乐圈的广泛关注。一直在电影与时尚界游走的艺术家叶锦添，在首次个展中呈现的创作作品，并非是其赖以成名的服装系列，而是他默默琢磨多年的摄影作品、影像装置和诸件大型雕塑作品，其中最为引人瞩目的是专为顶级珠宝品牌CHOW TAI FOOK FINE JEWELLERY设计的以龙为主题的钻石摆件——“睡龙吟Dragon Dreams”。

◎关键词 清华大学美术学院 “韩国中央大学雕塑系、中国清华大学美术学院雕塑系教授作品交流展”

2007年12月7日至11日，在清华大学美术学院举行了“韩国中央大学雕塑系、中国清华大学美术学院雕塑系教授作品交流展”。此次展览是为促进中韩两国当代雕塑的交流合作，为两国的雕塑家提供一个相互学习与交流的机会。这些雕塑家虽全部来自学院，但探索的方向大不相同，所关注的题材和呈现的样式也因人而异。

◎关键词 “天行健——中国当代艺术前沿展” 北京亚洲艺术中心

2007年12月15日至2008月1月13日，“天行健——中国当代艺术前沿展”在北京亚洲艺术中心举行。亚洲艺术中心邀请到批评家及策展人方振宁先生来共同策划举办这次开幕首展“天行健——中国当代艺术前沿展”，方振宁先生以“天行健，君子以自强不息”这句话来比喻中国前卫艺术的现状，企图梳理前卫艺术的近代历史沿革，远瞻未来并再创新局。由于2007年是中韩建交15周年和中韩交流年，同时也是在2008年中国举办奥运之际，这次选择以中国当代艺术家作品作为新空间的开幕首展，可以说是具有非常意义的。

◎关键词 “第6届深圳当代雕塑艺术展：透视的景观” 何香凝美术馆OCT当代艺术中心

2007年12月16日，由何香凝美术馆OCT当代艺术中心主办，深圳华侨城集团、华侨城地产协办的“第6届深圳当代雕塑艺术展：透视的景观”，在何香凝美术馆OCT当代艺术中心主展厅开幕。此次当代雕塑展由冯博一策展，主题为“透视的景观”。策展人将当代雕塑置于“城市”这一语境之中，“景观”描述的是透望城市的一个瞬间。

◎关键词 “五人作品展” 中国美术馆

2007年12月17日至24日，“郑作良、裴建国、韩卫国、丁宗江、崔光武五人作品展”在中国美术馆展出。他们均是中国美术家协会会员或中国书法家协会会员，分别在油画、版画、雕塑及书法等专业有着数十年的刻苦努力，术业专攻，取得一定的成绩。从不同的生存经历和生活背景，五个人相聚到了中国美术馆典藏部，这本身就是难得的缘分。尽管各自的艺术追求不同，但总的说来大家的专业水平大致相当，并且有一个突出的共同特点，所取得的专业成就主要是来自艺术实践。

◎关键词 “我的奥林匹克” 翁奋个展 北京当代唐人艺术中心

2007年12月22日至2008年1月10日，“我的奥林匹克”翁奋个展在北京当代唐人艺术中心举办。本次展览里，艺术家继续以讽刺性的手法来探索隐藏在集体狂欢式的由消费主义带动的全民梦想之下的人的欲望。这是一个多媒体的展览，作品运用了多种的手法和风格以及表现形式，包括雕塑，摄影，装置，现成品的组装和Video录像等。

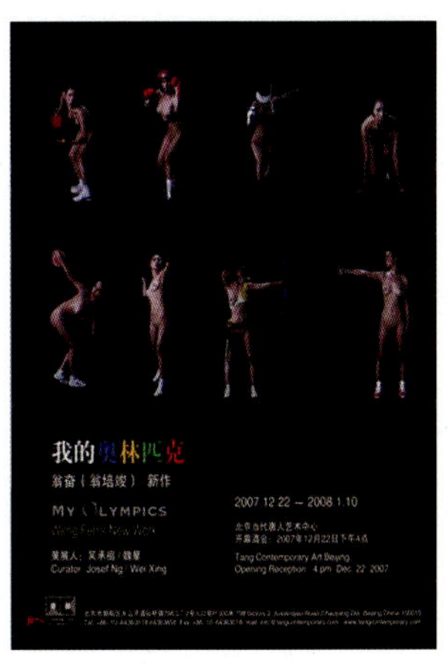

◎关键词 “国家遗产：一项关于视觉政治学的研究方案” 英国曼彻斯特科学工业博物馆

2007年12月16日，“国家遗产：一项关于视觉政治学的研究方案”是由黄专、约翰·海雅特（John Hyatt）策划、何香凝美术馆OCT当代艺术中心、英国曼彻斯特艺术与设计研究与创新学院（MIRIAD）共同主办的文化视觉史研究项目，在英国曼彻斯特科学工业博物馆展出。参展艺术家包括王广义、汪建伟、隋建国、卢昊、曾力。该展览的主题是：中国近现代“国家”概念形成的思想史和视觉史意义。

◎关键词 “意派：中国‘抽象’三十年展北京观摩展” 墙美术馆新馆

2007年12月16日至2007年12月23日，汇集徐冰、朱金石、王鲁炎、谭平等40多位中国当代艺术家的80多件作品，“意派：中国‘抽象’三十年展北京观摩展”在墙美术馆新馆，举行大规模的观摩展，展览免费开放。本次展览，由艺术批评家、策展人高名潞策划，参加墙美术馆观摩展的作品，囊括了西班牙巡展所有展品的精华部分。

◎关键词 中国工艺美术学会雕塑专业委员会第3次全国代表大会

2007年12月22日，中国工艺美术学会雕塑专业委员会第3次全国代表大会在北京隆重举行，来自全国各地的近百位代表出席了会议。中国工艺美术学会秘书长陈兴国先生、中国雕塑学会会长曾成钢先生、北京市园林局原副局长刘秀晨先生在会上致辞，雕塑专业委员会第2届主任钱绍武先生和常务副主任范伟民先生分别做了学术总结报告和工作总结报告。范伟民先生在总结报告中指出，雕塑专业委员会第2届常务委员会自1998年起已整整工作了九年。这九年里，第2届常务委员会坚持办会宗旨，紧密结合国家有关政策方针，积极举办能够梳理现状、提出解决策略的学术论坛及研讨会，在实践上开展多种形式的展览、大赛及交流活动，努力办好学会刊物，加快培养本学科跨世纪的创新型人才，加强行业自律建设，维护雕塑家的合法权益，为促进我国雕塑事业的繁荣发展做出了应有的努力，创建了"中国雕塑论坛""中国雕刻艺术节""全国高校毕业生雕塑专业优秀作品展"等品牌展会，在业内和社会上产生了一定的影响。

◎关键词 "动漫美学超链接" 北京月亮河当代艺术馆

2007年12月26日至2008年2月24日，"动漫美学超链接"在北京月亮河当代艺术馆展览。这次月亮河文化创意产业园区的"动漫美学超链接"特展，以张晓东博士主持的快乐公社为主展场，结合以艺术为号召的英智国际健康管理中心，共同推出动漫美学跨领域的原创作品展览、表演，及讲座活动。未来的月亮河文化创意产业园区，将以月亮和当代艺术馆为中心，进一步结合月亮河艺术会所酒店、月亮河温泉会馆，将艺术与健康、生态、科技、旅游、会议和文化相互结合，注入了创意无限的新活力，将"月亮河"形塑为国人自创的生活美学品牌，在全球交流的耀眼平台上横空出世，成为国际瞩目的文化创新产业的中国样式。

聚焦2008年

壹月

◎关键词 上海城市规划展示馆 "物质的微妙能量——意大利当代雕塑回顾展"

2008年1月，上海城市规划展示馆近日开幕的"物质的微妙能量——意大利当代雕塑回顾展"由意大利加鲁佐视觉艺术协会、中国对外艺术展览中心、上海市对外文化交流协会、上海城市规划展示馆共同主办，展览汇集了31位艺术家50余件、组雕塑作品。此次展览作品从上世纪60年代到新世纪初，时间跨度长达40年，反映了意大利当代雕塑走向"轻灵"的历史趋势。

◎关键词 "转型·建构——2008首届广东雕塑大展" 广州美术学院美术馆

2008年1月1日至14日，由广东省文联、广东省美术家协会、广州美术学院联合主办的"转型·建构——2008首届广东雕塑大展"在广州美术学院美术馆举办。1月4日，"转型·建构——2008首届广东雕塑大展学术研讨会"在广州美术学院举行。

◎关键词 "孺子牛·深圳魂"牛文化艺术品收藏展 深圳市档案馆

2008年1月8日，"孺子牛·深圳魂"牛文化艺术品收藏展，在深圳市档案馆展厅隆重开幕。这次展览由深圳市委市政府主办、深圳市档案局承办。这次展览展出深圳市老领导厉有为收藏的450余件牛雕艺术品及书画艺术品。这些藏品来自国内34个省、自治区、市，其中北京、深圳的最多；来自全球40多个国家和地区，有法国制作的镶有蓝宝石眼睛的牛头烟斗、巴西的驼峰牛、印度的古铜牛、巴基斯坦的玛瑙牛、意大利的水晶牛、津巴布韦的津玉牛。

◎关键词 “西班牙现代艺术大师雕塑展” 天津博物馆

2008年1月13日至2008年2月25日，“西班牙现代艺术大师雕塑展”在天津博物馆开幕，此次展览由西班牙国家对外推广署、瓦伦西亚现代艺术博物馆和天津博物馆共同主办，西班牙外交与合作部、西班牙文化部、西班牙驻华大使馆合办。本次展览展出了西班牙4位著名雕塑家的73件金属雕塑艺术精品——胡里奥·冈萨雷斯以及深受其影响的马丁·奇里诺、安德雷·阿尔法罗和米盖尔·纳瓦多。有人物造型、城市、工具等70多件，不仅在西班牙，在世界上也很受称赞，其中胡里奥被称为现代雕塑史之父，他的作品也来展览，他的雕塑艺术不仅在西班牙，在世界上很多地方都广受赞誉。此次展出的是冈萨雷斯创作生涯中最具代表性的作品。

◎关键词 “盛世和光——敦煌艺术大展” 中国美术馆

2008年1月19日至2008年2月26日，由中国美术馆和敦煌研究院联合主办的“盛世和光——敦煌艺术大展”首次大规模展现在中国美术馆。另外，“古韵新风——敦煌研究院美术研究所创作展”“面壁生华——艺术名家与敦煌”两个别开生面的展项也将同时与观众见面。“盛世和光——敦煌艺术大展” 是中国美术馆2008年的开年大展，是2008北京奥运的重要文化项目。这是敦煌艺术第一次走进中国美术馆，也是一次最全面的、最具学术脉络的敦煌艺术展。展览积极响应党的十七大提出的文化大发展大繁荣、构建社会主义和谐社会的号召，展期横跨2008年春节。届时，承载着千年民族文化的敦煌艺术将为国家和百姓祈福纳祥。

◎关键词 何香凝美术馆 曦城·全国美术院校毕业生雕塑年展 曦城会所

2008年1月23日，经过精心筹备与策划，由何香凝美术馆主办的“曦城·全国美术院校毕业生雕塑年展”在曦城会所开幕，12名入选的来自全国十大美院的应届毕业生、研究生们和他们的原创作品共同亮相雕塑展开幕式。本届雕塑展活动是“曦城生活赏”的重要组成部分，由何香凝美术馆主办、招商华侨城投资有限公司倾力支持。经过近一年时间的精心筹划准备，主办方从全国十大美术院校中挑选出24位优秀应届毕业生、研究生，由其根据曦城具体地理景观提交原创作品参选。

贰月

◎关键词 “传统与风情——越南铜器展”

2008年2月2日至2月28日，由中国首都博物馆、越南国家历史博物馆共同举办的“传统与风情——越南铜器展”在首博地下一层A展厅向公众展出。这次首博的越南铜器展览是我国和越南交换展项目的第一步。在2008年北京奥运会之后，首博也选送了藏品赴越南国家历史博物馆展出，让精美的文物成为两国友谊的使者。

◎关键词 许鸿飞的雕塑个展

2008年2月，广州雕塑院副院长、雕塑家许鸿飞的雕塑个展在法国巴黎第八区展览馆隆重开幕。展览展出许鸿飞的《肥女》系列雕塑26件，展期将为一个月。艺术大师黄永玉亲自为展览题字叫做“胖雕塑”，还写出了一段别有风味的前言：“人说女子是男人的太阳，现在许鸿飞带着他的胖太阳们到巴黎去了！”

叁月

◎关键词 “违章建筑II” 长征空间

2008年3月1日至2008年4月4日，“违章建筑II”在长征空间隆重举办。长征计划在2006年推出了“违章建筑I”，作为2008年长征空间的首个群展，“违章建筑II”除了参加人数多达30多位的特点外，还将在布展等呈现方式上有个特征明显的违章：打破现当代美术馆白色空间中的约定俗成的阐释作品的方式，否定作品在空间中视觉的和声音上的区隔，在这么一个主题展中，拥抱物理的关联才能建立视觉与心理的关联，从而达到最大程度的矛盾碰撞。否定常规性对作品之间的线性语义或独立意义的叙述形式，这种混杂的并置以隐晦的暗示和高调的矛盾来消解导引企图，还是无法回避主观的策展意图，从而使“违章”和“建筑”成为一个真实性的主体现场。

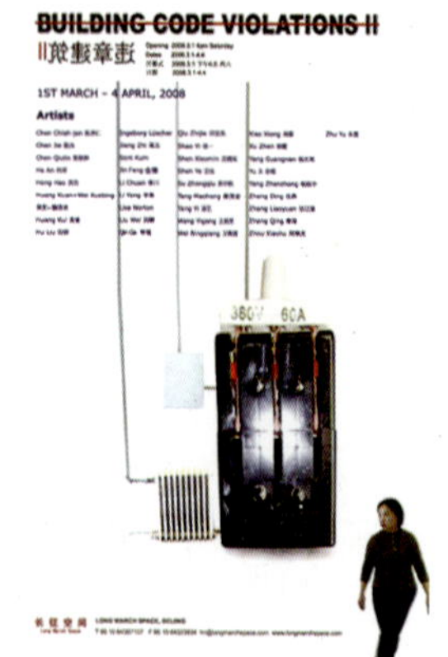

◎关键词 “苍鑫神话II——苍鑫个展” 北京墨画廊

2008年3月6日至2008年4月6日，“苍鑫神话II——苍鑫个展”在北京墨画廊展览。艺术家尝试以不同材质来表达自身的语汇，是当代艺术中最耐人寻味的处境，所采用的材质，都有特定延伸的暗喻，尤其是在装置的场域之中，将各类材质放置于同一时空中，材质间互相对话的语境及连惯性正是阅读展览的奥妙之处。此次在北京墨画廊展出的作品，是以数码照片、素描、不锈钢及铁制雕塑为主；数码照片是以苍鑫的天人合一系列再衍生出来，艺术家虚拟复制数个自身形象投入于原始山川沼泽之中，点燃篝火，以萨满巫师或是原始部落的聚集特定仪式，表现尊天重地新自然的对话方式。

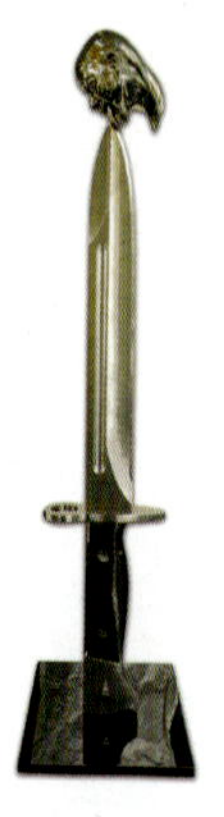

◎关键词 “物质的微妙能量——意大利当代雕塑回顾展” 中国国家画院美术馆

2008年3月6日至27日，由中国对外艺术展览中心、意大利加鲁佐视觉艺术协会、中国国家画院、意大利驻华使馆主办、北京中展丹青展览有限公司、中国国家画院美术馆承办的“物质的微妙能量——意大利当代雕塑回顾展”在中国国家画院美术馆隆重展出。以“物质的微妙能量”为创意主题的理想创作将传统的模制形式的雕塑融入当代生活，在探索对建筑设计、音乐、哲学、摄影以及光影与空间之间的互动的可能性过程中，逐步将实体与抽象建设连接，从而产生出一个有声有色有物质有虚幻的艺术空间，这也是当代雕塑的一次挑战，一种潮流，一种发展趋势。

◎关键词 “对接·熔合” 天津美术学院金属雕塑展

2008年3月6日，“对接·熔合”天津美术学院金属雕塑展开展。展览共展出天津美术学院雕塑系金属雕塑工作室三年来的优秀作品40余件，呈现了当代金属雕塑艺术的主要技术方法与形式语言。该展览主题命名为“对接·熔合”如同建筑在其所构筑的空间关系中，构筑并改变着人的生活，在“对接”与“熔合”中我们的艺术得以常新。

◎关键词 惠特尼双年展 纽约

2008年3月6日至6月1日惠特尼双年展在纽约盛大举行。其中3月6日为预展开幕。惠特尼美术馆至1932年首次举办双年展以来，至今已成功举办过73届大展，本次展览是第74届。与往届展览不同的是，本届大展除了在惠特尼美术馆本埠展场进行展出之外，自3月6日到23日，位于纽约帕克大道的军械库将作为其延伸展场，用来展示装置和行为艺术作品。

◎关键词 “打鸟” 北京梯空间

2008年3月8日至31日，“打鸟”在北京梯空间展览。参展艺术家有孙原、彭禹、隋建国、沈少民、吴玉仁、李晖、石玩玩、辛云鹏、卫秉强、李颂华、盛剑锋、高峰。

◎关键词 “易——李津、冯峰、庆庆、蔡志松联展”

2008年3月8日至2008年4月3日，“易——李津、冯峰、庆庆、蔡志松联展”在北京dr画廊展览。参展艺术家有李津、冯峰、庆庆、蔡志松。此次展览，四位艺术家带来了他们各自风格迥异的艺术作品。无论是李津豪放中见诙谐与叛逆的水墨、冯峰的诗般情怀的绘画、庆庆美丽与哀愁的装置、还是蔡志松忧国忧民的雕塑。艺术家们用彼此不同的艺术语言诠释了一个相同的主题，并表达了对中国传统文化的爱和深深的敬意。

◎关键词 “深度呼吸——中国当代女性艺术展” 上海苏河艺术

2008年3月8日至2008年4月8日，“深度呼吸——中国当代女性艺术展”在上海苏河艺术展览。展览主题“深度呼吸”，具有以下三层含义：“深度呼吸”，显示一种积极地对待生命的态度和面对世界的方式；“深度呼吸”，代表一种穿透现实生活的表层，进入个人和世界的存在深处的思考和创作方式；“深度呼吸”，显现当代女性艺术创作的内在动力和外在张力。女性艺术在中国的发展已形成了一种稳健成熟的态势。中国女性艺术家们从历史与现实的双重束缚中突围出来，在进行自我实现的同时也在勇敢地承担作为独立、自由艺术家的使命。她们从不同的角度和层面切入现实与生活，通过敏锐、细腻的观察、体验与感悟，以独特的个性化语言表达自己对世界的认知、立场和观点。

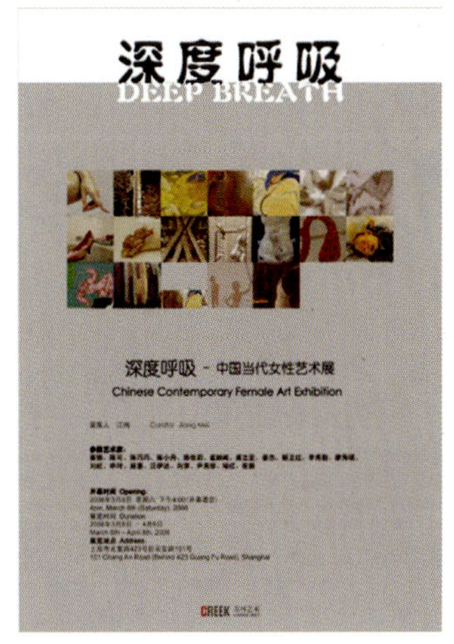

◎关键词 “观念的拓展”首届中国雕塑学术论坛

2008年3月15日，“观念的拓展”首届中国雕塑学术论坛在北京国际竹藤大厦举行。孙振华、殷双喜主持会议，曾成钢、隋建国、陈云岗、范伟民、宋伟光、冯博一等艺术家和理论家代表作了发言。

◎关键词 “春光乍现——亦安画廊北京开幕展” 北京亦安画廊

2008年3月15日至2008年4月5日，“春光乍现——亦安画廊北京开幕展”在北京亦安画廊展览。参展艺术家有尹朝阳、罗荃木、瞿广慈、向京、Matthew · Barney、Stephen · Balkenhol、Anish · Kapoor、Marc · Quinn等。“春光乍现happy together”中可见的Matthew Barney、Anish Kapoor、Stephen Balkenhol，都是这世代前卫且富人文内涵的艺术家，尤其德国艺术家Stephen Balkenhol的雕塑作品以木头表现独特风格，木头温暖的质感和作品散发出的现代性疏离，呈现一种原创性的交融。而年轻纽约艺术家

Roxy Paine以聚乙烯所雕出如装置般的半平面作品，则和Matthew Barney的NO RESTRAINT的鲸鱼油成了有趣对应。

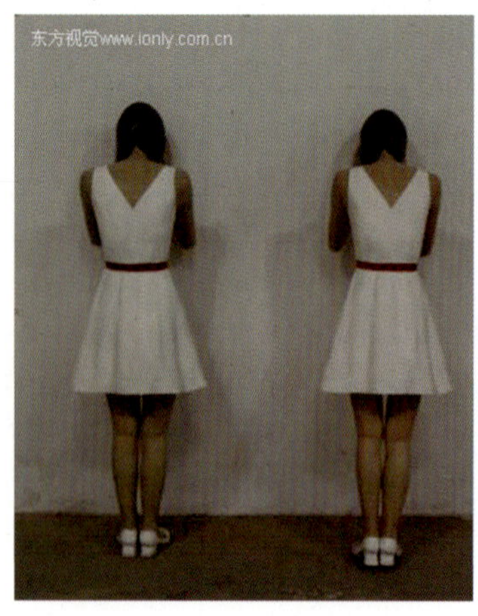

◎关键词 “占卜者之屋：黄永砯回顾展” 北京尤伦斯当代艺术中心

2008年3月22日至2008年6月1日，“占卜者之屋：黄永砯回顾展”在北京尤伦斯当代艺术中心展览。该展是一个巡回展览，始于美国的沃克艺术中心（美国明尼阿波利斯），经过美国麻省当代艺术馆和温哥华美术馆，于中国北京的尤伦斯当代艺术中心（UCCA）作为最后一站而落下帷幕。展览展出黄永砯自1985年至今众多具有代表意义的作品。跨越东方与西方、传统与前卫之间的界限，此次大展是黄永砯在国内的首次大规模回顾展，亦是其世界巡展在亚洲的惟一一站。

◎关键词 第2届安徽美术大展

2008年3月24日至26日，由安徽省文化厅、省文学艺术界联合会、省美术家协会主办的，作为第2届安徽美术大展的系列展示活动之一，雕塑、综合艺术作品展隆重展出。此次雕塑、综合艺术作品展汇集了安徽省众多从事雕塑、漆画、剪纸创作的艺术家的120余件作品。充分展示了艺术家们走进生活、关注时代、歌颂生活的创作成果和精神风貌。

◎关键词 “时代气度——滑田友雕塑艺术纪念暨捐赠展” “片段日记——再现孙家钵工作室”

2008年3月27日至2008年4月5日，中央美术学院联合主办的“时代气度——滑田友雕塑艺术纪念暨捐赠展”以及由中央美术学院、雅昌企业集团主办，雅昌艺术网承办的“片段日记——再现孙家钵工作室”雕塑展同时在中国美术馆开幕。这展题为“雕塑传薪”的展览开幕式，揭开了滑田友、孙家钵两代雕塑家艺术作品展的序幕。展览以中国现代著名雕塑家滑田友西方雕塑语言的研究和以中化西的雕塑创作为线索，汇聚其生平重要作品和捐赠给中国美术馆的23件作品以及国内外收集到的珍贵历史图像，全面展现了一代雕塑大师的艺术历程及雕塑成就。

◎关键词 秦汉城雕艺术馆 “新登陆” 刘群雕塑艺术展

2008年3月29日，东莞首家城市雕塑艺术馆——秦汉城雕艺术馆在万科运河东1号正式开馆，同时举行的还有“新登陆”刘群雕塑艺术展。本次展览由东莞万科和秦汉城雕艺术馆共同举办，主要展出了雕塑艺术家刘群和他带领的丑石设计团队创作的系列雕塑作品。本次雕塑艺术展是刘群先生迄今为止举办过的规模最大的一次个人作品展，共展出雕塑作品近300件。本次展览还得到了广东工艺美术学会等省级专业单位的支持和协助。

肆月

◎关键词 “谭盾·有机音乐——谭盾个展” 北京前波画廊

2008年4月1日至2008年5月3日，“谭盾·有机音乐——谭盾个展”在北京前波画廊展览。本次展览包括了3件装置，其亮点不乏谭盾对纸、水声响的运用和录像厅里谭盾与蔡国强的对话。画廊西厅展示1件基于《纸乐(2003年)》

创作的装置作品《纸乐四重奏》。东厅则展示《复活之旅》，该作品受国际巴赫学术院委约为巴赫逝世250周年而作。

◎关键词 第5届当代艺术柏林双年展

2008年4月5日至6月15日，第5届当代艺术柏林双年展再次举行。本届双年展的主题是“如果事物不再投射阴影”(When things cast no shadow)。在这个题目下，展览没有固定的主题和时间限制，而是试图在一个超时空的框架下探讨艺术过程的本身。策展人阿达姆斯马茨克(Adam Szymczyk)和艾莉娜菲力普克(Elena Filipovic)旨在通过双年展为来自不同国家、不同时代的艺术家提供一个展示当代艺术多彩世界的平台。

◎关键词 “全裸——向京作品亚洲巡展计划” 香港当代唐人艺术中心

2008年4月8日至30日，“全裸——向京作品亚洲巡展计划”在香港当代唐人艺术中心展览。这些雕塑不只是喊出了艺术家对于城市化的一种社会陈述性的批评声音，它们也并非尝试与抽象描述一起融入进一次空间旅程。它们仅仅是安静的，个人的故事，是艺术家想要与她的观众们分享的故事。综上所述，这些在裸露的光晕笼罩之下充满活力的作品的呈现定会使向京作为中国目前最好的当代雕塑家的地位得到进一步的加强。

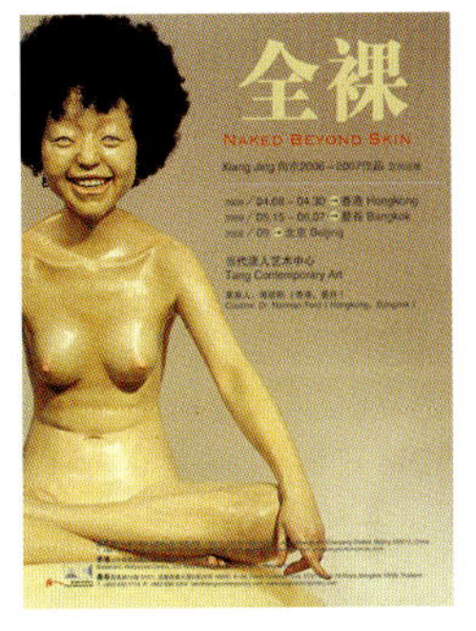

◎关键词 “The Power——瞿广慈个展” 香港亦安画廊

2008年4月8日至2008年5月8日，“The Power——瞿广慈个展”在香港亦安画廊展出。瞿广慈的雕塑始终将西方艺术史的元素转换成指涉中国历史和社会现实的文本，“革命浪漫主义”“集体主义”都是艺术家对自己作品的诠释。此次个展，从权力者及观看权力者的角度出发，发现其作品中展现的心理状态；无论是身处于集体中的个人或是孤立于集体外的个人，其表情和姿态都显露出某种无奈和宿命感，这样的情境设定让人联想起华格纳运用过的北欧神话《诸神的黄昏——莱刀帮Ⅱ》尤其突显权力者的脆弱，《东方不败》《东方不败Ⅱ》同样传达权力者面对终结时的无力感。

◎关键词 “趣味的共同体——伊比利亚当代艺术中心开幕展” 北京伊比利亚当代艺术中心

2008年4月15日至2008年6月9日，“趣味的共同体——伊比利亚当代艺术中心开幕展”在北京伊比利亚当代艺术中心展览。这既是伊比利亚当代艺术中心的首次亮相，同时也预示着该艺术中心参与中国当代艺术生产与建构的战略计划的全面展开。本次展览以“趣味的共同体”为主题，共分为主展、独立影像、西班牙艺术家单元3个部分，由伊比利亚当代艺术中心的策划人左靖与独立策划人卢迎华共同策划，伊比利亚当代艺术中心影像档案馆负责人张亚璇负责独立影像部分的策划工作。展览汇集了诸如像艾未未、曹斐、邱志杰、杨福东、周铁海、赵半狄、徐震、颜磊、汪建伟、王兵、李一凡等中国当代艺术活跃的29位艺术家、导演，以及特邀的10位西班牙艺术家的代表作品，集中展示了绘画、装置、摄影、录像、行为、独立影像等当代艺术各个领域的实践。

◎关键词 “动物政治学”陈志光个展 北京天画廊

2008年4月19日至2008年5月21日，“动物政治学”陈志光个展在北京天画廊拉开帷幕。陈志光的用意是把一群关键性的蚂蚁行为形象，同时赋予了作品内容和形式方面的最大效果，这种效果具有复杂的象征意义，把我们现今社会日益膨胀的物质消费的情景，通过系列蚂蚁的怪异形象符号化和现实化了，甚至挪用和强行并置了两个时代的落差景观，于是视觉的图像从非现实的层面进入到一个现实的层面，以此来表达他对当下现实社会的深刻关注。

◎关键词 “自由落体” 北京陈绫蕙当代空间

2008年4月19日至2008年5月30日，“自由落体”在北京陈绫蕙当代空间展览。参展艺术家有曹晖、冯峰、何云昌、琴嘎、隋建国、王远铮、杨心广、张小涛。“自由落体”是力学名词，其基本概念为“物体在引力作用下以任何方式作自由运动的一种状态”。这次展览借用这一力学名词作为其主题的针对性在于：如果一个时代仅有所谓的“艺术市场繁荣”，而没有艺术创作的自觉和自由，那么这个时代的整体艺术状态将很值得怀疑，甚至会造成艺术创造性、想象力的稀缺而令我们面对世界未来时的失语与缺席。倘若我们对此熟视无睹，舒服地享受着所谓“繁荣”而带来的名誉与利益，那都是对艺术本身诉求的玷污和背叛。

◎关键词 “革命亦或根茎——卡洛斯·加莱高亚个展” 北京常青画廊

2008年4月19日至6月25日，“革命亦或根茎——卡洛斯·加莱高亚个展”在北京常青画廊展览。这一系列新作是以中国为灵感专门给位于798大山子艺术园区的常青画廊而构思创作的。作为在中国举办的首次个展，卡洛斯·加莱高亚展出他的9部新作，其中7件是装置作品，1件是影像作品，还有就是他享誉国际的摄影系列作品。这些作品的创作灵感来源自于艺术家去年9月的北京上海之旅，试图在与古巴艺术家自身、复杂的社会现实以及今日的中国艺术家和社会现实之间创建一种联系。但是同时，除了明显的政治含义以及差异之外，这些作品实际上超越了政治因素，更多地着力于理解中国艺术欣欣向荣的现状。

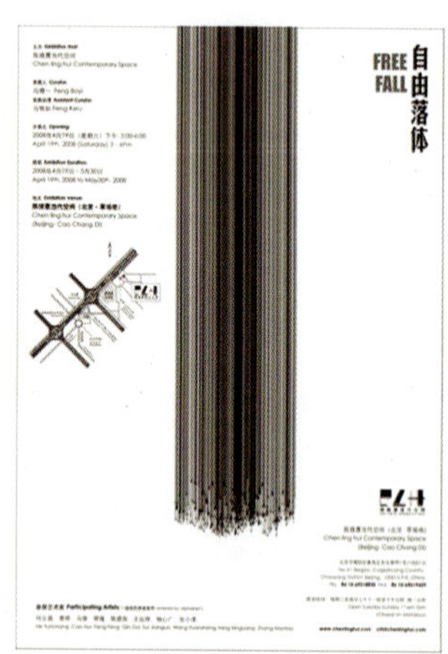

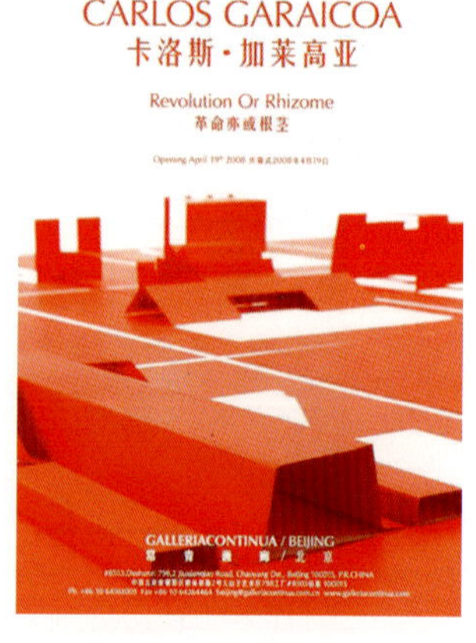

◎关键词 “隋建国——公共化的个人痕迹” 北京卓越艺术

2008年4月20日至2008年5月1日，“隋建国——公共化的个人痕迹”在北京卓越艺术展览。“公共化的个人痕迹”讨论的不仅仅是艺术家思想的主观性和个人化印记的转化，而是在更广泛的层面上揭示公共意志的源泉，即个人欲望、意愿、野心、思想和价值观，即使进入了完全非个人化、由他人掌控和执行的、理性的生产、传播和流通的流程，结果也只是放大和强化这种个体性的需求和存在。

◎关键词 “艺术·当代——当代艺术家联展” 北京不同空间

2008年4月25日至2008年5月9日，“艺术·当代——当代艺术家联展”在北京不同空间展览。参展艺术家有陈文令、张锰、张利语、陈金庆、程兵。

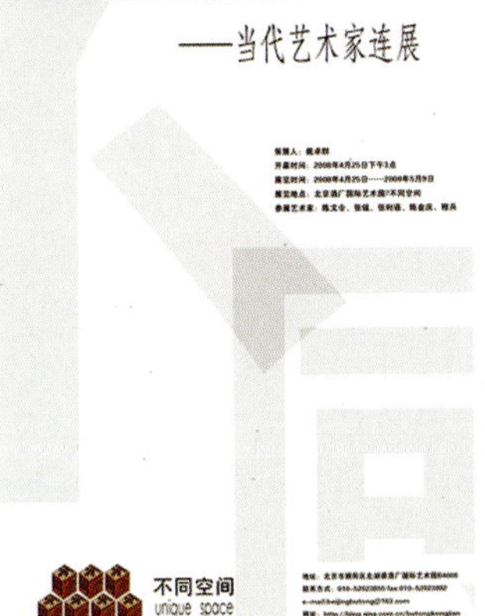

◎关键词 “首批奥运雕塑”揭幕仪式 国家大剧院

2008年4月26日上午10点，“首批奥运雕塑”揭幕仪式在国家大剧院隆重举行。100件雕塑落户北京，并分别安放在奥林匹克中心区、奥运场馆周边以及北京城区的主要节点。

◎关键词 “变脸” 南京青和当代美术馆

2008年4月26日至2008年5月16日，“变脸”在南京青和当代美术馆展览。参展艺术家有曹晖、戴耘、惠欣、靳勒、李昕、李胤、李赞、唐勇、王迈、王玺、响叮当、肖时安。展览“变脸”意在强调中国当代艺术的转型时期，一批与大众文化有着密切接触的艺术家，他们在创作体验上所呈现出的变化。他们不但坚持了对传统艺术的叛逆态度，同时也游离开了上个世纪末的艺术方向，主动而真实地面对中国社会的当下语境，从艺术符号化的困境中出走，对我们所处的文化生态做出自己的艺术反映。

◎关键词 “开篇大作——人民英雄纪念碑落成五十周年纪念展” 北京画院美术馆

2008年4月29日“开篇大作——人民英雄纪念碑落成五十周年纪念展”在北京画院美术馆举办。当天上午召开了本次纪念展的专题研讨会，会议由殷双喜主持。雕塑家钱绍武、曹春生、白澜生先生等出席了本次展览。

◎关键词 “寻找精神的空间” 李真 中国美术馆

2008年4月29日至2008年5月11日，台湾雕塑艺术家李真的首次个展“寻找精神的空间”在中国美术馆举办，这是李真继2007年成功受邀于“第52届意大利威尼斯双年展—虚空中的能量”举办个展后又一次个展。此展共有1998年以来的《无忧国土》《大士骑龙》《糜糜》等30余件不同时期的精彩代表作及2008年最新作品。

◎关键词 中国雕塑院·中国雕塑家考察团 柬埔寨吴哥窟

2008年4月中国雕塑院·中国雕塑家考察团赴柬埔寨吴哥窟考察，暨中国雕塑院年度会议在柬埔寨举行。本次考察特邀的专家学者和雕塑家有：邵大箴、曹春生、田世信、陈云岗、吕品昌、王中、王少军、景育民、殷小烽、程兵等。

伍月

◎关键词 “请勿触摸——夏航个展” 北京新时代画廊

2008年5月3日至25日，“请勿触摸——夏航个展”在北京新时代画廊展览。展览的主题是“请勿触摸”。作品强调了一种与观众的互动关系，以一种好玩、趣味的游戏方式，让人们走近作品、组装作品，这一过程本身似乎就暗含着对艺术、艺术作品表面的神圣感有消解。

◎关键词 潘鹤雕塑艺术园

2008年5月4日，潘鹤雕塑艺术园一期工程竣工并正式向市民开放。潘鹤雕塑艺术园座落于广州市海珠区后窖村，总占地面积38亩，是由广州市政府与海珠区委、区政府及广州美术学院共同出资，为潘鹤先生兴建的户外雕塑艺术园。潘鹤雕塑艺术园的主题思想为“世纪见闻录之历史长河”，园中陈列的雕塑是从潘鹤多年创作的作品中精挑细选出来的，共约60件。这批作品的题材丰富，但又有一条主线相连贯，那就是潘鹤先生以雕塑艺术纪录了中国近现代百年发展史。根据这样一条题材的主线，将雕塑艺术园的作品划分为五个主题区域：求生存、求独立、求解放、求富强、求和谐，以此印合了中国近现代的历史进程。

◎关键词 “首届五四国际年轻艺术节” 北京宋庄虹湾国际艺术中心

2008年5月4日，“首届五四国际年轻艺术节”在北京宋庄虹湾国际艺术中心登场。本次艺术节的策展人是戴卓群，展览分为绘画雕塑展、现场音乐、声音艺术、录像、网络艺术、图片装置、行为艺术与表演5个单元，多种形式诠释当代。

◎关键词 中国中青年雕塑家作品邀请展 郑州大学

2008年5月9日上午，以“探索·创新”为主题的中国中青年雕塑家作品邀请展在郑州大学隆重开幕。河南省及郑州市的有关领导，中国雕塑学会、中国工艺美术学会雕塑专业委员会、中国《雕塑》杂志社、全国各美术学院雕塑系、河南省美术家协会、来自国内20多个省区的雕塑家、河南省各高校负责同志及部分师生300余人参加了开幕式。

◎关键词 “玻璃艺术工作室开放展”“关东海玻璃作品展”

2008年5月10日下午，由清华大学美术学院工艺美术系主办的“玻璃艺术工作室开放展”和“关东海玻璃作品展”在清华大学美术学院玻璃艺术工作室举行。展览共展出玻璃艺术工作室自2000年建立专业以来的师生优秀作品共计40余件。该专业的教学理念、成果、办学环境得到同行专家及师生的肯定。来自社会各界及校内各单位800余人参观了展览。

◎关键词　“蜂巢——张天个展”　北京三月空间

2008年5月10日至2008年6月8日，“蜂巢——张天个展”在北京三月空间展览。《蜂巢》系列的完成用了近两年时间，艺术家将自己浸埋在纸与光中，应用了滇西南傣族地区自制的手工皮纸为材料、北方内蒙古大草原的牛粪做装裱，将平面出版物、网络影像以及生活中的数码成像剪辑、拼贴、组合、再创作。

◎关键词　“园林乌托邦”　中国美术馆　展览

2008年5月11日，艺术家展望的个展“园林乌托邦”在中国美术馆举办。展览由四部分组成：“园林乌托邦”“看——新北京”“万神殿——ATM搜神机”多媒体装置以及在特定空间实施艺术计划的录像装置、影像记录等。

◎关键词　“无休无止...”当代艺术展上海沪申画廊

2008年5月10日至2008年6月9日，“无休无止...”当代艺术展在上海沪申画廊举办。艺术家杜震君和周啸虎则探究了为什么保持人文主义作为我们遵守的一个主观逻辑。使用交互式的媒体，杜震君创造了一个很大的“8”字形的装置作品，质疑那些看起来没有开始也没有结束的肢体运转的意义。通过欲吹爆一个半透明的气球和利用浦东作为背景，周啸虎揭露了我们内心恐惧和失望的感觉是由于为了投机经济的利益而重复生产所导致的。

◎关键词　“崔正化：新作展”　北京艺门

2008年5月10日至2008年6月30日，“崔正化：新作展”在北京艺门展览。展出了艺术家的几十件新作，清晰地画出了崔正华的艺术发展轨迹。

◎关键词　《南丁格尔》雕像　北京护士学校　朱尚熹

5月12日是国际护士节。在这个具有特殊意义的日子里，雕塑家、中国工艺美术学雕塑专业委员会会长朱尚熹先生将他创作的《南丁格尔》雕像捐赠给北京护士学校。捐赠仪式于5月12日上午在北京护士学校北门举行。北京市卫生局、中国工艺美术学会雕塑专业委员会、北京市美术家协会的有关领导，以及北京护士学校的师生代表参加了捐赠仪式。

◎关键词　“时代·印象——中国当代雕塑交流邀请展”深圳沙井

2008年5月16日——5月25日“时代·印象——中国当代雕塑交流邀请展”在深圳沙井举办，本次展览由文化部、商务部、国家广播电影电视总局、新闻出版总署、广东省人民政府、深圳市人民政府主办，广东省文化产业促进会、深圳市宝安区人民政府、深圳石汉玉文化发展股份有限公司、四川雕塑艺术院承办。参展艺术家有廖海瑛、钱斯华、沈允庆、闫城、谭正、李树、赵莉、陈硕、刘春尧、程翔、郑黎黎、幸鑫、吴玥、徐光福、唐勇、曾岳、朱映安、顾桃、陈铖、余洋、李彬、冯且、胡柯、康向举、陈克、陈晓阳、杨学军、许群波、魏华、戴耘、陈居上、张齐努、任磊。

◎关键词　“天下——当代艺术中的国际视线”　北京空白空间

2008年5月18日至2008年6月29日，“天下——当代艺术中的国际视线”在北京空白空间举办。2008年5月中旬，中国美术馆举行格哈德·里希特的一个大型回顾展。亚历山大·奥克斯借此展览在空白空间名为“天下”的群展中去探究当代艺术—聚焦于绘画的可能性与理念。围绕格哈德·里希特1988年创作的一件抽象作品，“天下”汇聚了来自澳大利亚、保加利亚、中国、德国、韩国和荷兰艺术家的作品。

◎关键词　刘万琪雕塑展

2008年5月18日，国际博物馆日之际，由贵州省博物馆主办，贵州大学艺术学院、贵州省美术家协会协办的刘万琪雕塑展隆重举办。刘万琪是贵州省雕塑家、具有很深的艺术功底，作品多次在国内外荣获大奖，现为中国美术家协会会员，中国雕塑专业委员会会员，贵州大学艺术学院教授，硕士生导师，获国务院有突出贡献专家特殊津贴。

◎关键词　尤伦斯当代艺术中心　“占卜者之屋：黄永砯回顾展”

2008年5月24日，受尤伦斯当代艺术中心(UCCA)的邀请，“占卜者之屋：黄永砯回顾展”的策展人、美国沃克艺术中心副馆长以及首席策展人菲利普·维赫涅(Philippe Vergne)来到中心为公众带来一场精彩的讲座——“黄永砯：安静的颠覆”，与参与者分享他的策展经验和艺术思考。

◎关键词　“Where Are We?——我们在哪儿？”　北京天安时间当代艺术中心

2008年5月24日至2008年7月15日，“Where Are We?——我们在哪儿？”在北京天安时间当代艺术中心展出。参展艺术家有林天苗、刘建华、刘韡、邱志杰、王波、王功新、汪建伟、颜磊、曾浩、曾力、张培力、周铁海。12位参展艺术家个性独立，作品形式迥异，但他们共同的艺术特征就是撇弃当下流行的符号化面孔，而专注于艺术思考力的表达。

◎关键词　第1届月亮河雕塑艺术节　月亮河当代艺术馆

2008年5月25日，月亮河当代艺术馆的第1届月亮河雕塑艺术节正式启动，这是月亮河当代艺术馆订定的二项常态性大展之一，另一项是在秋季推出的亚洲艺术节，2008年作为当代艺术馆的开馆展。以《源》作为第一届月亮河雕塑艺术节的主题，宣示这是未来形成雕塑公园的起源，也宣示位于古代京杭大运河源头的月亮河当代艺术馆，对这片具有历史意义的土地，肩负著发扬中华文化渊远流长的历史使命感。

◎关键词　“共同渡过：中国当代艺术界赈灾义拍预展”北京嘉里中心饭店网球馆

2008年5月25日至27日，“共同渡过：中国当代艺术界赈灾义拍预展”在北京嘉里中心饭店网球馆举办。我们遭遇的灾祸，我们共同渡过。北京时间2008年5月12日14时28分，四川省汶川县发生8级地震，社会各界纷纷行动，向灾区人民施以援手。艺术家们积极地行动起来，承担起他们自己的社会责任，向灾难中的同胞奉献自己的爱心。

◎关键词　“中国工艺美术学会第3次代表大会”　北京莲花池畔

2008年5月29日，“中国工艺美术学会第3次代表大会”在北京莲花池畔举行。会议由中国工艺美术学会第2届理事长傅立民先生主持，中国工艺美术学会首任会长徐运北先生，中国科技协会副主席齐让先生，中国轻工业联合会会长陈士能先生出席会议。并与来自全国的专家、学者、工艺美术家及工艺美术行业协会的领导200余名欢聚一堂，共商工艺美术事业发展大计。

◎关键词　“在瓦伦西亚55天——中国当代艺术展”　西班牙瓦伦西亚现代艺术博物馆

2008年5月29日至2008年7月13日，“在瓦伦西亚55天——中国当代艺术展”在西班牙瓦伦西亚现代艺术博物馆展出。此次展览是应瓦伦西亚现代艺术博物馆（I V A M）的邀请，由西班牙国际文化艺术基金会（IAC）下属的伊比利亚当代艺术中心承办，并由伊比利亚当代艺术中心的策展人左靖、独立策展人卢迎华和瓦伦西亚现代艺术博物馆馆长Consuelo C í scar Casab á n以及西班牙著名批评家Rafa Sierra共同策划的一次全面反应中国当代艺术多样性与活跃性的展览。作为2008年瓦伦西亚中国艺术节的一个重要环节，“在瓦伦西亚55天”受到西班牙各界的广泛关注，中国驻西班牙大使、西班牙文化大使、中国驻西班牙大使馆文化参赞、瓦伦西亚文化副市长Maria Jose女士、瓦伦西亚文化与体育部部长Trinidad Miro先生等300余位嘉宾出席了当日的开幕仪式。

◎关键词　“互动时代：中国雕塑学会艺术交流中心开幕展”　798艺术区

2008年5月31日，“互动时代：中国雕塑学会艺术交流中心开幕展”在798艺术区拉开帷幕，展览聚集了31位中国知名雕塑艺术家，精选佳作30余件。参加展览的艺术家都是近十几年来活跃于雕塑艺坛的杰出人士， 用艺术表现时代精神，在各自的创作道路上取得了突出成绩。此次中国雕塑学会艺术交流中心开幕展以“互动时代”为主题，体现了对时下文化背景的思考和回应。

◎关键词　杨英风　《水袖》

2008年5月，中国台湾雕塑艺术家杨英风的作品《水袖》，已被北京奥组委挑选作为北京奥运会的建筑雕塑，放置在北京奥林匹克公园。《水袖》的创作理念源自于台湾太鲁阁宏伟山脉，其作品结合了台湾人文地理和京戏水袖，为两岸具有代表性的经典建筑雕塑。《水袖》为铸铜打造，高7m，台座高2m，以京剧的水袖舞动为题，山水的气势为型。作品将中国人亘古对自然的尊崇与敬爱布置于庭园或室内，由小见大，艺术与大自然结合于生活境界之中。

陆月

◎关键词　“孪生——邱启敬当代雕塑艺术展”　北京3+3艺术空间

2008年6月1日至20日，“孪生——邱启敬当代雕塑艺术展”在北京3+3艺术空间举办。邱启敬意识到青春的两面性，他试图用自己的作品来呈现他所意识到的作为孪生兄弟般无法分开的这种两面性。要在以体量和形体为主要造型语言的雕塑中呈现或者说揭示出这种两面性，人物对象的身体语言就成为重中之重。

◎关键词　第39届巴塞尔艺博会　瑞士

2008年6月4日至8日第39届巴塞尔艺博会在瑞士隆重举办。在博览会期间，进行了不同主题的艺术论坛，有来自世界各地的著名收藏家、美术馆馆长、策展人、艺术家等参加。

◎关键词　舒勇　“生命之花”

2008年6月中旬，当代艺术家舒勇表示，他希望用地震中遇难者的骨灰做成“生命之花”的雕塑作品，以纪念大地震。这一艺术构想至今备受争议。在舒勇看来，中国文化向来都不关注个体生命。在战争中，大灾难中，生命都是用冰冷的数字来呈现。然而“生命之花”却是通过死难者骨灰直接指向一个个具体的生命，“我并不是将骨灰当作艺术的道具，而是将他当作生命的密码，是对死者最大的尊重”。然而在大部分有着“入土为安”传统思想的国人眼里，骨灰塑像无论对于死者还是生者都未免太残酷了。各方褒贬不一，于是骨灰塑造“生命之花”成为争论的焦点。

◎关键词　“艺术史中的艺术家”　北京圣之空间

2008年6月15日至2008年7月20日，“艺术史中的艺术家”在北京圣之空间隆重举办，由著名批评家吕澎先生策划，参展艺术家包括方力钧、洪磊、黄锐、何森、李路明、刘小东、毛旭辉、潘德海、宋永红、唐志冈、王川、王广义、王友身、岳敏君、叶永青、尹朝阳、周春芽、曾梵志、曾浩、赵能智、展望、张晓刚、张羽。本次展览参展艺术家的选择以吕澎先生的个案研究文字为依据。虽然参展艺术家们仅仅是当代艺术潮流中的部分代表，然而如果将他们的思想、经历、作品连接起来加以观察，则可以看到中国当代艺术的历史主线。

◎关键词 第16届悉尼双年展 悉尼的新州美术馆 现代艺术博物馆

2008年6月18日至9月7日第16届悉尼双年展于悉尼的新州美术馆、现代艺术博物馆举行。双年展的艺术指导由策展人卡洛琳·克里斯托夫—巴卡捷夫(Carolyn Christov-Bakargiev)担纲负责，展览主题是“革命——变化的形式”。双年展主要展示澳大利亚人迄今从未见识过的一些创新作品。通过作品布置、表演艺术、电影放映、网络现场、文字、对话和其他活动，展览将着重探讨变化为何曾是并仍将是社会和想象的推动力问题。

◎关键词 “国际红色幽默——吴山专个展” 广州美术馆

2008年6月20日至2008年7月27日，“国际红色幽默——吴山专个展”在广州美术馆举办。吴山专的创作目的是要超越任何形象再现和符号象征性的既定模式，进入另一个更为深入的层次，用设置与“现实”一样可辨的波普陷阱，去质询艺术的本质和作品的内涵。他并不试图在作品中去表现某种确定的意义，相反而是质询作品的确定意义。本次展览跨两层展厅展出艺术家大量大型装置及手稿，给观众带来一场声势浩大的视觉革命。

◎关键词 “伸出我们的手，献出我们的爱——郑州抗震雕塑展”郑州市雕塑壁画院

2008年6月21日，由郑州市雕塑壁画院发起举办的“伸出我们的手，献出我们的爱——郑州抗震雕塑展”在郑州市二七广场举行。这次展览由中共郑州市委宣传部、郑州市文化局、河南省美术家协会主办，郑州市雕塑壁画院、郑州市群众艺术馆承办。开幕式时全体人员向四川汶川地震灾区罹难同胞默哀一分钟。

◎关键词 刘建华个展 北京公社

2008年6月21日至2008年7月31日，刘建华个展在北京公社举办。这批作品虽然还是以其惯用的瓷作为介质，但艺术家从与之前作品完全不同的角度进行创作。作品在造型上将器物与人的外部形状再度形式化，以不断去除的方法突出“形”和“影”的特征。作品整体风格吸收了宋代青瓷所蕴含的古朴与纯粹，诠释了一种传统美学语义中所追求的淡雅纯粹之美。在这组作品中，观者或许看不到当下艺术中错综复杂的观念性，也不会感受到触目惊心的感官刺激，取而代之的是充满了平淡天真的雅士趣味。刘建华试图通过这种方式摆脱政治、社会与艺术的相互介入，脱离目前当代艺术所追逐的观念性与叙事性，回到以纯形式和美感作为创作的原点的艺术。

◎关键词 韩美林艺术馆

2008年6月25日，韩美林艺术馆在北京市通州区落成，并正式对外开放。在艺术馆落成仪式上，韩美林首次展示了他参与设计的北京奥运会吉祥物“福娃”手稿，并将其中一部分捐赠给国际奥委会永久收藏。

◎关键词 南宋石刻“文臣武将” 东钱湖南宋石刻艺术馆

2007年6月27日，由宁波市工艺美术行业协会，东方雕塑艺术公司精刻的南宋石刻“文臣武将”，作为中国的友好使者，带着宁波市政府和市民的深情厚意启程意大利“大卫”的故乡；这是中西方文化交融的成功典范，为此宁波市政府在6月27日东钱湖南宋石刻艺术馆举办了隆重的欢送仪式。

◎关键词 西泠拍卖 “当代中国雕塑”专场拍卖会

2008年6月，西泠拍卖推出了国内首个“当代中国

雕塑”专场拍卖会。雕塑家曾成钢的作品《梁山好汉》以115万元高价拍出。随着近年来中国雕塑家的不懈努力，中国雕塑艺术在国际艺术市场的影响力不断提升，去年的菲利普斯伦敦拍卖会上，岳敏君的青铜雕塑《现代兵马俑之六》拍出了34万美元的高价。此次的拍卖会上，曾成钢、展望、向京、魏小明、蔡志松等中年雕塑家和潘鹤、刘士铭等老一辈雕塑家共拿出67件作品，总成交额达1000余万元，成交率高达96%。

◎关键词　城市雕塑《春秋鉴》

2008年6月28日，由安徽省铜陵市人民政府承制、铜陵九鼎雕塑有限责任公司铸造、铜陵市文物管理局监制的城市雕塑《春秋鉴》，作为安徽省人民政府向北京奥运会赠送的礼器制作成功，从铜陵起运晋京。2008年7月3日，在北京奥体中心西门距奥运鸟巢一公里处的景观大道举行《春秋鉴》交接仪式。并安放在北京市中轴线北侧的奥林匹克景观大道上，东临1990年亚运会主体育场——奥林匹克中心，西临中华民族园，距国家体育场“鸟巢”不到一公里，处于奥运场馆中心区。安放当天，吸引了众多中外游客前来观赏。

◎关键词　全国高校毕业生优秀雕塑作品展　中国《雕塑》杂志社

2008年6月底，一年一度的全国高校毕业生优秀雕塑作品展隆重开幕。作为中国《雕塑》杂志社的年度大型学术展览之一，出席展览开幕式的有中国轻工业联合会副会长兼中国工艺美术学会理事长杨自鹏、中国美术家协会副主席曾成刚、中央美院副院长董长侠、清华大学美术学院副院长包林，著名雕塑家钱绍武、王天任、陈启南、田金铎等老一辈艺术家，以及来自各大艺术院校系的主要负责人等。开幕式结束后，各位专家将聚集在一起，召开“中国雕塑与公共艺术教育研讨会”，总结展览所展示的教学成果、交流教学经验，为各院校今后的雕塑教学提供更为丰富的思路。此次展览将评选出雕塑杂志学术奖1名，名人奖10名（包括刘开渠奖、钱绍武奖、王卓予奖、韩美林奖、叶毓山奖、程允贤奖、郑可奖、田金铎奖、陈启南奖、梁明诚奖），优秀奖若干名。

柒月

◎关键词　“广州起义暨广州苏维埃政府领导人雕塑落成仪式”

7月1日上午，由广州市委、市政府主办，市委宣传部、市建委、市规划局、市市政园林局、市文化局、越秀区承办，广州雕塑院协办的“广州起义暨广州苏维埃政府领导人雕塑落成仪式”在英雄广场举行。广东省、广州市市各级领导以及雕塑家潘鹤等出席仪式。

◎关键词　英国宝龙拍卖行　“猫王”

2008年7月，英国宝龙拍卖行公开展示了一尊大理石雕像，这尊雕像无论发型还是相貌都和“猫王”惊人的相似，而制作的年代却是1800年前。考古专家介绍，这尊雕像可能创作于公元2世纪，当时是作为石棺边角的装饰品。从考古学价值估计，专家给出的价格为2.5～3万英镑。

◎关键词　“视觉手术刀——薛继业作品展”　新北京画廊

2008年7月5日至19日，“视觉手术刀——薛继业作品展”在新北京画廊展览。薛继业显然受到了一种更加物像化的启示，画起了碎裂的石块，以及石块堆积起来的场面。这当然和他从事大理石雕刻有关。在雕刻现场，满地的碎石块刺激了他的观感，让他意识到，肌肉和碎石之间，其实存在着一体的联系。

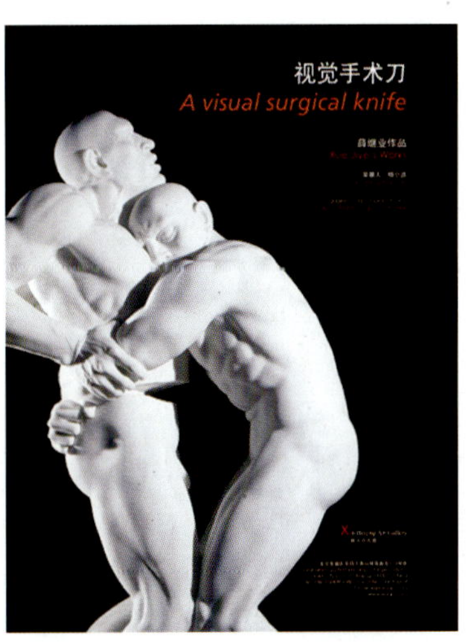

◎关键词 阿拉里奥北京 王度个展 “2008/8002 梦游现实主义”

2008年7月5日到8月20日，在阿拉里奥北京(ARARIO BEIJING)举办的王度个展“2008/8002 梦游现实主义”，作为旅居法国多年的艺术家王度在中国的首次大型个展，在第一及第三展厅建立起一个现实与未来、虚拟与客观的进行时态的体验现场，他的作品在当今的历史与文化语境下呈现出全新而具有批判深度的艺术视界。

◎关键词 “色彩与奥林匹克”为主题的第3届中国北京国际美术双年展 中国美术馆

2008年7月8日，以“色彩与奥林匹克”为主题的第3届中国北京国际美术双年展今日在中国美术馆隆重开幕。组委会昨日在京举行发布会，中国文联党组成员、副主席冯远，中国美协分党组书记吴长江，中国美协副主席王明明等出席了发布会。本届展览是首批确认的北京奥运会重大文化活动。为践行2008年北京奥运会的“人文奥运”理念，使体育盛会与艺术盛会能够交相辉映，组委会在2007年12月至2008年3月期间，从83个国家的近万件投稿作品中最终评选出81个国家701位艺术家的747件作品。

◎关键词 “邱志杰南京长江大桥自杀现象干预计划之一：庄子的镇静剂” 上海证大现代艺术馆

2008年7月8日至2008年8月24日，“邱志杰南京长江大桥自杀现象干预计划之一：庄子的镇静剂”在上海证大现代艺术馆举办。该展览以南京长江大桥自杀现象为背景，历史文献和装置艺术作品交叉并用，展示了邱志杰和预防自杀志愿者对在南京长江大桥上选择轻生的人所进行的行动和心理上的干预。邱志杰同时把蝴蝶、葫芦等道家典籍中提到的元素引入到装置作品中，试图用艺术语言给当下快节奏物质生活下的人们注入一支庄子的镇静剂。

◎关键词 “天人合一——苍鑫艺术展” 上海张江当代艺术馆

2008年7月9日至28日，“天人合一——苍鑫艺术展”在上海张江当代艺术馆展览。苍鑫的创作主题在关注社会的同时转向了对自然的膜拜，他开始研究发源于中北亚地区的古老信仰——萨满，从中寻求令视觉艺术获得形式与内容双重突围的力量。工业革命以来，科技的高速发展使人类逐渐偏离了对自然的关注和敬畏，在都市生活环境中，大自然的元素已被不断抽离，广阔的乡村也正被汹涌的城市化浪潮裹挟其中。如今，生态环境的恶化不断令人类自食其果，重新定义人与自然的关系已成为全球最重要的发展命题。有感于此，苍鑫近年来开始了《天人合一》《奇花异草》等全新系列的创作，以万物有灵和自然崇拜的理论基础建构自己的创世神话，试图以个人的方式回归原始的秩序、信念和礼仪。

◎关键词 北京双年展 中国美术馆

2008年7月，北京双年展在中国美术馆开幕，展览期间展厅里一件等人大小的女人体坐在中式椅子上引起了众人的关注，整体作品上有一块布搭在大腿上挡住了私处。此作品为清华大学美术学院教授李象群的作品《堆云·堆雪》。据雕塑家本人反映，作品展出后他收到相关部门的电话通知，据说是因为有观众对此件作品投诉，调查后作品的处理方法是用一块布来挡住私处，对于此事雕塑家本人感到困惑不解。

◎关键词 第7届“蓝色空间”主题雕塑展 北京市门头沟区滨河世纪公园

2008年7月10日，第7届“蓝色空间”主题雕塑展在北京市门头沟区滨河世纪公园开展，拉开了门头沟区奥运城市文化活动的序幕。本届展览以环保为主题，展出有100件雕塑作品。

◎关键词 “UNMOVED无动于衷” 北京常青画廊

2008年7月12日至2008年8月24日，“UNMOVED无动于衷”在北京常青画廊展览。“无动”是一种静止的状态，也是宇宙万物生命之初最原始的形态。“无动”与“动”原本是相对的但并非绝对，而是相互影响，相互依存。生活节奏的“动”在当前高速发展的社会里无形递增，而思维上“动”的敏捷却被漠然，无暇顾及似乎已经成为人们普遍的处世态度。此次参展艺术家们通过各自的作品，从不同的角度及感性来影响观者，等待着某件事情出现，或者是被发现……“动”与“无动”的关系。

◎关键词 尹秀珍 《内省腔》 尤伦斯当代艺术中心

2008年7月17日至9月14日，中国当代女性艺术家尹秀珍的最新装置作品《内省腔》，将尤伦斯当代艺术中心展览大厅转变成一个休憩的空间，营造一种互动的体验。作为“我们的未来：尤伦斯基金会收藏展”同期展出的个人现场计划，《内省腔》旨在为参观者创建一种令人安宁、和谐的体验，让他们暂时远离钢筋水泥、繁杂紧张的都市景观。

◎关键词 “我们的未来：尤伦斯基金会收藏展”

2008年7月19日至29日，“我们的未来：尤伦斯基金会收藏展”在北京展览。此次，由UCCA举办的尤伦斯夫妇收藏展，在中国首次展出众多具有重要意义的作品，展品涉及绘画、雕塑、录像、摄影、声音以及装置。此展展出约60位中国艺术家的90余件作品，包括王广义、张晓刚、黄永砯、陈箴、谷文达、刘小东、汪建伟、冯梦波、隋建国、周铁海、颜磊等艺术家的作品；邱志杰、杨诘苍、何云昌、曹斐新近创作的涉及行为表演、创新教育的计划；基金会新近收藏的杨福东、汪建伟、谢南星和吴季璁的作品及沈远和尹秀珍为尤伦斯当代艺术中心专门制作的新作品。

◎关键词 “出纸三分——王少军作品展” 中国雕塑学会

2008年7月20日，“出纸三分——王少军作品展”在北京798艺术区举行，本次展览是由中国雕塑学会主办的“中国当代雕塑家系列展”中的首个系列雕塑专展。作为798艺术区首个个人雕塑专展，“出纸三分——王少军作品展”的举办引起了雕塑界乃至艺术界的关注。

◎关键词 “正变”——钱步辉雕塑作品展 光辉岁月当代艺术中心

2008年7月25日至2008年8月25日，在北京798艺术区光辉岁月当代艺术中心举办“正变”——钱步辉雕塑作品展。

◎关键词 巫鸿 史金淞 “琰”

2008年7月26日至8月24日，推出由巫鸿策划的史金淞的最新个展“琰”。这些作品以不同方式呈现有着不同文化内涵的危险和暴力。它们在此刻吸引人们的正是它们极端化的艺术想象以及这种想象和精密技术的结合——这是史金淞作品的特性。

◎关键词 圣之空间艺术中心开幕展“个案——艺术史和艺术批评中的艺术家”

2008年7月26日至2008年8月31日，圣之空间艺术中心开幕展“个案——艺术史和艺术批评中的艺术家”的第二部分“个案——艺术批评中的艺术家”展出。展览由诗人、艺术批评家朱朱先生策划，参展艺术家包括曹恺、方力钧、洪磊、季大纯、李继开、李青、刘大鸿、刘小东、刘野、罗荃木、毛焰、孙良、王顷、王亚彬、翁奋、向京、徐累、岳敏君、尹朝阳、张帆、张晓刚、赵能智22位艺术家。本次展览参展艺术家的选择以朱朱先生的艺术批评文字为基础。在《中国的两张面孔》一文中，朱朱指出，中国当代艺术有两条线索，明线在于一种政治化的叙事，借助西方人文主义精神以及现代主义以来的各种语言手段，对抗和消解现行的意识形态与制度。而在与之始终相并行的另一条线索上，艺术家无疑更加关注绘画行为和语言本身，更为趣味化，更具文本的享乐姿态，他们有意回避了沉重的现实命题以及与意识形态之间的缠斗，致力于轻逸的、幻想性的书写。

◎关键词 “中国姿态·海峡风”首届中国雕塑大展 厦门园博苑

2008年7月26日，“中国姿态·海峡风”首届中国雕塑大展在厦门园博苑开幕，展览由厦门市政府、中国雕塑学会主办。本次展览于7月26日－8月15日进行厦门首展后，随后在长春、西安、广州、北京等城市进行巡展。展览将于2009年10月在北京举办隆重的闭幕式和颁奖仪式。

◎关键词 “OPENING开放——夏季群展” 北京亦安画廊

2008年7月26日至2008年8月26日，“OPENING开放——夏季群展”在北京亦安画廊展出。美的经验对当代艺术是一种选择，开放也应是。快速的开放减少我们相应的思考，开放后可能发生的停顿考验我们判断的智慧。藉由亦安画廊8月的“OPENING 开放——夏季群展”，我们探讨开放呈现在个人、社会、经济的样貌和现状，并期待以开放建构出新的文化形式。

◎关键词 “得意忘形” 北京天安时间当代艺术中心

2008年7月26日至2008年9月28日，“得意忘形”在北京天安时间当代艺术中心展览。“得意忘形”旨在纷繁超验的当代艺术现状中，呈现不受图示、技巧、媒材和所谓观念的羁绊，潜心关注中国艺术本体命题的作者和作品。他们不拘泥于任何表现技法，游刃于各种时间维度，韵味似曾相识，旨趣别开生面。刘炜、叶永青、郑在东、周春芽各具个性的油画创作，既让人欢愉于笔触、色彩和情绪的感官体验，也强烈透露着多种形而上的意味表达；李华弌、徐龙森一实一虚的纸本水墨探索，均有别于流行的所谓“现代中国画”，从不同角度挖掘能够真正传达中国山水精神的途径；谷文达、白宜洛、史金淞、沈少民对日常经验事物的特殊转换，从不同侧面表达着强烈的社会和历史关怀；马文游戏式的动态视觉作品，戏剧性地呈现出真实与虚幻间的微妙关系；魏虹社会化的互动行为记录，引导观众体悟“变”的本质。

捌月

◎关键词　“2D/3D：谈判的视觉语言”　北京朴敬美画廊

2008年8月1日至2008年9月28日，“2D/3D：谈判的视觉语言”在北京朴敬美画廊展览。参展艺术家有谭思考、洪磊、沈少民、尚扬、夏小万、邱志杰、史金淞、缪晓春、沈瑞筠、蒋志、洪绍裴、李松松。“2D/3D”展览旨在凸显两个空间界定的理论与实践层面上的关键问题，而结论便暗含在游移于传统媒介边沿的创意作品当中。该展览突出介绍了一组多元化群体的新兴和既定的艺术家们。

◎关键词　“石头青年——张宁雕塑个展”　北京偏锋艺术空间

2008年8月1日至25日，“石头青年——张宁雕塑个展”在北京偏锋艺术空间展出。张宁作为一名积极探索的青年雕塑家，我们能够从他的作品中发现一些新的变化和新的可能性。就语言形态而言，张宁的雕塑作品有效地结合装置、建筑艺术的形态，拓展传统雕塑的形式边界；就观念的表达来说，其立足于中国的文化传统，在中西双重的艺术史参照系下，让作品与当代的文化、社会现实更好的结合起来。因此，张宁的雕塑可以让观者很好的感受到雕塑的某些新特质。

◎关键词　“国际快餐”王度个展　当代唐人艺术中心

2008年8月2日至28日，“国际快餐”王度个展在当代唐人艺术中心展出。王度抓住了信息和图像这种社会性的带有泛滥味道的材质智慧地介入了对社会环境的关注。王度从一个新闻人的角度从事着艺术创作。他的作品大量使用泛滥的图像、影像和电视机电脑之类符号化的信息工具，他并不是在试图解释什么或者批评什么，他的作品也很难用语言来解释清楚，信息本身的存在就已经是一种严重的社会关系。这种信息来源于社会现实又和具体环境随时发生着某种关系，王度是在用一种所有人都有的“集体潜意识”的东西对他的观念进行着一种释放。

◎关键词　“非现实——刘宝亮、徐晓楠、马延红、徐华翎作品联展”　北京艺术110空间

2008年8月2日至31日，“非现实——刘宝亮、徐晓楠、马延红、徐华翎作品联展”在北京艺术110空间展出。现实与非现实之间只存在一字之差，在当今社会，人们对于现实环境的不满与关注越来越多，年轻一代的艺术家们也将其纳入自己的艺术创作题材之中。

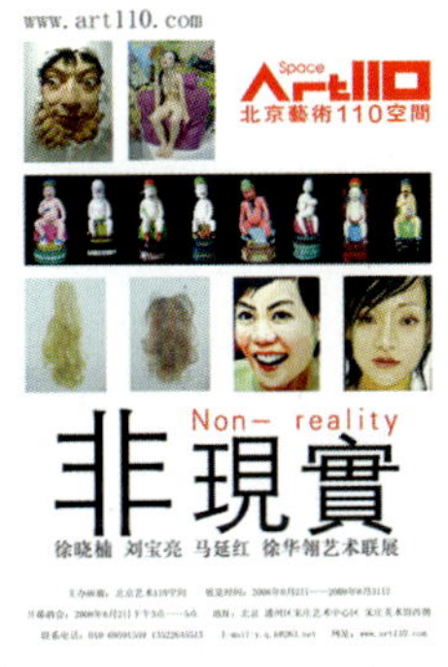

◎关键词　“沉积——新东方精神”　北京亚洲艺术中心

2008年8月2日至31日，“沉积——新东方精神”在北京亚洲艺术中心展出，此次参展的艺术家有：蔡国强、陈界仁、朱德群、庄喆、侯俊明、黄钢、郭振昌、朱铭、李真、李山、郎静山、吕胜中、潘公凯、邱世华、王怀庆、徐冰、叶永青、杨英风、赵无极、展望共20位艺术家，展出他们20余件最新及代表性作品。

◎关键词　“独生宣言——70年后新锐艺术家联展”　新时代画廊

2008年8月2日至31日，“独生宣言——70年后新锐艺术家联展”在新时代画廊展览。本次展览分前后两个档期（即2008.8.2–8.17；2008.8.19–8.31），围绕5个彼此独立而又相互关联的主题：“幻想浪漫的世界”“消费浮华的世界”“同性的世界”（上述为第一档期）“独生现实的世界”“虚拟的世界”（上述为第二档期）而展开，力求集中而全面反映独生世代艺术家的艺术面貌，并注重突出展览鲜明的主题性和学术性。展示中国当代艺术的新一代艺术新锐——独生一代——的蓬勃生机与活力。

◎关键词　“穷”　北京Boers–Li画廊

2008年8月2日至2008年9月14日，“穷”在北京Boers–Li画廊展览。刘小东、徐坦、张辽源、王郁洋、仇晓飞、刘韡、龚剑和杨心广。他们中的一些人选择关注社会弊病；另一些以审美的或者浪漫的方式记录边缘生活，还有些人选择有政治意味的活动作为其作品的主题。“穷”这个展览试图将“期望”这一处于被忽视境地的概念转化为一种有意而为之的策略，“贫穷”成了它的源头。

◎关键词　“当代·红光亮”

2008年8月2日至2008年9月30日，“当代·红光亮”在“当代·红光亮”展览。参展艺术家有王广义、岳敏君、魏光庆、刘大鸿、祁志龙、俸正杰、徐一晖、常徐功、陈文令、冯梦波、汪建伟。

◎关键词　“北京008”秦玉芬艺术计划　今日美术馆

2008年8月7日至9日，“北京008”秦玉芬艺术计划在今日美术馆展出。展览由今日美术馆和阿斯顿·马丁共同主办。展览主题为“北京008”，一方面是由于秦玉芬是继007之后阿斯顿·马丁车的又一位合作者，同时具有另一层含义：一向在国内很少露面的秦玉芬选择在2008年奥运会展示自己的新作，本身就是其作品意义惯有的强烈社会属性的体现。

◎关键词　北京双年展

2008年8月，北京双年展作为北京奥运会人文奥运的一个重要组成部分，也在北京举行，本次双年展邀请70多个国家的约800件作品参展。除了主题展，特展有：“19世纪中叶到20世纪绘画中的体育”“英国当代艺术特展”等。

◎关键词　“海峡情”2008全国高校毕业生石雕创作营　福建惠安

2008年8月11日上午，在福建惠安新海峡石业艺术有限公司的石雕车间里，“海峡情”2008全国高校毕业生石雕创作营拉开帷幕。来自全国13个院校的18位毕业生在此后的半个月时间里，对自己的毕业作品以石雕的形式进行了一次再创作。他们亲身经历了测量、开大形、雕凿、抛光的石雕制作全过程，并最终成功地完成了18组作品。这次创作营是国内首次举办的全国性高校毕业生石雕创作营，也是中国《雕塑》杂志社雕塑在线网站第一次举办的大规模线下活动。

◎关键词　“反刍——后殖民语境下的装置陶艺”　宁波美术馆

2008年8月15日至2008年9月10日，“反刍——后殖民语境下的装置陶艺”在宁波美术馆展出。参展艺术家有彭赞宾、杨志、袁毅、周剑峰、张诗言、彭利明、顾晓兰、叶文怡、李伶美、金孝淑、金优石、金光石、金生花。近年来陶艺正在中、韩两国的当代艺术进程中扮演类似的角色，起步和实力上可属于同一梯队，在当代艺术环境和文化环境的修炼中，具有可相互借鉴的优势，诸如身份问题、文化侵略、市场高度商业化、消费社会庸俗化等等彼此所面临的全球化问题也相对地一致。通过本计划，两国艺术家交换对中国问题、韩国问题，对亚洲问题的看法，提出自己的观点，增加对人文精神的探究，用自己的身份、传统、语言来说话，清醒地看待所谓全球化的发生背景，历史沿革，以及在各自国家发生的影响。

◎关键词 “贵族” 新北京画廊

2008年8月16日至30日，“贵族”在新北京画廊展览。参展艺术家有陈庆庆、陈凤旭、陈曦、洪磊、李晖、史金淞、孙良、张方百、张鹏、张卫、朱青生。

◎关键词 “蔡国强：我想要相信”大型个人回顾展 中国美术馆

2008年8月20日至9月2日，“蔡国强：我想要相信”大型个人回顾展由中国文化部中外文化交流中心和美国所罗门·R·古根海姆基金会联手中国美术馆在北京奥运期间，于中国美术馆展出。本次展览收录了蔡国强自20世纪80年代至今的40组件代表作品，几乎全数未在国内展示过，分别来自欧美及亚洲等多所美术馆及私人收藏。展览以年代顺序和不同主题为线索，充分展示了蔡国强的视觉及概念语言，阐释了其在形式与概念上对国际当代艺术创作及公众参与艺术活动等方面的贡献。

◎关键词 “隋建国、李象群、霍波洋提名展” 0工厂

2008年8月30日到9月30日，“隋建国、李象群、霍波洋提名展”在798艺术区的0工厂正式举办。此次展览由中国美术家协会、0工场艺术中心共同主办，3位策划提名者隋建国、李象群、霍波洋分别是中央美院、清华美院、鲁迅美院的教授和学术带头人。这次展览引发了人们对中国现代雕塑艺术走向，雕塑的人文价值、社会价值等重要问题展开新的思考。

◎关键词 印尼林大画廊 “悬在空中、浮于表面”

2008年8月31日到10月15日，印尼林大画廊开幕首展——“悬在空中、浮于表面”举办。该展特别邀请了策展人朱其进行精心策划，集合了隋建国、展望、汪建伟、李永斌、张鹏等17位中国当代著名艺术家的最新作品，尝试超越现实的形式创造，达到具有想象、美学以及精神的启蒙作用。

玖月

◎关键词 第7届光州双年展 韩国光州

2008年9月5日至2008年11月9日，第7届光州双年展在韩国光州举办。本届光州双年展的展览概念分为3部分：第一部分“年度报告”(Annual Report)邀请(或报导)全世界2007至2008年的展览；第二部分“意见书”(Position Papers)收集国际间年轻策展人的企划案；第三部分“插页

光州双年展计画”(Insertions–Gwangu Biennale Project)则反映了在光州的展览。除大型展览外，展览期间照例也举办国际研讨会与讨论会。

◎关键词 “艺术北京2008”当代艺术博览会 北京农业展览馆

2008年9月6日至9日“艺术北京2008”当代艺术博览会于在北京农业展览馆举行。博览会汇集了全世界知名画廊和艺术机构到北京参展，是北京当代艺术重要的国际交流平台。此次博览会占地15000m²，上百家艺术机构的数千件艺术品参展。“艺术北京”为北京市成功的大型国际文化活动，也是北京市文化创意产业之高端项目，深受国际艺术界瞩目。同期在农展馆举办的首创亚洲影像艺术博览会——影像北京（Photo Beijing)单元吸引了全世界20家影像艺术的画廊、美术馆参加。

◎关键词 “全裸” 向京 北京当代唐人艺术

2008年9月6日到10月2日，向京的亚洲艺术巡展的首展“全裸”在北京当代唐人艺术中心举办。这些雕塑不只是喊出了艺术家对于城市化的一种社会陈述性的批评声音，它们也并非尝试与抽象描述一起融入进一次空间的旅程。它们仅仅是安静的，个人的故事，是艺术家想要与她的观众们分享的故事。

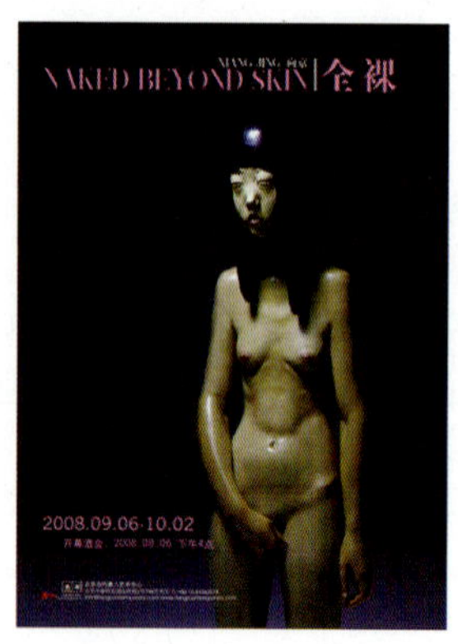

◎关键词 广东美术馆 第3届广州三年展 “与后殖民说再见VS后西方社会”

2008年9月6日至11月6日，由广东美术馆主办、香港艺术发展局协办的第3届广州三年展于6日晚在广州拉开帷幕。第3届广州三年展的展览主题是“与后殖民说再见”。本届广州三年展以广东美术馆、广东美术馆时代美术馆作为主展场，展出来自40多个国家和地区的170多位艺术家的最新作品，涵盖影像、装置、绘画、摄影、声音、写作与现场表演等多种艺术形式。在展览闭幕之际，即2008年11月15日至16日，广州三年展将与德国歌德学院共同举办题为“与后殖民说再见VS后西方社会”的国际学术论坛，邀请海内外学者与艺术家对广州三年展以及同期在亚洲举行的多项国际大展进行批评与反思。

◎关键词 第2届长春国际雕塑大会

2008年9月6日，第2届长春国际雕塑大会以“和平、友谊、春天”为主题，汇聚了国内外800余位雕塑精英，旨在通过主题论坛、专题沙龙、系列展览等活动，探讨雕塑艺术与城市建设的关系，激发雕塑家的创作灵感和激情，推动世界雕塑艺术的繁荣与发展。本届雕塑展过后，雕塑公园新增了45个国家和地区雕塑家的47件作品，目前，雕塑公园内的雕塑总数已达到212个国家和地区的395位雕塑家的439件作品。

◎关键词 “第14届中国雕塑论坛” 东北师范大学 “融合·方向”

2008年9月7日，一年一度的“中国雕塑论坛”于长春东北师范大学隆重开幕。论坛由中国工艺美术学会雕塑专业委员会、中国《雕塑》杂志社共同主办。第14届“中国雕塑论坛”作为一场高端的学术大会，其倡导的是融合，这里有不同艺术形式之间的融合、不同国家艺术之间的融合、思想思潮的融合、艺术与社会、生活的融合等等，因为发展是建立在社会各行业融洽、融合的基础之上，此次论坛关注的焦点仍然是中国艺术在新时期的发展方向问题。因此，第14届“中国雕塑论坛”的主题定为“融合·方向”。

◎关键词　《宋冬》　上海证大现代艺术馆

2008年9月7日至2008年10月5日，由冷林策划的一场以艺术家名字命名的展览《宋冬》在上海证大现代艺术馆拉开序幕。展出作品涵盖了艺术家自1994年来部分摄影、录像及装置作品，其中也有新作在此次个展上首度亮相。《宋冬》的展览名称是对艺术家的名字直接进行引用，因为在宋冬看来“艺术就是生活”，艺术家试图通过展览呈现自己在当下社会环境下对于生活和艺术的态度。

◎关键词　“虚城计——2008‘新动力·中国’当代艺术双年展”　上海原弓美术馆

2008年9月7日至10月12日，“虚城计——2008‘新动力·中国’当代艺术双年展”在上海原弓美术馆盛装登场。在一个多月的展期内，来自全国各地的55位艺术家携带他们的作品，在原弓美术馆这个2000多m^2的当代艺术的大舞台上为观者奉上一部集装置艺术、架上绘画、多媒体、动画、影像、戏剧、舞蹈、音乐为一体的视听盛宴。本届双年展的主题确定为“虚城计”，以当代艺术的立场出发，关注当前新技术背景下的社会生态与生存方式的变迁，试图探讨实验艺术本身在技术与观念的错位和并置的过程中，将如何适应于新的展示空间与交流模式，进而展开立足于主体性的对当代艺术的阐释话语与生效形式的探索和思考。

◎关键词　第7届上海双年展　“快城快客”

2008年9月9日至11月16日，第7届上海双年展在上海举办。本次双年展首次以“快城快客”为主题，揭示人群在城市变化中的多元身份，通过外乡人/城里人空间迁徙的观点、移民/市民身份转换的观念、过客/主人家园融入的观感这三个层面，切入城市与人的命题，展示今日国际大都市中积极移民与文化融入的新趋势。

◎关键词　第3届南京三年展　南京博物院

2008年9月10日第3届南京三年展在南京博物院开幕。其前身为“中国艺术三年展”，创办于2002年，自今年起，正式更名为“南京艺术三年展”。本届南京三年展是由中日韩三国4名艺术策展人联合策划，主题为“亚洲方位”。

◎关键词　第12届艺博会主题雕塑《人与自然》雕塑群

2008年9月10日，第12届艺博会主题雕塑《人与自然》雕塑群由上海LCM圆顶艺术机构携美国雕塑家沃德克(Peter Woytuk)先生于艺博会广场揭幕。此次亮相于艺博会的雕塑群包括：彩鸟与节果、公牛系列，其中彩鸟与苹果是沃德克先生特为本届艺博会创作，仅此一件。此雕塑群持续了沃德克先生以往彩色铜雕作品的特点，他将动物的形态、色彩、纹理及个人情绪融入到作品中。

◎关键词　“麻将：中国当代艺术希克收藏展”　美国加州大学伯克利美术博物馆　太平洋电影档案馆

2008年9月10日至2009年1月4日，“麻将：中国当代艺术希克收藏展”在美国加州大学伯克利美术博物馆与太平洋电影档案馆展览。占据馆中所有10个展馆的9个，展现中国当代艺术从20世纪70年代至今的变迁，以及塑造其变化的政治、社会、文化力量。展览涵盖社会主义写实主义绘画，80年代和90年代初先锋运动，乃至中国改革开放后涌现的艺术新生代。作品主题涉及毛泽东、文化大革命、消费主义、个人与社会矛盾、城乡发展不平衡等。所有这些中国当代艺术的主要发展成就都由具代表意义的作品在此次展览中得以体现。其中包括艾未未、岳敏君、张晓刚、徐冰、张华等，整体而言，此次展览提供观众一次不同寻常的机会回顾70年代和80年代初封闭的中国社会，同时见证中国在逐步开放中文化表达显著而丰富的变化。

◎关键词　“SH Contemporary 2008上海艺术博览会国际当代艺术展”　上海展览中心

2008年9月11日，“SH Contemporary 2008上海艺术博览会国际当代艺术展”在上海展览中心举办。Sh Contemporary由上海市国际文化传播协会、上海艺术博览会组委会、东上海国际文化影视集团，联袂欧洲会展巨头——意大利博罗尼亚展览集团共同主办。Sh Contemporary作为国际上主要艺术博览会之一，旨在打造一个高品质的、对亚洲当代艺术具有权威性阐述的博览会。

◎关键词　新加坡双年展　“奇”

2008年9月至11月新加坡双年展举行，本次双年展名为“奇”。艺术总监由南条史生连任，但此次南条史生与另外二位新一代策展人共同合作。一位是旅居澳洲的知名新加坡艺术家Mathew Ngui，他是第一位在1997年受邀参加“卡塞尔文件展”(Documenta，Kassel)的新加坡籍艺术家，也是2001年威尼斯双年展新加坡国家馆参展艺术家之一。另一位则是菲律宾籍女性独立策展人克鲁兹(Joselina Cruz)，她现居马尼拉与新加坡两地，曾任新加坡美术馆(Singapore Art Museum)策展人以及马尼拉罗佩兹美术馆(Lopez Museum)管理顾问。本届新加坡双年展除美术馆内二处主要展览会场，也将进行公共空间的展示。

◎关键词　陈文令的个展“物神”　北京亚洲艺术中心

2008年9月13日至10月5日，陈文令的个展“物神”在北京亚洲艺术中心举办。这次展览为陈文令近年于北京的首度大型个展，邀请策展人黄笃策划，除展出其近年以上重要系列的代表作和数件最新创作包括“物神”外，现场还有装置、摄影，及录像等不同类型作品的共同呈现。

◎关键词　第3届横滨三年展“时间的缝隙”“艺术罗盘”

2008年9月13日至11月30日第3届横滨三年展“时间的缝隙”举办。来自世界30个国家的70余位艺术家齐聚横滨，利用横滨独有的社会及地理特征，展出包括影像、装置、摄影、绘画、雕刻等一系列绝妙的当代艺术作品。展览期间，研讨会、工作坊等互动项目穿插其中，为人、艺术、主办城市这三者创造更深层次的交流平台。此外，2008横滨三年展还携手同期举行的悉尼、上海、光州、新加坡双年展，在全球范围内展开宣传攻势，并在“艺术罗盘”项目的名义下，实施大规模国际巡展计划。

◎关键词　第6届台北国际双年展

2008年9月13日至2009年1月11日，第6届台北国际双年展隆重举行。本届双年展并没有单一的主题，而是将许多彼此相关的主题统整汇集，大部分的议题会关注到我们这个时代的全球化所带来的混乱状态。本届双年展会以许多不同方式和台北市发生关系：展览的场域不仅包括台北市立美术馆，同时也包含台北市市区。在市区会有表演作品与艺术介入行动，此外一些作品会以文件型式及重新装配后，陈列于展览地点。市区的主要展场为转型中的台北啤酒工场。

◎关键词　“过来！——中国当代艺术展”　北京荔空间

2008年9月20日至2008年10月18日，“过来！——中国当代艺术展”在北京荔空间展出。参展艺术家有卜桦、葛非、林缜、高峰、耿雪、华军、黄致阳、金江波、李晖、李颂华、李山虎、潘星磊、彭弘智、琴嘎、史晶、隋建国、盛剑峰、石玩玩、乌日根、吴玉仁、辛云鹏、杨茂源、赵晨。

◎关键词　中韩文化交流活动　杭州清河坊

2008年9月20日，为期20天的中韩文化交流活动于杭州清河坊开幕。本次活动由中国工艺美术学会、韩国工艺文化振兴院、上城区人民政府等主办，清河坊历史街区管委会、韩国驻沪领事馆文化、朱炳仁铜雕艺术博物馆、杭州民间文艺家协会联合承办。除了活动开幕式外，中韩两国的工艺美术大师的精品力作在清河坊街的朱炳仁铜雕博物馆展出。参展艺术家有李博生（玉雕），张同禄（景泰蓝），王树文（牙雕和花丝），高公博（木雕），朱炳仁（铜雕），王习三（内化壶），周锦云（欧宿），张爱廷（青田石雕），稽锡贵（彩瓷），吕尧臣（紫砂）10位领衔中国工艺美术领域各项技艺的名工巧匠会同韩国的具惠子（针线），李凤周（器），金正玉（陶瓷），李在万（华角），郑秀华（漆），朴赞守（木雕），高兴坤（乐器），金哲周（雕刻），洪正实（入丝）9位无形文物的传承者近100件作品。该项活动持续到10月10日。

◎关键词 英国双年展

2008年9月20日至11月30日英国双年展(Independents Liverpool Biennial 2008)拉开帷幕。该双年展在展览期间，展出大大小小各类艺术形式，包括油画、雕塑、行为艺术、表演、生存艺术、干预情节、即兴艺术等等。在个别甄选、审定的基础之上，全体评委共同投票择优录取。选出了250名世界上具有代表性的艺术家。英国双年展原来是由杰姆斯·摩尔(James Moores)创立，2008年是第10周年，也是第5届双年展。本次双年展在评委质量上、在评选规范的严格程度上、在艺术家参与的规模上，都比以往双年展给人的印象更加深刻。本次双年展重视中国当代艺术的发展与趋势，选拔了艺术家艾未未和新兴的艺术家雷亮。

◎关键词 “西成东就——知识分子的美学语境”艺术展 圣之空间艺术中心

2008年9月27日，潘玉良、徐悲鸿、徐冰、黄永砯、谷文达等好几代“海归艺术家”的代表作和新作摆在了一起，这个名为“西成东就——知识分子的美学语境”艺术展于国庆期间在798圣之空间艺术中心开幕，策展人胡赳赳表示很多作品是第一次在国内展出。徐冰的新作《木林森》是在非洲肯尼亚进行的绿化带计划，谷文达的《大字碑拓片》是对造字的重新定义，此外，黄永砯、秦玉芬和王智远都展出了代表性作品。

◎关键词 “啊！我们——中国三十年当代艺术展”

2008年9月28日到10月8日，“啊！我们——中国三十年当代艺术展”举行。三十年来的变化很难用准确的词语概括，或许惟有“啊！我们……”这个含混而带有强烈语气的词语才足以表达作为策划者的敬意。

◎关键词 中国雕塑学会 “金属之声：中国雕塑学会第1届学术邀请展”

2008年9月28日至10月14日，由中国雕塑学会主办的“金属之声：中国雕塑学会第1届学术邀请展”在北京798艺术区文化创意广场金属库开幕。本次展览的主题为“金属之声”。其主旨是从雕塑的角度考虑，集中探讨金属材料作品的有关学术问题。本次“金属之声：中国雕塑学会第1届学术邀请展”是中国雕塑学会在雕塑学术上的一个新尝试。

◎关键词 “图书馆” 北京公社

2008年9月28日至2008年11月15日，“图书馆”在北京公社举办。“政纯办”为政治纯形式办公室的简称，由洪浩、肖昱、刘建华、宋冬、冷林组成的艺术小组，在2005年创立“政治纯形式”概念，并以集体创作的方式进行工作。它面向世界，聚焦精神世界的建设，将政治生活、文化生活、经济生活和日常生活等等纯形式化，模糊界限，将思考、讨论、足迹、享乐和思想等形成形式，构筑“政治纯形式”概念。由政纯办小组创作的“图书馆”装置作品也与艺术家个人的创作形成一种映射，成为他们个人创作的另一个方面。图书馆这一作品则是一种有关集体的、精神性的、艺术性的纯形式化的产物。

◎关键词 “动——艺术家群展” 北京亦安画廊

2008年9月28日至2008年10月18日，“动——艺术家群展”在北京亦安画廊举办。参展艺术家有陈墙、Daniel · Richter、Guillermo · Kuitca、罗荃木、刘丽勇、马六明、马良、Matthew · Barney、Marc · Quinn、Nobuyoshi · Araki、Stephan · Balkenhol、Takano · Ryudai、韦加、王孟飞、向京、尹朝阳、宗宁、朱浩、张洹、曾灶财。

◎关键词 圣之空间艺术中心 “西成东就——知识分子的美学语境”

2008年9月28日到11月23日，湖南美术出版社圣之空间艺术中心暨新周刊艺术推动计划“西成东就——知识分子的美学语境”术展在798圣之空间艺术中心与观众见面。“西成东就——知识分子的美学语境”展览由《新周刊》主笔、诗人胡赳赳先生策划，参展艺术家共12位。本次展览旨在通过同时展出三代艺术家的作品，以此来展示中国当代艺术的渊源及发展脉络。

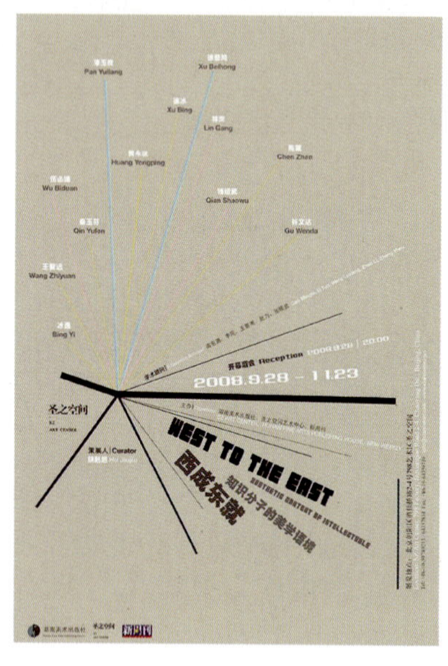

◎关键词 当代艺术展开幕式

2008年9月29日在乌鲁木齐举行了当代艺术展开幕式。新疆当代艺术品首次走出美术馆的束缚，拆除阻隔在艺术家与大众之间的栅栏，走进了首府的购物场所，来到普通老百姓中间。在这次艺术展上，艺术家穿着20世纪50、60年代的旧军装与在商场中穿梭的时尚青年合影，利用年代落差的视觉冲击来体现现代行为艺术的魅力，同时，艺术家们首次将雕塑工作室、陶艺工作室、装置雕塑、行为装置等搬进展示区，向人们揭开艺术家们创作过程的神秘面纱。参展艺术家有张辛民、孙增礼、地里木拉提·吐尔地、马皋、陈虎、王宣元、阿尔曼、张威、马昌民等20余位，还有史晓明、曾多源、柳文喜、吴春展、雷茂奎、刘鸿奎等人参与评论。

◎关键词 “特纳奖2008” 英国泰特美术馆

2008年9月30日至2009年1月18日，“特纳奖2008”在英国泰特美术馆举办。参展艺术家有凯西·威尔克斯、高什卡·马库加、马克·莱卡、鲁娜·伊斯兰。

拾月

◎关键词 “第3届西湖国际雕塑邀请展” 杭州钱江新城

2008年10月1日，户外雕塑展——“第3届西湖国际雕塑邀请展”在杭州钱江新城举行，展出中国雕塑学会会长曾成钢、中国美术学院院长许江、日本北乡悟、美国罗伯特·罗斯切、意大利蒙戈里等55名艺术家的作品。与此前两届的主题“人与自然对话”“人与历史对话”不同，本届展览定位于“人与城市对话”。据介绍，这些作品在进行为期1年的展览后，有部分作品将永久落户钱江新城。

◎关键词 伯茨南双年展 波兰

2008年10月3日至30日，伯茨南双年展在波兰的伯茨南展出。参展的中国艺术家有陈文波、蒋志、李颂华、刘窗、刘韡、缪晓春、琴嘎、邱黯雄、隋建国、孙原、彭禹、翁奋、夏静、许仲敏、薛涛、杨千。

◎关键词 “数码石雕展” 今日美术馆

2008年10月9日至10月28日，由唐尧策展的“数码石雕展”在北京今日美术馆开幕。中国美协副主席、中国雕塑学会会长曾成钢，欧特克（Autodesk）全球总裁卡尔·巴斯出席了开幕式。展览在北京闭幕后，还将在上海多伦美术馆和重庆锦瑟画廊巡回展出。

◎关键词 中国传统工艺美术精品展 北京民族文化宫

2008年10月14日至19日，中国传统工艺美术精品展在北京民族文化宫拉开帷幕。大展汇集全国传统工艺美术各个门类，包括玉雕、牙雕、石雕、木雕、陶瓷、金属工艺、漆器、刺绣、编织、民族民间工艺、首饰、传统工艺家具、文房四宝等，其中既包括原创作品、传统工艺创新作品、具有时代感的优秀工艺美术精品，也包括具有地方民族工艺特色及濒临失传的传统手工艺作品等。

◎关键词 “现状·首届年度雕塑提名展” 刘海粟美术馆

2008年10月15日至24日，由刘海粟美术馆、上海益昌艺术文化艺术咨询有限公司主办，“现状·首届年度雕塑提名展”在上海刘海粟美术馆举行。本次展览以“现状”为主题，汇聚了国内多家美术学院与雕塑院的专业艺术家及作品，旨在体现当下中国雕塑学术上的探索与成绩。

◎关键词 “隐藏的和谐——当代陶艺家邀请展” 四川成都许燎源现代设计艺术博物馆

2008年10月16日，在景德镇陶瓷学院即迎来五十周年校庆庆典之际，“隐藏的和谐——当代陶艺家邀请展”在四川成都许燎源现代设计艺术博物馆开幕，邀请展由德镇陶瓷学院主办，许燎源现代设计艺术博物馆承办，成都市文化产业领导小组、四川省美术家协会、广东省美术家协会协办。景德镇陶瓷学院名誉院长秦锡麟、设计艺术学院院长何炳钦等出席了开幕仪式。此次展览为期一个月，主题为和谐、互动、交流，展览了景德镇陶瓷学院美术系（现为设计艺术学院）毕业的120余位陶瓷艺术家创作的120余件现代陶瓷作品，这既是景德镇陶瓷学院50年来陶瓷艺术教育的成果展，也是弘扬中华陶瓷文化，展示我国现代陶瓷艺术创作水平的窗口。

◎关键词 第9届中国雕刻艺术节暨第4届中国广饶·孙子国际文化节 中国工艺美术学会雕塑专业委员会 《雕塑》杂志社

2008年10月18日至19日，第9届中国雕刻艺术节暨第4届中国广饶·孙子国际文化节在山东省广饶县举办。活动由中国工艺美术学会雕塑专业委员会与中国广饶孙子国际文化节组委会联合主办，北京精卫文化艺术中心承办，并得到了中国《雕塑》杂志社、雕塑在线网、《雕塑世界》报的大力支持。本届雕刻艺术节主题为“孙子兵法、兵家文化”，给广饶留下了优秀的雕塑作品，对提升城市文化品位，美化城市环境，改善人居空间，丰富市民的文化生活，提高市民的审美水平将会起到推动作用。

◎关键词 香港苏富比 "二十世纪中国艺术"及"当代中国艺术"拍卖会

2008年10月，香港苏富比举行"二十世纪中国艺术"及"当代中国艺术"拍卖会，中国台湾雕塑家朱铭的作品《太极》木雕，以港币362万元成交，比估价的150万元高出很多。艺术家如岳敏君、曾梵志、蔡国强的作品成交也很理想。

◎关键词 "动物时间的中国历史：黄锐个展" 北京角度画廊

2008年10月18日至2008年11月16日，"动物时间的中国历史：黄锐个展"在北京角度画廊展览。《动物时间》由大量从北京胡同拆除中回收的砖石组成，上面有干支属性的动物石雕，从视觉上给人一种牢固的、绵延不断的历史时间感。在BAMA展室里，鼠、牛、虎、兔、龙、蛇、马、羊、猴、鸡、狗、猪屹立在大理石座上，12种干支属性的动物被安放在60块砖组成的方阵的上面，方阵中每一块砖上都标注了年代。

◎关键词 "神魄——李真2008新作首展" 亚洲艺术中心

2008年10月18日至2008年12月21日，"神魄——李真2008新作首展"在亚洲艺术中心展出，"神魄"系列为李真2008年最新创作，继第52届威尼斯双年展"虚空中的能量"及中国美术馆"寻找精神的空间"大规模个展后，首次发表全新大型雕塑装置及平面作品。"神魄"系列经过十年的酝酿，李真有感于近年来世界的不安定，天灾人祸频繁，于是创作理念以"灵识穷体，人祸天险"为出发点，探讨"神"存在对人的意义，创造的是传统精神与现代艺术的对话。

◎关键词 中央美术学院 "美术馆发展策略国际研讨会"

2008年10月19日，在中央美术学院举行的"美术馆发展策略国际研讨会"上，中国美术馆馆长范迪安透露，政府相关部门刚刚批准了中国美术馆新馆的建设申请，将在"鸟巢"附近建立一个全新的中国美术馆，从而将鸟巢周边逐步发展成为一个21世纪新的文化中心。目前具体的新馆建设计划正在制定和征求艺术界意见当中。这一研讨会是中央美术学院90周年校庆的内容之一。

◎关键词 第3届中国国际建筑艺术双年展

2008年10月22日，第3届中国国际建筑艺术双年展上，一座表现"汶川地震"的大型现代雕塑，因其雕塑基座是乳房造型被所在厂方认为不雅，最终被强制要求用红布围遮。雕塑的创作者，著名建筑设计师王开方对此很不理解。

◎关键词 "挺身而出" 新北京画廊

2008年10月24日至26日，"挺身而出"在新北京画廊展览，参展艺术家有陈曦、陈庆庆、喻红、向京。

◎关键词 "2008第4届中国·宋庄文化艺术节——宋庄进行时" 宋庄美术馆

2008年10月25日上午，"2008第4届中国·宋庄文化艺术节——宋庄进行时"在宋庄美术馆东侧举行开幕仪式。现场除了参展艺术家，艺术爱好者和新闻媒体朋友外，还有许多相关领导出席，场面热闹非凡。开幕式上同时公布了中国美术批评家年会评选出的年度批评家奖、年度青年批评奖、年度艺术家奖、年度青年艺术奖四个奖项，获奖者分别是栗宪庭、朱其、隋建国和张小涛。

◎关键词　“公共雕塑展——众声喧哗”

2008年10月25日至2008年11月25日，“公共雕塑展——众声喧哗”在宋庄举办。雕塑遭遇宋庄，自然营造的是一种“众声喧哗”的街头文化景观。作为宋庄艺术节组成部分的公共雕塑展，其使命之一，就是营造出一种街头文化的热烈气氛，让艺术节期间的宋庄，成为一个吸引人流和视线的公共空间。公共雕塑在街头与公众零距离地接触，将有利于当代艺术更有效地参与到公共生活之中，在众多的议论、质疑、赞许中，形成雕塑与公众的对话关系。活力、生气、可能性，就在众声喧哗，略嫌纷乱嘈杂的宋庄生长。

◎关键词　邱志杰的个展“莫愁”　北京前波画廊

2008年10月25日至12月6日，邱志杰的个展“莫愁”在北京前波画廊开展，本次展览的现场装置以及一系列最新创作的木刻、纸本水墨延续了艺术家进行中的对南京（尤其是南京长江大桥）的研究计划。通过对长江大桥——这座崛起的中国的象征以及如莫愁湖这样典故的关注，邱志杰探索着时间、记忆、命运等主题，此乃其创作的核心所在，无论他的兴趣在于何种媒介。

◎关键词　“梦回故里——刘士铭雕塑回顾展”　河南美术馆

2008年10月26日至2008年11月2日，“梦回故里——刘士铭雕塑回顾展”在河南美术馆展出。这场为期7天的展览，汇集了雕塑家刘士铭先生从艺60年来的120件精品力作。刘士铭先生是新中国培养的第一代雕塑研究生，接受过中央美院雕塑系留法一代雕塑家的扎实的西方艺术教育，同时在其艺术生涯中受到中国传统艺术和民间艺术的深刻影响。本次展览从多个角度充分呈现这位八旬老人独辟新径的创作视角与鲜明的艺术风格。该展览由河南省美术馆、中国雕塑研究中心和中央美术学院雕塑艺术创作研究所联合主办。

◎关键词　首届全国城市雕塑高层论坛暨全国城雕委新一届艺委会全委会　南昌

2008年10月26日，首届全国城市雕塑高层论坛暨全国城雕委新一届艺委会全委会在南昌举行。江西省长吴新雄出席开幕式，并发表了热情洋溢的欢迎辞。诺贝尔奖获得者、著名科学家杨振宁致辞。江西省领导刘上洋、余欣荣、孙刚出席开幕式。首届中国城市雕塑高层论坛由全国城市雕塑建设指导委员会、中国雕塑院和江西省委宣传部共同主办，目的在于通过对新时期中国城市雕塑发展思路的研究和探讨，促进城市雕塑艺术的提高与繁荣。

◎关键词 2008 中国——曲阳雕刻博览会 曲阳

2008年10月28日，2008中国——曲阳雕刻博览会在曲阳雕刻广场隆重开幕。来自国内外的各界人士和嘉宾1100余人汇聚于此，共享本次艺术盛会。中国《雕塑》杂志社社长范伟民先生、雕塑专业委员会秘书长陈培一先生出席了开幕式。本届雕刻博览会自10月28日—11月31日，历时一个月，规模大，层次高，是一次国际化、专业化的盛会。

◎关键词 “夏德武当代陶瓷艺术展” 中央美院美术馆

2008年10月31日至11月9日，由中央美术学院和厦门金熊陶瓷集团联合主办的“夏德武当代陶瓷艺术展”在中央美院美术馆地下展厅举办。10月31日下午3点举行了开幕仪式，开幕仪式由清华大学美术学院陶瓷系主任郑宁教授主持，中央美院党委书记杨力、美术界前辈画家杜大恺、杨力舟、尚扬、中央美院城市设计学院副院长王中、附中校长孙伟等我院师生参观展览。

展览开幕式

杨力书记参观展览

夏德武作品

夏德武作品

◎关键词 中国（1号地）当代美术馆

2008年10月，文化部中外文化交流中心等单位正式发布在北京1号地国际艺术园区建设中国（1号地）当代美术馆的消息。据悉，该美术馆总占地面积将达100亩（含场馆及广场），合约66000m^2，如果建成它将成为中国最大当代美术馆。据文化部文化交流中心吕军主任介绍，建造这样一座当代美术馆，是缘于目前许多的美术馆都不适合形式层出不穷的当代艺术作品展示，比如大型雕塑、行为艺术以及具有破坏性的现场创作等等，1号地当代美术馆项目即是应此而生。中国当代美术馆已经完成概念设计开始进入功能设计阶段。预计2009年上半年施工建设，2010年底完成全部建设任务，来年开始从事国内外当代艺术重要展示活动。

◎关键词 《钱王射潮》 韩美林

2008年10月，历时两年的巨型雕塑《钱王射潮》在浙江省杭州市滨江公园正式揭幕。这尊雕塑的是由中国工艺美术大师韩美林设计的，雕塑高29.6米，宽48米，厚15米，全部采用性能优良的锡青铜铸造而成，总重量达300余吨。

拾壹月

◎关键词 “别管是谁的！我怀上了就是我的。” 北京aya画廊

2008年11月1日至2009年1月15日，“别管是谁的！我怀上了就是我的。”在北京aya画廊展览。萧昱以其独特的手法精心筹划了这一震惊的瞬间。她满不在乎的一句“别管是谁的！”一下子把对父亲身份的追问巧妙地挡了回去。身怀六甲的言说者要让人们注意自己对现状的全然接受。毋庸赘言，眼见为实，她最终宣告“我怀上了就是我的”，声称胎儿归自己所有。

◎关键词 第5届土耳其国际石雕创作营

2008年5月3日至2008年12月3日，第5届土耳其国际石雕创作营开营，来自世界6个国家10位艺术家现场创作了10件大理石石雕作品，我国陕西雕塑院雕塑家蒋楚参加了本届雕塑创作营，创作了名为《爵士》的石雕作品。

◎关键词 第3届中韩雕塑交流展 厦门中华儿女美术馆

2008年11月3日上午，第3届中韩雕塑交流展在厦门中华儿女美术馆拉开帷幕，韩国派出了14人的艺术家代表团参加开幕式。本届交流展由中韩雕塑家协会等单位主办，共展出中韩两国40余位雕塑家共61件作品，其中韩国13件，中国48件。值得一提的是，韩方共派出了14人的艺术家代表团出席开幕式，这在历届还属首次。

◎关键词 2008世界手工艺大会开幕式 世界手工艺发展国际论坛

2008年11月6日，2008世界手工艺大会开幕式暨世界手工艺发展国际论坛在杭州举行。中国工艺美术协会名誉理事长，原全国人大常委会副委员长李铁映，世界手工艺理事会主席玛利亚·塞琳娜，中国轻工业联合会会长陈士能，中国工艺美术协会执行会长蒋仲平，浙江省委常委、杭州市委书记、市人大常委会主任王国平等出席了开幕式。这是世界手工艺大会首次在中国举行，来自全球36个国家的178名国际代表出席了此次大会。会上评选出首届亚太地区手工艺大师，中国有17人获此殊荣。

◎关键词 第2届上海国际钢雕艺术节

2008年11月，第2届上海国际钢雕艺术节开幕。在由原铁合金厂改建而成的钢雕艺术公园亦即上海国际节能环保园，艺术家们利用铁合金厂遗留的废旧钢铁作主题演绎。在艺术家们智慧与灵感的锻造下，废旧材料焕然一新，成为一件件极具张力的钢雕艺术品，在钢雕艺术节上焕发出勃勃的艺术生机。

◎关键词 “图画手工2008——图画手工第三回” 北京偏锋艺术空间

2008年11月7日至2008年12月15日，“图画手工2008——图画手工第三回”在北京偏锋艺术空间展览。参展艺术家有陈蕉雨、陈坤、胡勤武、黄洋、贾江宏、刘斌、李红军、李杰、李蒙远、瞿潇、吴笛、谢墨凛、许硕、卓凡。

◎关键词 “中国姿态·首届中国雕塑大展” 温州

2008年11月5日“中国姿态·首届中国雕塑大展”温州站的展览“游子情·温州行”在温州会展中心万和豪生大酒店启幕。首届中国雕塑大展，整合了全国雕塑艺术资源，以巡展的形式，展现当下中国雕塑的整体风貌，温州是继厦门、西安后的第三站。

◎关键词 谭勋的个展“李明庄计划” 刘海粟美术馆

2008年11月5日至11月20日，谭勋的个展“李明庄计划”在上海的刘海粟美术馆举办。

◎关键词 "维瓦拉迪法兰西" 北京箭厂空间

2008年11月7日至2009年1月7日，"维瓦拉迪法兰西"在北京箭厂空间展览。《维瓦拉蒂法兰西》(差异万岁Vive la Difference)是艺术家倪海峰创作的一件装置作品，在箭厂空间橱窗式设计的背景之下呈现了制造、消费以及商品化的问题。利用商业化的生产中废弃的工业垃圾(织物碎片)，艺术家同两个截然不同的劳动者通力合作，制作出两件独特的"高端"时装外套，将以高级橱窗展示的形式在箭厂空间展示。

◎关键词 中国当代艺术奖(CCAA) 2008 作品展 北京尤伦斯当代艺术中心

2008年11月8日至2008年12月21日，中国当代艺术奖(CCAA) 2008 作品展于北京尤伦斯当代艺术中心举行。届时，获奖艺术家艾未未、刘韡、曾御钦在这次展览中展示他们最新完成的重要作品。"这些展览和图录都将聚焦于获奖艺术家刘韡、曾御钦和艾未未。他们是在极其激烈的评审会议后角逐而出的艺术家，随着CCAA展览的举行和作品图录的面世，他们都将以其非凡的才华受到广泛的关注。"

◎关键词 中国雕塑学会 "破立之道——刘永刚作品展"

2008年11月8日至11月27日，由中国雕塑学会主办的"破立之道——刘永刚作品展"在798艺术区中国雕塑学会沙龙开幕。本次展览是中国当代雕塑家系列展之一，共展出刘永刚《爱拥》《站立的文字》系列作品近百件。展览不仅为我们呈现出艺术家敢于挣脱陈规，在大破中求大立的艺术勇气，也从一个侧面反映出时代背景下，对传统文脉的追寻已成为艺术界，尤其是留洋艺术家确立自身面貌的优先选择。

◎关键词 "中国南京·美国佛罗里达——"失重"国际当代艺术双城展"

2008年11月9日至16日，"中国南京·美国佛罗里达——"失重"国际当代艺术双城展"在南京博物馆举办。国际当代艺术双城展是一个长远的目标与设想，南京是本回展览的第一站，弗罗里达将是第二站，之后还会有第三站和第四站……国际当代艺术双城展为当代艺术注入新生力量，以当代艺术或当代媒介的名义探讨当代人文生存图景，在现世与虚拟之间考量社会生存话语。"批判与反思"是本回展览的目的与意义，无论其影响是否深远，它将在当代艺术的论坛上留下自己的话语，而此后的无数种可能都将成为下一回展览的参照与引用。

◎关键词 "China's Revision" 德国路德维希美术馆

2008年11月9日至30日，"China's Revision"在德国路德维希美术馆展览。"演变"展览，充分表达了这种中国当代艺术的多样性和可能性。从身份上看，这里面有受到深厚的学院影响的艺术家——刘小东、夏小万、陈文骥，他们至今仍然在美术学院担任教职，有继续以宋庄为创作基地的艺术家——方力钧、岳敏君；有长期旅居海外的艺术家——严培明、江大海、杨起、徐冰；也有代表了中国新生力量的艺术家季大纯、王光乐、高磊、牟柏岩。

◎关键词 "迪奥与中国艺术家" 北京尤伦斯当代艺术中心

2008年11月15日至2009年1月15日，"迪奥与中国艺术家"在北京尤伦斯当代艺术中心展出，作为一项以彰显创意精粹为构思的活动，本次展览是两块大陆之间与两种不同表达方式——当代艺术与时尚之间的对话。迪奥，作为享誉世界的高级订制服传奇品牌，成为以下当代中国艺术家的主要创作灵感之源，他们是：王度、张洹、黄锐、李松松、张大力、许仲敏、刘建华、郑国谷、卢昊、王庆松、颜磊、张晓刚、文芳、史金凇、王功新、时晓凡、刘韡、荣荣和映里、叶锦添、邱志杰以及马岩松。

◎关键词　北京铸造艺术馆　“中国幻想”

2008年11月15日至2009年1月18日，北京铸造艺术馆开幕展“中国幻想”在北京一号地国际艺术区拉开帷幕，在这个展览中，三十多位受邀的中国当代艺术家以其独特的想象力、判断力和创造力，并通过不同的观念、方法、媒介和形式，表现出了日新月异的创新意识，也向世界呈现出他们编织的幻想，且向大家诉说他们的过去、现在与未来，更要邀请各位一同分享和迎接这一充满活力四射的艺术盛会。

◎关键词　“齐鲁文化主题雕塑展”　山东省博物馆

2008年11月15日，由山东省委宣传部、省文学艺术界联合会、省建设厅主办，山东省雕塑艺术家协会承办的“齐鲁文化主题雕塑展”在山东省博物馆开幕。据介绍，展览旨在弘扬齐鲁文化，塑造精品艺术，积累文化遗产，并通过本次展览选出优秀作品，以实施为目的，向山东省各地城市推荐实施方案，向十一届全运会场馆建设、省文博片建设、济南园博会建设、京沪高铁建设等省重点工程建设推荐实施方案。场馆展出的150余件（组）作品由“齐鲁文化主题雕塑大赛”参赛优秀作品和国内外雕塑家近期创作的雕塑作品组成。作品题材丰富、表现形式多样，有抗震救灾题材的如《重生》，有革命战争题材的如《解放济南》等。雕塑爱好者李素染的作品《黄河－泰山》以拟人的手法，表现黄河为母、泰山为父的主题内容，大胆、热烈、夸张的表达手法吸引了众人在雕塑前驻足。山东省雕塑艺术家协会成立于2008年9月19日，是山东省文联主管的雕塑专业艺术协会，成立后将进一步推动本省雕塑艺术创作，促进学术争鸣和研讨，加强山东雕塑与国内外雕塑界的艺术交流。

◎关键词　“中国秦兵马俑展”　美国亚特兰大海伊博物馆

2008年11月17日，“中国秦兵马俑展”在美国亚特兰大海伊博物馆开展。目前，网上售票已经超过10万张，馆方预期将有50万人次参观。“中国秦兵马俑展”展出文物100件(组)，一级文物占20%。参展文物主要来自秦始皇兵马俑博物馆、陕西省考古研究院、宝鸡市青铜器博物馆、宝鸡市考古工作队、临潼博物馆等文物收藏单位。这些文物的时间跨度自春秋到秦代，展品有秦兵马陶俑、青铜器、玉器、石器等。

◎关键词　中国美院雕塑系第三工作室材料创作课成果展“2008金属铸造作品展”　中国美院南山校区

2008年11月17日，中国美院雕塑系第三工作室材料创作课成果展“2008金属铸造作品展”开幕式在中国美院南山校区6号楼天光厅举行。中国美院党委书记毛雪非、副院长刘健、党委副书记钱晓芳、傅肃琴以及雕塑系主任龙翔、系副主任张克端、课程指导老师汤汉生、朱晨等出席了开幕式，开幕式由单增主持。展览将持续至11月30日。

◎关键词　“2008艺术湖南·湖南省美术精品展”　中国美术馆

2008年11月19日，为了纪念我国改革开放30周年，集中展示近年来湖南美术创作的新成就，整体推介美术湘军的实力和阵容，由湖南省人民政府主办、湖南省文学艺术界联合会、湖南省美术家协会承办的“2008艺术湖南·湖南省美术精品展”在北京中国美术馆展出，《2008艺术湖南·湖南美术精品集》也在开幕式上首发。开幕式后还将举办作品研讨会，数十位艺术家、专家学者将参加此次研讨会。

◎关键词　“萨尔瓦多·达利、菲尼克斯·鲁林雕塑作品展”福建省美术馆

2008年11月20日至2008年12月5日，由福建省美术馆主办的“萨尔瓦多·达利、菲尼克斯·鲁林雕塑作品展”在福建省美术馆展出。本次展览共展出两位艺术家的雕塑作品17件，平面绘画、创作草图和作品照片35幅。

◎关键词 “2008.11.21——顾德新个展” 南京南视觉美术馆

2008年11月21日至2008年12月10日，“2008.11.21——顾德新个展”在南京南视觉美术馆举办。象以往所有展览一样，顾德新在南京的这个利用二百多种声音进行创作的最新大型装置作品依然用开幕日期命名。

◎关键词 “飞——小野洋子个展” 上海可·当代艺术中心

2008年11月22日至2008年12月15日，“飞——小野洋子个展”在上海可·当代艺术中心展出，展览是一次全面的展现，从她艺术生涯早期作品到如今正在进行的一系列的具有指导性和引领性的艺术构思。本次展览得到了挪威奥斯陆Astrup Fearnley现代艺术馆的大力协助，也是古纳·格瓦拉和可当代艺术中心驻馆策展人比利安娜共同努力的成果。约翰·列侬曾经说小野洋子是“世界上最著名而不为人知的艺术家：每个人都知道她的名字，可没有人知道她做了什么”。本次展览就致力于展现这位独一无二人物的成就。如果将小野洋子看作一位艺术家，那我们还只不过肯定了她卓越贡献中的一小部分而已。

◎关键词 “浙江名家——雕塑邀请展” 中国美术学院美术馆

2008年11月26日至30日，由浙江省美术家协会主办的“浙江名家——雕塑邀请展”在中国美术学院美术馆举行。浙江省美术家协会于2005年开始举办“浙江名家”美术作品系列展览，涉及中国画、油画、版画、雕塑、综合画种5个门类。本次雕塑展是继中国画、油画、海报后的第4个名家邀请展。

◎关键词 首届世界华人美术教育研讨会 中央美术学院美术馆

2008年11月29日，首届世界华人美术教育研讨会开幕式在中央美术学院美术馆国际会议厅隆重举行，标志着以“艺术·科学·社会”为主题的首届世界华人美术教育研讨会正式拉开帷幕。研讨会开幕式由中央美术学院教授、人文学院院长尹吉男主持。此次研讨会由世界华人艺术教育协会和中央美术学院共同主办，活动为期3天，邀请了来自法国、菲律宾、马来西亚等国家和我国台湾、香港、澳门地区的专家学者，与会人员达200余人，并收到代表提交的论文100余篇。研讨会将通过嘉宾发言、专题演讲、小组论文发表、学生美术作品展览、现场教学观摩与研讨等多种形式，从不同的角度在当代世界经济、科技、信息发展的新语境中思考、研讨美术教育所面临的新课题。

◎关键词 “目标”林一林个展 北京当代唐人艺术中心

2008年11月29日至2009年1月4日，“目标”林一林个展在北京当代唐人艺术中心举办。“目标”是林一林在北京当代唐人艺术中心举办的第一个个展的展题。在这个展览中他呈现四组不同媒介的作品和两个影像作品，一件大型的雕塑以及一幅油画。这些作品都是关于从新的角度和另类的方式再现历史人物和事件的，同时艺术家也把自己引进到作品里，在此他把自己扮演成一位伟大的英雄楷模式的人物。借用这样的表现手法和主题，作品反映了对于形成我们集体意识和记忆的历史和神话图像的反思。

◎关键词　“问题现场——金锋个案”　上海证大现代艺术馆

2008 年 11 月 29 日，“问题现场——金锋个案”在上海证大现代艺术馆拉开序幕。展览呈现了艺术家金锋近三年来在艺术创作方式上的探索。展出的十余件作品跨越了行为事件、研究方案、雕塑装置及网络互动等多种媒介，试图对艺术家近年的艺术作品进行一次文献式梳理。金锋始终把自己的作品称之为“个案”，他表示：“我是要规避方法论这样的提法可能导致的霸权嫌疑。”在他看来，他的作品创作依旧处于一个探索的阶段。

◎关键词　曾竹韶雕塑艺术奖学金 2008 年度获奖及入围作品展

2008 年 11 月 30 日，由中央美术学院、中国雕塑学会共同主办、中央美术学院雕塑系承办的“曾竹韶雕塑艺术奖学金 2008 年度获奖及入围作品展”开幕式于 11 月 30 日上午在北京中国国际展览中心隆重举行。开幕式上同时举行“曾竹韶雕塑艺术奖学金”颁奖仪式。以该奖学金名字命名的中国雕塑界前辈、百岁老人曾竹韶先生专程出席开幕式并亲自为获得“曾竹韶奖”的 5 位青年艺术家颁发证书和奖金，同时开幕的还有中央美术学院雕塑系优秀学生作品展。

拾贰月

◎关键词　《月亮老人》

2008 年 12 月，沸沸扬扬的《月亮老人》雕塑署名权问题终于尘埃落定。市新闻出版局根据历时一个多月的调查取证，认定已故烟台大学教授孙学诚是《月亮老人》雕塑的权利人。省版权局日前已向孙学诚的合法继承人颁发了《作品登记证》。

◎关键词　冬季中央大街冰雪景观设计方案

2008 年 12 月，从哈尔滨中央大街步行街管理处获悉，冬季中央大街冰雪景观设计方案已敲定，沿街将设一条世界经典雕塑艺术冰雕长廊和 10 个不同主题的冰景区，并在防洪纪念塔广场设 6 座迎大冬大型冰雕。整个景观区总用冰量 4000 立方米，12 月末竣工。

◎关键词　“断舌”　北京梯空间

2008 年 12 月 6 日至 2009 年 2 月 15 日，“断舌”在北京梯空间举行。参展艺术家有白宜洛、陈劭雄、陈晓云、李大方、刘韡、刘卓泉、琴嘎、秦琦、邵一、邵译农、慕辰、唐茂宏、王宁德、王蓬、王思顺、吴达新、吴俊勇、萧博、余极、袁远、张勃夫、张慧、张辽源、赵赵、钟甦、周铁海、周啸虎。

◎关键词　“2008 中国根雕艺术论坛暨根雕艺术精品展”　中国工艺美术学会

2008 年 12 月 9 日至 10 日，来自全国 10 多个省市区、近 300 位根雕工艺师参加的“2008 中国根雕艺术论坛暨根雕艺术精品展”在嵊州拉开帷幕。本次活动由中国工艺美术学会、浙江省工艺美术行业协会、嵊州市人民政府主办，浙江省根艺美术学会、嵊州市文化产业促进会承办。参展的作品为 2007 年以来创作的精品，且为第一次参加国家级的展览和评奖，根据参评作品的具体实际，由组委会评出国家级金奖、银奖、铜奖若干，同时由浙江省根艺美术学会评出省级金奖、银奖、铜奖。参加对象为全国根艺界人士数百人。参加论坛的包括全国工艺美术界的专家学者、浙江省根艺美术学会的会员代表等。与会专家学者将在感受嵊州根雕及其他民间工艺产业氛围的基础上，就中国根雕艺术的创作研究提出全新的观点和思路。嵊州根雕的历史可追溯到1600多年前。东晋著名雕塑家戴逵喜爱剡溪山水而隐居于此，并在此开启了嵊州根雕艺术的源头。一千多年的历史演变，根雕艺术以其顽强的生命力得以延续和发展。2007年，"嵊州根雕"被列为浙江省非物质文化遗产保护名录，嵊州被授予"中国根艺之乡"称号。

◎关键词 2008法国艺术家协会画展 刘群

2008年12月11日至14日，在巴黎卢浮宫玻璃金字塔之下的卡鲁塞尔厅，2008法国艺术家协会画展举行。该画展由法国国家艺术协会主办，是法国规格最高的展事之一，至今已有一百多年历史，刘群的雕塑《斗鸡·背水斗》与陈子光陶艺作品《轮回》获得了该沙龙的特别奖。他们作品新颖的形式与深刻的内涵得到了国际友人的高度评价。

◎关键词 ART64艺术空间 "亚洲厚音——第6届中、日、韩、印尼艺术家交流展"

2008年12月11日—2009年1月11日，由ART64艺术空间主办，在中国广州举办的"亚洲厚音——第六届中、日、韩、印尼艺术家交流展"邀请了策展人Jim Supangkat担任展览总策划，参展国家由原来的三个国家增至现在的中、日、韩、印尼四个国家。艺术家人数由上一届的32人增至73人。本次展览立足亚洲本土文化，倡导在民族底蕴的基础上探索新的视觉语言，我们希望创造一个平台让亚洲不同国家的艺术家在各自的文化体系中找到自己的语言，让百花齐放的艺术展现出东方艺术的魅力。

◎关键词 "繁殖" 北京艺门

2008年12月13日至2009年2月16日，展览"繁殖"在北京艺门举办。"繁殖"可以有很多种形式。它可以是一个基础元素的重复、现成物品的积聚、各种不同部分的集合以创造新的合成体和联合体。它也可以指向类似奥运会或地震等重大事件所引发的共同文化背景下的强烈情感。按理说，2008年的文化所包含的无非就是我们对于一大串奇怪和意料之外的事件的想法和认识的集合。"繁殖"展览用两个月的时间在画廊内外的空间里循环展出来自13位艺术家的作品，以期将现在的文化当作过程而不是单个物体的生产制作来评价。

◎关键词 "刺客之家——韩之演当代空间开幕一周年特展" 北京韩之演当代空间

2008年12月13日至2009年3月17日，"刺客之家——韩之演当代空间开幕一周年特展"在北京韩之演当代空间举行，参展艺术家有孙原、彭禹、蓝鼻子、伊利亚·钦卡。本次特展于三维空间中，由装置媒介与所依附的环境交相呼应，传达着感知情绪和永恒运动的观念，并通过时间的介入为观众营造四维时空的艺术体验。大众游戏成为与先哲沟通的方式；熟悉的材质用以模拟现实场景，进行概念性试验。展览装置本身的含义在与观众若即若离的交互运动中不断变化。

◎关键词 "津门风华——民族脊梁""人文平台——中国当代青年雕塑家肖像作品展"

2008年12月13日至20日，天津永安公墓、中国工艺美术学会雕塑专业委员会、《雕塑》杂志社等单位将联合在天津博物馆主办以"津门风华——民族脊梁"为主题的"人文平台——中国当代青年雕塑家肖像作品展"。本次展览由景育民、朱尚熹、陈培一担任策划人，由范伟民、陈云岗、王中、殷小烽、龙翔、刘威等担任艺术指导，共展出全国各地的中青年艺术家精心创作的33件作品，引起学术界的广泛关注。此次展览的部分名人雕像，将安置在天津市人文纪念公园。以雕塑展的形式探索陵园雕塑，这在全国也是先例。同时，此次参展的艺术家柳青、李东江、李迅、李一夫、景晓雷、李煊峰、刘金凯、刘松、马辉、唐勇、乔迁等均在全国展览中多次获奖，是中国雕塑创作的新一代骨干力量。

◎关键词 “纪念改革开放30周年美术作品展” 中国美术馆

2008年12月17日中华人民共和国文化部、深圳市人民政府联合主办，中国美术馆、中共深圳市委宣传部、深圳市文化局承办的“纪念改革开放30周年美术作品展”在中国美术馆隆重开幕。展出作品大部分是从中国美术馆优秀藏品中选取的精品，也有一部分是深圳艺术家的最新创作。中国画、油画、版画、水彩画、漆画、雕塑等多种艺术形式共同记录了30年的时代变革和社会变迁，反映了中国美术与时俱进的艺术创造精神和崭新的时代风格。展览分为“时代”“建设”“家园”“风貌”四个篇章。17日下午，展览学术研讨会在中国美术馆举行。大型画册《纪念改革开放30周年美术作品集》与展览同时出版发行。

◎关键词 “凝聚梦想”北京百件奥运雕塑画册首发式暨“陶之记忆——中国古代陶塑展” 北京画院美术馆

2008年12月18日，“凝聚梦想”北京百件奥运雕塑画册首发式暨“陶之记忆——中国古代陶塑展”开幕酒会在北京画院美术馆召开。“百件奥运雕塑”活动从新世纪、新奥运的时代启航，最终又走向对古老文明的回归。这场追溯千年的游历，为我们呈现了雕塑艺术在造型能力以及审美观念方面的发展、演变。

◎关键词 第3届中国·青田石雕文化节暨第4届中国名石雕刻艺术展

2008年12月23日，第3届中国·青田石雕文化节暨第4届中国名石雕刻艺术展上，四大名石——青田石、巴林石、昌化石、寿山石各显风采。经过广泛征集，第3届中国·青田石雕文化节暨第四届中国名石雕刻艺术展组委会发布了石雕文化节的主题、主题口号、节歌、节徽以及吉祥物。这次活动的主题为“以石会友，传承文化”，主题口号为“青田·美石美刻都精彩”，节歌为《美丽的青田石》，节徽为红、黄、蓝、绿四色“石”字组成的《凝固的花》，吉祥物为以珍稀青田石“封门青”颜色为基本色调塑造的“封门娃”。

◎关键词 吴信坤雕塑展 广东美术馆

2008年12月24日至2009年1月11日，旅美艺术家吴信坤雕塑展在广东美术馆举办。

◎关键词 武汉美术馆

2008年12月26日，经过四年的规划和建设，由武汉市政府投资2.2亿元进行改扩建的武汉美术馆隆重开馆。为庆祝武汉美术馆得落成，美术馆将同时揭幕四个艺术展览，这四个展览与武汉艺术发展的历史、现实都有着紧密的联系。它们分别是：“互动——2008中国当代油画邀请展”“模式——旅法艺术家王度特展”“晴川·晴川——湖北十人中国画作品展”和“北京画院藏齐白石作品展”。

◎关键词 中国雕塑学会年会

2008年12月27日下午，中国雕塑学会年会在广州珀丽酒店召开。中国雕塑学会共有26位常任理事参加年会，并邀请广州艺术家、理论家列席。

◎关键词 上海多伦现代美术馆

2008年12月28日是上海多伦现代美术馆建馆五周年的喜庆日子，作为跨年度的大型当代艺术群展，上海多伦现代美术馆在三层的展厅以视觉展示形式，集中了具代表性的上海当代艺术家群体、中国当代艺术发展史的历史碎片和多伦过去五年的文本、图片、宣传资料和部分馆藏作品。

文献

个案·批评
理论·研究
教育·教学
市场·文化
域外·交流
优秀硕博论文

个案·批评

刘士铭的别样意义

【作者】杭间

【刊名】雕塑，2007年01期

【摘要】在浮躁喧嚣的今日中国美术界，有一种倾向正在滋长，这就是不约而同要寻找中国艺术的“自我”。也许是历史阶段的必然，但也许更多是中国文化性格中面对全球化和西方文化资本“进入”后的再生，在过滤了“美育救国”“现实主义”“革命现实主义”“八五美术思潮”以及形形色色的“后八九”现象之后，在经历了圆明园、宋庄、上苑、798等艺术聚落的创作之后，中国的当代艺术究竟该是什么样的，这个问题的核心，逼近了我们的思想。

许鸿飞：寻找“胖女人”的别样美

【作者】牧文

【刊名】雕塑，2007年01期

【摘要】许鸿飞，石磨坊主持人、广州雕塑院副院长，有人说他长了一副与鲁迅相仿的面孔，可他活得却远比鲁迅自在与轻松。信奉“艺术就是玩”的许鸿飞，又做了一批新作品，依然是他的品牌雕塑——“胖女人”。在人们许久以来的审美习惯中，“胖”与“女人”是互相排斥的两个词，当许鸿飞大张旗鼓地以肯定态度把它们组合成偏正词组，一种审美的独特立场就此而出。

一个中国艺术家在东西方不同文化背景下的矛盾与融合——旅美艺术家罗小平访谈

【作者】罗小平

【刊名】雕塑，2007年01期

【摘要】旅美艺术家罗小平在中国沉寂了几年，近来，我们可以在国内发现他的踪迹，他的新作展示了旅美之后的新的视点和面貌，访谈中罗小平就中西文化差异以及价值观引申出对艺术问题的看法。

一次成功的转换——评傅中望的新作《群英会》

【作者】孙振华

【刊名】雕塑，2007年01期

【摘要】中国雕塑目前亟待解决的问题之一，是雕塑家的个人创作和城雕作品相分离的问题；特别是具有试验性和探索性的当代雕塑，如何有效地进入公共空间，在更为广泛的社会层面上，完成自身转换，使当代性和公共性获得统一，使学术性和应用性得以结合，这是一个中国雕塑界目前在共同思考的前沿问题。

情系《黄河母亲》一次与观众对话的城雕维修

【作者】岩石

【刊名】雕塑，2007年01期

【摘要】1986年4月30日建于兰州黄河之滨的花岗岩城雕《黄河母亲》，于1987年获得首届全国城雕优秀奖，至2006年已度过了20周年。20年来，她迎接了来自全国各地的炎黄子孙和台湾同胞、海外华侨以及来自世界各国的友人达二百万余人次。《黄河母亲》作为中华民族的象征，以她的雕塑语言与国内外观者进行心灵对话，由此蜚声海内外。

新“淘”艺　新陶秀——“中国首届新秀陶艺家双年展”观察

【作者】杨志

【刊名】雕塑，2007年01期

【摘要】“中国首届新秀陶艺家双年展”在一种契合的时机举办，具有其特殊的文化机缘。陶艺文化在中国当代艺术领域相对于国画、油画、雕塑、版画来说，其参与创作的人数、年龄梯队结构以及人员的现代艺术观念都存在着巨大的反差。回顾中国现代陶艺发展的这几年，最大的难度依然是陶艺文化身份的确立问题，而非中国陶瓷身份的认同问题。因为在传统陶瓷领域中国的“话语权”是世界公认的结论，而中国陶艺(现代陶艺或者当代陶艺)的“话语权”却微乎其微。

高阳秋爽　雕境塑界——记2006年韩国高阳市国际雕塑创作营

【作者】本刊记者：文集

【刊名】雕塑，2007年01期

【摘要】从韩国首都首尔出发，向西北方向驱车而行，约40分钟距离，到达了京畿道的高阳市。高阳市是一座新兴城市，是首尔的卫星城，人口不到100万，历史不足10年。堪称世界发展中最快的十座城市之一。整齐的马路，现代建筑和时尚的艺术环境，使这座城市彰显时代魅力，这是韩国建设史上的一大奇迹。

真正的艺术——刘士铭雕塑艺术研究

【作者】殷双喜

【刊名】美术研究，2007年02期

【摘要】刘士铭出身知识分子家庭，受过良好的传统文化教育，1946年考入国立北平艺专，1951年毕业于中央美术学院雕塑系研究生班，受王临乙、滑田友、曾竹韶等名师指导。他的雕塑作品具有极强的个人风格，本人从以下几方面展开对他艺术作品的研究。

唐山雕影艺脉考源——杨乃全的雕影形象与艺术特征

【作者】臧术权

【刊名】美术，2007年02期

【摘要】杨乃全的雕影，是在炮制好的驴皮上镂刻、渲染出生、旦、净、末、丑等行当的头茬、上身(胸部、护领旗、上臂、前臂、手)、下身(臀股、双胫与鞋)，经过装订，能让人操纵在影幕上的一种融灯光、演唱、音乐为一体的综合艺术。

“墨宝”——明、清“墨文化”欣赏

【作者】赵树同

【刊名】雕塑，2007年02期

【摘要】笔、墨、纸、砚“文房四宝”是中国独具特色的文书工具，在中国文化生活的发展中，实居一切科学艺术的领先地位，是一切科学文化的先驱。

泛?雕塑?泛雕塑?——2007泛雕塑艺术展解疑

【作者】本刊记者

【刊名】雕塑，2007年02期

【摘要】“2007泛雕塑艺术展”于2007年10月在上海举办，作者出于对这个展览的诸多疑问，采访了作为主办方的代表。

开门见山——张伟雕塑述评

【作者】北人

【刊名】雕塑，2007年02期

【摘要】张伟今年1月14日~28日在北京南新仓新北京画廊举办了一个雕塑个展，取名《见山》。山是中国的传统，还有水，仁者乐山，智者乐水。中国文人把自己的精神放在山水间冶游已经两千多年了。

我看林家卫的肖像雕塑

【作者】安东尼·司顿斯　冯向红

【刊名】雕塑，2007年02期

【摘要】中国雕塑家林家卫先生所创作的西方人物的肖像作品，通常是东方艺术家们感兴趣和尝试的领域。创作已故人物的肖像是很困难的。

保守中的前卫——评林家卫的名人肖像雕塑

【作者】稳稳

【刊名】雕塑，2007年02期

【摘要】做名人难，做名人肖像雕塑更难。肖像雕塑的发展走向，是中国雕塑目前面临的一个重要问题。

中国式的抽象——读周鹏生先生的山水雕塑

【作者】孙振华

【刊名】雕塑，2007年02期

【摘要】周鹏生先生所创作的山水雕塑具有独立的形式，尽管它们和传统意义上的雕塑有了很大的不同，但是，它们具有雕塑艺术的形式感、体积感、空间形态和独立性。他的这些作品，无疑是对中国古代山水雕塑在内容和形式上的突破。

第八届中国雕刻艺术节暨“汉玉杯”雕刻大赛——“地”“石”“人”三记

【作者】黎日晃

【刊名】雕塑，2007年03期

【摘要】上月底，在中国南方深圳特区的宝安区沙井街道内，启动了一次名为“第八届中国雕刻艺术节暨‘汉玉杯’雕刻大赛”的活动。自4月28日举行开凿仪式至5月17日的展览开幕暨颁奖典礼，一场为期20天的国际雕塑盛事圆满结束。

当雕塑遇上摄影——评陈志光“惊蛰”艺术展

【作者】稳稳

【刊名】雕塑，2007年03期

【摘要】2007年5月12日，在北京酒厂艺术区九立方画廊，陈志光“惊蛰”艺术展开幕。展品依然是那群蚂蚁雕塑，它们攀伏在狭狭长长的铁笼里，它们挺立在明亮宽敞的展厅中，依然是那样自在自如，安闲镇定。

雕像《孙中山》创作谈——曾竹韶先生访谈

【作者】朱尚熹

【刊名】雕塑，2007年03期

【摘要】曾竹韶先生创作的《孙中山》具有鲜明的个性风格，朱尚熹就这件作品的创作过程对其进行访问。

林家卫的闪光与盲点——谈林家卫的名人肖像雕塑

【作者】宋伟光

【刊名】雕塑，2007年03期

【摘要】艺术的形式法则告诉我们这样一个规律，当一种形式趋于饱厌状态时，必然会有一种新的形式出现，风格是艺术家独特审美体验所运用的符号。在林家卫给我们提供的符号语言中，表达的是这么一种信息，对于神态的表现传达大于对形体的恪守。以东方式的传神手法，来打破学院肖像雕塑的稳定，形成了一种富有激情的跌宕，我想，他以这种语言来解读西方名人的方式，无疑会给我们一种新的启示。

消费时代的精神寓言

【作者】孙振华

【刊名】雕塑，2007年03期

【摘要】在曾经是海防前线的厦门，一点也感觉不到紧张，正好相反，闲适和温情无处不在，充溢着城市的每个角落。陈文令的《幸福生活》出现在厦门，无疑是这个城市视觉现实中的一个另类。也许正是当代艺术与这个城市所形成的张力关系，《幸福生活》在这样的环境里更能凸现出它的精神指向。

形意之间——韩美林的语言方式

【作者】宋伟光

【刊名】雕塑，2007年04期

【摘要】对固有艺术形式之解构，一是从其观念上予以否定或调整，再者便是从其技术上予以打破、变化。在当下雕塑艺术领域中，韩美林的形式法则一直呈现的是一种外部形式不断变化，而审美精神始终不变的语言系统。

井士剑：漫步江湖

【作者】王静

【刊名】东方艺术，2007年03期

【摘要】2006年12月14日，由上海美术馆和中国美术学院联合主办的《漫步江湖·井士剑》艺术展在上海美术馆一楼开幕，此次来上海展出井士剑作品有油画、雕塑、水墨和素描多种形式，是井士剑近几年来的艺术实践成果的一次重要回顾和集中展示。客观而真实地体现了他在艺术表现方面独特的禀赋、智慧和驾驭能力，从中可以看出一个独具个性艺术家的创作轨迹和心路历程。

在文字雕塑的深处——刘永刚作品读后

【作者】邵大箴

【刊名】美术研究，2007年03期

【摘要】把文字做成雕塑不是刘永刚的独创，外国人也有把字母设计为立体艺术品的。但刘永刚游走于中西之间，对作品进行文化思考。所作的贡献却是值得深思的。

生命的赞歌

【作者】曹春生

【刊名】雕塑，2007年04期

【摘要】田世信先生是当代中国杰出的雕塑家，是一位大才子，是一位情意丰富、有着很高艺术修养的大艺术家。他的作品尤如生命的赞歌，委婉幽长。

“器”与“道”的会通——朱成雕塑创作评析

【作者】滕晓松

【刊名】雕塑，2007年04期

【摘要】雕塑是“器”与“道”的会通？是“形”与“意”的粘贴？是“物”与“义”的联想？……我曾经为自己有这样的想法而十分纳闷。

内在真实与超然之“然”——魏小明雕塑艺术之略感

【作者】翁剑青

【刊名】雕塑，2007年04期

【摘要】无论如何，一个人的艺术面貌和艺术观念总是与他自身的生活经历和文化修养分不开的，同时也是与他的艺术经验、能力以及艺术理想的追求密切相关的。魏小明的雕塑就让我们看到内在真实与外在超然的结合。

神秘的明晰——殷小烽的雕塑

【作者】殷双喜

【刊名】雕塑，2007年04期

【摘要】由人体比例的变形与夸张所带来的抽象性因素，使传统雕塑的学院写实人物逐渐转向现代主义对雕塑形式的专注，这种专注淡化了个性化人物塑造的情感的特殊性而日益强化了对人类情感的表现。

石雕的历史诗意

【作者】王林

【刊名】雕塑，2007年04期

【摘要】邓乐作品始终着眼于雕塑的形态意义和文化价值。或者挪用传统经典，或者取材工业产品，有具像造型，也有抽象形态。

焦兴涛的“物”观

【作者】孙振华

【刊名】雕塑，2007年04期

【摘要】焦兴涛2004年以来的雕塑新作，那些废弃的包装盒、嚼过的口香糖、用过的牙膏皮……既面对着雕塑自身的问题，也面对着消费社会的问题。

文化视角与内心独白——读景育民雕塑作品有感

【作者】杨文会

【刊名】雕塑，2007年04期

【摘要】与景育民先生相识相交皆缘于雕塑，对其作品甚是关注。在艺术圈里雕塑这个行当，充其量也就算个有文化的劳动者。但当代雕塑家，特别是景育民的作品似乎在向世人传递另一个信息：雕塑不仅是手艺，更是文化自省和艺术家个人感悟。

民情乡俗的符号——吕品昌作品

【作者】陈云岗

【刊名】雕塑，2007年04期

【摘要】中国当代雕塑领域的陶塑家，有两个人风格迥异但具有共性的人物，一个是罗小平，一个是吕品昌。他们都是学自景德镇陶瓷学院，都是具有较扎实的塑造功力，且都是作品多多，影响波及雕塑界。本文就吕品昌的艺术创作阐述了他对民情乡俗的审美表达。

美的自由与自在——王小蕙雕塑的一点赏析

【作者】刀月

【刊名】雕塑，2007年04期

【摘要】对于艺术的理解与介入以及由于各不同的理解和介入，必然造就了艺术家的不同的艺术观念和创作形态。通过王小蕙的作品，我们就能感受到她对美的另一种体味。

不拘陈法的陈志光

【作者】范迪安

【刊名】雕塑，2007年04期

【摘要】陈志光是一位在艺术上孜孜以求、勤奋探索的当代艺术家，多年来他涉猎绘画、雕塑和公共艺术等不同领域，艺术思想十分活跃，艺术眼界也十分开阔。

当代文化精神指引下地域艺术的发展模式——对“中国长白山公共艺术国际创作营”策划原则的论证

【作者】殷小烽

【刊名】雕塑，2007年04期

【摘要】中国长白山公共艺术国际创作营于2007年6月15日圆满落幕。此次创作营的策划过程历时一年，着重从文化角度入手，结合长白山地域特色与人文景观、自然景观等资源状况，提出一系列策划原则，力图使本次活动与当地文化乃至整个东北地区历史状况、文化背景诸因素相结合，在打造国际品牌的同时，塑造一种长白山文化精神、乃至整个东北地区的艺术精神及风尚。

谈长白山国际公共艺术创作营

【作者】孙振华

【刊名】雕塑，2007年04期

【摘要】长白山国际公共艺术创作营从2006年7月管委会负责人邀请曾成钢、孙振华、王中、殷小烽到二道白河美人松公园实地考察，到2007年6月15日美人松雕塑公园开园仪式成功举办，历时近一年时间。在此期间，我们策划小组在管委会的领导和全力支持下，担任了创作营的策划、组织、方案审查、现场施工管理等有关工作。

飞翔的青春：章华雕塑的精神诉求

【作者】贾方舟

【刊名】雕塑，2007年04期

【摘要】在传统社会，出自民间工匠的雕塑作品只能出现在两个领域：冥界与神界。为陪伴亡灵而作的墓室雕塑、陵园雕塑和为信仰而造的神佛——寺庙雕塑，人间没有雕塑的位置。章华的雕塑作品完全没有所谓庄严、崇高的诉求，他用自己的双手表现着青春的欢悦。

发现的雕塑——李春华作品解读

【作者】孙振华

【刊名】雕塑，2007年04期

【摘要】李春华1965年7月5日出生，祖籍广东始兴，现居广东佛山。主要从事景观建筑和环境雕塑的创作及设计工作。近年来他的作品更加注重研究传统营造法式、材料在雕塑艺术创作中的运用，探索新的艺术形式，拓展中国传统文化内涵。

汤文伟对雕塑的观点及作品

【作者】兴儒

【刊名】雕塑，2007年04期

【摘要】初晤汤文伟，觉其颇有艺术家之傲骨，但与之漫谈间又感到他是坦诚的性情中人，一般来讲，评论一位雕塑家，往往从其作品入手，但笔者却要暂时将此搁置，目的是引出下面这段似乎与雕塑艺术本身无关的话题。

台湾雕塑观感——台湾著名雕塑家朱铭及其作品

【作者】魏小杰

【刊名】西北美术，2007年04期

【摘要】经过两年多的筹划，2007年3月底我们应邀赴台湾参加“2007年两岸当代艺术交流展”及相关学术交流活动。此行朱铭的作品给我们留下极深刻的印象。本文以此为起点，浅析台湾雕塑所感。

从中心到边缘——浅议刘士铭雕塑艺术的意义

【作者】邹跃进

【刊名】美术观察，2007年05期

【摘要】从总体上说，刘士铭的雕塑艺术经历了两个大的阶段：一是新中国成立之后的毛泽东时代；二是改革开放之后的新时期。在这两个时期中，我认为都体现了刘士铭作为一位紧随时代而又具有创造性的雕塑艺术家的特征，同时也能发现他从中心向边缘转向的艺术历程。

艺术对现实的切近或疏离——对第二届全国高校毕业生优秀雕塑作品展的印象及思考

【作者】范玉刚

【刊名】雕塑，2007年05期

【摘要】艺术史家贡布里希在《艺术发展史》开篇写道：“现实中根本没有艺术这种东西，只有艺术家而已。”在他看来“艺术”这个名称应用于不同时期和地方，所指的事物会大不相同。本文聚焦第二届全国高校毕业生优秀雕塑作品展，关注未来艺术家的所思所感。

众生喧哗背后的生长点——第二届全国高校毕业生优秀雕塑作品展记

【作者】王文娟

【刊名】雕塑，2007年05期

【摘要】当看到《星期天的早晨》这样的作品时，不能不让人吃惊，如果不是展览标题的提醒，我怕不会想到这是出生于20世纪80年代仅仅20岁出头的当代年轻人的作品。第二届全国高校毕业生优秀雕塑作品展让我们看到了许多颇有潜力的青年新锐，也对中国雕塑的发展充满信心。

在城市中种植记忆——许宝忠公共艺术作品

【作者】王林

【刊名】雕塑，2007年06期

【摘要】我们经常号称自己是历史悠久的文明古国，但在中国城市中看到的却几乎全是大同小异的现代建筑，根本找不到成片的历史遗存。现代化城市规划建设的突飞猛进，已将东西南北中每座城市的不同特点摧毁殆尽。在不到30年的时间里，我们突然失去了对于生存之地数百年、上千年乃至数千年的历史记忆。

舒燕的“青花”与“中国牡丹”

【作者】兴儒

【刊名】雕塑，2007年06期

【摘要】舒燕，1997年7月毕业于中国江西景德镇陶瓷学院雕塑系，获学士学位。2002年7月毕业于中国美术学院工陶系，获硕士学位。现为中国上海虹桥画院理事，上海应用技术学院艺术与设计学院讲师。作品多次参加国内外展览并被收藏。本文从创作视角浅议舒燕的“青花”与“中国牡丹”在其作品中的完美结合。

龙起钱塘 天下雄——钱塘江畔标志青铜巨雕《钱江龙》记略

【作者】春良　凯敏

【刊名】雕塑，2007年06期

【摘要】2007年6月19日，高达4800cm的青铜巨雕《钱江龙》在杭州钱塘江畔落成揭幕。杭州媒体纷纷报道称，这是目前国内最高的巨龙雕塑，是杭城滨江区标志城市景观。而这座巨雕也仅仅是射潮广场巨型群雕《钱王射潮》的一个组成部分，却也让人感受到杭州的气度和胸怀，精神和风采。

第七届上海南京路雕塑邀请展

【作者】上海第七届南京路雕塑邀请展组委会

【刊名】雕塑，2007年06期

【摘要】为期两个月的上海“第七届南京路雕塑邀请展”于2007年9月20日在上海南京西路五卅广场隆重举办。展览邀请了中国老一辈雕塑家刘政德教授及法国著名雕塑家皮埃尔玛丽·勒热纳先生携其独特的变形字体雕塑前来参展，展出作品共43件。使广大市民游客能在同一场地上看到不同的雕塑艺术风格，体现中外文化思想的碰撞，展现出上海海纳百川、积极向上的时代精神。

中国美术学院雕塑系教师作品展(上海) 溯往而怀远 临风而塑质

【作者】许江

【刊名】雕塑，2007年06期

【摘要】记忆总将某些往事衔在口上，稍一回首，先自吐露出来，待要细细寻察，却又依稀地模糊起来。新千年到来之际，中国雕塑界的活动随城市建设的进程日见频繁，而在这之前，雕塑的专门展览并不多见。留在记忆中的正是1992年早秋在当时西子湖畔老美院举办的中国青年雕塑家邀请展。那个展览在学院礼堂改造而成的画廊中举办。

花开两朵，各表一枝——中国台湾及大陆雕塑家相继亮相中国美术馆

【作者】梦佳

【刊名】雕塑，2007年06期

【摘要】11月23－25日，中国台湾艺术家黄铭哲及大陆雕塑家王洪亮的展览相继在中国美术馆开幕。两位年龄相近的艺术家的雕塑作品呈现出迥异风格。作为台湾战后第一代当代艺术家的黄铭哲，自1996年开始由平面创作转为立体创作，其雕塑作品以“线”与大块色彩构成的面，构造成符号或图腾般的形象。

大匠之声·延异的传统——第四届中国惠安传统雕刻大赛简记

【作者】本刊记者

【刊名】雕塑，2007年06期

【摘要】第四届中国惠安传统雕刻“聚龙杯”大奖赛由中国工艺美术学会雕塑专业委员会、中共惠安县委、惠安县人民政府主办。本次大奖赛特邀著名雕塑家范伟民、曹春生、陈启南、王天任、林福照，张大生、黄宝庆担任评委，对100件作品进行严格评审。木雕作品一等奖空缺，评出二等奖3个、三等奖3个；石雕作品《敢问路在何方》以全票名列奖项之首，《经天纬地》以一票之差同时获得一等奖，另外的12件作品分别获得二、三等奖。

历史、现状与振兴——象牙雕刻工艺美术家李春珂访谈

【作者】徐沛君

【刊名】美术观察，2007年07期

【摘要】在所有的传统工艺美术门类里，象牙雕刻可能是处境最为尴尬的一个，首先它的材料来源很受限制。其次，在创作技法层面、行业管理层面都有值得改进的地方。基于种种困惑，作者采访了李春珂。

壮歌行——观刘永刚艺术感言

【作者】陶咏白

【刊名】美术观察，2007年07期

【摘要】画家刘永刚是谁?已记不起来了。但一提到1987年全国七届美展上得奖的《北萨拉的牧羊女》，那红、白、黑的色块一下子就跳进了脑海，是那样清晰，那样强烈。时光过去20年了，这位作者哪儿去了?刘永刚，元月在中国美术馆的

个展回答了人们的询问。

琢玉宗师潘秉衡——张志平访谈录

【作者】子仁

【刊名】美术观察,2007年07期

【摘要】当我们不再把工艺美术视作“轻工业”的一行,而是将之纳入民族文化的范畴,从历史传承的意义上来看待它的时候,工艺美术的从业者就不仅仅是一般意义上的“艺人”——从他们的工作所荷载的文化信息及其潜移默化的影响来看,其作品的文化含量和社会功能,甚至比今天许多所谓“个性化”的美术家的作品更具时代意义和社会价值:先人所积累的文化创造通过今人的他们不断传递给我们的后人,他们的工作在“器”层面上最大化地延续着文脉——这本身就是文化之“道”。

裂色:喻高个展开幕

【作者】李文子

【刊名】东方艺术,2007年07期

【摘要】《般若波罗蜜多心经》云:“色不异空,空不异色,色即是空,空即是色。受想行识,亦复如是。”如是我闻,裂成此展。做喻高这个展览,我酝酿了很长时间。2003年初识她,就被她别具一格的作品吸引。当时是佛魔系列,金的手脚和脸。样子诡异的外形,给我视觉不小的一击。

周春芽“花间记”开展

【作者】本刊记者

【刊名】东方艺术,2007年07期

【摘要】“花间记”——周春芽绘画雕塑作品展,于2007年3月3日在北京今日美术馆举办,此次展览是周春芽今年首次在中国举办的个人作品展,展览集中展示了周春芽在近年来创作的桃花系列和他的雕塑新作。

问题来了,雕塑该怎么办?——围绕“王小波纪念裸像”的设问与求解

【作者】连冕

【刊名】美术观察,2007年09期

【摘要】近期,“王小波纪念裸像”的事件引起许多争议,喧闹背后,也使人们更加理性的思索问题来了,雕塑该怎么办?

从《幸福生活》和《英勇奋斗》到《中国风景》——解读陈文令雕塑语言的转换

【作者】黄笃

【刊名】美术大观,2007年10期

【摘要】陈文令是一位非常有想象力和创造力的艺术家。他的雕塑作品总是把动物和人置于一种关系之中,这种关系通过人狂乱的人和肥硕的动物之间的暧昧或紧张关系得以实现,他借此把这种狂欢、运动、力量和欲望的表象推向了极致,既表达了一种世俗的快乐,一种世俗的幽默,一种世俗的好玩,又再现了消费社会中人的物欲膨涨。

高峰的思维旅行

【作者】高峰

【刊名】东方艺术,2007年11期

【摘要】自从2002年大学毕业来到北京,既而坚定了我对艺术的态度和信心,我必须要感谢的人就是我的导师隋建国。本文我要谈的是我从2003年至2007年的作品创作思路。

爆破的仪式 蔡国强·汪晖

【作者】王静

【刊名】东方艺术,2007年11期

【摘要】蔡国强的作品里具有文人的两重性,一方面是专业艺术家的精工细刻,另一方面是文人式的幽默和把玩。把“玩”和对历史的思考综合在一起,这是很有趣的。而且作品确实有快感,特别是在纽约大都会博物馆做的那个《透明纪念碑》,到《草船借箭》,再到《老虎》。

虚实相生 动静相宜——寿山石雕《道家始祖—老子》赏析

【作者】汪征鲁

【刊名】收藏界,2007年12期

【摘要】 道可道,非常道;名可名,非常名。老子《道德经》历经历史长河。至今仍为人们注目。老子,春秋时期思想家,道家创始人,其以“道”诠释宇宙万物的演变。高级工艺美术师黄宝庆创作的寿山石雕《道家始祖——老子》,以自己的创作“悟道”,通过寿山石雕新的表现手法,传达出当今寿山石雕创作理念。

身体的雕塑,从身体出发

【作者】罗军

【刊名】东方艺术,2007年15期

【摘要】 2007年5月19日—6月1日,由管郁达、齐向东策划,蓝色空间画廊主办的“变形计——新锐雕塑家八人展”在成都蓝色空间画廊展出。参加此次展览的陈钺、胡柯、焦兴涛、李玉端、邱霞、唐勇、肖时安、张华都是活跃在中国当代艺术领域中的新锐雕塑家。纵观他们的作品,反映出对当下生活的一种个体性体验。

王强:1994~2007回顾

【作者】本刊记者

【刊名】东方艺术,2007年15期

【摘要】王强的作品横跨了多种媒介和题材,此次展览将从装置到油画、从雕塑到行为艺术,为观众提供一次难得的见证这位知名艺术家创作历程的机会。王强作品的中心指导思想是借隐喻手法来质问现实社会,挑战传统禁忌。

他早期的货币系列(1993–1994年)充满嘲讽，突出并质疑了人民币的政治意识形态。

让雕塑“泛”入生活——走近10月上海“泛雕塑艺术展”

【作者】姚森

【刊名】东方艺术，2007年17期

【摘要】说起雕塑你会想到什么？一个个矗立在公共广场上的大型石头雕像还是博物馆里金属制成的展品？2007年8月9日，“2007泛雕塑艺术展”组委会在新闻大厦举行了新闻发布会，告知他们将于10月11日至14日在上海将举办一场名为“泛雕塑”的艺术展，届时你将看到一个不一样的雕塑世界。

化骨绵掌——刘琨雕塑展

【作者】赵力

【刊名】东方艺术，2007年21期

【摘要】“化骨绵掌”，是传说中的神奇功夫，只见诸于那些武侠小说，或许与现实无涉。事实是人们对“化骨绵掌”的津津乐道，似乎正代表着某种当下的文化认识方式。亦如“化骨绵掌”，人们即从具体的“一招一式”脱逸开去，通过幻想的翱翔转而生成出关于“功夫”的新结构、新观念和新知识。而毋庸置疑的是，这些新的结构、观念和知识，最终都将被归入当代文化的范畴，成为当代文化特征与文化认识方式的某种具体表达。

黄铭哲：蜕变中的坚持

【作者】宋歌

【刊名】东方艺术，2007年23期

【摘要】关于黄铭哲，我们还有什么不知道的呢？自20世纪70年代的乡土写实，80年代的装置、温情主义，转化到90年代的半抽象、颓废、华丽的都会风格以及立体时期的女体打造……他不仅在艺术展览竞赛中不断获得奖项与肯定，在国际上也享有盛誉。我们能够强烈的感受到：黄铭哲，这个名字代表着一种泉涌不息的艺术动能。

我雕·故我在

【作者】朱成

【刊名】雕塑，2007年增刊

【摘要】基于我所从事的雕塑从架上空间到非架上空间的转折、转换、转移，导致了我在无备空间中创作身份遗落。基于我处在市场空间里而导致我在社会空间中思维、思绪、思想的质被巨量、大量、批量的吞噬、淹没，导致我自动退位、退让、退场而成为隐名、埋名、匿名的角色。

“我雕故我在”与职业雕塑家

【作者】范伟民

【刊名】雕塑，2007年增刊

【摘要】“我雕故我在——首届中国职业雕塑家作品联展”是中国工艺美术学会雕塑专业委员会、中国《雕塑》杂志社又一次具有艺术创意定位的举措。“职业雕塑家”是对于雕塑家群体提出的另外一个标准，一个能够体现出水准、道德、操守的新“军团”，它应该成为标志中国“职业的”雕塑家的最高水平和具有行业导向的群体，成为一个新的标尺和新的艺术展示平台。

职业雕塑家正式上场亮相

【作者】孙振华

【刊名】雕塑，2007年增刊

【摘要】2007年8月20日在成都开幕的“首届中国职业雕塑家联展”，第一次把“职业雕塑家”这个概念正式推上了前台，给人耳目一新的感觉。随着时间的推移和职业雕塑家队伍的完善和成熟，这个展览伴随这个概念，将在中国雕塑的历史上留下值得书写的一笔。

艺术与责任——兼论雕塑院的社会角色和作用

【作者】马亚非　张松正

【刊名】雕塑，2007年增刊

【摘要】我国城市雕塑振兴以来，雕塑界逐渐形成了国家事业单位、民营企业、个人工作室并存的格局。雕塑院是雕塑工作者聚集的单位，应主动承担起振兴雕塑的社会责任，站在城市文化建设和精神文明建设的高度，自觉地把握这一当代艺术门类发展的脉搏，从社会影响力、文化涵盖力以及对环境的作用诸方面最大限度地发挥正面效应，使城市雕塑建设和创作步入良性循环、不断提升的状态。

展后小记

【作者】谭云

【刊名】雕塑，2007年增刊

【摘要】做雕塑20多年，参加过很多展览。自己操办的展览，规模大一点的就是这届职业雕塑家联展。这是四川第一次举办全国范围的雕塑展览，因为是首展，免不了有遗憾。最主要的遗憾是好些顶尖高手未到场。现今各种展览繁多，自然会有选择，很难顾全。一百多位雕塑家的参展作品，结成这本画册，仍然蔚为大观，记载了中国雕塑的一段横截面。

张望——读蒋剑韬作品

【作者】王见

【刊名】雕塑，2008年01期

【摘要】2007年10月25日至11月5日，由广州美术学院美术馆主办的“品质——范勃、蒋剑韬、宋光智作品展”在广州美术学院昌岗东路校区美术馆举行。展览由3个广州美术学院青年教师的个展(油画、雕塑、版画)组成，其中广州美术学院雕塑系教师蒋剑韬展出了自己近几年来创作的《头像和人体系列》作品共40余件。在名为“关注当代”的学术研讨会上，3个人的作品得到了学院和广东美术界的肯定。

陈独秀纪念像创作的几点体会

【作者】张克端

【刊名】雕塑,2008年01期

【摘要】去年春天,中国美院教师张克端接受安庆市文化局"独秀园"筹建处邀请,参加园区改扩建工程中陈独秀像的创作。雕塑坐落于园区中轴线上,建筑师设计规定总高1200cm,表现"五四"时期陈独秀。雕像的创作前后花去近一年半的时间,作者记录下了创作过程中的体会与读者分享。

熔铸空间——天津美术学院雕塑系教师作品展

【作者】于世宏

【刊名】雕塑,2008年01期

【摘要】2007年12月24-31日,"熔铸空间"天津美术学院雕塑系教师作品展在天津美术学院美术馆举办。这次展览适逢天津美术学院取得国家教学评估优秀结果与天津美术学院办学百年庆典之后,在学院教学、科研整体全面发展的大好局面下应运而生。此次展出的作品较全面的反映了该院雕塑系教师当下的学术状态,清晰地体现了老中青三代人不同的艺术研究方向与艺术追求。

熔点·上海国际当代金属雕刻展

【作者】本刊记者

【刊名】雕塑,2008年01期

【摘要】2007年11月13日,在上海宝山举办首届上海国际钢雕艺术节之际,《熔点·上海国际当代金属雕刻展》同期举行,展览为期10天。

不平凡的人生——潘绍棠艺术回顾展感言

【作者】范伟民

【刊名】雕塑,2008年01期

【摘要】2008年元旦,正值潘绍棠先生八十华诞,并且是他加入中国共产党,参加革命工作和从艺从教60周年的纪念日,同时也是他与夫人王善美女士的金婚纪念日。中国工艺美术学会雕塑专业委员会常务副会长、中国《雕塑》杂志社社长范伟民一行应邀前往祝贺。

人和影子——关于张峰的新作

【作者】孙振华

【刊名】雕塑,2008年01期

【摘要】张峰 1965生于辽宁沈阳1988毕业于鲁迅美术学院雕塑系,获学士学位,同年留校任教2000毕业于鲁迅美术学院骨干教师进修班雕塑专业。本文就他的新作重析他的艺术追求,透过人与影子解读其作品的贡献与价值。

视觉文化嬗变中的陈克

【作者】孙振华

【刊名】雕塑,2008年01期

【摘要】迄今为止,陈克连续4年指导广州美院雕塑系的毕业创作。这几届学生经过他的悉心指导,每年均有突出表现,令人对广州美院雕塑系刮目相看,这也使陈克这个名字引起了雕塑界的关注。作为一个"教练员",陈克无疑是成功的;作为一个"运动员"呢?他个人的创作会不会因为他是一个好教练而被忽略呢?——现在我们要讨论的,正是作为"运动员"的陈克。

雷宜锌和他的马丁·路德·金雕像

【作者】商颂

【刊名】雕塑,2008年01期

【摘要】2006年8月,中国雕塑家雷宜锌在全球招标中获选为黑人领袖马丁·路德·金塑像。此事受到了国内外多方媒体的关注,包括《雕塑》杂志在内的媒体对这一事件进行了报道。今年10月,"马丁·路德·金"将会远赴重洋,矗立在华盛顿国家广场上。在这期间,雷宜锌遭遇了什么困难?他在创作中又是如何对这件作品进行艺术处理的?《雕塑》杂志本期对此事进行追踪报道。

删繁就简　韵味隽永——黄宝庆新作《刘海》赏析

【作者】严明

【刊名】收藏界,2008年01期

【摘要】"刘海"历来是雕刻家和艺人们喜爱的创作题材,在寿山石雕中它常常被赋予聚财的含意,如"刘海戏蟾"或"蟾衔金钱"等。高级工艺美术师黄宝庆近日创作的寿山石雕《刘海》,在表现手法上别出心裁——初观之,似无特别之处,细品之,方能见作者独运匠心。

大道沧桑——曾竹韶先生雕塑艺术研究

【作者】殷双喜

【刊名】美术研究,2008年01期

【摘要】2006年冬天我在厦门鼓浪屿的厦门工艺美术学院开会,使我意外的是这所景色优美的校园里到处安置着不同风格的雕塑作品,并且这所学院还有着实力不凡的雕塑系。傍晚时分在海滩散步,涛声中想到了一位老人,80多年前从这里走出国门,从此为20世纪中国雕塑艺术的发展贡献了一生。

轻盈的诗性——评《物质的微妙能量——意大利当代雕塑回顾展》

【作者】尹荣

【刊名】上海艺术家,2008年01期

【摘要】意大利艺术家再一次以他们的简约灵巧征服了中国观众,无论是绘画、建筑还是音乐、戏剧,意大利人的创造性才华总是会令人惊异地喷射出灿烂之光,而这次他们呈现给中国的是当代雕塑。

寓意的幻象：公共性与主体性的耦合——周鹏生山水雕塑符号方程的合理性

【作者】王田葵

【刊名】湖南科技学院学报，2008年02期

【摘要】现代派和后现代派艺术在狂热的吹捧声浪后走入了低谷与危机，危机的根源在于公共性的丧失以及艺术家身份的被“取消”。周鹏生的山水雕塑虽然也属于现代雕塑符号方程，但他在自己的系列创作中注入的主体性，却充分体现了公共性。山水雕塑以寓意的幻象表现“公共现实”的主体精神，在天人合一的审美观照中，实现了公共性与主体性的耦合，受到了观众的好评，为现代艺术创作提供了有益的启示与经验。

关于张谧诠与刘君

【作者】方力钧

【刊名】收藏界，2008年02期

【摘要】张谧诠、刘君两个人不约而同地选择了从传统形象出发，把像隧道一样的时间在单件或单组的作品中展开。我们已经习惯的那种结果——因为历史悠远而导致的荣耀与伟大，却没有因此而出现，取而代之的是无奈和消失。

绽放于理想与现实之间——旅德艺术家林一林软雕塑艺术解读

【作者】张永海

【刊名】艺苑，2008年02期

【摘要】当今时代，人们看待世界的观念正发生着深刻的变化。尤其在文化和艺术领域，叙述结构的统一性、稳定性、均衡性、渐进性和封闭性日趋丧失了说服力和约束力，继之而来的是不稳定性、不确定性以及断裂与突变现象的广泛蔓延，致使各艺术门类领地间的传统分界线因此而模糊，并交叉重叠，从中又生成新的结构和秩序以及新的表述方式。

从张建华的作品想到写实主义与“国民性”

【作者】栗宪庭

【刊名】美与时代，2008年02期

【摘要】张建华的雕塑，让人一望而知塑造的是中国农民，且具有典型中原农民的特征：身材敦实，宽脸盘，高颧骨，嘴唇有点厚，鼻子有点肉，单眼皮，眼睛呈细缝状。而且，人物表情、动态的塑造，憨厚却有点愚蠢、土气。

《四渡赤水》雕塑创作心得

【作者】廖凯

【刊名】雕塑，2008年02期

【摘要】2007年7月20日，在中国人民解放军建军80周年前夕，四渡赤水纪念馆在贵州省习水县土城镇建成开馆了。来自各级、各界的领导、嘉宾们云集赤水河边的千年古镇，参加了开馆仪式并参观了纪念馆。本文作者廖凯就其创作的《四渡赤水》，分析了整个创作过程。

民国时期留学美国的雕塑家 滕白也

【作者】刘礼宾

【刊名】雕塑，2008年02期

【摘要】当前对于民国时期中国雕塑艺术研究实为薄弱。刘礼宾博士研究的课题“民国时期留学美国的雕塑家滕白也”对于我们了解20世纪的中国美术史是一件很有意义的事情。

最好的雕刻导师——我父亲杨英风

【作者】杨奉琛

【刊名】雕塑，2008年02期

【摘要】杨英风先生(1926–1997)，是中国台湾艺术家中涉猎媒材最广、传留作品最多的一位雕塑艺术家。杨英风的艺术中西融汇而又始终以弘扬中华传统文化之“天人合一”为理念，追寻着“物我交融”的境界。是一位站在本土文化层面上且具现代意识的艺术大家。本刊特邀请杨先生之子、中国台湾雕塑学会会长杨奉琛先生撰文，通过回忆，使人们更加了解其父亲杨英风先生的艺术风貌。

塑造人文——论吴为山的雕塑艺术

【作者】范迪安

【刊名】美苑，2008年02期

【摘要】中国当代艺术的创造面临着挑战与机遇并存的文化境遇：一方面，20世纪初期以来的中西文化交汇碰撞仍然在延续，而且随着“全球化”的时代条件得以更全面地展开，摆在中国艺术家面前的中西关系、传统与现代的关系这个历史性课题由此更急迫地需要得到深入思考与实践；另一方面，随着知识视野、文化认识的开阔，无论对于传统艺术的吸收还是对于外来文化的融化，也都有了更好的条件。在这种大的艺术背景之下，吴为山的作品充分体现了对人文的重视。

艺术贵在创新——黄宝庆寿山石雕《钟馗嫁妹》赏析

【作者】宽和

【刊名】收藏界，2008年02期

【摘要】艺术是现实的反映，但艺术并不等于现实。艺术应该在形式上比现实更强烈，更完美。要使艺术作品的内容与形式相协调统一，其作者应具有丰富的生活阅历及掌握必要的艺术创作技巧，并了解艺术形式美法则。黄宝庆的寿山石雕作品《钟馗嫁妹》就体现了上述原则。

关于哭泣和孩童的哲学——董书兵作品解读

【作者】木木夕

【刊名】雕塑，2008年03期

【摘要】董书兵一直试图在艺术创作中寻找一个理想的具有丰富语义的符号。这种寻找，实质上代表了诸多艺

术家从自发走向自觉，确立艺术身份和立场的过程。在找到符号之前，他常常处于随意地、偶发性的创作状态之中。从形式语言的探索，到材料的实践，乃至不时闪现的朴素的辩证思维，使得每一件作品都呈现出独立的创意和风格，体现了他作为一个颇具灵性的艺术家的技巧和智慧。

雕塑天真——董书兵的“孩子们”

【作者】李建盛

【刊名】雕塑，2008年03期

【摘要】青年雕塑家董书兵“怀胎”数年“生产”了一系列的孩子，并给他们起了名字，分别叫做《同一片蓝天》《同一首歌》和《计量》。从这些标题，人们似乎总能理性地把握作者想要表达的是什么意思。不过，看了这些作品后，这种流行歌曲化了的题目，总让我觉得实在有点儿勉为其难，所以我就直接把它们叫做“董书兵的孩子们”。

“水袖”迎奥运，文脉联两岸——杨英风雕塑《水袖》的故事

【作者】王梦佳

【刊名】雕塑，2008年03期

【摘要】台湾雕塑大师杨英风先生的作品“水袖”是他创作的“太鲁阁山水系列”作品之一，选址安放于北京奥林匹克公园中心区。“水袖”这件作品借用京剧的水袖舞动为题，深刻反映了对中国文化传统的感受和体验，其本身也承载了特殊的社会历史意义和文化含义。

迷失的蚂蚁——评陈志光的《动物政治学》

【作者】陈星

【刊名】雕塑，2008年03期

【摘要】几天前，我观看了陈志光的最新个展《动物政治学》，不可否认，展览的确给每一位观者以视觉和心灵上的震撼，然而，我却无法人云亦云大唱赞歌。

园林乌托邦——展望主题个展

【作者】本刊记者

【刊名】雕塑，2008年03期

【摘要】2008年5月11日，展望的主题个展“园林乌托邦”在中国美术馆隆重举办。展览由四部分组成：“园林乌托邦”“看——新北京”“万神殿——ATM搜神机”多媒体装置以及在特定空间实施艺术计划的录像装置、影像纪录等，作品配合中国美术馆别具匠心的布置，完整地展示了艺术家成熟的艺术语言和独特的艺术思考。

民国雕塑个展第一人——岳仑

【作者】刘礼宾

【刊名】雕塑，2008年03期

【摘要】1931年，岳仑举办现代意义上的第一个个人雕塑展，其意义非同一般——展览所需雕塑作品量、雕塑家对于公共领域的介入、现代展览机制在雕塑领域的引入，这些都具有开创性的意义。某种程度上说，这是西方雕塑引入中国的一个里程碑式事件，在现代雕塑史的发展进程中具有重要意义。

从《幸福生活》和《英勇奋斗》到《中国风景》——解读陈文令雕塑语言的转换

【作者】黄笃

【刊名】美与时代，2008年04期

【摘要】陈文令是一位非常有想象力和创造力的艺术家。他的雕塑作品总是把动物和人置于一种关系之中，通过狂乱的人和肥硕的动物之间的暧昧或紧张关系得以实现。

一个雕塑家的命运

【作者】隋建国

【刊名】美术观察，2008年04期

【摘要】“文化大革命”，改变了几代人的命运，也改变了孙家钵的命运。从中央美院雕塑系毕业后，孙家钵在远离北京的福建省度过了“文革”的10年，正是这样的命运，塑造了他凝结于作品之中的那种闲适与淡定。

魂兮归来——创作“侵华日军南京大屠杀遇难同胞纪念馆”大型群雕记

【作者】吴为山

【刊名】文艺研究，2008年04期

【摘要】我接受为侵华日军南京大屠杀遇难同胞纪念馆扩建工程设计创作大型组雕，是在2005年12月15日，是“大屠杀”祭日——12月13日的两天后。时值寒冬，北风凛冽。我心情沉重，仿佛时间倒流到1937年那血雨腥风的岁月，那逃难的、被杀的、呼号的……那屠刀上流下的鲜血正滴入日军的皮靴下……我恍惚走向南京城西江东门，这里是当年屠杀现场之一，白骨层层，是男女老少平民屈死于日军残暴下的铁证。而今纪念馆扩建，又在地下挖出了一批尸骨。

史诗力作 写意精神——吴为山的雕塑艺术

【作者】王文章

【刊名】文艺研究，2008年04期

【摘要】由著名雕塑家吴为山主持、历时两年创作完成的“侵华日军南京大屠杀遇难同胞纪念馆”扩建工程大型主题雕塑，于2007年10月底在南京揭幕。作品渗透了艺术家及其创作集体的情感与思考，以深刻的主题、宏大的规模和风格化的表现手法受到各方面人士的高度评价。同时，作品在公共空间的矗立，将会引发人们对历史的追忆与思考，其艺术价值和社会意义也得以凸显。为此，本期特编发有关文章及座谈会纪要，对作品的艺术性和大型主题雕塑的创作经验进行总结。

精到的厚重——曾成钢雕塑的个案考察

【作者】钱晓鸣

【刊名】美术，2008 年 04 期

【摘要】大气精到、激情澎湃、厚重扎实是曾成钢展示给我们的雕塑世界。多年来对当代雕塑语言的探索和建构.对雕塑持久的热情和使命感，对民族传统的继承和对民族文化母题的拓展，构成了曾成钢雕塑艺术的核心价值，曾成钢的雕塑世界是世界眼光、历史感悟与民族雕塑之梦的融汇。

净化灵魂表现美的丰碑——程允贤先生的雕塑艺术

【作者】曾成钢　【作者单位】中国美协

【刊名】美术，2008 年 04 期

【摘要】程允贤先生是第五届中国美协副主席、中国雕塑学会创始人、会长，著名的将军雕塑家、中国现代雕塑艺术的重要代表人物之一。他是一位真正的劳动者和艺术家，在几十年如一日与泥土、石块、金属打交道的劳动经历中他以充沛的激情、精湛的技艺创作完成了 150 余座雕塑。这些雕塑作品陈列于全国 40 多个城市以及日本、新加坡、泰国、朝鲜、德国、美国、汤加等许多国家，成为世界人民共同的精神财富。

大象有形——李象群的雕塑艺术

【作者】胡东放

【刊名】美术，2008 年 04 期

【摘要】在中国当代雕塑艺术界，李象群的作品和影响力已经展现得越来越明朗。从 20 世纪末至 21 世纪初以来，我们从国内外雕塑界的一些大型展览、博物馆的收藏、国内文史纪念馆的名人造像及架上艺术创作和会展等领域之中，都可以清晰地感受到李象群雕塑艺术创作力的勃发和成果的丰硕。

奔马竞逐 尽显英姿——观明皇贵妃马球图有感

【作者】周围

【刊名】雕塑，2008 年 04 期

【摘要】女艺术家黄剑创作的《明皇贵妃马球图》是奥林匹克公园中心区惟一一组与景观同时设计的永久性群雕。作品以唐明皇携杨贵妃及其嫔妃大臣一起纵马戏球的场景为创作题材，表现了浓郁的唐风古韵，透露出强烈的传承创新的视觉印象。它是我国公共艺术中塑造古代运动题材规模较大的一组作品，彰显出中华民族矫健豪迈的精神风貌。

“自然天成”与“文化天成”——李春华《文化的喀斯特景观系列》作品解读

【作者】邹跃进

【刊名】雕塑，2008 年 04 期

【摘要】近来，雕塑家李春华创作了《文化的喀斯特景观系列》雕塑作品，共七件。它们都是以中国文化史上的著名人物或文化现象为表现对象的，如黄帝、佛道、清朝皇帝、观音、毛泽东思想等。

如何“起来”——评王华祥的雕塑作品《起来》

【作者】陈星

【刊名】雕塑，2008 年 04 期

【摘要】“自由”这个在其他领域听起来口号式的词汇，倘若放置在中国当代艺术的大背景下，似乎与“创新”“前卫”“后现代”等词语沾上了某种近亲关系，受到众多艺术家的顶礼膜拜。王华祥的作品《起来》在自由的庇护下，竟也难以自圆其说。

他为水泥和石粉插上梦想的翅膀——张宝贵与再造石艺术

【作者】梦佳

【刊名】雕塑，2008 年 04 期

【摘要】用水泥和石粉做雕塑，这是张宝贵的梦想。奋战了800多个日夜，在张宝贵的带领下，由建筑师安德鲁设计的国家大剧院音乐厅吊顶板上巨大的白色浮雕顶棚制作成功，这表现出张宝贵对于材料的创造性的深刻认识和对想象力的充分发挥。水泥和石粉是一种并不贵重的材料，但它们却成就了张宝贵的艺术梦想。

2008 鲁迅美术学院雕塑系毕业创作感言

【作者】鲍海宁　张沈　陈连富　曲英佐　张哲宇　洪涛

【刊名】美苑，2008 年 04 期

【摘要】一年一度的毕业创作实际上也是此时的外部世界对学生的思想状况的一种投影。这种投影也许是自说自话式的，也许是对于社会生活的感悟，也许是一种茫然若失的强行表达。今年的毕业创作因学生人数的巨增而使整体的面貌有别于以往。

拙中带刚——评吕滨的雕塑

【作者】李象群

【刊名】文艺评论，2008 年 05 期

【摘要】情感在艺术中一直是一个非常重要的元素，也是非常难以被准确表现的元素之一。几乎大多数艺术品里都包含了如何阐述与传达感情的概念。与此同时，对人及人类生存状态的现实关注，不仅是古典艺术的命题，更是当代艺术的重要命题。

时空回转的苍古之美——谈黄剑《明皇贵妃马球图》的空间性

【作者】宋伟光

【刊名】北京规划建设，2008 年 05 期

【摘要】公共环境艺术之要旨就在于作品的艺术信息能否与环境产生共时而生的贴切之美。雕塑家黄剑女士设计创作的《明皇贵妃马球图》群雕，便是个体意识与公共

精神兼容的一个成功尝试。群雕展于2008年8月24日在北京崇文区东便门明城墙遗址公园举办(其原作放置于北京奥林匹克公园中心区),这次展览是由全国城市雕塑建设指导委员会、中国工艺美术学会雕塑专业委员会、《雕塑》杂志社、《奥运中国》杂志共同主办的。它给人们留下的将是公共文化与精神交流的美好记忆。

我选择了一种雕塑人生

【作者】霍波洋

【刊名】美苑,2008年05期

【摘要】每一位艺术家都有属于自己的创作道路。在我的创作道路上,没有像许多艺术家那样保持着作品风格的一贯性,而总是在进行一种创作风格探索的同时,就开始孕育着新的探索,也许这是一种艺术上的“花心”。

观“全国高校毕业生优秀雕塑作品展”引发的思考

【作者】王少军

【刊名】雕塑,2008年05期

【摘要】6月29日,“2008全国高校毕业生优秀雕塑作品展”在北京世纪华侨城公共艺术街拉开帷幕。作者就这些作品发表了对本次展览的一些看法。

《天书》随感

【作者】刘云山

【刊名】美术,2008年05期

【摘要】我爱看韩美林的作品,特别是他的雕塑,大多气势如虹、不同凡响。我爱读韩美林的文章,每每思想深刻、见解独到。我爱听韩美林谈话,常常语出惊人、妙语连珠。今天又见到韩美林的《天书》,更是大开眼界,撼人心魄。

黄小明复制的“乾隆宝座”

【作者】本刊记者

【刊名】雕塑,2008年06期

【摘要】图片中的蟠龙宝座是浙江省工艺美术大师黄小明为北京故宫皇极殿复制的。乾隆皇帝宝座包括地台、屏风和龙椅三个部分,其中龙椅是核心。2005年5月拿到国务院招投标中心发给的中标通知书后,黄小明带上一班人马专门赶赴沈阳故宫,对宝座进行全方位的“解析”。

塑痕心声

【作者】吴为山

【刊名】雕塑,2008年06期

【摘要】1992年从朋友处获得《关于罗丹日记择抄》一书,他从作者熊秉明先生的论述中更加坚定了自己的艺术创作之路,后经杨振宁先生介绍,我与熊秉明先生相识,定交忘年。2001年,南京大学百年校庆,熊秉明先生将自己的作品《孺子牛》赠送给南京大学,并由我主持放大工作。在这段时间里,我深为熊先生的艺术造诣感染,在作品中品读他的塑痕心声。

江小鹣——活跃于民国上层社会的早期雕塑家

【作者】刘礼宾

【刊名】雕塑,2008年06期

【摘要】江小鹣是民国时期一位非常重要的雕塑家。本期刊发的文章将主要探讨雕塑家江小鹣的艺术成就以及他在当时的社交活动,以便读者了解民国雕塑得以生存的客观环境。江小鹣深厚的传统文化底蕴、求学法国的留学经历以及广泛的交际使得他成为我们在梳理民国雕塑史中无法绕过的历史人物。

钱王射潮:文脉吴越竞风流——巨型青铜雕塑《钱王射潮》杭州落成

【作者】本刊记者

【刊名】雕塑,2008年06期

【摘要】2008年10月21日,由著名艺术家韩美林先生创作的高28m、长48m的巨型青铜雕塑《钱王射潮》在杭州市滨江新区美丽的钱塘江畔落成,浙江省委常委、杭州市市委书记王国平及奥运体操冠军杨威、李小鹏、黄旭、肖钦、陈一冰、邹凯参加了盛大的竣工揭幕仪式。

技术VS艺术,传统VS当代——从数码石雕展谈起

【作者】王梦佳

【刊名】雕塑,2008年06期

【摘要】数码石雕与传统雕塑有何不同?它们是如何被实现的?如何客观地看待数码技术对艺术创作的影响?数码技术会取代手工吗?带着这些问题,记者亲密体验了一场只有数字技术时代才能发生的“数码石雕展”。

程俊华、张文霞夫妇雕塑作品展

【作者】程俊华　张文霞

【刊名】雕塑,2008年06期

【摘要】“云峰艺术天地”于2008年在杭州市揭开面纱,雕塑家程俊华、张文霞夫妇雕塑作品展“雕刻时光”在此地登台亮相。程俊华、张文霞夫妇20世纪80年代初毕业于景德镇陶瓷艺术学院雕塑系和陶瓷工程系,毕业后一直在福建福州从事雕塑作品的创作至今。本次展览,他们携带19件青铜雕塑作品参展,这些作品体现了两人20多年来的艺术探索成就。

中国雕塑院·中国雕塑家考察团赴吴哥窟考察

【作者】尚荣

【刊名】美术观察,2008年07期

【摘要】2008年4月的柬埔寨骄阳盛烈,热情如火。4月14日,深藏于热带丛林中的千年古城——吴哥张开怀抱,

迎来了中国雕塑院·中国雕塑家考察团一行。本文记述了此行的成果。

孪生的青春——邱启敬的身体物语

【作者】高岭

【刊名】艺术与投资，2008年07期

【摘要】青春不仅美丽，富有朝气，也是躁动和忧伤的，甚至还带有某种衰老和死亡的征兆——这就是青年艺术家邱启敬心目中青春的两个截然相反又无法分割的特征。继他的成名巨作《大迁徙》之后，他的目光从普罗的芸芸众生转向了对自己的探询。

全裸：向京的不平静的身体

【作者】傅德明

【刊名】东方艺术，2008年07期

【摘要】敏感的表皮这是关于表皮、隔膜，塑造和一层层渗透的颜料的——它们构成了对于现实的超越，但又并非是关于个体的，而是关于作为社会一般性和特殊性存在的女性这一现象的。在这里那些朴实无华的身体站着，坐着或者半躺着，她们以一种懒洋洋的或者说是目中无人的姿态呈现着，无视观者对于他们的窥视。

扩张的雕塑——黄笃与展望对话录

【作者】宋歌

【刊名】东方艺术，2008年07期

【摘要】1995年以前，展望创作的雕塑是学院写实主义方法的沿续，在这之后，突然做了一个不锈钢假山石雕塑叫《太湖石》，在1995年被选入中国与德国艺术交流展《张开嘴，闭上眼》(首都师范大学美术馆)。做出这样一件作品出来让人很吃惊，这件作品较之以前的作品好像有一个断裂，基于此，黄笃与展望就专业展开了一次访谈。

文心与意象——孙家钵其人其作

【作者】范迪安

【刊名】美术，2008年07期

【摘要】写孙家钵的雕塑不如写孙家钵其人，或者至少要认识孙家钵其人，才能更好地理解他的雕塑。在中央美术学院的教授群中，他是最没有教授“派头”的一位，无论是课堂讲学还是集体活动，他总是以一种极为朴素的状态和平和的心态与同行和弟子相处，用心倾听别人的言谈，绝少发表高论性的话语，在微笑中接受一切，也透露出内在的涵养。

母性的祭坛——长征空间“妈的”林天苗装置作品展

【作者】晋玉帛

【刊名】艺术与投资，2008年09期

【摘要】7月26日，“妈的”林天苗装置作品展在长征空间开幕，展览呈现了林天苗艺术创作上的最新探索。她用软硬可控、易于保存的新型材料制成了小型雕塑装置，覆之以惯用的丝线、毛发等材料，创造出了一系列“妈的”作品。展览现场，林天苗把近200平米的展厅用白色丝绸包裹，展场的地面、周边都呈弧线形轮廓，仿佛一个巨大的祭坛。“妈的”系列作品被精心设计在祭坛内的各个地方，每件作品的摆放位置都恰到好处，加之特意的灯光效果，呈现似幻似真的母性世界。

并置中的融合——喻平的中国符号

【作者】唐尧

【刊名】当代艺术与投资，2008年10期

【摘要】本文介绍了艺术家喻平的雕塑作品，在他的作品中引入了“并置”的概念，显现了他的艺术立场和创作指向。

倾斜的微笑

【作者】唐尧

【刊名】当代艺术与投资，2008年10期

【摘要】汉克·维希是一位荷兰艺术家，比隋建国年长6岁。他不久前赠送给隋建国一个绘制着荷兰民俗的盘子，由此启发了隋建国关于空间位移的一些思考，隋建国用雕塑的方式复制了盘子中的形象，并按荷兰的时空平行位移到展场，展览的名称为“倾斜的微笑”。

情感的纪念碑——恳谈我的雕塑创作

【作者】章建国

【刊名】美术观察，2008年10期

【摘要】这几年我的几件雕塑作品陆续问世，一些同行在褒奖溢美之余，都诚恳地希望我写一点体会。我不善言辞，也写不出煌煌宏论，深知文章千古事，所以很是为难。不过，我也愿意诚恳地谈一下自己对创作的想法。

穿越欲望的迷雾——唐勇近作观后

【作者】孙振华

【刊名】艺术与投资，2008年11期

【摘要】唐勇属于在2000年以后逐步走向雕塑前台的那一代新人。这一代人与他们的老师，也就是文革结束后开始接受雕塑教育的那一代人相比，唐勇他们的根本变化在哪里?概括地说，他们这一代人让雕塑比较彻底地完成了一次转身：由形而上转为了形而下。

数码石雕艺术首展——欧特克数码石雕展开幕

【作者】陈冗

【刊名】艺术与投资，2008年11期

【摘要】一向被建筑师、设计师所常用的AUTODESK开发的软件3DMAX、玛雅等一系列三维数码软件，近年来逐渐被运用在纯艺术领域。为雕塑家特别是抽象雕塑家提供了技术支持——逐渐发展为一个艺术门类——数码雕塑。这是个年轻的艺术门类，从1990年发展到现在还不到20年的实践。

冲突的存在与反讽的经验——与雕塑家唐勇的对话

【作者】康学儒　唐勇

【刊名】艺术与投资，2008 年 11 期

【摘要】对自我、性、欲望、生命的有限性等人的本质问题的追问，在当代艺术的创作之中，特别是在年轻艺术家那里，是作为宏大叙事而有意回避的问题，但是从你最早的红砖系列开始，你就开始对人的这些本质问题展开思考及追问。

牟柏岩："折腾"胖子

【作者】张慧子

【刊名】东方艺术，2008 年 11 期

【摘要】从2003年的《洗浴中心》，到2005年岁末在3818库的《坏孩子的天空》，再到 2007 年的《胖子在 aye 画廊》，牟柏岩的"胖子"日渐脱离再现而转向表现，由开始比真人略大的形象迅速膨胀，到了 2007 年，它已经"长"到无法顺利搬运到 aye 画廊。

向内——装置雕塑展

【作者】李健杰

【刊名】东方艺术，2008 年 13 期

【摘要】"向内——装置雕塑展"2008 年 6 月 20 日在草场地开幕。参展艺术家展出了近年来来的代表作，通过这样的联展，我们可以清晰地梳理出这些致力于创新实验的艺术家是如何用自己的作品与社会文化产生关系的。

作为雕塑的玩具或作为玩具的雕塑

【作者】隋建国

【刊名】东方艺术，2008 年 13 期

【摘要】夏航，2002 年毕业于鲁迅美术学院，2006 年考入中央美术学院读研。也许受卡通文化的影响，他的毕业创作是一个逗号状的人形集合。考研的三年期间，他在新时代画廊的支持下，发展了这个逗号人的概念。他先是试着把这人形用不锈钢敲出来，抛成镜面的光亮度，立刻这个人形就获得了新的精神。这精神是由不锈钢这一现代材料造成的，逗号人的形象由肉色化为了通体晶亮的外太空来客。

李象群：《堆云・堆雪》复堆"遮羞布"？

【作者】李健杰

【刊名】东方艺术，2008 年 17 期

【摘要】《堆云・堆雪》在北京国际双年展上被"强迫"蒙上"遮羞布"。这件事情虽然已经过去一些时日了，国人在奥运的激情下沸腾，不过对于雕塑家李象群来说，他的《堆云・堆雪》被蒙上"遮羞布"还是不能全然忘记。据记者了解这件作品原本是作为非常重要的参展作品参展的，而在参展之前评论界已经对此引发了不少争论，挺者、驳者众说纷纭。在我们前期的杂志中也有所报道。那么，如此"如鲠在喉"的一次"遮羞"事件，李象群本人又是如何说的呢？

杨茂源：88 尊佛像降上海

【作者】王静

【刊名】东方艺术，2008 年 19 期

【摘要】磨圆了西方文明的神祇，艺术家杨茂源的艺术哲学又瞄准了东方佛像。9 月的上海当代，杨茂源的个人户外公共展"安静！88 尊佛像到上海"，吸引了展会上的不少国内外画廊、藏家的注目。无论是西方的古典文明，还是东方的宗教偶像，都被磨圆了棱角，拉近了与世人的心理距离，也颠覆了人们惯常的视觉经验。

理论·研究

继承传统 开拓创新——在第12届“中国雕塑论坛”上的讲话

【作者】杨立

【刊名】雕塑，2007年01期

【摘要】2006年11月24日——27日，由中国工艺美术学会雕塑专业委员会、中国《雕塑》杂志社联合举办的第12届“中国雕塑论坛”在成都胜利召开。中国轻工业联合会副会长杨立，中国工艺美术学会雕塑专业委员会会长、著名雕塑家、国学大师钱绍武，中国艺术教育促进会会长、著名美术教育家李绵璐，中国工艺美术学会雕塑专业委员会副会长潘绍棠，北京市城市雕塑建设管理办公室主任于化云，全国城市雕塑建设指导委员会交流处处长陆京，中国工艺美术学会雕塑专业委员会常务副会长、中国《雕塑》杂志社社长范伟民，以及来自全国各大美术院校和二十几个省市自治区的专家学者出席了开幕式。本届论坛的主题为“雕塑与生态”。

雕塑艺术的生态向度——第12届“中国雕塑论坛”述评

【作者】滕小松

【刊名】雕塑，2007年01期

【摘要】“一年好景君须记，最是橙黄橘绿时。”第12届“中国雕塑论坛”把“雕塑与生态”这一国际性的时代热门话题抛撒在“天府之国”成都橙黄橘绿的余韵中。论坛期间，还同时推出颇具拓展性和针对性的“和而不同·西南当代雕塑邀请展”。雕塑理论的探讨与雕塑实践的展示给秋冬之际的中国雕塑界营造出一派热闹非凡的文化景象。

肖像雕塑与中国文脉

【作者】孙振华

【刊名】雕塑，2007年01期

【摘要】人类文明的发展史，由人类文明史上的杰出人士构建起文明的链环，表现名人肖像从古典主义时期的帝王权贵，到后现代主义时期对平民及弱势群体的关注，艺术家的话语方式随时代、逐“潮流”而变异，东西文化激烈碰撞。在传统与当代相互交融的今天，在材料与观念重新整合的当下，中国一些“成熟”艺术家，以摒弃“成熟”的方式与话语，在材料与技法中寻找全新的语境。每个时代的文化先驱和智者无一不在挣脱历史的桎梏中达到超越，从而走向文明的新高度，推动文明的进一步发展。艺术家的创造与背离，则恰恰与历史名人的精神世界所契合，达到超时空的呈现，力求达到推动当代雕塑艺术发展的积极作用。本次展览由中国雕塑学会、天津美术学院及天津市人文公园共同主办，参展的28位艺术家在雕塑艺术领域颇具实力。他们以不同的符号与表现方式，推出新的力作加盟“人文平台——中国当代雕塑家实验肖像作品展”，并试图从文化与艺术及多元的开放语境，表现人类先进文化的代表(各界名人)所表现的先进文化的意义。

对国家重大历史题材创作的思考——叶毓山访谈录

【作者】稳稳

【刊名】雕塑，2007年01期

【摘要】2006年11月25日，初冬时节，银杏满院，一群白鹭正好飘逸地飞过面前，本刊记者走进了叶毓山的工作室，对这位执著于国家重大历史题材创作的著名雕塑家进行了一次访谈。

南朝陵墓雕刻之生态环境观

【作者】沈琍

【刊名】雕塑，2007年01期

【摘要】中国传统雕塑的环境观，对当今公共景观雕塑的规划、设计、制作等，应当起到一定的启迪作用。南朝陵墓神道石刻与陵墓总体建制的形成，其“依山而建”“藏风得水”的环境观，表明南朝陵墓石刻造型形成与生态环境不可分割的互为因素。墓葬礼制规定下的南朝陵墓石刻造型，其墓葬建制的设计理念、空间形制、尺度的确立等等，充分显示出传统生态观念的指导意义。

瞒天过海——伪现代与伪民族主义变脸

【作者】何力平

【刊名】雕塑，2007年01期

【摘要】现代主义潮流在中国日渐衰微。一些标榜前卫的、追求国际语言的艺术家陡然之间改换门庭，成了民族文化、本土文化的倡导者和捍卫者。作品从一堆西方现代主义语言符号一下子变成了充满民族传统文化符号的组合。他们似乎始终走在时代最前列，一百八十度的转身让人大跌眼镜。这些自由多变地游走于各种文化潮流之间的艺术家为什么变脸如此之快？导致如此风潮的原因何在？他们追寻的目标是什么？

明皇陵雕刻艺术

【作者】邵若男

【刊名】雕塑,2007年01期

【摘要】凤阳——安徽省历史文化名城,明朝开国皇帝朱元璋的家乡,所以也被称为“帝王之乡”。洪武二年(公元1369年)朱元璋诏令修皇陵,建中都城,奠定明王朝基业的“万世根本”。凤阳明皇陵是明朝第一座帝王规格的陵墓,其豪华侈丽的规制继续了汉唐宋的传统,开创了明清时代的风格,在中国古代陵寝制度史上占有重要地位。明皇陵虽然历经沧桑,陵前250m长的神道上,32对华表和石人石兽仍保存完好,栩栩如生,威严如昨,给后人留下珍贵的艺术财富。1982年明皇陵和明中都皇故城一起被列为全国重点文物保护单位。

也说“泛雕塑”

【作者】北人

【刊名】雕塑,2007年02期

【摘要】雕塑的概念被泛化是有一个过程的。金属焊接是第一步。冈萨雷斯优雅如骑士的作品是工业时代的产物,以后有大卫·史密斯和卡罗,包括张伯伦、塞萨尔。基本上没有什么争议。

雕塑繁荣的伟大时代

【作者】固野

【刊名】雕塑,2007年02期

【摘要】宽大的空间、大班桌椅、大书架上摆着厚重的书籍……这是中国企业家办公室里最经典的行头。然而,近两年有一些细微的变化:一些企业家的办公室中开始摆放雕塑作品了。

城市精神形态的标志——城市雕塑的未来

【作者】张晓瑞

【刊名】雕塑,2007年02期

【摘要】现代城市人面临着严重的生理、心理和精神多方面的生态失衡。城市雕塑的精神生态观,应该贯穿人的物质生活和精神生活两个基本方面。雕塑艺术的发展应该引入生态材料、重新利用废旧材料等等。从国际上看,生态艺术呈现出方兴未艾之势,生态雕塑成为人们爱护自然、尊重自然的一种手段。

自然的启示、人文景观的再创造——谈变异的雕塑

【作者】黄超英

【刊名】雕塑,2007年02期

【摘要】雕塑艺术发展到今天,不再是传统意义上三维模式的雕与塑,“装置艺术”“大地艺术”的出现似乎已使雕塑之边界更显模糊,这些变异的雕塑以独特的表现形式,融入自然、留住历史,已成为现代文明的经典符号。

精神生态 生态自我——当代雕塑创作方法论

【作者】谭勋

【刊名】雕塑,2007年02期

【摘要】本文阐述了“生态学”的基本特征,讨论了当代艺术与“生态学”之间的结构关系,明确了对其研究价值的当代意义,并利用“生态学”学理对中国当代雕塑艺术的发展进行了分析。论文指出了“精神生态”“生态自我”的建立对当代艺术创作的重要作用,并对如何建立当代雕塑创作语言逻辑系统进行了充分论证。

漫谈浮雕造型的“形”与“体”

【作者】徐志坚

【刊名】雕塑,2007年02期

【摘要】本文归纳了浮雕艺术以“形与体”综合造型的规律,从以形塑体的二维造型艺术、以体显形的三维造型艺术、“形与体”并存的造型法则和浮雕形体塑造的特殊表现手法等四个方面,阐述了介于二维与三维之间的浮雕艺术——特殊的矛盾关系、依存关系和造型规律,揭示了其中蕴含着的诸多视觉审美原理。在回到内在表达层面语言的同时,强调了学院造型艺术的建设性与经典性。

时间与空间的乐章——试论敦煌壁画艺术的时空性

【作者】王宏恩

【刊名】雕塑,2007年02期

【摘要】众所周知,敦煌艺术通过对自身结构的刻意营造和空间态势的流变向世人展现出一个意味丰饶的佛国世界,藉此,人们才得以徜徉在这一罕见的、空灵幻化的宗教艺术中。本文通过对一些典型壁画的简要描述,试图从其意识空间、动态空间以及主客体的流变等方面来展开对敦煌艺术时空性的讨论。

谈雕塑材料与雕塑

【作者】钱云可

【刊名】雕塑,2007年02期

【摘要】雕塑的产生和材料是分不开的,虽然大多情况下材料只是一种媒介,但人们对材料探索和加工工艺掌握的过程,也是雕塑的制作、审美和形式发展的一个过程。现代雕塑的发展过程也是对固有雕塑材料探索、拓展的过程,随着雕塑概念的解构,雕塑材料的内涵和外延也将发生很大的变化。

论现代陶艺的审美意蕴

【作者】孟夏　王朝阳

【刊名】雕塑,2007年02期

【摘要】本文通过对现代陶艺独特性的阐述,分析了现代陶艺与传统的陶瓷艺术在审美意蕴上的不同,旨在促进现代陶艺在现代人精神文化领域的新生,使现代陶艺更加贴近现代人的审美意蕴。

传统的缺失——对当前中国雕塑界文化生态之思考

【作者】吴雅琳

【刊名】雕塑，2007年02期

【摘要】前不久，在中国美术馆召开的某个雕塑研讨会上，就有专家明确指出：在我们的艺术教育和我们的艺术创作中，对这类遗产(指中国古代雕刻)关注得实在太少了。基于此，本文就当前中国雕塑界文化生态问题展开论述。

艺术语境(一)

【作者】许正龙

【刊名】雕塑，2007年02期

【摘要】艺术，没有标准答案；艺术，难有唯一途径；艺术，永无终极地标；或许这就是艺术永恒的魅力所在。艺术能跨越疆域，成为人类共通的语汇。

城市雕塑以外：日本越后妻有“大地之艺术祭”公共营建行动引起的反思

【作者】文凤仪　莫一新

【刊名】雕塑，2007年02期

【摘要】笔者透过对两届日本乡郊地区“大地之艺术祭”三年展(2001及2003年)与“艺术项链：十年地区再现活力营建计划”(Art Necklace:The 10 Year Long Regional Revitalization Project)的考察，试图探索特殊公共空间场域里(大自然环境)“城市雕塑”以外的公共艺术(Public Art)可能性，以期突显公共艺术的特质：集体记忆(Collective memory)的建构、权力话语的重置、地区可居性(Live ability)与永续性(Substain ability)发展和再生活力(Revitalization)的性质。

谈“和而不同”

【作者】钱绍武

【刊名】雕塑，2007年03期

【摘要】孔子在《论语》的“子路章”中提出了这个原则，就是这么一句话：“君子和而不同，小人同而不和。”既没有说为什么要说这句话，也没有说这句话解决了什么问题，但人类的实践却再三证明了这句话的智慧。

“和而不同·中国当代雕塑提名展”策展人语

【作者】范伟民

【刊名】雕塑，2007年03期

【摘要】“和而不同·中国当代雕塑提名展”的举办，可以说了却了我自2005年“黄天厚土雕塑大展”之后的一个心愿。可以说，这个展览展现了中国当代雕塑创作的总体面貌。

各得其所

【作者】殷双喜

【刊名】雕塑，2007年03期

【摘要】子曰：“君子和而不同，小人同而不和。”(《论语·子路》)有关“和而不同”的理解可以在政治、伦理、社会和艺术等不同的层面展开。

当代中国城市雕塑创作语境评述——从中西方城市雕塑传统的差异性谈起

【作者】赵云川

【刊名】雕塑，2007年03期

【摘要】本文通过中西古代城市、建筑以及雕塑在性质、功能、形式等方面的差异性比较，阐述了我国城市雕塑的当下困境及其所面临的问题。

论雕塑与建筑的语义同构现象

【作者】陈琳

【刊名】雕塑，2007年03期

【摘要】本文从环境学的角度出发对雕塑与建筑这两种不同的学科门类，从性质、状态及发展中的趋同化等方面进行了分析、研究。旨在为日后这两学科的相互促进与健康发展找到一些理论上的依据。

公共艺术就是生活的态度——我眼中的台湾公共艺术

【作者】乔迁

【刊名】雕塑，2007年03期

【摘要】从台湾回来，觉得基本颠覆了我对台湾的原有想象。我眼中的台湾公共艺术是生活的一部分，是当地文化的重要载体。

是过去成为此刻的时候了——《雕塑》杂志出版六十期寄语

【作者】范伟民

【刊名】雕塑，2007年04期

【摘要】《雕塑》杂志至今已编辑出版到第60期了。这是一个轮回之数，更是一个吉祥之数，藉此，国内外艺术家、专家学者纷纷发来贺信，表达欣悦祝贺之情，以期《雕塑》杂志走向更灿烂的明天。

充分发挥雕塑的纪念性功能，才有益于城市雕塑事业的健康发展——对城市雕塑与文化生态问题的思考

【作者】石村

【刊名】雕塑，2007年04期

【摘要】城市雕塑是一个城市历史文化的形象反映，表现的是与一座城市命运息息相关的重要历史事件、历史

传说、历史伟人等重大题材，可以说是一部书写和叙述一座城市历史文化的“史书”，彰显着一座城市的独特风采和魅力。在城市雕塑快速发展的今天，关注文化生态问题，只有凸显雕塑的纪念性功能，才有益于我国城市雕塑的健康发展。

论中国古代雕塑的意象审美特征：以西汉霍去病墓石雕为例

【作者】张炯炯

【刊名】雕塑，2007年04期

【摘要】中国古代雕塑依循“一天人”“合物我”的审美模式产生了与西方写实主义模式截然不同的意象性造型。这种意象性造型表现的是精神世界的景象，重在神似，富有观念性。作为中国古代雕塑的经典作品，西汉霍去病墓石雕的意象审美特征具有典范意义。本文通过对西汉霍去病墓石雕群的深入分析，试图阐释其意象审美特征，并进一步探索意象审美模式对于中国雕塑艺术的特殊意义。

塔特林的构成主义与政治学隐喻

【作者】杨蒙

【刊名】雕塑，2007年04期

【摘要】现在讨论抽象艺术、构成主义，我们不会停留在一般艺术史、哲学层面，而是扩展到社会学、政治学领域。艺术的发展从来不是孤立的，政治环境是其中重要的方面。达达主义是最早参与政治和社会改革的现代艺术流派。博依斯主张艺术对政治的积极参与，认为政治无处不在并以此提出“社会雕塑”的概念。

当废品成为艺术

【作者】商颂

【刊名】雕塑，2007年04期

【摘要】大家都知道“化腐朽为神奇”这句成语，这句成语中关键之字在于“化”字，即变坏的为好的，变死板的为灵巧的，变无用的为有用的。这是化解之化，也是造化之化，更是变化之化，因此，若运用好这个“化”字，是需要人的内心之灵性的。

中国有翼神兽渊源问题探讨

【作者】沈琍

【刊名】美术研究，2007年04期

【摘要】围绕着南朝陵墓神道石刻有翼神兽的渊源问题，学术界曾赋予极大的努力。本文试图通过文献记述，通过对原始时代直至春秋战国时期翼兽羽纹相关实物的造型分析，探讨羽翼与神兽之间，从平面抽象到逐渐立体具像不断发展演变的过程，同时比较西亚、中亚地区有翼神兽的造型特征，从另一个角度探讨中国有翼神兽形成的主要历史渊源。

城市雕塑，地域文化的窗口——探究东北主要城市城市雕塑的地域文化性

【作者】韩璐

【刊名】雕塑，2007年05期

【摘要】中国现代雕塑发展至今已有一个世纪的历史，城市雕塑概念的引入，不仅拓展了架上雕塑的发展空间，更增添了城市的魅力及文化特色。本文就地域文化性角度试论东北主要城市雕塑的创作。

雕塑创作要呈现出地域文化特质

【作者】潘宏艳

【刊名】雕塑，2007年05期

【摘要】随着国家改革开放进程的深入，市场经济的蓬勃发展，开放的文化态势已经势不可挡。艺术也前所未有地面临着复杂的艺术生态环境和多元发展的局面。

浅谈中国飞天艺术的民族性

【作者】吴新

【刊名】雕塑，2007年05期

【摘要】飞天是指石窟中佛龛上楣奏乐的“歌舞”伎乐神像，或是窟顶的伎乐神佛，以及梳发作蓬起状，手托摩尼宝珠或是不托宝珠的人物形象。一般在主要造像的上面，或在龛楣，或在窟顶上，或在门楣上，或在明窗上，作飞舞的形状。从飞天进入中土后的发展历程可以看出，以敦煌飞天为代表的飞天艺术，是以民族文化传统为基础，吸收印度飞天的优点，融合西域飞天样式，不断发展创造出来的。飞天柔美的艺术特征，与民族精神、审美理想等共同构成了其艺术发展的基础。

中国当代雕塑路线图连载之一

【作者】孙振华

【刊名】中国雕塑，2007年05期

【摘要】从解说概念开始，所有的读者可能都会晕。这没有办法，开始不把概念交代清楚，后面会更晕。这里所说的“中国当代雕塑”，在时间上是从1979年开始的。我们知道，中国艺术在这个时候终于把门窗打开了，新鲜的空气四处弥漫，人们跃跃欲试。

对“艺术”认识的偏颇——由“艺术”概念涉及到的中西文化对照

【作者】宋伟光

【刊名】雕塑，2007年06期

【摘要】本文通过对中西文化对照，对“艺术”这个概念进行了讨论，指出我们对“艺术”与“美术”这两个外来的专有名词的认识和运用上存在一定的偏颇性，并试图从历史文化背景中找出产生这种偏颇的一些根源。

泥塑写生中的雕塑语言

【作者】杨蒙

【刊名】大艺术，2007年02期

【摘要】在面对模特的泥塑写生中，我们不可回避的

一个重要问题就是——泥塑语言。在对形体的认识过程中，以我们对“形体”的感受充满热情为前提，以对形体所具有的含义充满了视觉想象的体验为过程，我们的思考得以继续延伸。将能深刻地体会出“形”的意味与姿态。

高科技使雕塑艺术更具生命力

【作者】吴玉广　王斌

【刊名】雕塑，2007年06期

【摘要】科技与艺术是人类智慧与情感最高尚的部分，是不可分割的，就像一枚硬币的两面，它们源于人类活动最高尚的部分，都追求着深刻性、普遍性、永恒和富有意义。高新技术与雕塑艺术作为人类智慧与情感精华的代表，两者更是相知相通，相辅相成，相生相长，共谱人类生命之魂。雕塑艺术以其特有的艺术个性、艺术形态、艺术语言述说历史故事，展示时代风貌，反映高新科技生活；高新科技以其独有的创新力量彰显雕塑艺术的无穷魅力，推动雕塑艺术的发展。

“反雕塑”的世纪遭遇和美学意义

【作者】滕小松

【刊名】雕塑，2007年06期

【摘要】20世纪“反雕塑”的思想与行动在世界和中国的遭遇大不一样。它带来了两种截然不同的结果：积极的“泛雕塑”和消极的“非雕塑”。“反雕塑”是在由破而立的过程中实现解体与重构的美学价值。

从材料看西方雕塑

【作者】庄家会

【刊名】雕塑，2007年06期

【摘要】本文从雕塑材料的运用方面，揭示了西方雕塑艺术在不同文化时期、不同风格流派中的运用的变异，指出了材料在雕塑艺术中具有双重属性，即物质属性和文化属性。

“泛雕塑”概念的当代意义与文化支点——及其与公共艺术的关系

【作者】翁剑青

【刊名】雕塑，2007年06期

【摘要】“泛雕塑”作为一种艺术概念来看，是具有当代社会意识，以及方法论意义的。其文化支点主要体现再它多样并存方面，宽容和接受差异方面，以及艺术传播方面。再推进雕塑艺术形式语言的发展的同时，满足不同社会文化层次的审美与精神需求。

东北民族文化精神的追寻与艺术呈现

【作者】刘雨

【刊名】雕塑，2007年06期

【摘要】地域文化是一个地方的文脉，也是可资当代艺术家创作的源泉之一。本文探讨了历史悠久、积淀丰厚的“东北文化”在当代雕塑艺术创作中的利用、使用及反映、反思。

雕塑界没有批评——中国雕塑界现象批判之三

【作者】陈云岗

【刊名】雕塑，2007年06期

【摘要】近20年来，中国的整个美术界都在批评领域发生了集体逃避的现象。批评变成了“赞评”的代名词，真正的批评正在在弱化甚至消泯。

漫说雕塑之二——比较中的思考

【作者】吴为山

【刊名】雕塑，2007年06期

【摘要】雕塑，一方面离我们很远，因为常常被置之高处，成为人们心仪、膜拜的神物；另一方面，又离我们很近，因为可以从不同方位观赏，甚至把玩，成为我们生活中的一个组成部分，它的意义也就升华了。

我雕故我在——“首届中国职业雕塑家联展”暨联席会议综述

【作者】东土

【刊名】雕塑，2007年06期

【摘要】“首届中国职业雕塑家联展”和“中国职业雕塑家联席会议”是经过多次酝酿之后才逐步出台的。中国《雕塑》杂志社和中国工艺美术学会雕塑专业委员会搭建了这个职业雕塑家交流、对话的平台，在这个自娱自乐的、完全开放的、只有针对性而没有排他性的平台上，职业雕塑家们尽可充分展示自己的才华和艺术，坦陈自己对艺术的独到见解。

“第十三届中国雕塑论坛”专家发言摘要

【作者】蕴章

【刊名】雕塑，2007年06期

【摘要】金秋十月，由中国工艺美术学会雕塑专业委员会、《雕塑》杂志社举办的“第十三届中国雕塑论坛”在上海举行。论坛主题为“泛·雕塑”。参会理论家、雕塑家就“泛雕塑”的理论依据、概念边缘，以及雕塑艺术与当代观念、材料、技术以及文化创意产业等问题展开了热烈的讨论。论坛由广州美术学院潘绍棠教授和四川美术学院王林教授主持。

架上雕塑的人文关怀和精神分析

【作者】刘明

【刊名】美与时代，2007年10期

【摘要】本文通过对架上雕塑现状的分析，论述了架上雕塑追问艺术本质的意义和作用；阐述了用人文关怀的善去呈现精神分析的真对架上雕塑的重要意义。

论凤翔泥塑艺术

【作者】郑玲玲

【刊名】美与时代,2007年10期

【摘要】凤翔泥塑是民间艺术中的绚丽瑰宝,是凤翔人民勤劳和智慧的结晶。它造型多样,表现手法率真而朴实,稚拙而有情趣,具有鲜明的象征性,寄托了人们心灵深处的美好愿望,体现了远古的文化气息和浑厚古朴的审美品格,具有独特的审美价值和研究价值。

论城市雕塑的民族性和现代性

【作者】哈斯巴根

【刊名】美术观察,2007年10期

【摘要】在广袤无垠的内蒙古草原上,坐落着许多享有盛名的历史文化名城。这些城市点缀着绿色的草原,显得格外的灿烂夺目,美丽动人;这些城市不缺美丽,缺的是真正意义上的具有标志性和包容性的文化承载力。如果说城市是用石头写成的史书,那么,城市雕塑则是用石头为这本书做的插图。好的插图可以鲜活地呈现书中的人物和情节,使文章有声有色,塑造城市的形象,蕴含着它的文化思想,让那一件件曼妙、独特的雕塑艺术连同这个城市的形象一起深深地印在人们的脑海中,尽显这座城市的地区特色、民族特色和时代精神。

佛像服饰特征探析

【作者】郑建萍

【刊名】美术观察,2007年10期

【摘要】中国佛教造像艺术在发展进程中受到中原本土哲学、美学思想的影响,尤其是儒家思想的渗透和引导,使得源于印度的佛教艺术最终演化为具有中国民族特色的宗教艺术。佛像的雕刻形式表现出与外来形式的相互交融到本土化风格的文化演变过程。中国古代佛像服饰由于信仰而得以快速发展,佛像服饰发展变迁的过程是逐渐贴近生活而高于生活的真实再现。

自然朴素 浑然天成——陶艺创作中的自然美

【作者】黄胜

【刊名】文艺研究,2007年10期

【摘要】中国传统美学崇尚天然真实,反对雕琢造作,把自然朴素、浑然天成之美作为理想之美,是以道家思想作为哲学基础的。崇尚自然美的思想对陶瓷艺术有非常重要的影响,力求达到鬼斧神工,浑然天成的境界,是历代陶瓷艺人追求的目标。传统陶瓷美学中崇尚自然美的含义包括两个方面的内容。

浅谈现代雕塑艺术的回归与传承

【作者】易乐平

【刊名】美术大观,2007年10期

【摘要】20世纪初,我国的雕塑艺术先辈们纷纷游学海外,效仿西学,崇尚科学,归去来兮时捎回了追求自我、人文至上、模仿自然的缪斯艺术女神。不可否认的是,缪斯艺术女神,在百废待兴、破旧立新的特定时期起到了不可低估的作用。

当代德化瓷雕创作之印象与思考

【作者】赖荣伟

【刊名】美术大观,2007年10期

【摘要】中国三大古"瓷都"之一的德化,素以白瓷为瓷雕艺术的象征,它体现了古代德化瓷雕艺术的高超技艺。如今,这种白色符号还在延续,也是德化当代瓷雕创作者们着力表现的一种风格和特色所在,是推动德化陶瓷产业迅猛发展的主打产品。

借镜求新——建筑对雕塑创作的影响

【作者】温洋　邓威

【刊名】美术大观,2007年10期

【摘要】 雕塑艺术的发展自古以来都是同建筑艺术的发展紧密相联系的,而在艺术概念被重新审视的这个时代,艺术观念和形式也正进行着前所未有的释放和演义,雕塑艺术也正以多元化的姿态去进行创造和发展。

立体构成漫谈

【作者】张明　田勇

【刊名】美术大观,2007年10期

【摘要】构成主义雕塑,其奠基者是俄国艺术家塔特林和罗德琴柯,主要代表人物和传播者是加波和佩夫斯奈。我们知道,传统的造型艺术是"自然的模仿",是视觉的幻象,艺术家通过对解剖、透视等法则的应用,创造出平面的或立体的物象,观者在绘画或雕塑前有身临其境之感。

拴马桩之人物驭狮型——民族文化的杂糅

【作者】竹晓翠

【刊名】艺术与设计(理论),2007年11期

【摘要】拴马桩是极具地域特色的民间雕塑艺术,而其中人物驭狮型所表达出来的内容最为丰富多彩,它从雕塑艺术的角度反映出民族文化的交流与融合,体现了劳动人民对美好事物的追求与向往。对这一类型拴马桩的研究具有很大的艺术和历史意义,它为研究民间雕塑艺术提供了丰富的实物资料,也为民族文化的传播与交流提供了一个典型的范例。

安顺文庙石雕装饰艺术

【作者】郎维宏

【刊名】装饰,2007年11期

【摘要】贵州安顺文庙建筑群的石雕装饰丰富多彩,包括人物、动植物和器物等多种形态和内容。本文对文庙的石雕装饰进行了逐一叙述和分类研究,并指出其中所蕴含的丰富的儒学思想。

从蔚县纸雕看纸雕艺术

【作者】朱虹　詹秦川　耿大乐

【刊名】艺术与设计(理论)，2007年12期

【摘要】随着我国民艺学研究的发展，民间工艺美术也在随之产生着变化。本文从对蔚县纸雕的结合研究中所包含的蔚县纸雕的工艺、历史及内容等方面而予以归纳与梳理，并对该领域中未来发展的若干问题提出自己的见解。

现代城市公共雕塑设计理念的研究

【作者】高峰

【刊名】艺术与设计(理论)，2007年12期

【摘要】公共雕塑在城市景观设计中起着特殊而积极的作用，具有其他文化艺术形式难以取代的独特功能。文章通过对城市公共雕塑的涵义、城市公共雕塑在环境中的作用以及城市公共雕塑设计中现存问题的探讨，试图提出现代城市公共雕塑的设计理念，希望尽快改变我国不容乐观的城市雕塑现状，以进一步提升现代城市的文化品位。

经典的诞生之路——对雕塑艺术史的一种解读

【作者】丁方

【刊名】文艺研究，2007年12期

【摘要】通过对古典雕塑的深入观察与研究，可以探究到人类精神理念的沉淀。同时，古代西方世界与东方世界相互影响的过程，也是一个文化经典的创造性生成过程。

论雕塑与环境的关系

【作者】陈健

【刊名】美术大观，2007年12期

【摘要】雕塑艺术因其独特的艺术形式，三维立体的空间结构，及其在思想情感和人文气息方面特殊的表达方式，使得它在装点家居，美化人们的生活环境等方面起着不可替代的特殊作用。雕塑与环境的结合是雕塑设计中非常重要的一个环节，城市雕塑、景观雕塑等一系列放置于室外的雕塑艺术品，与环境的结合则显得尤为重要。

"写实"四探——宋代佛教雕塑与希腊古典雕塑的比较

【作者】李世伟

【刊名】美术大观，2007年12期

【摘要】希腊古典雕塑是西方写实主义美术的源头，其合理的比例结构，完美的动态，是数千年来西方造型艺术中不朽的典范。而在东方，宋代是中国雕塑艺术写实主义的高峰时期之一。中国宋代与古希腊虽然从时间上不属于同一时代，但从其雕塑艺术的外在造型来看，都在极力追求着一种真实的再现，分别代表了中西方艺术史中写实主义的高峰。

浅谈现代城市中的金属雕塑

【作者】暴巍　　陈相道

【刊名】美术大观，2007年12期

【摘要】雕塑在都市中栖身是非常自然的事，因为城市雕塑从古到今都是人类生活与自然环境相融合而产生的一种独特的艺术形式。它表现着不同时期不同历史文化所产生的思想内涵和文化背景。今天的城市需要再现寄托现代人情感的视觉对象，那么这个对象便是以各种形式出现在城市中的立体造型雕塑。

传承与创新——骨雕艺术的探讨

【作者】张民辉

【刊名】美术学报，2008年01期

【摘要】牙骨同源的雕刻艺术象牙雕刻因其洁白细润，天生具有优雅的纹理，坚硬而富有韧性，使我们的祖先在远古时代就已经认识到象牙的材质之美。《诗经·尔雅》上说："南方之美者，有梁山之犀象焉"。其中"犀"专指犀牛角，"象"专指象牙。

人的能动性在木雕设计中的体现

【作者】庞国华

【刊名】美术学报，2008年01期

【摘要】加工的痕迹与木雕设计工具与材料的碰撞产生了痕迹。痕迹是制作过程的见证。有意识地保留痕迹，是材料造型设计中人的能动性的体现。工具的性能决定着痕迹的属性，痕迹的属性影响着视觉的感受。作者要根据需要而设计痕迹的属性。痕迹的属性包括：外形、大小、方向、动静、起伏、隐露、节奏和交错构成等。

公共艺术与空间环境

【作者】樊威亚

【刊名】美术学报，2008年01期

【摘要】快速发展的经济建设为城市的复兴及新空间的营造提供了良好的基础。为提升城市的形象及品味，方兴未艾的艺术中心、歌剧院、博物馆、市民广场等工程建设鳞次栉比，也为公共艺术创作提供了广阔的环境平台，塑造出具有视觉冲击力的环境艺术作品。

简析灵峰古刹的唐宋石雕艺术

【作者】郭芳娜

【刊名】艺苑，2008年01期

【摘要】素有"海上仙都""山海大观"之誉的福建福鼎太姥山东麓，有一座千年古刹灵峰寺。据宋朝杨楫撰《重建灵峰寺记》载，该寺始建于唐咸通元年(公元868年)，"俗传乾符间，寺遭回禄，堂庑悉为煨烬，独殿内三身佛岿然独存，里人以为禅灵，僧智饶于是因旧基重建是殿"。可见此地缁流活动，筚路蓝缕，募化建寺，距今已有1100多年的历史了。

对校园雕塑的几点认识

【作者】王丽萍

【刊名】美与时代，2008年01期

【摘要】随着校园和校舍建设的发展，校园雕塑已被越来越多的高等学校所重视。许多院校在校园内设置了雕塑。其中不少作品选题得当，位置适宜，造型美观，体量适度，富于文化内涵，提高了校园环境的品位，在创造美好的育人环境方面起到了很好的作用。然而，也有一些校园雕塑存在着这样那样的不足，恐怕难以发挥其预期的作用。

另有通途向罗马——谈架上雕塑市场的构建

【作者】陈立人

【刊名】雕塑，2008 年 01 期

【摘要】中国 20 多年的城市雕塑发展，已经积淀下相当基础：从奄奄一息之冷，到乱糟糟之热，雕塑已经在国民视野中出现，成为存在事实。回到架上的结果，决不是倒退到 20 多年前雕塑奄奄一息的状态，而是要各自走向市场，走向雕塑的知音、雕塑的投资者。

师古人 师造化 求独创——关于木浮雕的历史探究与创新实践

【作者】郑春辉

【刊名】雕塑，2008 年 01 期

【摘要】浮雕艺术是人类最早掌握的艺术形式之一。中国的浮雕艺术在漫长的历史演变中，逐渐形成了自己的民族特色和地域特色。“师古人、师造化、求独创”张大千大师的这句名言对于现代木浮雕无疑是极富启迪意义的。本文回顾了中国木浮雕发展的历史，并从雕刻手法、创作题材、构图、选材等方面介绍了作者创作实践中积累的丰富经验。

城市雕塑的公共性与个性、个性与共性

【作者】黄超英

【刊名】雕塑，2008 年 01 期

【摘要】作为公共艺术的城市雕塑，公共性是其显著特点，但它毕竟是一种艺术创作，是很个性化的。因此，在城市雕塑的建设中往往存在着公共性与个性之间的矛盾，解决好两者的矛盾是搞好城市雕塑的关键。此外，城市雕塑的个性与共性的关系，也是当前城市雕塑建设要引起注意的问题，处在同一环境的各种雕塑，应该有它们的共性特征。只有有了众多(不是一两件)与城市环境相融，富有个性而又具整体特色的城市雕塑，才能真正彰显一个城市的个性。

国内城市雕塑现状分析与问题研究

【作者】张辉　王家民

【刊名】艺术与设计(理论)，2008 年 01 期

【摘要】为了阐明城市雕塑发展方向的深层原因，立足于本土文化，分析城市雕塑同城市文化、传统文化、精神、表现形式等方面的关系，总结城市雕塑存在的现实问题。认为我国城市雕塑在观念更新速度加快的时代，要迎接新的挑战，就必需发挥雕塑的功能性，关注人文理念的设计，进一步提高城市的文化品味。

公共雕塑与城市发展

【作者】戴文 · 劳伦斯 · 菲尔德　　孙兴文

【刊名】雕塑，2008 年 01 期

【摘要】2007 年 10 月 20 日，为配合“北京奥林匹克艺术之梦——国际城市雕塑艺术展”，北京城市雕塑建设管理办公室在京举办了“国外公共艺术与中国城市雕塑发展”国际研讨会。研讨会上，国外艺术家不仅介绍了国外公共艺术发展情况，还为奥运场馆和北京的城市建设出谋划策。其中来自美国的戴文 · 劳伦斯 · 菲尔德先生在研讨会上就公共艺术方面提出了三个建议，本刊特摘录其在研讨会上的演讲内容。

关于当代雕塑的价值思考

【作者】孙振华

【刊名】雕塑，2008 年 01 期

【摘要】中国当代雕塑自 20 世纪 90 年代以来，见证了中国社会如何由一个后理想主义的社会向一个世俗化的、物质化的经济社会过渡的现实。中国当代雕塑这些年所发展的变化，深刻地反映了转型期中国社会的现实。

雕塑藏家的隐忧

【作者】何力平

【刊名】雕塑，2008 年 01 期

【摘要】在如火如荼的绘画收藏背景下，雕塑收藏显得十分冷清。这几年城市雕塑在遭遇无序、低质竞争大冲击之后，许多知名雕塑家选择退出这块变质了的商业拼搏之地，潜心架上雕塑创作。尽管如此，架上雕塑却不像人们所期望的那样随着绘画收藏的兴盛而繁荣。相反，各地雕塑家面临的困境却日益突出。人们所期望的架上雕塑收藏的春天迟迟不肯到来。这是为什么呢？

莫高窟第45窟人物造像性格特征及艺术特色探究

【作者】魏小杰

【刊名】雕塑，2008 年 01 期

【摘要】本文通过对敦煌莫高窟第 45 窟彩塑人物性格特征的分析研究，认为其取得如此辉煌的艺术成就主要在于：一、现实生活的深入观察，二、神形兼备的人物塑造，三、审美精神的充分体现，四、形体结构的高度概括，五、塑绘结合的艺术手法。盛唐时期莫高窟第 45 窟的造像代表了唐代这一时期的最高水平，它所传达出的各种信息有利于我们仔细地探索与研究，为我们更好的学习与发展中国传统雕塑的精髓提供了很好的启发与借鉴。

浅谈龙门石窟与环境

【作者】沈琍

【刊名】雕塑，2008 年 01 期

【摘要】龙门石窟的开凿，与环境有着直接的关系，这种关系主要体现在特殊的地理位置、理想的“风水”胜地、石质的特性、顺其自然的开凿方式等因素，显示出佛教艺术融入中原本土文化的诸多特征。

精神无家的思考

【作者】项金国

【刊名】雕塑，2008年01期

【摘要】人生天地，谁能无家？无家不就只能流浪吗？如果精神无家又是什么情形呢?精神无家，精神流浪，不觉察也便罢，觉醒了，丢失了，看着家，却找不到回家的路，流浪的行踪。

有关艺术赏析的态度

【作者】翁剑青

【刊名】雕塑，2008年01期

【摘要】在近些年来的一些雕塑及绘画创作和展览中，人们常可看到不少以性为题材而加以把玩的作品以及以“丑”为表现对象的作品。本文就美与丑的问题从历史观中进行了分析，以明晰艺术赏析的态度。

何为艺术作品

【作者】宋伟光

【刊名】雕塑，2008年01期

【摘要】我们到底还需不需要艺术了？当然需要。那么请问当下常常出现的缺乏艺术判断或重复别人观念和手法的作品还能称得上“艺术作品”吗？

雕塑的“门道”与“风气”

【作者】滕小松

【刊名】雕塑，2008年01期

【摘要】 雕塑在中国大地上骤然繁荣，“火”得让人欢喜，也“猛”得令人生疑。喜的是：曾经为“皂隶之事”的雕塑终究成了火红的事业！

“雕”本“塑”源

【作者】张峰

【刊名】雕塑，2008年01期

【摘要】 本文针对当下雕塑界出现的两种值得警惕的现象，结合自己的创作经历，提出了可供借鉴的解决途径。期望以对此问题的讨论为出发点，启发人们深入思考中国雕塑创作的处境以及发展的多种可能性。

静穆中的伟大——论大足石刻艺术人体美的含蓄表达

【作者】龙红

【刊名】重庆大学学报(社会科学版)，2008年01期

【摘要】人体造像在大足石刻艺术中是最为重要的部分，有着极富时代特色的个性表达。大足石刻人物造像所呈现出来的审美风格是多种多样的，但其主线却是人体美的含蓄表达，具有哲学和宗教文化的色彩，是一种诗意化的呈现。

变味的城市雕塑

【作者】刘军

【刊名】传承，2008年01期

【摘要】雕塑是一切造形艺术中最有力度最具有感召力的有形艺术。从西方的罗丹、米开朗基罗到东方的秦始皇兵马俑，从狮身人面像到乐山大佛，从美国的自由女神像、丹麦的美人鱼到北京人民英雄纪念碑上的浮雕，古今中外的雕塑家们用他们的才情再现了人类文明的进程。

华县皮影雕刻艺术造型研究

【作者】韦凯　张星　贾涛

【刊名】美术大观，2008年01期

【摘要】中国华县皮影雕刻艺术历史悠久，在演唱、皮影雕刻造型等方面具有独特的艺术表现形式，在世界艺术史上享有很高的声誉，被称为“电影的先驱”、“动画艺术的鼻祖”。

论形与体在浮雕艺术中的作用

【作者】马河

【刊名】美术大观，2008年01期

【摘要】浮雕艺术，既非二维绘画的形态表达，又非三维圆雕的实体塑造，它在表现物象“形”的同时，又进行“体”的塑造。

从中国传统石狮造型看历代审美取向

【作者】汪铭

【刊名】美与时代，2008年01期

【摘要】中国在几千年的文化发展过程中，不但将追求美好生活的愿望虚化出来，且演绎出许多神兽造型，传统的石狮就是最为典型的神兽造型。

人体雕塑中的中西审美差异

【作者】李鹤

【刊名】装饰，2008年01期

【摘要】中国人体雕塑具有悠久的历史，但与西方雕塑相比，相互间审美存在显著差异。本文通过比较中西方人体雕塑的内容题材、写实性与写意性、空间的处理方式及象征性四个方面，分析两者间的差异。

当代油画家的雕塑创作

【作者】陈浩波

【刊名】东方艺术，2008年01期

【摘要】施莱格尔说：“自然中何物为神圣？并非仅止于生命与创造力，同时还有其统一与玄奥，其精神、要义与特异。在我们看来，这就是绘画的特性之所在。”这种将自然的神圣性看作是绘画乃至所有艺术固有特质的看法，弱化甚至抚平了艺术各门类之间的丘壑，艺术家们于是开始在

期许达到这种神圣性的路途中得到前所未有的自由。

从公共艺术谈互动雕塑的发展

【作者】郭选昌　邓义勤

【刊名】艺术探索,2008年01期

【摘要】公共艺术是城市空间的主要构成元素之一。雕塑从架上走向了公众与自然,以其更具有参与性的特点成为人和环境不可缺少的交流媒介。城市景观雕塑作品在注重艺术性的同时,更应注重与公众的互动性,增加本身的参与性与创造性,让公众更自觉自愿地参与到艺术中来。互动雕塑在科技的发展下应孕而生,因其独特的互动性、参与性、游戏性,以前所未有的方式进入了公共空间。

雕塑的戏剧性表现

【作者】李丰延

【刊名】艺术探索,2008年01期

【摘要】雕塑的戏剧性是指具备通过雕塑形式(或手段)来反映社会生活中的各种冲突的艺术特征。雕塑的戏剧性不仅运用雕塑本身的形象的夸张、变形,还运用色彩的对比,以及雕塑在空间中的布局、材料的使用等方面来达到一种趣味性,一种类似舞台戏剧的效果。雕塑的戏剧性如同舞台的戏剧性,它们都需要对所表现的对象进行夸张,包括人物形象(表情)的夸张、人物服装造型(和色彩)的夸张、舞台场景的夸张等。

从雕塑装置、影像装置到环境装置:装置的泛化

【作者】贺万里

【刊名】湖北美术学院学报,2008年01期

【摘要】进入20世纪90年代后期,以至21世纪初的装置艺术,所出现的一个重要的趋势就是装置艺术的泛化:装置艺术已经越来越多的被人们从原初的“现成品艺术”的范畴上延展开去,成为一种宽泛的作为艺术的方式而不是艺术样式意义的概念。

没有个体性哪来公共性:向雕塑批评提问

【作者】王林

【刊名】大艺术,2008年01期

【摘要】20世纪80年代是中国艺术朝向西方的时期。“85新潮”之所谓“新”,不过是现代主义艺术西方已有而中国尚无。其中最有价值的东西乃是以个体创作冲击集体主义乃至集权主义文艺思想,至其极即是“文化大革命”。但千万不要忘记。“文革”艺术是以文艺为工农兵服务、以艺术大众化的名义进行的,用今天的话说,它并不拒绝公共性。

论紫金庵罗汉服饰的艺术美

【作者】田素彩

【刊名】艺术探索,2008年01期

【摘要】紫金庵罗汉的服饰在一笔一画中无不彰显着绘画的笔墨意趣和审美韵味。文章先对紫金庵罗汉服饰艺术的时代背景进行阐述,而后转入到图案的分析,主要从图案类型和寓意、线描、赋色、构图等方面来对其进行解读。

地景雕塑在景观设计中的运用

【作者】汤士东

【刊名】美术观察,2008年01期

【摘要】雕塑作为景观设计的一个重要组成部分,和景观存在紧密的联系。随着现代艺术观的发展,雕塑形态越来越多样化,雕塑和景观的界限变得越来越模糊,有的雕塑像建筑物,但没有建筑的功能,只能起到丰富空间形式的作用;有的像游戏装置,能够给人提供一种娱乐方式;有的像公共设施,有的则是经过有意识处理的一片地形。传统雕塑通过立体构图追求自身视觉形式的完善,雕塑中的造型单元是相互联系的一个整体,观众的视线是由外向内看的,欣赏到的是形体外表面的起伏变化。

“公共性”缺失的当代中国城市雕塑

【作者】喻建辉

【刊名】美术观察,2008年02期

【摘要】公共艺术有“公共”之限,语意十分明确,即“属于社会的,公有公用的”,与挂在私人家里的艺术品有明显区别。同时,公共艺术与公共性紧密相连。艺术品放置在公共场所和公共空间,只是公共艺术的前提条件,更重要的是这些艺术必须具备“公共性”。艺术中的公共性,即艺术的社会性与民主化。公共艺术的出现与社会民主化的进程密切联系在一起,反映了市民阶层对于公共空间的权力要求和参与意向。

浅析深圳当代雕塑艺术展的公共性

【作者】张颉

【刊名】艺术与设计(理论),2008年02期

【摘要】本文将从展览主题、展览空间、展览作品及展览服务等几个方面展开论述,试图揭示中国当代艺术展览公共性的现状,并进行深刻反思,从而对目前我国当代艺术展览中“公共性”的若干理论和实践产生一定的启发作用,更好地实现当代艺术展览的公共性。

“德”“符”之变:当代玉饰的文化学解析

【作者】朱怡芳

【刊名】装饰,2008年02期

【摘要】本文以20世纪80年代以来中国社会各领域的文化变迁为背景,围绕所谓“德”“符”之变,对传统玉饰(“饰”玉)在文化观念、审美观念发生的转变进行分析,指出当代“饰”玉由传统“首德次符”为主导的观念而转变为“德”“符”并重和首“符”次“德”观念的原因。

新兴木刻

【作者】李云

【刊名】装饰，2008年02期

【摘要】中国现代木刻版画的兴起开始于20世纪30年代的新兴木刻运动。自1931年起，受鲁迅宣传推动，中国各地木刻团体成立如雨后春笋，本文就新兴木刻的兴起、发展及影响展开论述。

品位与境界——关于惠安传统石雕艺术文化保护问题的思考

【作者】张志伟

【刊名】装饰，2008年02期

【摘要】传统惠安石雕体现了中国传统文化价值，也应该融入现代文化。但融入现代文化的方式不是西化，而是精英化。中国的精英文化是写意，所以，惠安传统石雕艺术的现代化出路是转向写意。历史上，民俗石雕文化、宗教石雕文化、审美石雕文化都对社会文化生活起过重要作用。今天，保护传统石雕艺术最好的方式还是要让它在现代社会文化生活中起作用。

论泥塑浮雕训练之五大关系

【作者】曹春生

【刊名】南京艺术学院学报(美术与设计版)，2008年02期

【摘要】本文重点讨论了泥塑浮雕训练过程中五大关系的运用，包括绘画与浮雕的关系，形体与结构的关系，提炼与概括的关系，压缩与空间的关系，对比与协调的关系。指出这五大关系是互为一体，互相作用，互为联系，互相制约的一个关系。

城市广场设计之艺术初探

【作者】全惠民　李亚南

【刊名】雕塑，2008年02期

【摘要】随着现代社会的不断发展，城市广场作为城市中人们活动的重要公共场所，往往成为城市开放空间艺术处理的精华，本文着重探讨了广场设计艺术运用的符号语言与几种主要手法。

浮雕的形式语言

【作者】房中明

【刊名】雕塑，2008年02期

【摘要】浮雕作为雕塑艺术中的一种造型语言和形式，有它特有的塑造方法，目前浮雕艺术作品在创作中还存在着一些认识上的偏颇。作者结合在教学和实践中遇到的问题，向读者介绍了浮雕创作中如何把握形体和空间的关系、掌握透视和“企位”的经验。

胡江的人物雕塑和中国画

【作者】罗一平

【刊名】荣宝斋，2008年02期

【摘要】认识胡江已有数年，然其身份的定位却一直让我困惑。刚认识他的时候，他做了许多陶艺。既有传统形式的，也做观念形态的；既做实用陶艺器皿，又做陶艺人物雕塑。其数量之多，题材之广，使我自然将其身份定为陶艺家。

说“独立思考”

【作者】宋伟光

【刊名】雕塑，2008年02期

【摘要】王国维在《人间词话》中说：“但恨创调之才多，创意之才少耳。”他是指诗词艺术创作中善于运用和发回调式或韵律之形式者甚众，而创立新意境的人才很少。

也说美术馆免费开放

【作者】温炯

【刊名】雕塑，2008年02期

【摘要】2008年1月23日，中宣部等部门联合下发了《关于全国博物馆、纪念馆免费开放的通知》。作为博物馆形态之一的美术馆，理当在免费开放之列。但对于免费开放，社会各界有着多方面的担忧：如观众素质不高，展馆服务质量下降，财政支出增加等。美术馆怎样才能走好免费开放之路呢？

甘肃清水宋金墓葬的砖雕特色及其成因

【作者】吴少明

【刊名】雕塑，2008年02期

【摘要】墓葬文化在中国传统文化中具有重要的意义，这种集合了中国人的生死观和孝道观念的综合性建筑和艺术传统以及与其相匹配的视觉语汇和形象思维方式，不但是集建筑雕塑、器物、装饰，甚至铭文等多种艺术和视觉形式的综合体，而且是考察中国古代文化的重要资源，甘肃清水县宋金墓葬作为甘肃宋金时期墓葬艺术的重要代表，其艺术特点及其成因，是了解清水以及甘肃在宋金时期文化的一个重要方面。

终南山古楼观显灵山老子造像创作构思浅谈

【作者】王展　马龙　马云

【刊名】雕塑，2008年02期

【摘要】终南山古楼观是中国道教的祖庭圣地，是中国传统哲学思想——“道”文化的发祥地。在中国文化史上占有重要的地位。“老子”的形象对于古楼观来说具有双重的意义。一方面老子作为古楼观这一著名道教圣地的最高崇拜偶像“太上老君”而受到人们的膜拜，另一方面老子因著述不朽的哲学著作《道德经》而成为中华文明的代表人物。

雕塑创作思考

【作者】景育民

【刊名】雕塑，2008年02期

【摘要】雕塑作为一种造型语言和样式，经历了漫长

的演进过程。雕塑作为实体，强调它的立体语言(长、宽、厚的概念),以及空间占有及独特的表现力，曾经承载着记录历史、延续人类文明的重任。

应回到雕塑语言本体来研究和讨论

【作者】石村

【刊名】雕塑，2008年02期

【摘要】今天的雕塑界可谓热闹，热闹到了甚至混乱的局面，特别是被批评家们热炒的那些被誉之为“原创性”“观念性”“当代性”“前卫性”的作品花样层出不穷。

观察雕塑

【作者】朱青生

【刊名】雕塑，2008年02期

【摘要】在当代观念与转型的审美世界中，虽呈现出多彩之光，但绚烂的光环之中常常充斥着的是表面的、符号的甚至是急于求成的“色彩”，相对缺乏艺术的原创精神与独立思考，这在某些程度上形成了一种风气。针对此，本期特邀了几位艺术家、艺术评论家，分别从艺术本体、繁华的背后等几个方面展开讨论与批评，以利于艺术批评的深入和价值评判体系的建构。

写意雕塑的疆界

【作者】刘晓陶　黄丹麾

【刊名】雕塑，2008年02期

【摘要】鉴于“写意雕塑”的提出引发了中国雕塑界的极大反响，本文着重于“写意雕塑”的学理研究：首先框定其内涵；继而梳理其历史源流最终落脚于写意雕塑的外延即疆界的划定。

画家——雕塑家：20世纪初现代雕塑复归本质之路

【作者】汪瑞

【刊名】艺术探索，2008年02期

【摘要】本文关注20世纪初画家参与雕塑创作的特殊现象，论述了从高更、雷诺阿到毕加索等现代绘画大师转向雕塑的过程，试图从这一独特视角揭示出20世纪现代雕塑回归本质的方向与发展历程。

汉代雕塑的语言符号

【作者】云宁

【刊名】艺术探索，2008年02期

【摘要】汉代雕塑造型简约抽象，古朴，大气，达到了意至而形不至的高度。这些具有符号性特征的作品反映着整个时代的艺术气息，对后世雕塑艺术的发展有一定影响。文章从形体、表现手法、空间等角度分析了汉代雕塑语言符号。

写意雕塑批评系列之一　写意的疆界

【作者】陈培一

【刊名】雕塑，2008年02期

【摘要】“写意”并非中国人的专有之物，亦非是中国人的专利，“写意”一词是中国人的发明。“写意”具有国际性，具有普遍性，可以说“写意”没有国界，没有疆界，只有因民族和地域而产生的国别，只有国别模式。

漫说雕塑之三——模糊中的传神

【作者】吴为山

【刊名】雕塑，2008年02期

【摘要】模糊不仅给艺术创作者以灵感，也给观赏者以神思。一种模糊是意念、意象、意境生成的最初形态，有若干不确定的成分和多向的可能，是潜意识的真实流露；另一种模糊则是经过时间、风化后的雕塑，经过岁月的洗炼后，失却了一些本该失却的部分，但丝毫无减精、气、神，其神韵令人回味不绝。

符号整合与空间秩序——李林琢的深圳东部华侨城广场艺术解读

【作者】徐恩存

【刊名】雕塑，2008年02期

【摘要】特定空间中的李林琢的作品，总是存在着一个颇耐咀嚼的、十分含蓄的抒情主体形象。这个主体是对历史充满追忆和敬重的符号，也是对未来充满热情和希望的符号。

管窥中国女性雕塑家的视觉形态与观念表达

【作者】陈浩波

【刊名】美苑，2008年02期

【摘要】英国女性主义文学理论家和作家弗吉尼亚·伍尔夫在《一间自己的屋子》中写道：“女人要写作，就一定要有钱，还要有一间自己的屋子。”这就明确指出了经济基础和环境空间对于女性意识表达的制约关系。从事艺术创作的女性同样如此，除了具备经济能力之外，还要具备拥有空间的可能性。

现代雕塑风格的分化

【作者】韩雨蒙

【刊名】艺术研究，2008年02期

【摘要】虽然有人可以试着对所有战后的雕塑艺术运动进行分类，但不可否认的是，这是批判的而不是历史的工作。我们面对的是风格的分化，是发明探索，是永无休止的试验新材料，而不是任何连续运动的展开。

栉风沐雨一浮雕——记中央美术学院展览馆浮雕带

【作者】李松

【刊名】美术研究，2008年02期

【摘要】中央美术学院展览馆浮雕带与人民英雄纪念碑浮雕创作于同一时期，是新中国成立初期雕塑艺术的重要代表性作品，却被当代美术史所忽略。它成于新中国培养的第一代雕塑家们之手，作者们如今已是耄耆之年的雕塑界前辈。

武当山五龙宫青龙白虎塑像及其制作年代

【作者】沈伟

【刊名】美术研究，2008年02期

【摘要】武当山五龙宫的龙虎殿遗址所幸存的青龙、白虎泥塑坐像，堪称中国古代道教护法神像的经典之作，然而，它既未被学界所熟知，也在有限的著述中存在比较严重的年代学或风格学方面的讹误。通过实地考察并检索相关文献和实物图像，本文就其制作年代与相关风格问题做出了分析与讨论，结论为：以五龙宫所存为典型的武当山青龙、白虎塑像，当为明代所塑造，既非"元代泥塑"，也和"刘元一派"没有关系。

雕塑创作与知识产权问题

【作者】王林

【刊名】雕塑，2008年03期

【摘要】近年来，国内的雕塑创作呈现活跃之势，但从市场角度而言，雕塑市场的现状并不乐观。究其原因，其中雕塑创作与知识产权问题是一个核心点。只有处理好这二者的关系，才能更好的规范公共艺术机制和雕塑艺术市场。

空间的殉道者——评日本当代具象雕塑代表性雕塑家北乡悟的作品

【作者】张威

【刊名】雕塑，2008年03期

【摘要】出生于战后日本的雕塑家北乡悟在作品中反映出了强烈的"人"的意识，表现出人与环境、空间、受众的和谐、融洽与共生。北乡悟作为日本当代著名的雕塑家，其作品体现出陶与人性的至臻结合，显示出无国界的人间真实。

写意雕塑批评系列之三 写意雕塑论

【作者】陈培一

【刊名】雕塑，2008年03期

【摘要】我以为这个"写意雕塑"的提法本身有问题，有以偏概全之嫌，大家对"写意雕塑"的认识原本就存在着很大的误解。要真正解决问题，还是应该回到"什么是写意"这个最基本的问题上来。只有真正弄清楚了什么是"写意"，才能搞清写意与非写意的分野，也才能搞清写意雕塑与非写意雕塑的区别。

浙东宁波地区朱金木雕艺术探析

【作者】徐辉

【刊名】艺术与设计(理论)，2008年03期

【摘要】朱金漆木雕是木雕上贴金漆朱的木雕艺术。全国从南到北有很多有名的木雕产地，如潮州木雕和东阳木雕并列为中国民间两大木雕体系，但宁波的木雕独树一帜，其最大的特点在于不仅仅是木雕，更与漆工艺珠联璧合。宁波朱金木雕大约有1000余年历史。汉唐以来，随着木结构建筑的发展，出现了彩漆和贴金并用的装饰建筑木雕。宁波朱金漆木雕简称"朱金木雕"，主要技艺是在木雕上贴金漆朱，它以浙江省宁波市为中心，延及慈溪、余姚、奉化、象山、宁海、镇海、鄞州等地。

论宋代景德镇湖田窑陶瓷雕塑技法及其运用规律

【作者】姚棋

【刊名】中国陶瓷，2008年03期

【摘要】通过研究宋代景德镇湖田窑陶瓷雕塑的技法，总结这些雕塑技法的运用规律，从而找到湖田窑陶瓷雕塑获得成功的原因。

罗丹雕塑草稿的重构与升华

【作者】滕小松

【刊名】美术观察，2008年03期

【摘要】法国雕塑家罗丹及其作品相对其他西方雕塑家在中国的认知度非常高，由于其大量代表作品曾来中国数次举办展览，中国观众和研究者对罗丹的主要雕塑作品相当熟悉，而除此之外对罗丹的大量雕塑草稿、素描作品就了解较少了，近年来美术史研究者们通过研究整理工作对罗丹的雕塑草稿及其独具个性的素描创作的意义评价越来越高，本期刊发的滕小松的文章就罗丹雕塑草稿与完成雕塑作品之间相互转化生成的关系做了探究讨论，可以使读者对罗丹的雕塑创作有更深入立体的认识。

论当代中国写实雕塑创作的观念革新

【作者】刘海峰

【刊名】雕塑，2008年03期

【摘要】20世纪初期，西方写实雕塑和技术的引入，使我国雕塑史开始改变，写实主义逐渐占据了重要地位，并作为20世纪中国美术史上最重要的艺术现象，它似乎更能体现20世纪中国的时代文化精神。直到改革开放后，尤其是受到"85新潮"的冲击，雕塑艺术的表现形式和造型语言也开始变得纷繁复杂，写实开始渐被瓦解，"95"之后，艺术家开始思考和寻找本土的语言后，写实主义伴随着波普、装置、艳俗等表达途径开始了崭新的突破。

公共艺术的游戏规则

【作者】本刊记者

【刊名】东方艺术，2008年03期

【摘要】奥地利科勒尔·施拉克三兄弟的专业主要是在公共空间以及艺术和建筑方面的艺术。20年前他们开始在一个小村庄展开工作,不仅展示雕塑,而且制作。为许多房地产项目提供服务,因为艺术可以用来加强房地产项目和公共空间的效果。

时间的复本

【作者】吴鸿

【刊名】收藏界,2008年03期

【摘要】在对时间性的感悟中,一种是按照线性的演进关系,它依据的是抽象的数理逻辑基础;另一种是主观的并置关系,它是建立在历史性的图像记忆和图像想象基础之上的。在后一种感悟中,历史的时间性和图像的观觉性是紧密联系在一起的,在这种关系中,"时间"和"图像"是呈片段状的位移、并置状态的。正是在对历史和图像的时间性感悟中,张谧诠和刘君的作品中,我们找到了作为认识论基础的结合点。这种认识论的基础在于,在他们的作品中,我们发现历史是可以重复的,并且是可以在图像学的意义上发生关联的。

上海三山会馆前院石雕艺术的吉祥寓意探析

【作者】骆平安　李芳菊

【刊名】美术大观,2008年03期

【摘要】上海三山会馆始建于清末宣统元年(1909年),位于上海市南浦大桥桥堍中山南路1551号,其主体建筑占地面积1000平方米,共有前后两座院落。会馆前院,包括会馆东西大门和天后宫主门与主门左右的两个侧门。整个院落砂石方砖铺地,所占方位不大,但布局威严古朴严谨。

从摩崖三佛龛浅谈龙门石窟的开凿方式

【作者】高俊苹

【刊名】雕塑,2008年03期

【摘要】龙门石窟现存窟龛2300多个,造像10万余尊,雕像雄伟壮观而又精工细致,堪称一座大型佛教雕刻艺术宝库。本文从龙门石窟的一处半成品即摩崖三佛龛入手,结合相关资料,对龙门石窟的开凿方式及相关问题进行初步的探讨。

重读胡适的《问题与主义》

【作者】乔迁

【刊名】雕塑,2008年03期

【摘要】胡适写《问题与主义》已经是88年前的事情,近日读来,觉得文中观点在今天看来依然算不上过时。至于在政治意识形态方面的意义,本人不敢妄加评述,而对于现当代中国艺术发展的观察看,则颇有参考价值。

守成与创新的二难状态

【作者】马钦忠

【刊名】雕塑,2008年03期

【摘要】从固定的思维模式出发,从先前的成功事例及主流文化所褒扬的价值观与行为出发,仿佛便是我们所认为的传统;因此,我们得为这些"传统"去守成,守住祖宗所创下的文化基业:也只有如此才可能创新。所以,谈论传统的守成与当代的创新都会有这样一个金科玉律:守成是创新的基础,创新是守成的当代转化。不客气地说,这实质上是什么内容也没有的废话,这是一个彻头彻尾的假问题。

融合·方向

【作者】范伟民

【刊名】雕塑,2008年03期

【摘要】本栏目自2008年第1期讨论了"艺术的精神缺失",在第2期又谈了"艺术的原创性与独立思考",接下来本期所要涉及的便是对艺术的守与变这一问题的思考。艺术的破与立、守与变之问题,一直困扰着我们,因为这要牵扯到对于传统文化的守成与创新之两难问题。本期邀请了几位评论家、艺术家就此问题以及与此相关的方面展开讨论。这样做是为了进一步地使当下的艺术批评走向一个有思维线索、有具体性探索的层面上来。

变味的论坛

【作者】温炯

【刊名】雕塑,2008年03期

【摘要】屈指数来,在近两年中,由于职业之便,参加了多次论坛、研讨会等。总的感觉是,圈内的论坛更像自娱自乐的游戏,几十号专家、学者、艺术家凑在一起,围绕一个主题一个概念就可以聊几天。

从一种方法到一种策略——中国当代艺术中的"误读"现象

【作者】何桂彦

【刊名】雕塑,2008年03期

【摘要】"误读"(Misreading)一词最初是一个文学批评术语,指读者对一个文本的阅读脱离了该文本产生的语境,在理解和阐述作品时出现了某种偏差,甚至背离了文本最初想表达的意义。照字面意义看,"误读"是一种不正确的阅读方式。但是,在20世纪60年代的文学批评领域,"误读"却是解构主义思潮的一种直接体现,其核心观念是反对文本中的逻各斯中心主义,即二元对立的阅读范式:作者是主动的、读者是被动的;文本和语言是主体,理解和阐释是客体。

人性的力量——由《爱因斯坦像》引发的思考

【作者】吴为山

【刊名】雕塑,2008年03期

【摘要】肖像雕塑作品的成功在于作者所塑的人被了解此人的观众认为入木三分,惟妙惟肖,由此而发出由衷的感叹与赞叹。被不了解此人的观众所震撼,震撼于雕塑家在被塑者身上所投射的普遍人性和思想,震撼于雕塑家所塑造的形象、所创造的形式能打动所有的心灵，是极具个性化的共性存在。

沂蒙广场红色雕塑设计

【作者】孙龙本

【刊名】雕塑，2008年03期

【摘要】沂蒙广场的红色雕塑是由艺术家孙龙本创作的，他据此撰写了文章《沂蒙广场红色雕塑设计》，结合实践探讨创作与艺术观念、环境、科技、文化的关系问题。此外，列宾美术学院雕塑系教授舍甫琴柯作为孙龙本的导师，对他及其作品作出了中肯的评价。

浅谈雕塑的空间形态

【作者】房中明

【刊名】雕塑，2008年03期

【摘要】文章简要阐述了雕塑在空间形态上的发展历程：从静态空间到动态空间再到开放空间。而这一历程，也是不同时期的雕塑家在空间上不断探索的过程。然而，当代雕塑家仍不满足已有的空间表现形式，在学习借鉴的基础上，继续发展和创新，为雕塑这门古老的空间艺术的不断发展注入新的内容和新的活力。

当代画家雕塑：对一种现象的观察

【作者】盛葳

【刊名】雕塑，2008年03期

【摘要】新世纪以来，在中国的当代艺术领域，画家从事雕塑创作的事例越来越多。一方面，这使得艺术家们的创作越来越多元化，找到了表现自己所关心的观念与题材的更多表达方式；另一方面，也使得传统从事架上雕塑创作的雕塑家们感到一丝压力，毕竟，当代雕塑家同时也从事绘画创作的人数相当有限。

中国当下艺术的症结

【作者】杜曦云

【刊名】雕塑，2008年03期

【摘要】本文以较短的篇幅、新锐的视角，侧重对当下的艺术方法、价值论、艺术家的创作、艺术展览以及比较容易引起争议的热点问题的讨论与批评。以此来回应当下的艺术思索和活跃学术界百家争鸣的学术氛围。

对艺术守与变的一点认识——由传统雕塑的方式引发的思考

【作者】宋伟光

【刊名】雕塑，2008年03期

【摘要】艺术家谈起艺术来往往从经验到经验，理论家说起理论又常常是从概念到概念，两者若互渗一下当会对艺术的认识更加贴切与透彻。如果对一个艺术思潮或个体性经验进行批评，没有一定的感受或实践经验和对文、史、哲的一定把握，便不能切中要害，自然会陷入到了套用概念或以热点现象解说艺术现象的套路中，这种隔靴搔痒的状态是不解决问题的。

再现性模式约束下的中国艺术之“变”

【作者】聂危谷节

【刊名】雕塑，2008年03期

【摘要】20世纪以来，中国艺术在本体语言、观念形态、审美理念、社会功用诸方面发生的划时代变化堪称前无古人。从传统文人画家消极遁隐到现代人文画家积极入世，从传统文人画大行其道到现实主义一统中国，从曾经是意识形态工具到摇身一变为商品经济标杆，从当年听从权力指挥棒调遣到今日紧随中西收藏家口味，艺术不停地变换着它们的面目、品质、趣味、功能和角色。

论城市雕塑的环境要素

【作者】杨少清　杨柳

【刊名】雕塑，2008年03期

【摘要】城市雕塑作为一个三维的审美对象，离不开环境要素的影响。对城市雕产生重要影响的环境因素主要有社会环境、历史文化环境、自然环境，一件好的城市雕塑作品只要处理好与上述环境的关系，才能成为一件好的作品，本文重点介绍了城市雕塑如何处理好与社会、历史人文、自然环境的关系。

浙西民居建筑文化精粹——霞山撑拱雕刻艺术研究

【作者】陈凌广

【刊名】美术研究，2008年03期

【摘要】本文从木雕文化的视角，从撑拱雕刻艺术的成因及演化出发，以浙西霞山为背景，着重从最具代表性的撑拱样式加以对比阐述，从一个侧面反映霞山精湛的木雕工艺文化，借以向世人介绍霞山独特的历史人文特征和丰富的文化积淀。

当代中国写实人物雕塑的形体与空间语言

【作者】韦扬锋

【刊名】艺术探索，2008年04期

【摘要】当代，当各种艺术思潮冲击中国美术界的时候，中国写实人物雕塑家们，在吸收西方传统写实人物雕塑语言营养的同时，开始试着参照本民族的传统雕塑语言，探索自己的风格。本文试从形体与空间两方面去探寻中国当代写实人物雕塑的语言风格。

青城镇砖雕《五子图》的文化释义

【作者】赵燕林

【刊名】艺术探索，2008年04期

【摘要】青城镇砖雕《五子图》不仅雕工精美，而且意义深邃，是“耕可致富，读可荣身”的传统儒家思想的反映，更是中国传统吉祥图画和祝颂词的写照。关于“五子”的传说在《山海经》中就早已出现，历代相关记述也不胜枚举。文章通过对“五子”的历史追述来解释其所蕴涵的特殊的文化意义。

宏村“三雕”艺术瑰宝

【作者】李雅楠　冯伟

【刊名】艺术探索，2008年04期

【摘要】宏村独具特色的古民居融木、砖、石雕为一体，与木柱梁结构进行巧妙的综合运用，形成了一种技艺独特、气韵生动、自成一体的建筑雕刻艺术风格。“三雕”的题材内容有栩栩如生的山川风物和历史故事等，寄寓着主人对生活的态度和希冀。

塑造的意义

【作者】叶仄辉

【刊名】美术观察，2008年04期

【摘要】尽管雕塑的表现形式五花八门，然而对于每个从事雕塑艺术的艺术家而言，都有不同的探索实践和曲折难忘的心路历程。儿时对雕塑的记忆，使我经过努力终于进入了专业的雕塑学习，在老师们的指导下进行系统的基础训练和精心的构思、创作。

主题性雕塑艺术的新探索——“侵华日军南京大屠杀遇难同胞纪念馆”大型主题雕塑研讨会

【作者】邵大箴　袁运甫　安远远　吴长江　陈醉　奚静之　王镛　马鸿增　梁江　尚辉　宋伟光　丁方　顾森　翁剑青　吕品田　李晓峰　聂危谷　方宁

【刊名】文艺研究，2008年04期

【摘要】大型纪念碑雕塑，特别是纪念重大历史事件的雕塑，是一个非常重要的事件，也是我们理论研究者应该关注的现象。首先一点，雕塑家担负重要而巨大的雕塑工程，假如没有政府的委托和支持的话，是很难有所作为的。还有一点，一件雕塑，尤其是大型的、与建筑相结合的雕塑，它受到种种限制，雕塑家能不能拿到这项工程这是一方面，他还要受到建筑的限制。从世界范围来说，建筑师在设计建筑形象时，往往把雕塑作为一个点缀，这和他的修养、对艺术的认识、对艺术的鉴赏能力，以及对整个艺术的评判尺度有关系。

小核大乾坤——“鬼工技”橄榄核雕艺术品

【作者】孙晓蕊

【刊名】艺术市场，2008年04期

【摘要】橄榄核雕艺术品以“鬼工技”的精巧雕工被明代皇帝朱瞻基视为心头爱物，帝王的把玩使之成为众人趋之若鹜的珍宝。中学课本的一篇《核舟记》，苏轼夜游赤壁的一叶小舟让我们每个人对橄榄核雕都不感觉陌生。如今，一股橄榄核雕的收藏热潮正在京城悄然兴起。常逛收藏市场的人不难发现，从2007年开始，橄榄核雕的价格及藏家追捧的热度都在不断攀升。一时间，如果身上没有那么一个小小的橄榄核，你似乎在古玩圈里就有些落伍了。

城市的“文化名片”——城市雕塑的主题、语言与环境

【作者】程连昆

【刊名】装饰，2008年04期

【摘要】主题、形式、环境是城市雕塑的三个基本因素，处理好这三者的关系是做好城市雕塑的前提。

从“大阿福”到“福娃”——民间美术在现代文化建设中的意义

【作者】刘少牛

【刊名】南京艺术学院学报(美术与设计版)，2008年04期

【摘要】本文通过对“大阿福”与“福娃”的民间传统审美理念和造型特征的比较研究，探讨了传统民间美术在当下和谐文化建设中的作用及其现实意义。

对传统文化意义的思考——说中国文化的特质

【作者】宋伟光

【刊名】雕塑，2008年04期

【摘要】本期所讨论的内容是有关艺术的当代性诸问题。“当代艺术”这个提法，其确切的意思需要厘清。“当代艺术”究竟是指什么？也是一个需要思考的问题，以及它与传统文化之间的价值评判等问题也需要进一步探索。本期评论家的文章便是对这些问题的多方位的思索。

何为当代性

【作者】杜曦云

【刊名】雕塑，2008年04期

【摘要】何为当代性，其实涉及到何为当代艺术，进而涉及到何为艺术。如贡布里希所言：没有大写的艺术(There really is no such thing as Art)，只有艺术家。“艺术家”这一概念，是随不同的文化语境而变动不拘的。从而，“艺术”的概念，也是相应地因时而动的。

公共艺术的社会方式与文化反思

【作者】翁剑青

【刊名】雕塑，2008年04期

【摘要】鉴于近半个多世纪以来国际上对于艺术的社会化建设的历程，我们认识到公共艺术是一种在政府的文化政策和财政支持下所实现的社会艺术，或进一步说，公共艺术的文化旨意及价值核心是为了使更多公民能够接近和享有艺术，并且凭借艺术的共享和传播而造福社会公众、化育公民的心性和文化精神。

地质、地形等因素对龙门石窟开窟造像的影响

【作者】马朝龙

【刊名】雕塑，2008年04期

【摘要】龙门石窟开凿于石灰岩岩体上，其洞窟形制与开凿在砂岩岩体的敦煌、云冈等石窟有所不同。本文主要就地质、地形等因素对龙门石窟洞窟形制和窟龛雕刻的影响方面进行了一些分析和研究，在分析龙门石窟区域地质、地形地貌特征的基础上，认为坚固稳定的岩体是龙门石窟之所以无中心柱结构洞窟，而采用穹隆顶型洞窟的主要原因。之外还对受到地质、地形因素对其他种类洞窟形制、窟龛及雕凿方式等进行了阐述。通过对这些方面的深入研究，将对龙门石窟艺术研究和保护有所补益。

具有中国文化品质的当代公共艺术

【作者】商颂

【刊名】雕塑，2008年04期

【摘要】“中国文化品质”对于中国雕塑艺术的发展是一个永远言有尽而意无穷的设问。如何使如此深邃奥妙的美学品格离开束之已久的高阁，糅合在作品的精髓之中。文章透过陈启南、王天任、张叔瀛三位先生的作品《诗魂》《诗峡》巧妙地向我们娓娓道来。

迎奥运，比利时捐赠巨雕

【作者】王梦佳

【刊名】雕塑，2008年04期

【摘要】2008年5月23日上午，比利时雕塑家奥利维埃·斯特贝尔的雕塑《运动员之路》在北京奥林匹克森林公园西门被正式捐赠给北京市政府。整个雕塑群长达约160m，宽约23m，总高约20m，总重约达130t，使用了1200余根钢管组装而成。据称，整座雕塑约耗资200多万欧元。

奥运雕塑——国家公关的重要文化砝码

【作者】吴洪亮

【刊名】雕塑，2008年04期

【摘要】在全球化的今天，“奥运”已成为一个世界性的公共符号。“奥运”从一个体育活动的代名词，演变为展示国家实力，融合各族文化，塑造城市形象的国际平台。因此，今天的奥运会更象一场持续近两个月的PR(公共关系)show。而如今树立在奥林匹克中心区、森林公园、场馆及北京各城市节点的百件奥运雕塑作为公共艺术，无疑已成为2008中国奥运体系中表现自身形象，表达文化态度的重要砝码。

北京“百件奥运雕塑”述评

【作者】朱尚熹

【刊名】雕塑，2008年04期

【摘要】为了体现“人文奥运”宗旨，“百件奥运雕塑”作为今年北京市政府一项重要的文化创举活动。国际雕塑艺术活动集中了来自24个国家的100位雕塑艺术家的100件作品。经过长达一年多的实施运作和制作加工，目前作品已全部安装到位。46件国外雕塑家作品和54件国内雕塑家作品经过严格的挑选，其布局实现了既定的国际国内并重的思路，为世界人民奉上了具有高水准的雕塑盛宴。本文以此次雕塑活动的成功举办为契机，来谈谈我国雕塑事业的发展现状。

中国传统美学对当代雕塑的影响

【作者】刘金凯

【刊名】雕塑，2008年04期

【摘要】中国的传统美学是对传统艺术的理论概括，同时它也对传统艺术产生了巨大的影响。中国儒教、道教、佛教融为一体，形成了中国传统文化的主体。朴素自然、夸张浪漫的传统美学观深深地影响了中国社会两千多年，在当今社会发展面临种种问题时，一股回归东方、回归中国传统的思潮已蔚然成风。

“雕塑”概念的渊源、流变和“雕塑家”的出现

【作者】刘礼宾

【刊名】雕塑，2008年04期

【摘要】本文从词源学角度分析“雕塑”概念的渊源、流变以及现代社会中的“雕塑家”的出现和身份转型，以期读者对民国现代雕塑出现的具体环境有一更全面的认识。

写意雕塑批评系列之二 中国写意雕塑的精神

【作者】陈培一

【刊名】雕塑，2008年04期

【摘要】雕塑是艺术家精神劳动的产物，写意雕塑则更为鲜明地体现雕塑家的精神。写意其实就是中华民族的一种精神，就是东方美学观，是一种文化价值观的民族认同。中国写意雕塑的精神是什么呢?形而上也好，形而下也罢，都是中华民族文化的精神在写意雕塑方面的体现。

西汉魂——木雕中的想象

【作者】吴为山

【刊名】雕塑，2008年04期

【摘要】出土于中国西汉时期泗水王国的一批木俑以其精湛的造型技艺和独特的精神意境，表现了隐蕴于民族心理深层的理性精神与朴素的浪漫色彩。它带着先秦写实遗风和艺术家对生活的敏感、敏锐，使人在精神上达到了自由与自在。虽然泗水王国在当时是个小诸侯国，但它的艺术、工艺在当时已达到了一个高峰。泗水王国的木雕对我们研究古代造型艺术的传统提供了丰富的依据。

谈玻璃雕塑创作

【作者】关东海

【刊名】雕塑，2008年04期

【摘要】上世纪中后期，玻璃成为雕塑家创作中一种新

的艺术创作材料和艺术形式。不同的玻璃材质表现出不同的特性,艺术家只有通过不断的实践和深刻的领悟才能逐步掌握各种玻璃成型方法和奥妙。在熟悉玻璃材质和掌握制作技法之外,艺术家的创作理念则更为重要,工作室玻璃艺术运动的意义也在于艺术家要通过“自己”的双手去实现“自己”的理念。

惰性与激活——浅议中国当代雕塑的现状

【作者】唐尧

【刊名】艺术评论,2008年05期

【摘要】在去年黄笃策划的今日美术馆“当代文献展”中,尽管占据三维空间的雕塑——装置类作品是展场中的主导力量,作者中出身雕塑的艺术家却寥寥无几;另一个例子是冯博一策划的第六届深圳当代雕塑展。名为雕塑展,25位艺术家中却只有1/4左右是“雕塑家”出身。这两个例子从一个侧面反映了雕塑界的现状。

“雕塑”:意识与劳作形态的当下可能

【作者】陈默

【刊名】艺术评论,2008年05期

【摘要】在世界经济和文化一体化的大趋势下,当代艺术正以不可思议的规模和速度,颠覆着我们既有的生存理念和文化秩序,重新洗牌的杂乱和阵痛不可避免。这期间,人们注意到了被主流忽视的尴尬,既存有对“雕塑”生态前景不甚明了的迷茫,也有因其昔日的辉煌而仍然揣着的沉重希望。

对符号化雕塑的批评

【作者】何桂彦

【刊名】艺术评论,2008年05期

【摘要】当代雕塑的符号化潮流为何产生?在笔者看来,问题的症结或许并不在雕塑界,相反应在架上绘画中找原因。换言之,2003年前后,一批从事当代油画创作的艺术家相继加入雕塑家的行列,表面看,这或许能对相对滞后的雕塑界注入些许活力,但事与愿违,这批“不速之客”实际上催生了当代雕塑向符号化方向的发展。

试论民间泥塑玩具的审美与价值观

【作者】李磊

【刊名】艺术与设计(理论),2008年05期

【摘要】民间泥塑玩具具有造型拙朴、雕琢粗犷、色彩强烈、线条简练的特点,如何透过这些表层的现象去分析它的艺术规律和特性,认知它的内在深度和力量,从而探寻出它的审美和价值观念,是本文的重点。

城市雕塑兴起

【作者】朱亮

【刊名】装饰,2008年05期

【摘要】1982年,在华君武、刘开渠的主持下,由王克举和程允贤起草的《关于在全国重点城市开展雕塑建设的建议》经中国美术家协会送周扬转呈中央,十几天后,中央批准文件下达,震动了全国雕塑界。由此,“城市雕塑”的概念在中国应运而生。

论近现代雕塑中的“场”

【作者】陈汉

【刊名】雕塑,2008年05期

【摘要】本文试图通过分析近现代的雕塑中的“场”的内涵:“场”的非固定性,运动与光的“场”,生命的“场”,“场”的时空性,来梳理雕塑中的“场”的特性和意义,重新思考在当下多元化创作中,雕塑观念的转化和变革在传统的延承与创新的过程中真正得到拓展和深化。现代雕塑正以多元互动的形式呈现,“场”是理解、解读现代雕塑的一个途径。

最富有东方色调的民间彩塑艺术

【作者】陈兆倩

【刊名】艺术广角,2008年05期

【摘要】民间彩塑是中国传统雕塑的组成部分,蕴含着不同于西方古典雕塑风格的独特东方韵味。无锡惠山泥人,已有400余年的历史,其独特的艺术造型、鲜明的民族色彩和浓郁的江南乡土气息,被视为最富有东方色调的民间彩塑艺术。本文通过其产生的时代背景及当时戏曲表演艺术给予民间艺人的创作灵感,在分析“手捏戏文”精湛细腻的雕刻技艺的同时,体现泥塑艺术家深厚的艺术底蕴和独特的审美眼光。

雕塑空间形式的历史发展

【作者】乔迁

【刊名】美术观察,2008年05期

【摘要】雕塑是需要占有一定的三维空间的,一般来说,雕塑的实体和空间会形成图——底关系,当然,这种图——底关系和绘画中的图——底关系有着巨大区别。绘画的图——底共同组成作品,是作品不可分割的部分,雕塑的图——底关系存在模糊性和不确定性。从视觉上看,从不同的位置观察,雕塑的图——底关系会发生变化,不同的人的视觉习惯也会影响图——底关系的变化,有些人会感受实体影响的空间大一些,而有些人则相反。

当前雕塑领域的几个突出问题

【作者】钱海源

【刊名】美术观察,2008年05期

【摘要】近年来,我国雕塑界特别是城雕领域出现了种种怪现象。许多人对此忧心忡忡,在私下里议论不已,但他们或碍于情面,或慑于权势,都不愿公开发表意见。本文拟挑明问题,坦诚谈些看法。

中国瓦当扬抑结合造型的文化意蕴与审美价值

【作者】盛伟

【刊名】文艺研究，2008年05期

【摘要】瓦当是中国古代建筑瓦件，是中国建筑文化的重要部分，它不但有保护房屋椽子免受风雨侵蚀的实用功能，又有美化屋檐的装饰功能。中国瓦当的造型，浸润在中国文化丰富而久长的雨露之中，蕴含着厚重的文化意义，有着特殊的文化价值。

综合材料雕塑的产生及现状

【作者】刘玉睿

【刊名】美术大观，2008年05期

【摘要】综合材料雕塑是指西方现代艺术中所产生来的，综合两种或两种以上材料（金属、木布、塑料、现成品、纸、布等）共同（也有一种材料）构成的，以表现材料性美学为主的抽象雕塑艺术形式。这些材料之间没有融合而是具有相对独立的特征。

南京长江大桥浮雕时代特征

【作者】周俊良　沈艳

【刊名】艺术探索，2008年05期

【摘要】南京长江大桥堪称20世纪中国桥梁史上的经典之作。本文针对南京长江大桥浮雕作品所采取的写实和艺术夸张双重装饰手法进行了研究，并结合浮雕作品所具有的鲜明时代风貌特色和独特历史时期下政治思想性、民族性的装饰特点，研究当时特定时代背景下浮雕作品所展现出的时代特征和艺术特色。

论南宁城市雕塑的现状与发展

【作者】黄洁

【刊名】艺术探索，2008年05期

【摘要】以人为本的现代环境意识的觉醒使人们越来越珍视人类生存空间的质量，环境的治理和改造体现了一个社会文明的发达程度。城市雕塑在提高环境艺术水平，增加环境文化内涵中起到非常重要的作用，城市雕塑建设是城市文化建设的重要环节。

浅谈雕塑《005017》人物状态真实的表达

【作者】汤海英

【刊名】美术大观，2008年05期

【摘要】“真实性”是一个范围很大的词，可以是客观的真实，亦可以是主观的真实。不但存在于具象雕塑中，也存在于抽象雕塑中，而且往往两者不可分割。

黑白木刻创作中技术与艺术的思考

【作者】李静

【刊名】美术大观，2008年06期

【摘要】版画是一个倾向整洁、精致的绘画种类，在技术方面追求制作上的精确和精美印痕，成为学院教学探索的价值体系。

陕西民间雕塑艺术的造型及其文化探源

【作者】张笑庆

【刊名】美术大观，2008年06期

【摘要】民间艺术是当代文化的重要类型之一，具有悠久的历史渊源，是最能体现一个地方一个民族的特点的艺术形式。

黔江张氏庭院窗花及石磉墩雕刻艺术研究

【作者】余继平

【刊名】装饰，2008年06期

【摘要】张氏庭院窗花雕刻和石磉墩雕刻是依附于建筑的实体，它紧紧结合建筑构架原则和各构件的造型，根据建筑本身的特点量材加工。建筑雕刻作为传统文化观念和民族心理的物化形式，反映出中华民族传统建筑营构观念、价值观念、道德伦理、审美趣味和风俗观念，是塑造民族文化心理和审美格调的模型。本文对张氏庭院的窗花和石磉墩雕刻艺术进行描述，旨在引起人们对张氏庭院建筑窗花及石磉墩雕刻艺术的重视，了解它的艺术价值和深厚的文化底蕴。

说“题外补充”

【作者】宋伟光

【刊名】雕塑，2008年06期

【摘要】中国的当代艺术已在思考传统、关注当下、融于时代的进程中探索良久，中西方文化的不同形态，在交融对撞中产生了中国新的艺术面貌。因此，把握当下的艺术语言，思考当下的艺术方法，并提出建设性意见，十分必要。本期分别从题外补充、公共艺术与公共制度、文化交互中的中国当代艺术等方面展开讨论。

生命的笔触——浅析放射笔触与心理的联系

【作者】金艺

【刊名】雕塑，2008年06期

【摘要】本文举例分析了绘画艺术中放射形图案产生的原因，以及这种图案在艺术作品中的体现，以此来说明这种放射形线条和笔触起源于人类，灵长类的行动方式和地球磁场作用，以及各种自然现象，它是一种对人类原始生命运动的记忆，和对人类最终的信仰——生命的抽象表现。

“观念”为何如此尴尬？

【作者】星辰

【刊名】雕塑，2008年06期

【摘要】现如今的中国当代艺术已经被观念艺术偷换了概念，“观念”在这样一场运动中，被推到至高无上的地位。艺术家若不能就自己的作品讲出一套“之乎者也”，就只能坐等批评家们为其冠上保守、传统的帽子。

中西方文化交互中的中国当代艺术应该呈现什么形象

【作者】胡斌

【刊名】雕塑，2008年06期

【摘要】中国当代艺术无疑和西方分不开。它的理念和方法最初都来源于西方。而浅层次地追摹西方的方式简单说来有两种，一种是按照西方当代艺术的图式和手法依葫芦画瓢、亦步亦趋；另一种则是迎合西方的东方或中国趣味标准，呈现西方人所希望看到的中国艺术形象。

公共艺术与公共制度的现代性

【作者】王南溟

【刊名】雕塑，2008年06期

【摘要】当我们讨论公共艺术的公共性的时候，也必然会讨论到公共制度的现代性。由于有了这种现代性的核心，至少有两种公共艺术的做法会遭受到质疑，一是借用公众的趣味决定公共性价值，这种做法容易导致政治学上的“多数人的暴政”，是意识行政与专家不分离，而让行政化的专家代替公众决断，这种做法容易导致强奸民意。事实上，在公共艺术的现状中，这两种做法很容易合二为一，即行政化专家借用公众从事“多数人的暴政”。

20世纪雕塑：媒介探索与本体超越

【作者】盛葳

【刊名】雕塑，2008年06期

【摘要】约翰森在《二十世纪艺术史》中如此记述：战后欧洲的雕塑，从贾科梅蒂的存在主义空虚与幻想、个人与空间的压迫的形象，到英法艺术家的传承、突破，到对金属、非具像的探索，直至意大利艺术家对传统与现代的方法在具像作品创作中的尝试都透射着现代主义的自觉的吸纳、改造与尽媒介之可能而不断向前推进的努力。

雕塑语言的当代转换

【作者】王春辰

【刊名】雕塑，2008年06期

【摘要】本文对雕塑语言的转换、观念的尴尬、抽象与具像等问题进行探讨，从各自的角度阐述了自己的观点，反映出对当下艺术现象的敏锐嗅觉。

心摹手追——对锻铜浮雕创作与工艺的思考

【作者】魏峰

【刊名】雕塑，2008年06期

【摘要】本文通过对浮雕的创作、浮雕的材料和锻铜浮雕的工艺技术三方面进行深入的探究，提出艺术创作中必须注入真情实感，通过画面构图、造型和比例等图式语言的表达，追求传承与时代的统一，并对锻铜这一民间的传统技艺的保护和发展提出了可行性的思考，不同门类的艺术都应该放在“大艺术”的框架下来研究和思考，就有可能在创新的道路上获得新的突破，绽放出新的辉煌。

行动作为中国当代雕塑的语言形式

【作者】靳勒

【刊名】雕塑，2008年06期

【摘要】中国当代雕塑建立在雕塑家对当下生活的感悟和对既有雕塑艺术的总结之上，“行动雕塑”的提出旨在延伸当代雕塑的多元表达。本文从其产生的背景、具体作品分析以及“行动雕塑”的创作现状来探讨这一雕塑语言。

通古斯人的雕塑艺术初探

【作者】刘毅

【刊名】雕塑，2008年06期

【摘要】通古斯——满语族是发源于贝加尔湖附近的一个古老的民族共同体，现广泛分布于中国和俄罗斯境内。有史以来，通古斯人就与中原建立了密切联系，并在其影响下创造了光辉灿烂的文明，从而对中国历史的发展产生了重大的影响。

对中国当前城市雕塑建设管理法规的思考

【作者】刘贻永　陈乐怡

【刊名】雕塑，2008年06期

【摘要】中国城市雕塑建设管理法规的建设最早在20世纪80年代初，以1982年《城市雕塑管理条例草案》的颁布为标志。新中国成立以来最早的城市雕塑起于20世纪50年代中后期，以梁思成、刘开渠等组织与创作的“人民英雄纪念碑”为起点。

浙江城市雕塑建设模式分析

【作者】黄印凯

【刊名】雕塑，2008年06期

【摘要】浙江城市雕塑建设的起步很早。早在上世纪初，杭州就建造了具有现代纪念性城雕特征的《陈英士烈士骑马纪念像》(1929年)和《一·二八淞沪抗日阵亡将士纪念塔》(1934年造，是国内最早的抗日战争纪念雕塑)等作品。进入新世纪后，浙江城市雕塑建设随着全省城市文化建设的展开，已经进入一个快速发展的通道，城市雕塑的样式也在不断变化与丰富着。

“水滴”城市雕塑的文化价值

【作者】鲍铁鸣

【刊名】雕塑，2008年06期

【摘要】东海之滨，一座新的城市正在崛起，它就是位于上海最东南端的临港新城。作为上海重点发展的三大新城之一，临港新城开发之初就邀请了世界各地著名的设计师事务所进行城区规划。经过几次评审，最终选择了来自德国GMP公司设计理念从天而降一滴水，泛起的涟漪形成了三个城市功能环带的方案。而这个新城主城区的中心就是“水滴”雕塑形成的核心——滴水湖。

“水滴”城市雕塑设计阐述

【作者】晋松　周密

【刊名】雕塑，2008 年 06 期

【摘要】在上海市近期最新版图的最东南端，一个临港新城主城区正在建设中，临港新城中心有一个面积达5km²的人工湖——“滴水湖”，而在“滴水湖”的中央，也就是整个主城区的中心，矗立着名为“水滴”的公共雕塑。在湖边的任何一个位置都可以看到它。它已经成为临港新城主城区的一个新的标志。

龙门石窟保护中的灌浆技术

【作者】李心坚

【刊名】雕塑，2008 年 06 期

【摘要】龙门石窟是露天雕刻品，对其保护有很大的难度，涉及到多方面的知识。本文总结了龙门石窟长时间以来在保护工作中用到的灌浆技术，主要包括灌浆材料、灌浆步骤和灌浆方法等，期望对石窟寺保护工作者有一些参考作用。

龙门石窟石质雕刻品的保护

【作者】陈建平

【刊名】雕塑，2008 年 06 期

【摘要】龙门石窟属于露天不可移动的大型石窟寺遗址，石质雕刻品数量众多，规模宏大。本文从石质雕刻品存在的病害入手，介绍龙门石窟石质雕刻品的保护修复工作，认为保护修复的前期研究、保护修复的实施、保护修复的档案记录三个环节是保护修复的基本程序和方法，并讨论了遵循这些环节的必要性，这也是龙门石窟保护修复工作的思考和总结。

昨日佛光——再探佛像造像艺术历史

【作者】晓晨

【刊名】艺术市场，2008 年 07 期

【摘要】佛像艺术传入中国，兵分五路。佛教于公元前6世纪产生于古印度，佛教文化与佛像艺术伴随佛教的向外传播，开始与世界各地文化艺术融合、发展。

超越形式的羁绊——当代雕塑作品的现实指向

【作者】姜波

【刊名】美术观察，2008 年 07 期

【摘要】雕塑艺术创作的过程是一种精神性的体现和阐释过程，我们总是借助恒定的物质材料与惯常的传统模式、视觉习惯去把握和评释作品的状态和深度。但随着时代的变异，面临当下社会及生存状态的具体体验时，能否使雕塑的价值和意义蕴含在具体的当代生活和文化情景中，已成为一个重要的问题。从当代艺术的角度去看待发展中的艺术和艺术家，无论是操作手段还是媒材及视觉形式都不再能成为艺术家创作状态和学术意义的指标。

再现与表现：东阳木雕之戏曲雕刻研究

【作者】龚勤茵

【刊名】装饰，2008 年 07 期

【摘要】本文以东阳木雕中的戏曲题材雕刻为研究的切入点，介绍了戏曲题材东阳木雕的分布情况，阐述了其繁荣的渊源及分类，探讨了戏曲木雕的历史、文化和艺术价值，以期对当代民间美术创作有所启发。

雕塑城市之魂

【作者】韩明辉

【刊名】理论界，2008 年 07 期

【摘要】不同的时代，城市雕塑都以它自己的方式见证了这个时代的文化和精神。如果文化是城市的灵魂，城市雕塑就是城市灵魂的最好象征物。城市雕塑具有特色和个性，对人们道德情操的培养起着一种潜移默化的促进作用。城雕建设要有宏观构思，保证在城市中有一席之地。

公共空间的交响诗——略论建筑与雕塑的关系

【作者】李晓方

【刊名】美术大观，2008 年 07 期

【摘要】建筑、雕塑之间的“黄金走廊”建筑与艺术的相互渗透，意义在于冲破狭隘的学科藩篱，不同平台之间的换位、对话可以激发彼此的创造力。

浅谈汉唐乐舞俑的造型艺术

【作者】李作义

【刊名】美术大观，2008 年 07 期

【摘要】陶俑在古代雕塑艺术品中占有重要的地位，真实地负载了古代社会的各种信息，再现了当时的社会生活状况，为我们勾勒出古代雕塑艺术发展的脉络以及历代审美习尚变迁的轨迹。

雕塑中的“象”

【作者】赵展

【刊名】美术大观，2008 年 07 期

【摘要】“象”，简单地说，是指雕塑作品的造型、形式、构成、材料等等。我们能够直观或非直观地感受到的作品本身的物质与非物质的载体形式都可称为“象”。

“一扇漏窗一奇葩”——古徽州的石雕漏窗艺术

【作者】胡胜卓　周小儒

【刊名】大陆桥视野，2008 年 07 期

【摘要】古徽州古民居中的石雕漏窗，承载了明清文人多少的情怀，寄托了当时徽商多少的盼望。“一生痴情处，无梦到徽州”。古徽州的一切都在述说着一种情怀，一类文化，一段历史。古徽州的石雕漏窗，在这么一个富有文

化底蕴的地方,生长成具有独特个性的奇葩。徽商的经济实力,“入儒崇仕”意识都对石雕漏窗产生了重要的影响,揭示了徽州民俗文化的深刻内涵及潜藏于其中的儒学思想。

泉州石雕技术的科学性与艺术审美

【作者】吴斌

【刊名】美术大观,2008年08期

【摘要】泉州因泉州山而得名。登高俯视,城如鲤形,又称鲤城。宋元时因遍植刺桐,又以刺桐城盛名。据勘探全城坐落在一巨大的花岗岩体上。闽南蕴藏丰富的优质岩石,自古以来就是筑城造桥和石雕艺术品的上选材料,泉州惠安石工艺人辈出,他们利用丰富的石资源练就了精湛技艺。

浅谈图案在2008奥运景观雕塑中的应用

【作者】徐静

【刊名】美术大观,2008年08期

【摘要】自从有了人类,图案就开始出现,它是一种装饰语言。传统图案有着悠久的历史和辉煌的成就,从早在几千年前的旧石器时代遗留的文物来看,图案艺术主要体现在雕刻和洞穴壁画之中。原始先民们在岩石、躯体上刻画的形象和绘制的纹样。大多是与他们当时的生活关系密切的自然界形象。随着艺术的发展,图案开始抽象化。图案在古代曾经被应用于雕塑中,比如我国的青铜器,陶器,木雕、石雕等装饰雕塑当中,但是后来雕塑的发展日益注重影像和空间,而相对来说比较忽视图案的运用。

粗犷疏朗的湖湘民间木雕

【作者】高宏存

【刊名】文艺争鸣,2008年09期

【摘要】作为艺术门类的一种,木雕与文化有着不可分割的关系。木雕艺术作为物质承传的一种重要形式,承载了一种完全不同于文字的更为生动实质的文化。木雕艺术的产生、发展与地理环境、文化传统、民俗观念、生活习惯等都有着密切的联系。湖南古属楚地,数千年来深受楚文化的浸淫,形成沉浑雄厚的湘楚文化,并在中国文化史上发挥了重要影响。湖南民间木雕艺术承载了博大精深的湘楚文化,既蕴含着深厚的文化内涵,又表现出鲜明的艺术个性。

人性的光辉——从符号学角度解读摩尔雕塑中的孔洞

【作者】李莉　徐诚一

【刊名】艺术与设计(理论),2008年09期

【摘要】摩尔的雕塑在世界上享有盛誉,本文试图从一个新的角度:符号学角度去探寻摩尔雕塑中的符号——孔洞的意义。孔洞一方面作为空洞的形式,是摩尔雕塑中的能指载体,另一方面,由雕塑中虚空间的意义所引发的思考,构成其所指。由此,我们会发现其中所蕴含的人文关怀。

亨利·摩尔艺术语言的目的

【作者】陈绍林

【刊名】美与时代,2008年09期

【摘要】忠实于材料;要有充分的三维“视觉真实”;对自然物体的观察;生命力和表现力是亨利·摩尔艺术语言的四个组成部分。亨利·摩尔的艺术不是停留在视觉表层自然“物象”的层面上,也不止是一种令人愉快的形式,他的艺术是对生活意义的一种表达。

论雕塑与建筑的关联

【作者】卢小飞　刘瑞

【刊名】美术观察,2008年10期

【摘要】当我们的祖先敲打出来第一块粗糙的石刀和石斧之时,人类的第一个造型艺术作品——原始雕塑也就诞生了。因此,人类最早的能动的美感是在劳动——制造工具中萌芽的,同时萌芽在原始的雕塑创作中。随着生产能力的提高,人类迈向了开化与文明状态。

建筑·雕塑与公共艺术

【作者】孙嘉威

【刊名】美与时代,2008年10期

【摘要】建筑与雕塑作为传统的艺术形式发展至今其自身的固有特征仍很明显并继续朝着多方向发展。而作为新鲜事物的公共艺术其中也包含着建筑与雕塑以及其他多种艺术形式,建筑与雕塑必须包含更多的含义,必须承担更多的社会责任。这才是公共艺术出现的原因及最终目的。

独特的反战纪念碑——阿芭卡诺薇兹雕塑作品的独特视觉感受

【作者】杜蜀秦

【刊名】文艺研究,2008年10期

【摘要】城市雕塑是现代景观设计的重要组成部分,在传统意义上,它是城市景观的重要装饰。在现代的城市里,它以其自身的形象特质强化了环境的主题,深化了空间的意境。

中国传统“雕塑论”何以匮乏?——兼论敦煌艺术“塑绘不分”现象

【作者】易存国

【刊名】文艺研究,2008年10期

【摘要】中国传统艺术积累有丰富而宝贵的实践创作经验与思想理论资源,在不同类型上都基本自有一套理论话语和知识谱系,如诗论、乐论、画论等,却惟独缺少雕塑论,这是一个重要而饶有兴味的理论话题。本文从问题意识出发,结合敦煌彩塑与壁画艺术加以分析,通过对“塑绘不分”现象的解析来寻求本论题的突破,并针对“塑绘不分”与中华艺术追求“乐舞精神”等观点内通展开探索。

拉梢寺北周摩崖浮雕浅议

【作者】范毅宏

【刊名】装饰，2008年10期

【摘要】拉梢寺摩崖浮雕大佛是我国现存摩崖浮雕第一大佛，该石窟创建于北周明帝三年，由秦州刺史尉迟迥与比丘释道成合建。北周时期的佛教造像艺术在我国佛教艺术发展史上起到了承上启下的重要作用，拉梢寺摩崖浮雕大佛是这一时期的代表作品。

城市雕塑艺术生命性中情感的描述

【作者】仲丛惠

【刊名】艺术与设计(理论)，2008年11期

【摘要】城市雕塑的创作与展示是现代都市结构的一个重要组成部分，它的展示具有内在的、精神上与视觉上的性格指向，成为具有认同感的精神性产品，这就需要艺术家进行城市雕塑创作时，对于创作构成之一的情感表达要有充分的认识与了解，过程中不仅需要有艺术家自我情感的表述，还要充分考虑市民的行为、表现、心理、主观情感。使城市雕塑能够发挥自己的最大能量来符合社会及公共空间的要求，形成一个都市的统一体。

徽雕艺术的人文之缘

【作者】许晓菁

【刊名】文艺研究，2008年11期

【摘要】始于唐宋、盛于明清时期的徽雕艺术，虽已历经千年风雨，但至今仍极具旺盛的生命力。依附于中国传统思想文化厚实沉淀区之中、浸润着儒家思想价值观和传统的道德标准的徽雕艺术，其诞生与成长、繁盛都与浓郁的地域文化有着不解之缘，体现出厚重的人文底蕴。

蒙古族银碗的雕刻工艺

【作者】郭太林

【刊名】装饰，2008年11期

【摘要】金银器是蒙古族的传统工艺品，有着悠久的历史，它凝聚了北方游牧民族的智慧和传统文化的精髓，用独特的民族艺术语言，创造了每一件工艺品。这些光彩夺目的金银器散发着草原文化的艺术气息，同时也是我国民族传统文化艺术宝库中的一朵奇葩。本文主要论述蒙古族银碗的传统雕刻工艺、造型语言和图案的民族特征。

人人都是艺术家——黄笃、朱金石谈博伊斯

【作者】本刊记者

【刊名】东方艺术，2008年11期

【摘要】黄笃：你最早是在什么时候接触到博伊斯的艺术?在了解博伊斯艺术的过程中你是否真正理解他的艺术观点“扩张的理念”和“社会雕塑”？众所周知，不论西方人还是中国人在对博伊斯的理解上容易进入一个陷阱，就是进入他所制定的艺术模式。

错位、误读与当代雕塑的媚俗化

【作者】何桂彦

【刊名】东方艺术，2008年13期

【摘要】和中国当代绘画中日趋主流的媚俗化审美趣味相似，近年来，雕塑领域也出现了一种媚俗化倾向，这主要体现为雕塑创作开始追求形象的符号化、造型的卡通化、色彩的艳俗化。表面看，这类作品似乎为相对滞后的雕塑界注入了些许活力，并能依托中国20世纪90年代中后期的社会和文化转型，在当代流行文化、消费社会的语境中找到社会学上的阐述依据，然而，正是这种表层化、视觉化、符号化的雕塑创作导致了中国当代雕塑向媚俗化方向发展。

画家的雕塑 绘画在成型艺术中的对话

【作者】唐新志

【刊名】东方艺术，2008年20期

【摘要】德国巴登巴登弗里德尔布尔达博物馆举办的(Frieder Burda museum，Baden-Baden，Germany) “画家的雕塑”展览从2008年7月5日至10月26日在德国最著名的私人博物馆、曾获得过国际建筑设计大奖的弗里德尔·布尔达博物馆展出。在这次展览里，145件绘画和雕塑作品将集中展示20世纪西方最重要的现代艺术家杰作，也将在同一画家对不同媒介的表达中给观众带来绘画与雕塑转换的对比与参照的可能性。

一条街的诞生——北京华侨城公共艺术街

【作者】王中

【刊名】雕塑，2008年增刊

【摘要】新时期城市环境需求带来全新的城市文化需求，艺术不仅营造城市空间，更要激活空间，令城市焕发生机和活力，提高城市的美誉度，以激发人们更加热爱自己的城市和社区。

雕塑轨迹

【作者】王兴刚

【刊名】首都师范大学学报(社会科学版)，2008年S3期

【摘要】雕塑作为一种三维的艺术作品，它与二维的绘画的区别，不仅在于创作的操作过程和使用材料不同，而且观众可以从不同角度感受独特的观察过程。通过对雕塑的制作工艺、创作背景和艺术发展史的了解，观众可以对各种艺术之间的关系以及它们在社会文化发展中所起的作用增加鉴赏力和理解力。

教育・教学

张祖武与湖北雕塑教育

【作者】项金国

【刊名】雕塑,2007年02期

【摘要】在纪念张祖武先生(1912-1996)逝世10周年之际,回想我与张祖武先生相处之日,使我铭记最深的就是张祖武是湖北雕塑教育的创办人。

何谓基础——由基础教学展想到的

【作者】许庚岭

【刊名】大艺术,2007年02期

【摘要】2007年10月至11月间,川音成都美术学院雕塑系举办了专业教师泥塑写生教学展。目的在于给学生提供示范,同时促进各系师生的交流。展览期间还举办了系内、院内的教学研讨,许多教师就基础教学提出了各自的理解,通过交流引发出许多值得认真思考的问题,作者想借此机会粗略地谈谈对基础教学的看法以及在基础教学中需重点解决的问题。

尚晓风谈基础教学

【作者】欧鸣 刘洋 高原 张晓勇

【刊名】大艺术,2007年02期

【摘要】这是本学期期末展览中的一次"一对一"的教学谈话。类似于这样的谈话,是我们雕塑试验班一贯的教学方式之一。谈话涉及学生对艺术理念的思考和具体技术上的操作问题。通过这样的谈话,可以有针对性地对学生进行引导,逐步使学生确立作为一名艺术家的工作方式和生活态度。刘洋:我在想音乐家把自然中的声音组织成音乐,如同雕塑家把铁板组织成雕塑一样。

中国美术学院公共艺术教学谈

【作者】于小平

【刊名】雕塑,2007年05期

【摘要】关于公共艺术教学的探索与实践我们已经历了整整五个春秋,它始于中国城市化建设快速发展所引发的热切需求。

浅谈公共艺术对大学生心理的影响

【作者】马克佑 石俊玲

【刊名】滁州学院学报,2008年04期

【摘要】在对公共艺术欣赏的过程中,公共艺术的作用不仅体现在培养大学生对自然和艺术之美的鉴赏,使他们能够更好地认识审美对象的客观形象,培养他们健全的审美心理结构,提高和协调他们的审美感知、情感、想象和理解等心理功能,尤为重要的是能够逐渐增强大学生的自我意识,保持积极乐观的情绪,排泄生命的束缚与情感的压抑,使其获得一种心灵的自由,整个人格精神获得一种完善 。

读《石膏像的结构明暗比较训练法》有感

【作者】刘黎炜 黄帅军

【刊名】美术之友,2008年04期

【摘要】近日,笔者在书店翻看美术书籍时,随手拿起一本湖北美术出版社出版的《石膏像的结构明暗比较训练法》,不觉被吸引住了。笔者在高校设计专业做造型基础的教学工作,也曾多次应邀到各地做美术培训,对当前十分火爆的美术高考培训现状有一定的认识。

殷小烽教授澳大利亚访学之行

【作者】殷小烽

【刊名】雕塑,2008年04期

【摘要】殷小烽教授系东北师范大学美术学院院长,在2008年4、5月间他应澳大利亚南澳大学美术学院邀请赴澳洲进行学术交流。期间,殷小烽带领南澳大学美术学院雕塑系专业学生创作雕塑《嬷嬷人》,并采访了澳大利亚公共艺术家Anton hart。本期刊发访谈录,以飨读者。

实践教学中的毕业创作

【作者】陈刚

【刊名】雕塑,2007年05期

【摘要】教学思想及方向随着教学改革及学分制的实施,天津美术学院雕塑系的专业教学在坚持写实的基础上,开拓学生思维,在实践教学中展开毕业创作。

学院派的当代雕塑艺术

【作者】陈克 陈晓阳

【刊名】雕塑,2007年05期

【摘要】大雨滂沱的初夏,一年一度的雕塑系毕业创作展在学院美术馆开幕了。四年的学习、小半年的日夜兼程,这批创作以丰富多样的形式、日渐精湛的技巧,透过这次展览,可以更加系统地了解学院体系下的当代艺术创作。

形式各异的公共艺术创作教学——有感于2007级公共艺术研究生作品创作

【作者】吴昊

【刊名】雕塑,2007年05期

【摘要】在城市中我们常常可见一些与建筑尺度环境空间相适应的公共艺术作品。它们在城市的落脚，不只是艺术家在城市环境中投置了一些个人的创作作品。

让中国的公共艺术面向未来

【作者】过伟敏

【刊名】雕塑，2007年05期

【摘要】公共艺术有未来吗？有的，但前提是，人们能普遍认识到艺术对克服社会生活异化现象的积极作用。

大学校园人文景观雕塑的适应性设计研究

【作者】罗胜京

【刊名】艺术探索，2008年05期

【摘要】随着大学校园的建设和发展，校园人文景观雕塑逐渐成为大学校园的重要组成部分，其适应性设计得到了前所未有的关注与重视。本文深入分析了当代大学校园景观雕塑的"适应性"内涵，即校园人文景观雕塑设计布置必须与大学精神、大学功能与校园空间布局相适应，并取得内在的和谐统一。

论抗战时期大后方的木刻艺术教育

【作者】谢春

【刊名】艺术百家，2008年05期

【摘要】抗战时期的木刻艺术教育在木刻家的积极倡导和热心指导下呈现出蓬勃发展的态势，大量的木刻艺术展览，不仅展示出木刻艺术教育的丰硕成果，也积极地配合了抗战，发挥了木刻之战斗武器的作用，使其历来被睥睨为雕虫小技的观念在抗战时期得到了改变。

从毕业展看日本的雕塑教育

【作者】张威

【刊名】雕塑，2008年05期

【摘要】本文通过2008年日本各大美术大学的毕业生展，向我们展示了日本毕业展分国立、公立与私立大学两个系统来进行，并且把本科生和研究生分为两个单元展览的形式与规模，学生作品个性化、多元化空间与材料创新和发展的特点，以及雕塑教育呈东方传统民族民间雕塑艺术与西方现代空间造型艺术的二元对立与互补现状三方面的内容。

既传统又现代——丹麦皇家美术学院及其雕塑教育

【作者】潘特斯·肯杰明

【刊名】雕塑，2008年05期

【摘要】17世纪末18世纪初，在模仿由路易十四于1648年在巴黎建立的法兰西高等专科学校的基础上，艺术院校开始在欧洲被广泛建立。

坚持传统具像写实的教学理念和实践教学

【作者】李东江

【刊名】雕塑，2008年05期

【摘要】东北师大美术学院雕塑系实行的是工作室教学制度，现有新具像、历史题材、材料表现、陶艺等四个工作室。他们一直坚持传统具像写实的教学理念，在实践教学中培养学生的写实能力。

长江艺术与设计学院课程体系改革系列——公共艺术专业课程体系

【作者】张宇

【刊名】雕塑，2008年05期

【摘要】随着时代的发展，传统的教学模式不能够满足新时代发展的需要，在这一背景下，汕头大学长江艺术与设计学院在2003年进行了重组，并在教学上进行了改革，形成新的教育观念，致力引进新的教学模式，建立以"学生为中心的交互式教学模式"。本文以公共艺术专业课程体系设置为例，来勾勒汕头大学长江艺术与设计学院课程体系改革之路的轮廓。

雕塑设计制作的推广教学

【作者】蒋雷

【刊名】怀化学院学报，2008年08期

【摘要】艺术类课程是素质教育的重要内容，雕塑就是其中之一，以何种方式将本课程推广到其他专业例如建筑学、城市规划、园艺等中进行教学，以及如何利用本学科对动手能力、综合能力等方面培养的优势，建立一个良性的教学模式是本课题的重点

汉代霍去病墓雕塑原理在动物雕塑与陶艺教学中的应用

【作者】王凯　石力

【刊名】中国陶瓷，2008年10期

【摘要】这实际上是庄子美学的一个重要特征，这种审美观念和审美理想与儒家大相径庭，它崇尚的是不事人工雕琢的美，一种天然的"大美"。霍去病墓动物石雕作品的一个共同特点是注重石雕作品的整体感和团块效果，而有意识的略去石雕造型的四肢、耳朵等等细节表现，让这些细节融合于整个身体造型之中，从而使得整批作品丰厚、敦实而庄重无比，散发出浓郁的西汉特有的厚重风格。

关于泥塑课教学中的修养养成

【作者】王胜利

【刊名】辽宁教育行政学院学报，2007年11期

【摘要】泥塑课依然是当代雕塑教学的重头戏，所谓的泥塑课是指以具象写实基础训练为目的的造型基础课，它通常采用泥塑人体写生的方式。无论是本科还是研究生上泥塑课的传统没有变，具有过硬的造型能力是检验雕塑教学基本功的一项重要指标。泥塑课对造型能力的培养当然功不可没，而这之间的点滴习惯的养成也许会让他们受益终生。

市场·文化

雕塑行业生态建设的现实与应对策略

【作者】范伟民

【刊名】雕塑，2007年01期

【摘要】在生态系统中，每一个节点都有着不可或缺的位置。自然界亿万年的生存竞争，早已将多余环节剔除，使得存留下来的物种都在系统中各归其位、各尽其责，发挥最大的效应。人类社会的生存方式不完全等同于自然界，但要维持一个系统的有机运转、协调发展，“定位准确、职责明确、监督有效、资源优化配置”的事物发展原则仍然适用。这是国家改革发展的重要指导方针，也是雕塑行业发展的重要指导方针。

叶茂中：当艺术收藏成为信仰

【作者】一舟

【刊名】雕塑，2007年04期

【摘要】“地球人都知道”“30岁的人60岁的心脏”“让生命与生命更近一些”“男人就应该对自己狠一点”……听过这些广告词?红金龙、361°运动鞋、柒牌男装、蒙牛随便冰激凌……熟悉这些品牌?

走向世界市场的工艺雕塑——从出口贸易角度谈泛雕塑

【作者】潘映雪

【刊名】雕塑，2007年06期

【摘要】经济的发展使雕塑艺术逐渐成为人们的一种精神需求，而工艺性雕塑正以创意产业的方式从多渠道进入了世界艺术市场。因此，对实用型的雕塑人才的培养应引起重视，以应对竞争形势的日益剧烈的现状。

魅力展销会 吸引八方客

【作者】刘向阳

【刊名】雕塑，2007年06期

【摘要】 金风徐徐，秋高气爽。9月28日上午，“第二届中国曲阳雕刻展销会”在曲阳县雕刻广场隆重开幕。本届雕刻展销会有“镇厂之宝”雕刻大赛、雕刻精品拍卖及商务洽谈活动，吸引了众多中外来宾，由中国工艺美术学会雕塑专业委员会组织的评审委员会对“镇厂之宝”雕刻大赛的所有参赛作品，进行了一、二、三等奖的评选，一等奖获得者由县政府授予县级工艺美术大师称号。

关于泛雕塑——兼及文化创意产业

【作者】范伟民

【刊名】雕塑，2007年06期

【摘要】“泛雕塑”的提出是为了对雕塑艺术有一种新的认识，融合传统与现当代，学院与民间、材料与科技等多方面的艺术实践和成果，发掘彼此的体验与经验，达到兼容并蓄的目的。文章以新的视角对泛雕塑的概念以及与文化创意产业、知识产权保护等诸方面做了论述。

四大国宝翡翠传奇

【作者】本刊记者

【刊名】中国拍卖，2007年10期

【摘要】上海解放前夕，黄浦江码头，最后开往台湾的一艘客船将开，但其人数已远远超出了其承载能力，船长下令扔掉所有吃重的行李，其中四只箱子被士兵硬扔了下来，留在了黄浦江畔。很快，解放军进城了，打开箱子，里面是四块沉甸甸的石头。因事出蹊跷，立即汇报了当时的陈毅市长。陈毅派专家察看后，认定其为罕见的翡翠，立即上报中央。不久，这四块大石头便“坐着”专机来到北京。

由北京王府井商业环境雕塑引起的思考

【作者】王希萌

【刊名】装饰，2008年01期

【摘要】改革开放以后，商业环境雕塑的价值和作用在我国逐渐被重视。近年在北京王府井商业街设置的一批商业环境雕塑开创了中国现代化城市商业区建设的先河，很多城市新建设的商业街都纷纷效仿。本文就以北京王府井商业街商业环境雕塑为例，浅谈王府井商业环境雕塑的文化、商业内涵，并从目前中国商业环境雕塑发展的现状中管窥发展过程中存在的问题。

石玉雕心——用文化做市场

【作者】王梦佳

【刊名】雕塑，2008年02期

【摘要】寿山石，中国的准“国石”。中生代(2.3亿至7000万年前)闽中地区酸性火山岩的大规模喷发，以女娲炼石补天般的神奇造化，为后世留下了这一珍稀瑰宝。

艺术市场化，雕塑何为?

【作者】乔迁

【刊名】雕塑，2008年02期

【摘要】艺术市场化的火爆潮流正值方兴未艾之际，雕塑却未能在这片大好形势下分得一杯羹。为何?问题的症结并不在于艺术投资者，而该把目光聚焦在雕塑本体探索和雕塑推广上寻求解决办法。但庆幸的是未来五年里，雕塑的需求空间和市场潜力将会有可喜的期待。

寿山石收藏热

【作者】黄宝庆

【刊名】雕塑，2008年02期

【摘要】本文围绕着“寿山石收藏热”这一核心展

开，以促成寿山石收藏热潮的成因为全文的切入点。重点就寿山石的艺术本体价值、寿山石的收藏价值以及寿山石的收藏群体三个部分作了全方位的探究，并以此为基点进一步阐述对寿山石市场发展的期待。

刚果(金)的雕刻及雕塑艺术家

【作者】段建国

【刊名】美与时代，2008年02期

【摘要】刚果(金)传统木雕艺术历史久远。木雕艺术品分面具和人物雕像及动物木雕，多表现部族祖先或部族崇拜的偶像，供人们供奉或在宗教仪式上使用，既有社会功能，也有审美价值。刚果(金)库巴族、邦德族、雅卡族、刚果族等部族留下了数千件的面具和雕像艺术品，这些历史文化遗产对刚果(金)现代雕塑艺术的发展有着深远的影响。

绚丽多彩的清代扬州八刻——扬州竹牙刻艺术

【作者】沈惠澜　孙璐

【刊名】艺术市场，2008年02期

【摘要】清代扬州文化艺术十分繁荣，可谓人文荟萃，盛况空前，产生了令人瞩目的扬州学派、扬州八怪、扬州园林、扬州工艺等具有扬州地域特色的文化艺术体系。其中，扬州雕刻艺术，即今人称谓的“扬州八刻”，更是以“品种全、技艺精、品位高”独特的地方特色，饮誉艺坛。

呈现第29届奥运会辉煌的五福娃

【作者】圆梦

【刊名】艺术市场，2008年02期

【摘要】2005年11月11日，全世界再次以欣喜的目光聚焦中国，注视北京第29届奥运会吉祥物集体亮相。五位深蕴五千年华夏文化内涵，凝聚现代体育精神的奥运福娃，带着健康、欢乐的激情，繁荣与进步的希望，幸福和吉祥的祈愿，热情真诚地代表炎黄子孙向全世界发出邀请：北京欢迎你。

如何鉴赏收藏寿山石

【作者】本刊记者

【刊名】收藏界，2008年02期

【摘要】罗杨(著名书法家、中国书协理事、中国民间文艺家协会党组书记)：北京名目繁多的各种艺术展会几乎每天都有，但以寿山石(田黄)雕刻大师作品为主题的展会却很少能看到，由此可见寿山石(田黄)的弥足珍贵，名不虚传。刚才看了部分展品，尤其是中国工艺美术大师林发述的圆雕，林文举、刘爱姝的薄意雕，郑幼林、杨传烈的田黄石雕品都非常精彩，格外诱人。

打戒指，还是打锄头？

【作者】庄南燕

【刊名】收藏界，2008年02期

【摘要】如果你有相应的体力与智慧，你愿意打一只戒指，还是愿意打一把锄头？“戒指与锄头”只是一个比喻，这里说的要点是：漆线雕产品的艺术价值与经济价值。工艺美术界的同行对于“蔡氏漆线雕”坚持手工制作的工艺传统有不少善意的批评，总结为一句话就是：老一套，做不大。

团队成就“蔡氏漆线雕”

【作者】本刊记者

【刊名】收藏界，2008年02期

【摘要】采访中，除了蔡大师，还有一个名字被多次提起——郑坚白。大家一致认为，没有她的推动就没有蔡氏漆线雕现在的辉煌。生活中，她衣着朴素，留着齐耳短发，开朗直爽，喜欢和女儿一起玩魔兽世界，喜欢看大片，喜欢旅游，谁也无法将她和一个铁腕领导联系在一起，然而正是这样一个外柔内刚的女性，让漆线雕的梦想照进现实。

用艺术雕琢荣耀

【作者】戴莹

【刊名】收藏界，2008年02期

【摘要】三百年前，漆线装饰佛像的制作基地在同安县马巷镇。蔡氏作坊“西竺轩”，其有姓名可考的可上溯到第八代传人蔡伍祥，著名艺人蔡文沛为第十一代传人，将作坊迁至厦门。文沛先生(1911—1975年)首次将漆线装饰用于表现历史人物，且广收学徒，将家门绝技公开于世。文沛之子水况先生是蔡氏第十二代传人，为工艺美术大师。他的艺术视野更加开阔，作品《波月洞降妖》和《还我河山》作为工艺美术的经典之作被中国工艺美术馆珍藏。

极具收藏价值的玉石雕艺术家年度推荐——林国华

【作者】亦云

【刊名】收藏界，2008年02期

【摘要】中国宝玉石协会会员，中国工艺美术学会雕塑专业委员会会员、中国寿山石研究会理事、福建省工艺美术师、福建省寿山石文化艺术研究会会员、曾任福建省莆田市工艺美术协会副会长。《妙手回春》《老鞋匠》《母爱》《游子吟》《风雪夜归人》《野炊》《万象更新》《皆大欢喜》《钟馗嫁妹》等作品在国际、国内各种艺术品展览会上多次获得金银大奖。

田黄精品雕刻免费公展

【作者】本刊记者

【刊名】收藏界，2008年02期

【摘要】本报讯从即日起至明年1月3日，中国寿山石、田黄雕刻大师精品展将在北京天雅古玩城免费接待公众参观。此次展览共展出100余件(套)寿山石和田黄艺术精品，包括荔枝冻、桃花冻、善伯石、高山冻、荔枝黄冻、水冻桃花、高山坑头晶、瓷白。

寿山石收藏投资最新趋势——中国寿山石雕刻大师精品展侧记

【作者】肖扬

【刊名】收藏界，2008年02期

【摘要】百余田黄寿山石亮相，由中国《收藏界》杂志社主办的“中国寿山石、田黄雕刻大师精品展”在北京天雅古玩城开幕,展出的100余件(套)寿山石、田黄艺术精品中包括荔枝冻、桃花冻、善伯石、高山冻、荔枝黄冻、水冻桃花、高山坑头晶、瓷白芙蓉等稀见品种,乌鸦皮、白田、琵琶黄等极品田黄等。

民间瑰宝 徽州石雕——对清代徽州镂空石雕欣赏

【作者】吴保华

【刊名】收藏界,2008年02期

【摘要】古徽州是一片神奇的土地,你信步走进一个村庄,就会翻起一页历史;随处踩动一块石头,就会触动一个时代。古石雕就是富有特定生命意义的艺术形式,是凝固的精神符号,为众多的有识之士提供了寻梦觅宝的平台。现介绍三对徽州石雕作品,以供石雕爱好者欣赏。

寿山田黄“厚今薄古”

【作者】丁章

【刊名】收藏界,2008年02期

【摘要】回顾2007年的寿山石市场,可以用繁花似锦、春潮涌动来形容。一场又一场的寿山石、田黄精品展在京、沪、闽等地轮番上演,各大拍卖公司的寿山石、田黄拍品激增。来势汹汹中透露出一个信息:寿山石收藏重点正向名家名作转移,当代工艺美术大师作品的加盟,使寿山石和田黄收藏再度升温。

点石成金 妙趣横生——谈黄宝庆寿山石雕《禅思》的艺术特色

【作者】陈济谋

【刊名】收藏界,2008年03期

【摘要】《禅思》具有两大特色。一是构思严谨,布局合理。作者依石就形,强调突出人物形象的特点。使济公似疯似癫,实则豁达大度、大智若愚的形象鲜明,个性突出。艺术形象的合理布局,使济公头部与下半身协调一致,上下呼应,虚实结合,详略得当。作品结构造型简放,白色破扇看似随意,实则是作者的神来之笔,不仅表现了济公的身份,且富有传神达意韵味。

2008艺术品市场悠着点

【作者】曾陆红

【刊名】雕塑,2008年03期

【摘要】2008年中国艺术品市场何去何从?针对这个核心问题,文章先总括了艺术品市场的发展态势;紧随其后,就中国当代艺术、中国古书画和影像、雕塑作品分别进行了市场分析。

极具收藏价值的玉石雕艺术家年度推荐——林国华

【作者】亦云

【刊名】收藏界,2008年03期

【摘要】在传统与创新、继承与发展的道路上勇于探索的精神使林国华的作品充满了时代的特征,从而显得别具新意、与众不同。他善于从现实生活中挖掘题材,贴近平民百姓的日常生活,创作的视角指向我们最熟悉的“油盐酱醋”,作品充满了亲切朴实的“人间烟火味”,真正用诚心与行动实践着艺术创作“源于生活,高于生活”的法则。这件用善伯石创作的《枇杷黄了》刻画了一位年青可爱的姑娘手推自行车,车上满载着金黄的枇杷,任初夏的微风吹拂她美丽的脸庞,愉快地行走在归家的途中。

观念转型与艺术市场

【作者】范伟民　【作者单位】《雕塑》杂志社

【刊名】雕塑,2008年04期

【摘要】艺术史上的种种现象是与社会的意识形态等方面相互关系的结果,因此对艺术观念的转型和艺术市场等诸问题的探讨不能脱离艺术制度来谈。那么观念的形成和转型和社会客观环境有怎样的联系?对我国当代艺术市场环境应该怎样来认识呢?本文旨在对以上问题说出自己的看法,以供参考。

有了金刚钻,再揽瓷器活——珍贵的扬州瓷刻

【作者】沈惠澜　孙璐

【刊名】艺术市场,2008年04期

【摘要】俗话说:“没有金刚钻,别揽瓷器活。”从这句话,我们可得知瓷刻艺术非一般艺人能为。从留传至今的瓷刻艺术品数量就能够印证瓷刻运刀技巧难于一般雕刻艺术刀工的这一说法。在扬州八刻艺术中,就有瓷刻这一较为稀少的艺种,从瓷刻作品的艺术效果和技法来看,都是值得珍藏的。

古玉中的神人兽面纹饰

【作者】徐文宁

【刊名】艺术市场,2008年04期

【摘要】兽纹装饰是一种极具传统特色和丰富内涵的纹饰。如同其他原始纹饰一样,兽面纹从新石器晚期起广泛出现在玉石器、陶器、岩画石刻上。商周时期,青铜器上的“兽面纹”更是与青铜礼器文化紧密结合。在《吕氏春秋·先识篇》等典籍中,兽面纹一度被称为“饕餮纹”。从目前出土资料看,兽面纹最初是出现在玉石礼器上,其中以良渚文化的玉器兽面纹为突出典型。

“海派”黄杨木雕技艺技法赏析

【作者】瞿启蒙

【刊名】收藏界,2008年05期

【摘要】上海黄杨木雕以其鲜明的特点,在本地传统特色工艺品种中有着较为重要的地位,是“海派”工艺的代表性品种。

艺苑奇葩 藏界新宠——黄杨木雕收藏前景看好

【作者】石晓

【刊名】收藏界,2008年05期

【摘要】黄杨木是一种珍贵树种,主要产于我国湖

北、湖南、四川、浙江等地，木色呈淡黄色，逢冬开花，春到结子。黄杨木质地坚韧，纹理细密，光洁滑润，用肉眼几乎看不到棕眼，具有象牙般的光泽。因此市场前景看好。

黄杨木雕传世档案

【作者】本刊记者

【刊名】收藏界，2008年05期

【摘要】黄杨木雕是我国传统木雕艺术中的一种，它特指以黄杨木为材料的雕刻艺术。数百年来，黄杨木雕以小、精、美的造型和生动反映现实生活的文化内涵，深受上至皇宫贵族、下至普通玩家的喜爱。

黄杨木雕溯源

【作者】张丁

【刊名】收藏界，2008年05期

【摘要】黄杨木雕起源很早，但留下确切年款的作品是元至正二年(公元1342年)的一尊铁拐李像，现藏北京故宫博物院。

从“九人小组”到遍地花开

【作者】戴莹

【刊名】收藏界，2008年05期

【摘要】20世纪50年代，乐清黄杨木雕开始从停滞状态中慢慢复苏，标志性的事件是黄杨木雕“九人小组”的成立。

御驾亲征组雕(秦代和田白玉)

【作者】叶荫国　黄羽洁

【刊名】收藏界，2008年06期

【摘要】作品采用温润、细腻、光感质滑的优质和田玉雕刻而成。24匹“神马”和12名勇士护驾的御驾亲征战车，仿佛是出征前检阅军队，又仿佛凯旋而归，显示了帝王御驾磅礴的阵容和浩荡的气势。24匹雄纠纠，气昂昂的马匹在链锁的栓合下奔驰前行，其中前几排都是两匹马合套一“轭”，最后一排是四匹马共套一“轭”；每一列都在一条“铁链”下互相牵制着，步调一致，保持了座驾的稳健和速度。“舆”两旁的12名壮士个个目光炯炯、神态严峻、威武刚烈，铜墙铁壁般地护驾着神圣的君王。

清代扬州玉雕名重京师

【作者】沈惠澜

【刊名】艺术市场，2008年09期

【摘要】清代是我国玉雕发展繁荣之时，规模品种及产量均逾越前代，主要产地是北京、苏州、扬州等。清代，扬州玉器制作发展达到鼎盛时期。乾隆年间，更是扬州玉雕史上发展繁荣的巅峰。扬州巨型玉器重达万余斤扬州成为全国玉料的集散中心和主要生产基地，以碾琢大型玉器为扬州玉业最擅长的“绝活”，时有扬州琢玉名重京师之称。

加拿大玉试水中国新玉市场

【作者】陈茴茴

【刊名】艺术市场，2008年11期

【摘要】提起进口玉料，许多玉器收藏者颇为熟悉的是缅甸玉、俄罗斯玉。如今，又一种进口玉料——加拿大玉，力图试水中国新玉市场。记者在市场调查中发现，加拿大玉在市场中与其他玉料的最大不同，在于其为玉器领域往多功能发展开辟了一个新的方向，也为国内选择新玉的收藏投资者提供了一个新选择。

抄底雕塑收藏

【作者】封欣

【刊名】艺术市场，2008年11期

【摘要】当代艺术的调整趋势随着秋拍的逼近逐渐清晰起来，不少投资者开始剑走偏锋，另辟蹊径，将注意力集中到目前暂时还不为人们重视和热捧的雕塑领域。

股市跌跌不休 木雕红红火火

【作者】马勇

【刊名】艺术市场，2008年11期

【摘要】尽管股市、楼市一蹶不振，但是木雕工艺品市场却依然红红火火。最近在广州举行的福建木雕精品展，数十件工艺大师作品，不到一周时间，就已经被木雕爱好者抢购一空，让不少看空艺术品投资市场的藏家大跌眼镜。

域外·交流

欧洲日记

【作者】唐尧

【刊名】雕塑,2007年01期

【摘要】2006年11月,以中国《雕塑》杂志社社长范伟民为团长的中国雕塑家考察团,对欧洲,特别是奥运主办城市巴塞罗那的公共艺术进行了考察。本文摘要发表作者的部分考察日记,以飨读者。

设计与艺术之间的大师——记比利时国际设计大师保罗·易宝

【作者】北人

【刊名】雕塑,2007年01期

【摘要】保罗·易宝是比利时皇家爵士,出生于1939年,1958年从比利时皇家美术学院毕业。1961年,保罗成立了自己的工作室,至今已经在平面设计、标志设计、书籍装帧和出版等领域工作40多年,被公认为是欧洲视觉交流领域的顶级设计家,并享有世界性的盛誉。

我的中国情结

【作者】保罗·易宝　【翻译】张晓瑞

【刊名】雕塑,2007年01期

【摘要】2006年11月9日,在我的家乡(比利时Zandhoven),我有幸接待了由范伟民先生(中国《雕塑》杂志社社长,中国工艺美术学会雕塑专业委员会常务副会长)带队的中国雕塑家访问团。那是一个阳光明媚的秋日,树叶金黄,在欢快幽默的氛围中,我们友好地交流着,在交流的过程中,大家对我的艺术作品、书、标志、海报等产生了极大的兴趣,尤其是我的雕塑。雕塑家阎淑芬教授担负起了双方之间介绍、沟通的任务,她已经在比利时,更确切地说是在安特卫普生活了10余年。安特卫普是一个享誉世界的艺术之都(在钻石贸易、商业艺术、博物馆、巧克力制作等方面享有盛名),也是世界上第二重要的港口(由于它的集装箱运输业务以及它和中国的紧密合作关系)。

俄罗斯雕塑家A.C.查尔金(A.C.Charkin)

【作者】O.托尔斯泰娅　李富军

【刊名】雕塑,2007年01期

【摘要】今年是俄罗斯雕塑家A.C.查尔金从事雕塑创作40周年纪念,从1966年他从列宾美术学院雕塑系毕业算起。要评论这位雕塑家的艺术成就,绝不应单单看他的艺术作品,而要联系他的成长经历和他所承担的社会责任全面考量。

加里·希尔的视频装置艺术

【作者】艾永生

【刊名】雕塑,2007年02期

【摘要】加里·希尔(Gary Hill)近二十年来的视频装置引起了全世界的广泛关注,他在创作中对高科技手段的巧妙运用,探索出一条把所见和所知统构起来的有效途径。他利用当今科学技术的最新成果,把文学和哲学主题转化成直接的感觉经历,希尔的作品带来了许多关于电子媒体同我们身心相互作用的新观念,并用柏拉图式的纯粹唯理论超越感官的方式始终惯穿在视频装置创作中。文中描述了若干件作品,介绍加里·希尔的思考方式和艺术手法,来表达人类的理智最终还是以生理存在为依托的,正是这个人类历史恒久以来的未解之迷,灵与肉的矛盾关系,构成了希尔作品的基础,并保证了作品内涵的意味深长。

雕塑家阿弗拉米迪斯夫妇

【作者】裴建国

【刊名】雕塑,2007年02期

【摘要】2006年7、8月间我在维也纳小住,经奥地利总理府工作人员的帮助,拜访了阿弗拉米迪斯夫妇工作室。本文就阿弗拉米迪斯夫妇的艺术作品、创作思路展开话题。

天生飞翔……——记俄罗斯雕塑家库巴索夫

【作者】阿纳托利·德米特连柯　李富军

【刊名】雕塑,2007年02期

【摘要】永远离我们而去的谢尔盖·阿纳托利耶维奇·库巴索夫先生是一位对新事物、对各种高深知识孜孜以求的人。他的作品反映了鲜明的时代精神,具有一定的学术价值。

写实雕塑中的空间——观克罗切蒂作品有感

【作者】达元

【刊名】雕塑,2007年03期

【摘要】2006年冬,在上海美术馆展出了被誉为"欧洲最后的写实雕塑家"的意大利雕塑家克罗切蒂的49件雕塑作品,这些作品所体现出来的整体空间的暗示能力,意念空间的表达,具有运动感的空间张力表现,夸张而不失真实的空间效果,虚实、凹凸、内外空间的运用等等,对雕塑的空间塑造有很大启发。

韩国的公共环境艺术

【作者】文集

【刊名】雕塑,2007年03期

【摘要】韩国是一个环境优美、风景秀丽的国家，尤其是因为在经济发展过程中特别注重对环境的保护，韩国到处都是树木成林、芳草茵茵，一眼看去满目翠色，令人心旷神怡。除了对自然环境的精心保护，韩国人在人文环境上也非常下功夫，他们认为人应该居住在一个美丽的家园里，因此，公共环境艺术就成了他们美化自己的家园的一个重要方面。

方寸空间 苍野天地——古代中亚西徐亚人的金属饰牌艺术

【作者】周尚仪

【刊名】雕塑，2007年04期

【摘要】早在公元前9世纪，西徐亚人生活在阿尔泰山以东地区，统治着顿河和喀尔巴阡山脉之间的大草原，他们的文化艺术在不同程度上曾受到中国、两河流域、波斯、希腊等文化艺术的影响，他们既是“草原艺术”的创造者，亦是这一文化的传播者，流传下来的各种动物纹牌饰，车马饰品等传达出早期游牧民族的审美观念。

几何抽象艺术——极简艺术或极少艺术

【作者】保罗·易宝

【刊名】雕塑，2007年04期

【摘要】极简主义描述了世界艺术史中各种艺术与设计形式中的一种特定艺术门类，它在二次世界大战中得到了发展，受到20世纪60年代后期和70年代初期美国视觉艺术的强烈影响，后来在欧洲风行一时。

“霍格马格”制成“扩展的碎片”——艾米娜·布伦达·利恩·鲁宾逊的艺术

【作者】鹿铀

【刊名】世界美术，2007年04期

【摘要】艾米娜·布伦达·利恩·鲁宾逊创造出她自己的语言来塑造出复杂的雕塑和纺织物作品，她的作品是用钮扣、棍棒和海贝等这类粗陋的材料制成的。

诗性的记忆：弗朗西斯科·卡兹图阿的雕塑世界

【作者】张炯炯

【刊名】世界美术，2007年04期

【摘要】弗朗西斯科·卡兹图阿是智利最有成就的雕塑家之一。他1944年生于圣地亚哥，在30余年的艺术生涯中，他完成了许多雕塑项目，举办了多次个人展览。

瓦连金·列希科夫——以木为歌

【作者】O.托尔斯泰娅　李富军

【刊名】雕塑，2007年05期

【摘要】没有哪一种木头不是瓦连金·列希科夫所不能用来雕刻造型的。在他的故乡人们称他为“用木头歌唱的人”。

欧洲当代艺术大展一瞥

【作者】何力平

【刊名】雕塑，2007年06期

【摘要】今年9月，正值卡塞尔文献展和威尼斯双年展同时开展之际，中国《雕塑》杂志组织十多位雕塑家前往欧洲参观展览，访问当代雕塑家工作室，一路走来，感想颇多，本文就是将此行的创作感受记录下来供雕塑家们共同分享。

祖尼加雕塑中的形和线

【作者】左冰锌

【刊名】雕塑，2007年06期

【摘要】从形式的表现方式探讨墨西哥当代具像雕塑家祖尼加在拉丁美洲殖民混血文化环境中采取的创作策略和创作高峰期的表现技法，分析他在雕塑中纳入的几何形和线的元素，探究其历史渊源以及对具象与抽象、写实与写意的融会贯通。

历史与自然——比尔·伍德罗访谈录

【作者】约翰·K·格兰迪；　丁亚雷

【刊名】世界美术，2008年01期

【摘要】比尔·伍德罗(Bill Woodrow)是英国当代具有代表性的雕塑家之一，他的作品在材料和语言上进行了多元化的试验和探索。人类历史与自然的关系，是伍德罗长期以来一直关注的问题之一，本文是艺术家就这一主题与加拿大艺术史学者兼批评家约翰·K·格兰迪进行的访谈，通过访谈，伍德罗将自己的创作过程和对艺术的阶段性思考做了清晰阐述。

艾莉森·萨尔——提升含糊性

【作者】约翰·奥布赖恩　沈莹

【刊名】世界美术，2008年01期

【摘要】战后西方雕塑呈现出明显远离形象的倾向。艾莉森·萨尔(Alison Saar)是少数坚持具象传统的艺术家之一，她从中世纪木刻传统和“天真”的民间艺术中汲取营养，其木制作品具有未完成的砍凿特征，使观者的鉴赏超越了模型制造术，进而领悟雕像自身的含义。萨尔倡导富于想象的幻想过程，她的作品涉及到家庭、身份、种族和性别等问题，虽然根植于个人的经历和家族史，但却启迪了观者自己的身份意识和个人见解。

转换的范式——康拉德·肖克洛斯访谈

【作者】安德烈·贝利尼　李伟

【刊名】世界美术，2008年01期

【摘要】专注于科学与哲学边缘学科，康拉德·肖克洛斯(Conrad Shawcross)的结构机械雕塑对影响我们生活的实用经验主义哲学系统提出了质疑。尽管最初显示出理性和功能性，但他的那种复杂系统，最终对所有的理性功能予以否定，并驱使参观者将哲学和形而上学的方式转换为推理存在的理由。

蜿蜒的色彩——康斯坦丁·季莫普洛斯

【作者】肯·斯卡利特　刘海平

【刊名】世界美术,2008年01期

【摘要】康斯坦丁·季莫普洛斯(Konstantin Dimopoulos)认为他的雕塑是动力的而不是运动的。对他来说,“运动的”这个词暗示了一种有运动部件的机械装置——而“机械设备总有故障”。1998年以来,他一直在用他的雕塑研究动态,并设计了一种天才的方式,在他的作品中运用风力,使他的作品可以不借助于某个机械部件,却能够弯曲、伸展,颤动、摇摆。

卡尔利斯·雷凯维茨的新雕塑

【作者】卡伦·威尔金　景晓萌

【刊名】世界美术,2008年01期

【摘要】 卡尔利斯·雷凯维茨(Karlis Rekevics)的新雕塑采用装置的形式,运用石膏、灯泡和木材等现成品,模拟城市环境中随处可见却又常被人忽略的角落,以夸张的尺度和变幻的光影,营造神秘而焦虑的气氛。雷凯维茨的创作不仅依靠这些物质材料,作品所处的空间也成为创作的一部分,身处其中,就会发现雷凯维茨作品的建筑性隐喻。他试图通过对材料的奇异组合来推翻田园牧歌式的知觉,将城市中的熟悉结构加以陌生的重组,暗示出工业文明为城市带来的负面效应。

向左转,向右转?

【作者】张丹

【刊名】雕塑,2008年01期

【摘要】本文介绍了美国当代雕塑家乔纳森W·希尔斯(JonathanW.Hils)最近的一系列装置作品,“失衡·文化”。希尔斯借此系列作品表达其个人对美国政治与文化的主张:保守派的意识形态与美国文化历史相违,与美国人的价值观相背,并正伤及美国人。其使用NASCAR赛车——保守的共和党之隐喻——作为载体,批判共和党失败的政治作为及其盲从者的无知。该系列作品之一,“向右转”(“RightTurn”),获得了美国2007年第21届“崛起”户外雕塑展大奖。

简·黛尔和她的书

【作者】 项秉勋

【刊名】雕塑,2008年01期

【摘要】在澳大利亚的一座古老的美丽巨宅里住着一位优秀的雕塑家,她的名字是简·黛尔。本文介绍了简·黛尔的艺术作品,分析了这位颇有才情的艺术家独特的艺术面貌和风格手法,以期使读者了解澳大利亚雕塑艺术发展的木屑特点。

雕刻在海边

【作者】钱建华

【刊名】雕塑,2008年01期

【摘要】本文介绍了位于澳大利亚邦德海滩的雕塑艺术,在蓝天碧水之间,这些作品显得格外诱人,它是与大自然一次绝好的融合,作品不仅仅以艺术的方式存在,更是当地文化生活的一部分,它的价值超越了本体,令观者流连忘返。

日本雕塑的古与今——日本雕塑简述

【作者】合津元　张威

【刊名】雕塑,2008年02期

【摘要】本文对日本雕塑的古今发展作了一次总体性的巡礼:从古代日本雕塑的原始土偶形式,发展至6世纪的日本佛教雕塑,明治时代日本雕塑受西方的影响催生了近代雕塑的出现;直到日本战后雕塑出现新的变化。笔者勾勒了一幅日本雕塑历史发展的鸟瞰图。

向卓越的俄罗斯造型艺术致敬

【作者】杨建强

【刊名】雕塑,2008年02期

【摘要】分析俄罗斯造型艺术理念,寻求它们共同的艺术规律和特征,你会发现在众多的优秀作品里都渗透着一种强烈的“对比”理念,这是俄罗斯造型艺术理念中最显著的特点。

物质的微妙能量

【作者】马里萨·韦斯科沃　【翻译】尹菜　陈星

【刊名】雕塑,2008年02期

【摘要】当我们尚喋喋不休地争执于雕塑和非雕塑的界限时,从亚得里亚海的西岸吹来一阵轻盈的风。意大利人给我们带来一次关于物质的越界的体验,告诉我们原来雕塑可以是这样的。显然,用一种结论来描述当代雕塑并非理智之举,因为此在的定义处于当代化的进程之中。

赴韩简记

【作者】殷小烽

【刊名】雕塑,2008年02期

【摘要】2007年12月3—7日,由中国东北师范大学和韩国檀国大学共同举办的“中韩造型艺术交流展”在韩国首尔举行。共有13位中国艺术家和33位韩国艺术家参加了此次交流展。作为中国雕塑家的代表,中国工艺美术学会雕塑专业委员会副会长、东北师范大学美术学院院长殷小烽教授应邀为展览致开幕词,并在其后的交流访问中,在檀国大学、国民大学及产业大学分别作了讲座,对中国现当代雕塑发展状况作了分析和介绍,受到了韩国艺术界和师生们的欢迎。

从同一到差异——路易斯·布尔乔亚(Louise Bourgeois)艺术的心路历程

【作者】陈东维

【刊名】湖北美术学院学报,2008年02期

【摘要】“很难找到一种鲜明的框架能够与路易斯·布尔乔亚的作品符合。如果试图用冷酷的进化论的观点或

者艺术史的方式在某种情境下对她作出解释，多少都会有些不贴切的地方。……很少有一种抽象的艺术能够如此直接和真实地反映创作者的心理。”

人与自然和谐共处的互动空间——澳大利亚第十届“Sculpture by the Sea”大型户外雕塑展

【作者】李世萍

【刊名】湖北美术学院学报，2008年02期

【摘要】本文以澳洲户外雕塑为切入点，阐述人与自然与环境的关系，并以此探索雕塑在公共空间中的互动经验。

自然、技术与神话：李·伊蒙恩的雕塑

【作者】程连昆

【刊名】世界美术，2008年02期

【摘要】美国雕塑家李·伊蒙恩的雕塑多采用略微加工的木材，将纪念碑式的不朽性与个性相结合，既有广泛的文化性又富有独特性，并且还借鉴了丰富的艺术史因素。这使伊蒙恩超越了通常定义的公共艺术的限制。他近来创作的《桑普》与《大渔梁》是富有戏剧性的大型公共雕塑，这两件作品具有浓郁的西北太平洋区地域色彩，不仅涉及到自然、建筑、技术和神话因素，还涉及到有责任感的公共雕塑创作者所要回答的基本问题。

超现实形象：沙多·宾大维的雕塑艺术

【作者】王海樱

【刊名】世界美术，2008年02期

【摘要】沙多·宾大维是当代一位颇为活跃的英籍以色列雕塑家，崛起于1980年代早期的“英国新雕塑运动”。本文通过对宾大维30多年的创作发展历程、平面雕塑代表作及艺术创作观等方面的具体分析，阐述了宾大维的艺术特色，是以超现实的视觉形象来表达他以艺术家的直觉感受到的深刻哲理。

不明确的政治性——本·朗兰德兹与尼基·贝尔访谈

【作者】林子杰　常洁

【刊名】世界美术，2008年02期

【摘要】英国雕塑家本·朗兰德兹(Ben Langlands)与尼基·贝尔(Nikki Bell)的雕塑作品，试图表达这样一种关系：我们不仅占据我们工作与生活的空间，我们还积极主动地与他们发生关联。我们栖息于建筑中，并为它所影响。他们将纯粹的快乐注入到雕塑作品中。

贾科梅蒂和他的瘦削人体

【作者】杜蜀秦

【刊名】文艺研究，2008年03期

【摘要】长期以来，雕塑艺术家一直在体量和块面上狠下功夫，变幻着各种形式和组合，的确创造出不少的艺术精品。

触摸历史　似闻硝烟——看伦敦街头的几件雕塑

【作者】潘毅群

【刊名】雕塑，2008年03期

【摘要】透过文章的标题“触摸历史　似闻硝烟”，笔者明确地指出了伦敦街头这几件雕塑作品的主题内容。通过优美的文风，富有感染力的描述重现了《不列颠之战》《二战中的女人》《温斯顿·丘吉尔》这三件作品所反映的那段难忘的岁月，或许这几件作品的魅力正在于它们能把所有的形式语言、思想内容都巧妙的融化在战争年代博大的背景之下。

斯德哥尔摩雕塑艺术掠影

【作者】司维

【刊名】雕塑，2008年03期

【摘要】瑞典首都斯德哥尔摩是一座繁华而优雅的古都，老城中矗立的雕塑凝固了它700余年的历史；市区的公共雕塑艺术多以古典主义手法为主；著名雕塑家卡尔·米勒斯(Carl Milles)的雕塑公园保留了他本人的收藏和这位大师享誉世界的一些复制作品，特别值得一提的是卡尔·米勒斯还与中国有着不解之缘。

神遇达鲁

【作者】吴为山

【刊名】雕塑，2008年03期

【摘要】十多年前我游学欧洲，多喜逛古董店和旧书店，在那里嗅得十足的“欧味”。味儿最浓莫过于古城老街，静得出奇的深巷偶有行人与狗，古董店多半坐落于此。店主人一般是涵养很高，书卷气浓郁的老太太，她们捧着厚厚的经书，戴一副金丝镜，俨然伦勃朗笔下的人物。我常去“淘宝”，不到半年已装满大旅行箱，我梦想某天能觅到欧洲雕塑大师的原作。显然，梦想只能是梦想。十多年来，游了二十多个国家也未能如愿。

大卫·史密斯与抽象表现主义

【作者】贾连翔　刘心平

【刊名】雕塑，2008年03期

【摘要】作为20世纪美国历史上最为重要的雕塑家，作为现代金属雕塑里程碑式的人物，大卫·史密斯艺术的成功承载了丰富的时代精神和民族的内涵。他在自己的本土以自由的方式宣泄着他的艺术精神，构建了与抽象表现主义的深刻联系，也在极大程度上帮助美国完成自身艺术文化特点的发展，成为美国现代艺术的巨匠。

罗伯特·比尔拉特：引人入胜的雕塑

【作者】文斯·卡杜奇　王豪

【刊名】世界美术，2008年03期

【摘要】在一个表面上以市场为导向、新人新作辈出的当代艺术世界里，艺术成熟的缓慢过程往往被人们忽略。年近60岁的底特律雕塑家罗伯特·比尔拉特，通过他的材

料练习，获取经验并达到精湛的地步。在本文中，读者可以更全面地了解这位艺术家和他的艺术作品。

野性的三维空间——威廉·德库宁的雕塑

【作者】杨特文

【刊名】世界美术，2008年03期

【摘要】本文详细地介绍了威廉·德库宁的雕塑艺术作品，针对他的独特的艺术处理手法和个性面貌展开阐释。以期使读者更清楚地了解艺术家独特的空间表现方式。

扬·凡·芒斯特

【作者】彼得·洛德迈耶　吴雪莲

【刊名】世界美术，2008年03期

【摘要】当面对令人“困惑”的非具像艺术时，观者最想知道的就是艺术家制作这些作品时究竟在想什么。很少有艺术家能够像扬·凡·芒斯特(Janvan Munster)描述他的《脑波》那样如此开诚布公地阐释自己的想法。

阿贝尔·费罗的雕塑艺术语言

【作者】韩雨蒙

【刊名】艺术研究，2008年03期

【摘要】阿贝尔·费罗的艺术旅程是对金属雕塑探究的典范，展现出金属结构严密性，他忠实于金属材料原有结构形态并显示出旺盛的生命力，他并不为了使钢铁形态更夸张、更戏剧化而扭曲它。那些断裂的、中空的、变形的形态完全不是病态的表现主义，对雕塑进行磨损和扭曲不会引起人们的任何痛苦，正相反，这种磨损和据曲调和了原本对立的各部分之间的矛盾。他在雕塑原本可能推动其稳定性的地方创造了平衡，以失衡的张力给雕像群赋予人性。

迪奥尼西奥的执念

【作者】木木夕

【刊名】雕塑，2008年04期

【摘要】在一个炎热的夏日深夜，难以入睡的我，突然想起了意大利艺术家迪奥尼西奥·契马莱利和他的雕塑。我本早该动笔写他：一个来自意大利安科纳省杰西城，有着栗色卷发、高鼻深目、精致整洁的男人。他曾四处游历，拥有多姿多彩的人生经历，成功且富足。

从二维到三维——刘·穆诗的光绘画

【作者】菊月

【刊名】雕塑，2008年04期

【摘要】也许你会记得，在十余年前曾经流行过一种特殊的卡片：它会随着观察角度的不同变化出各式的图案。来自于荷兰阿姆斯特丹的艺术家刘·穆诗神秘变幻的光绘画，与此有异曲同工之效，随着灯光的变化，呈现出奇异的视觉嬗变。

卡米尔·克洛岱尔雕塑中的性、政治与身份

【作者】彭建斌

【刊名】新美术，2008年05期

【摘要】卡米尔·克洛岱尔被人们提起，常常是因为她特殊的人生经历，甚至淹没了她的艺术成就。本文介绍了她的创作风格、手法、艺术观念，走进了她的另一重身份——雕塑家，在她的作品中品味艺术家凝结于其中的对于性、政治与身份的思考。

奥运“金镶玉”让玛纳斯碧玉绽放异彩

【作者】罗仰虎

【刊名】收藏界，2008年04期

【摘要】美国气象学家爱德华·罗伦兹于1979年12月29日在华盛顿美国科学促进会演讲中说一只蝴蝶在巴西扇动翅膀，就会在得克萨斯引起龙卷风。这就是著名的“蝴蝶效应”。现在，2008年北京奥运会奖牌“金镶玉”引起的“蝴蝶效应”，早已搅动起中国玉石界的价格狂潮。历史上被称为中国“四大名玉”之一的玛纳斯碧玉自然也不甘寂寞，在“金镶玉”的热潮中纷纷扑入人们的视野，频频精彩亮相。

艺术品案例：大型雕塑“运动员之路”如何到中国

【作者】周起起

【刊名】艺术与投资，2008年04期

【摘要】5月23日，在中国北京奥林匹克公园西部，将出现一座由比利时艺术家奥利维·斯特贝尔(Olivier Strebelle)创作的大型雕塑作品《运动员之路》。整个作品重达200吨，花费约450万欧元，是北京最昂贵的艺术作品，也是最重的城市雕塑作品，与众不同的是这件以奥运为主题的艺术品，是中国政府接受的惟一一件外国政府赠予的奥运礼品。

目光与距离——贾科梅蒂的视觉追问

【作者】陈焰

【刊名】新美术，2008年04期

【摘要】如果面对阿尔贝托·贾科梅蒂的作品，尤其是那些行走的小小人的雕塑，会让人觉得无论你怎么走近它，即便它也似乎在向你匆匆走来，它与你还是保持着一种无法逾越的距离。

成功之鉴：保罗·摩尔的雕塑工作室的经营之道

【作者】安德鲁·费朗　胡鹏

【刊名】雕塑，2008年06期

【摘要】保罗·摩尔是美国当代著名的写实雕塑家，现任教于美国俄克拉荷马大学并身兼美国雕塑协会理事会成员。本文着重介绍其基于皇冠艺术有限公司的成功的雕塑经营管理。

亚历山大·卢卡维欣尼科夫雕塑艺术赏析

【作者】曾岳

【刊名】雕塑，2008年06期

【摘要】本文通过对亚历山大·卢卡维欣尼科夫雕塑作品的介绍，清晰地勾画了他的创作脉络。透过他的作品使更多读者了解到艺术家所处的时代背景、历史、文化对其艺术创作产生的深远影响。

北部新地标

【作者】杰里米·亨特

【刊名】雕塑，2008年06期

【摘要】本文通过对英国北部城市利物浦、米德尔斯堡、谢菲尔德内数个公共艺术项目的剖析，阐释了英国当代城市公共艺术的发展情况和理念，并对表面化的大型公共艺术建设作出客观的批判。

人道主义的先驱——来自比利时的著名艺术家赫尔曼·冯·纳扎尔特

【作者】王芃

【刊名】雕塑，2008年06期

【摘要】本文主要介绍了比利时著名艺术家赫尔曼·冯·纳扎尔特(Herman Van Nazareth)及他的艺术之路。在上世纪60年代年后，他关注人，人道主义关怀体现在他的油画以及后期雕塑作品中。到上世纪60年代末，纳扎尔特学习并尝试铜铸和雕刻，运用各种材料来拓展其简朴及极具感染力的雕塑作品。

帕蒂·瓦伦希娜的陶瓷雕塑艺术

【作者】章华

【刊名】装饰，2008年06期

【摘要】帕蒂·瓦伦希娜是美国当代最著名的陶瓷艺术家之一。本文通过对她的艺术创作生涯及其代表作的介绍，分析艺术家艺术创作活动实践的丰富性。希冀艺术史研究中不笼统以风格去简单编排，而应该全面客观地评价艺术创作。

雕塑动荡的戏剧世界——挪威当代雕塑家佩尔·翁格

【作者】尹立云　马建平

【刊名】美术观察，2008年09期

【摘要】挪威雕塑家佩尔·翁格(Per Ung,1933-)是挪威当代最为重要的雕塑家之一。他尊重欧洲古典雕塑传统，在其长达50多年的艺术生涯里创作了大量既有古典血脉又深具20世纪现代神髓的作品。他曾经为挪威各地创作了许多著名纪念性雕塑，还曾经为上海创作了一尊易卜生纪念雕像。2008年他的作品《戏剧女神塔利亚》在第三届北京双年展上获得了优秀作品奖。

Barredo：不和谐的B大调

【作者】伊维特·唐

【刊名】东方艺术，2008年17期

【摘要】走进Gabriel Barredo画廊的新品陈列室中便仿佛进入了一座神圣的殿堂。镀金的雕刻或装饰在两侧的墙壁上、或悬挂在屋顶的天篷上、或像卫兵一样直立站岗。风格迥异的音乐从不知位于何处的裂缝中流淌出来，这些乐曲便如同那些雕像一样时而庄重、时而热烈、时而焕发出惊人的绚丽，原来不搭调的曲子组织在一起反倒成了一个新曲调。(使用金属制品)是我创作风格的一部分。有人会说它过于庸俗、奢华……，然而无论你喜欢它还是恨它，都无法否认它那与从不同的质感。

优秀硕博论文

城市的思想者

【作者】常文婷　【导师】孟东生　【出版授权与投稿人】河北工业大学

【作者基本信息】河北工业大学，设计艺术学，2007年，硕士

【关键词】城市　公共环境艺术　城市雕塑艺术　人文内涵

【摘要】21 世纪的今天，我们生活在一个科技与经济、资讯与交通空前发展的时代，经历过国际主义风格洗礼的现代人已不仅仅满足于衣食住行的单纯的实用功能，而是开始追寻美，追寻美的生活，因此，大量的城市雕塑艺术被点缀在城市之间，活跃着城市的气氛，丰富着人们的视觉享受。城市环境的建设使城市雕塑艺术迅速兴起，它成为了一个城市递与世人的一张艺术名片。城市雕塑艺术的作用就是通过艺术品的有机整合，通过艺术与文化在规划、建筑、园林中所起的作用，提高整体环境尤其是城市环境的艺术与文化层次，营造内蕴历史文脉的艺术与文化氛围，使环境更好地为人服务，满足现代人对精神享受的更高的需求。城市雕塑艺术是一门与社会、文化、艺术等诸多问题都相关的艺术，而不仅仅是一个简单的形体塑造过程。城市雕塑艺术不仅是通过形体的塑造来感染人们的视觉，而主要是通过造型中蕴含的意味、体现的思想来影响人们的心灵世界，从而对社会进步产生影响，提高整个社会的思想道德水准。城市雕塑艺术是人类的精神产品，是社会文化不可分割的组成部分。对城市雕塑的语言和形式的制约因素很多，但基本的制约因素是社会文化，文化内涵决定着城市雕塑的形式、语言，反过来城市雕塑也起着丰富社会文化、充实其精神内涵的作用。城市雕塑艺术是人类情感外溢的物化形式，它必然地体现着不同历史时期人们的宇宙观和人生观，蕴含着人们灼热的生命热情。在历史长河中，对城市雕塑文化内涵起重要作用的是神话、宗教和社会习俗(世俗)。在现代社会，现代人的价值观念、文化取向则是现代城市雕塑所要表达的重要内容。

湖南明清宗教木雕造像研究

【作者】陈池　【导师】姜松荣　【出版授权与投稿人】湖南师范大学

【作者基本信息】湖南师范大学，课程与教学论，2007年，硕士

【关键词】宗教　造像　傩　梅山　俗信

【摘要】宗教作为一种社会意识形态，它既有对于现实世界的虚幻反映，又是属于上层建筑的一种社会现象。宗教艺术作品是宗教观念与艺术形式相结合的产物，是宗教情感艺术化的结果。宗教造像便是宗教艺术中雕塑的一个重要门类，它是各类宗教中神祇的物化呈现，是偶像崇拜的具体内容。从宗教在中国产生和传播后，它一直是中国雕塑艺术的重要组成部分，贯穿宗教艺术史的始终。宗教信仰的神圣对象并不局限于想象中的观念存在，同时也被客观化为具有感性形态的象征系统，以便为信徒所形象地感知和体认，它既承载丰富的宗教意识和也寄托着虔诚教众的美好愿景。所以宗教造像所要反映的观念、意愿和样式、功能，存世量的多少等，说到底是由宗教的教义、世界观、神祇体系、传播范围等决定的。本文首先简述湖南明清宗教的发展状况，让读者对湖南各历史时期，尤其明清两代宗教有个全面的了解后，从内因和外因入手，揭示了湖南各宗教木雕造像存在和发展的外部环境，以及宗教造像上所反映出的内在宗教心理、民间风俗、民族文化、传统道德观念等等。其次，文章把湖南明清木雕宗教造像分为：道教造像、佛教造像、巫教和神话造像、风俗造像四类。首次对湖南明清宗教造像进行了进行了系统性研究和比较性研究，抽出各宗教神祇体系在湖南信众中最具普及性和代表性的造像逐一进行了深刻的剖析。最后，文章对湖南明清宗教造像的形式规律、艺术手法、艺术风格、传承发展、制作工艺及流程、审美特征进行了研究。从艺术和美学的角度对湖南明清宗教造像做了一次归纳和总结。是对湖南宗教艺术研究的补充完善，也为今后湖南宗教雕塑艺术的研究提供借鉴和参考。

当下装饰雕塑的材料与工艺研究

【作者】杨华　【导师】袁牧　【出版授权与投稿人】苏州大学

【作者基本信息】苏州大学，设计艺术学，2007年，硕士

【关键词】当下　装饰雕塑　材料与工艺　审美　应用

【摘要】当下装饰雕塑的材料与工艺是其作为艺术形式的物质基础，在艺术研究和实际应用中具有重要意义。在当下装饰雕塑创作者中，有些虽然具有相当的审美造型基础，但是作为艺术实践，无法逃避的问题就是对材料及工艺的把握运用能力，这种能力很大程度的影响并限制了装饰雕塑的创作空间。本文从装饰雕塑的相关基本概念的概述；装饰雕塑与材料工艺的关系；装饰雕塑材料与工艺的特征；以及材料与工艺的类型及其应用四个方面进行分析阐述，对当下装饰雕塑的材料与工艺进行了探讨和研究。材料与工艺是艺术创作的基本物质保证，也是表达情感的基本前提。它们之间相互促进和制约。传统装饰材料与新形式材料，工艺与审美的因素，如质感、色彩、肌理、成型方式、表面处理等等，在当下装饰雕塑现实应用中分别占据着各自的

重要位置。作为审美产物的装饰雕塑必须协调审美方式与材料工艺的矛盾关系，使材料与工艺为装饰雕塑创作开拓出更广阔的空间。而创作者也应该具有一定的相应知识和实践能力，并不断充实新材料新工艺在装饰雕塑中的应用能力 。

论雕塑的材质美

【作者】刘雅丽　【导师】陆军　【出版授权与投稿人】景德镇陶瓷学院

【作者基本信息】景德镇陶瓷学院，美术学，2007年，硕士

【关键词】 雕塑　天然材料　人造材料

【摘要】在生存与艺术实践中，人们逐渐领悟到材料在雕塑中的重要性，了解其性能，并感受材料肌理的美感。从雕塑材料由泥土、木到石，进至人工复合材料(如陶瓷和青铜等)运用的过程来看，材料选择是在其性能不断被感知中进行的。雕塑艺术利用了广泛的和在科学技术进步过程中经常得到丰富的一组造型材料和色彩材料。而每种材料都有其各自不同的品格，如木与石质地不同，陶瓷与金属光泽各异，即使是同属石材的汉白玉与花岗岩，或者同属金属的不锈钢与青铜之间，也都各自存在着不同的特性，因此材料质地的致密与疏松、纯净与夹杂、柔软与坚硬等不同特性，都蕴含着与主题造型相关的因素。最大限度的挖掘材质的特性，也即是探索材质的美，跟形式完美的结合，是每个雕塑家的最终目标。

从文化角度论中西方建筑与雕塑关系的异同

【作者】洪震颐　【导师】陆军　【出版授权与投稿人】景德镇陶瓷学院

【作者基本信息】景德镇陶瓷学院，美术学，2007年，硕士

【关键词】文化　建筑　雕塑　比较　中西方

【摘要】文化归根结底就是人化，是人的本质的体现，是人区别于动物的标志，有物质和精神两个方面，具体的可以分为三个层面：一是最表层的物，即人类的物质产品；第二层是心物结合，直接指导着物的创造；最深层的是心，相当于精神文化，是最终决定性的层面。建筑与雕塑作为文化整体的组成部分，从其物质表象可以发掘出各自底层所蕴含的那份精神文化力量。从这个精神文化的角度去比较中西方两者之间的关系的异同，就不应该只停留在它们各自的外在形式、风格和流派的层次上，而应深入到其决定性的层面，即文化的心的层面上去。从中西方自古以来形成的截然不同的政治体制、伦理观念、宗教信仰、心理气质和自然观等方面去分析和理解。中国2000多年来的礼乐精神及由此决定的人生观使得建筑成为炫耀君权的政治工具，常常是“非壮丽无以重威”。而雕塑在佛教未传入中国之前则以丧葬类雕塑为主，反映了礼乐精神下的生死观，且人物雕塑较少，建筑与动物雕塑的关系较紧密。西方人对宗教和神祗的态度比中国人来的强烈得多，有一段时间甚至是痴迷不可自拔，雕塑中反映神人的题材相当多，与建筑的关系总体上是相辅相成，互相补充的。与之相比，中国人的宗教则冷静清醒得多，神祗不再是高不可攀、神秘而恐怖的形象，特别是自东汉佛教传入中国以来通过民族化的大融合时期逐渐趋于世俗化。佛教建筑也借鉴于世俗建筑，不像西方教堂那样有高耸入云的尖顶，给人精神上的压迫，而佛教造像也呈现世俗化的发展。在自然观上也迥然有异，一个是绝对禁止违背大自然的固有逻辑，另一个则是强调人对自然的征服，在此之上产生了两种相反的园林艺术。在新的历史条件下，随着人们对人的本质这一内容的再认识和人的价值的重新审视，文化领域出现了前所未有的多元化现象，中西方在各自发展的轨道上相互取长补短，在建筑与雕塑关系上也有了新的发展点——公共艺术。在中国公共艺术的发展过程中虽然困难重重，但通过努力必定可以找到适合中国国情的道路。

关于雕塑创作在材料选择方面的研究

【作者】席秀良　【导师】杨冰　【出版授权与投稿人】景德镇陶瓷学院

【作者基本信息】景德镇陶瓷学院，美术学，2007年，硕士

【关键词】雕塑　材料　创作　文化

【摘要】雕塑的历史源远流长，至今已经经历了数千年历史的演变与发展。在创作题材，表现形式和使用手法上每一个时代都有不同的特征。雕塑材料的使用在不同的时代、不同的社会观念下，在使用的种类、范围和方法上也都不同的表现。对雕塑创作在不同时期、不同的思维方式下材料的使用方式的研究，可以帮助我们站在历史和理论的高度进行思维性判断和分析，可以让我们有更清晰的认识和更全面的判断，对雕塑创作提供一些有意义的启示。本文从雕塑的起源入手经过分析、梳理和归类。分别从雕塑材料相关的材质、技术、环境、空间、文化背景、表现手法等六个方面的若干个问题对其进行了分析论述。通过对雕塑材料相关的研究，有利于更全面的了解雕塑艺术，更深刻的认识雕塑材料在运用时的价值，可以对艺术家在雕塑艺术创作当中寻找到更适合表现方式提供更有意义的启发作用。从上至下，从里到外使材料在雕塑艺术创作当中得到升华，使雕塑材料在艺术家的手中释放新的生命力。

论景德镇传统釉上彩雕塑瓷

【作者】张红霞　【导师】曹春生　【出版授权与投稿人】景德镇陶瓷学院

【作者基本信息】景德镇陶瓷学院，美术学，2007年，硕士

【关键词】景德镇　釉上彩　雕塑瓷　传统彩塑

【摘要】景德镇陶瓷雕塑的历史悠久而灿烂，尤其以釉上彩雕塑瓷之精工重彩、富丽堂皇、形神兼备、大俗大雅的风格，在中国陶瓷雕塑史上占有重要的地位。景德镇传统釉上彩雕塑瓷的辉煌成就，既得益于景德镇独具特

色的胎釉材质和高度发达的瓷器釉上彩绘工艺，又受到明清宫廷文化和市民文化的深刻影响；既继承了中国传统彩塑艺术塑绘结合的特征，又发展出与众不同的装饰特色，展示出不同时代的特色与风格。近现代景德镇传统釉上彩雕塑瓷经历了短暂的沉寂与衰落之后，在新中国成立之初重新焕发生机，出现了大批现实主义的雕塑作品。然后又经历文革的特殊时期而步入改革开放的新时代。中国现代艺术接受改革开放和西方文化的重大影响而蓬勃兴起，近年来出现一支汲取景德镇传统雕塑瓷釉上彩绘特色，创作观念性釉上彩雕塑艺术的潮流。本文回顾、分析和总结了景德镇釉上彩雕塑瓷的时代特征及其与各时代釉上彩绘工艺的关系，从雕塑材质、彩绘工艺等方面着重分析了景德镇出现独特釉上彩雕塑瓷的原因，并且将景德镇釉上彩雕塑瓷放在中国传统彩塑艺术的大背景中来研究，突出其共性中的个性。本文还放眼中国现代艺术中观念性釉上彩雕塑艺术的新生现象，指出中国现代艺术在运用景德镇釉上彩技艺的同时，为其注入新的思想和观念，达到了突破性的艺术表现效果，使现代与传统的相逢激发出灿烂的火花 。

论中国古代雕塑的线条

【作者】肖长生　【导师】陆军　【出版授权与投稿人】景德镇陶瓷学院

【作者基本信息】景德镇陶瓷学院，美术学，2007年，硕士

【关键词】雕塑　线条　写意　曲线造型

【摘要】中国是一个拥有着古老文明的国度，勤劳而勇敢的中国人民在漫长的岁月里，创造了辉煌的艺术。在世界雕塑史上，中国古代雕塑有着鲜明的民族特色及独特的审美趣味。以意象造型为主的中国古代雕塑，特别注重其线条语言的表达。本文通过对中国古代雕塑与线条历史的分析研究，阐明了各朝代雕塑线条的特点以及其演变的大致脉络，并进一步对中国古代雕塑不同形态线条生成的深层原因进行分析。中国古代雕塑线条不仅受到中国哲学及其美学的影响，同时也深受最富有民族特色的书法、绘画艺术线条的影响，因此中国古代雕塑的线条不仅仅具有装饰性和辅助造型的作用，它同时负载着这个古老而又浪漫的民族的传统文化精神。

希腊化时期雕塑艺术中的创新与回望

【作者】谭红梅　【导师】张五力　【出版授权与投稿人】南京师范大学

【作者基本信息】南京师范大学，美术学，2007年，硕士

【关键词】希腊化　雕塑艺术　古典主义　巴洛克风格　创新

【摘要】继古典时期之后，希腊美术在希腊化时期发生了新的变化，呈现一些与古典时期不同的特色，总体而言，这个新时期的雕塑艺术在形式上失去了古典时期的单纯、平易、和谐、静穆、节制、明朗的特质，少了理想化的色彩，脱离了理想主义的古典美的表现。在题材上雕塑家从丰富多彩的现实生活中选取题材。情感的宣泄、戏剧性的追求、形式语言的雕琢、丑陋与痛苦的表现，主宰着希腊化时期的雕塑创作。当然希腊化时期的雕塑艺术是在前人黄金时代雕塑艺术基础上的发展，在希腊化的后期古典风范的影子又频繁的出现在雕塑艺术作品中。“希腊化”这一术语是1836年普鲁士历史学家德罗伊森首创的。具体时间段是公元前323年亚历山大大帝去世到公元前30年罗马征服埃及之间。在希腊文明广泛传播并与其他文明交融的时候，美术中心也由希腊本土向东方转移，帕加马、以弗所、亚历山大城等地已是新的美术中心。新的艺术中心的转移带来了帕加马等国家城邦雕塑与建筑的繁盛，其中巴洛克雕塑风格代表希腊化时期雕塑艺术的繁盛。从题材和形式上都发生了不同于希腊古典时期的雕塑。从理想中的人和神，从历史题材和英雄人物扩展到世俗的人物，如老人、小孩、乞丐等等；并对各种人物外表、内心情感进行了多样化写实的尝试。这时期作品中激情和性格完全取代了古典的高雅静穆，浮华和象征完全取代了崇高与自然，新的创作灵感，戏剧化的情节与艺术家意欲炫耀精湛技艺完美的结合在一起。由于此时期人的思想是自由，神也就是现实生活中理想化的人，人本主义思想得到了完全的体现。这一时期涌现出许多姿容各异的美神雕像，更多的关注世俗的人体之美。世俗化和戏剧性在这个阶段已成为表现的主体，多样化和多元化是这个时代的要求。艺术家为艺术而艺术，用极具夸张的形式语言表现狂暴强烈的场景。在这大约300年的历史发展中，雕塑艺术的发展可分为三个阶段进行分析研究。一是从古典到希腊化的过渡期；二是“希腊化巴洛克”时期；三是古典的回顾期。当然，艺术发展的风格样式不可能清楚的用时间来界定。

从汉唐雕塑看中国古代雕塑中的浪漫主义色彩

【作者】郝建斌　【导师】温都苏　【出版授权与投稿人】内蒙古师范大学

【作者基本信息】内蒙古师范大学，美术学，2007年，硕士

【关键词】汉唐雕塑　中国古代雕塑　浪漫主义色彩

【摘要】中国古代雕塑艺术历史悠久，艺术价值颇高，是中国古代艺术的重要组成部分。而汉唐雕塑掀起了古代雕塑艺术发展过程的两次高潮，并有着深沉雄厚、博大精深的艺术特点，两个朝代存留在世的作品数量、质量都居历代之首，因此可以说汉唐雕塑的发展特点，足以代表中国古代雕塑艺术的基本特点。汉唐各自所处时代不同，以不同的方式、不同的过程促进了雕塑艺术的在本时期的发展。汉朝生机勃勃、开拓进取，在摆脱了秦朝的暴政阴影后，人的意识逐渐觉醒，在接受秦朝礼制和楚文化后，创造出具有浪漫主义色彩的大量雕塑作品；而唐朝大一统后，海纳百川，汉胡文化充分交流融合，在开放、自由的艺术创作环境中，也产生了很多有着浪漫主义色彩的雕塑作品。因为汉唐雕塑的伟大，汉唐雕塑所具有的浪漫色彩，足以证明中国古代雕塑中浪漫主义色彩的存在。中国古代雕塑中浪漫主义色彩的产生存在也是有着独特的背景原因的。文章通

过分析，阐述了本土文化根源、中国古人的生死观影响、北方文化的互融影响等原因，并概括总结了浪漫主义在古代雕塑中发展的时段特点和情感表达的特点。旨在深层分析、佐证古代雕塑中浪漫主义色彩的存在，提炼浪漫主义所具有的现代性，从中吸收合理成份，开拓、创新，为中国古代雕塑的理论研究做出一定的贡献，使中国雕塑能永立世界艺术之林。

关于草原石人艺术的雕刻形式语言研究

【作者】杜俊平 【导师】温都苏 【出版授权与投稿人】内蒙古师范大学

【作者基本信息】内蒙古师范大学，美术学，2007年，硕士

【关键词】草原石人 雕刻 形式语言

【摘要】草原石人作为一种独特的草原艺术形式，融汇着草原人民的创造智慧与审美情趣，有着较大的研究价值。以往的研究多从历史、考古、民族角度切入，而以其雕刻语言角度分析、研究草原石人的特有艺术价值、审美价值的文章还不多见，属于中国古代雕塑艺术研究的空白。本文拟从这一角度进行研究，全文分三个部分：第一部分着重介绍草原石人的基本情况。全面梳理了草原石人的地理分布情况、名称来源、基本类型，以及草原石人与其它地面遗迹的关系，全面而概要地介绍了草原石人的整体风貌。第二部分主要分析草原石人的雕刻艺术形式。阐释了草原石人的竖式造型的缘由、循石而刻借助石料本身形状雕刻、变形和夸张的表现手段、圆雕、浮雕和线刻相结合的造型手法，对其雕刻语言形式进行了深入挖掘与分析，基本勾勒出草原石人的雕刻艺术全貌。第三部分讲述与探寻了草原石人雕刻艺术的继承与创新问题，如何认识以及对其进行继承和创新，并提出自己的具体建议。草原石人是亚欧草原游牧先民遗留下的有代表性的艺术形式，深入研究草原石人雕刻语言形式，会进一步了解草原人民的精神内涵、美学观念，对于丰富中国传统雕塑艺术的表现形式，拓展中国当代雕塑的语言表达空间，都有一定的借鉴意义。

历史与现实的融合

【作者】朱志坚 【导师】段海康 【出版授权与投稿人】中央美术学院

【作者基本信息】中央美术学院，雕塑，2007年，硕士

【关键词】马里诺·马里尼 意境

【摘要】意大利雕塑家马里诺·马里尼(1901–1980)是20世纪在世界范围内最有影响力的雕塑大师之一。马里尼凭借他雕塑的骑马像、波莫那像、肖像创作、大量的油画版画作品，向我们展现出了他作为艺术家独特的创造力，以及他带给我们的深刻的人道主义精神。马里尼借古喻今，伟大的古代文明、艺术传统都是马里尼艺术生命中活的元素，同时，马里尼从未停止关注现实世界中发生的种种灾难并在艺术上对其做作强烈的回应。马里尼在艺术中巧妙地融合了历史与现实，这些不仅仅是马里尼独特艺术形成的原因和特性，更表现出了他的艺术以深度和广度。在本文中，我将按时间顺序对马里尼的整个雕塑生涯(1920–1977)做一个大致的概述。在对马里尼的个案研究中，我通过对他主要作品的分析、列举以及引用他本人关于历史、现实、艺术方面的论述来探讨历史与现实的融合问题，这对一个艺术家的形成和发展过程中所起作用的重大意义。在我学习和进行艺术创作时，我感受到了许多的迷惑甚至是一种虚弱。对我而言，面对伟大的古代文明，优秀的艺术传统，难道只能停留在欣赏玩味上？面对现实的种种，虽经历着巨大的社会环境、生存环境的改变，难道只是回避和一味地生活在错觉中？马里尼的艺术在这方面给予了我很大的启示，不仅在思想上，而且在视觉上，打动了我。马里尼陈述道："事物从来没有被创造过，也没有被销毁过，只是在相互地转换着，在这个相互的转换过程中，我发现了事物的本质，艺术家通过对情感的转译，赋予了事物以"意境"，我要补充的是，对雕塑家来讲，是赋予情感以"形"。

"陵墓雕塑"作为大地艺术之我见

【作者】郑天则 【导师】于凡 【出版授权与投稿人】中央美术学院

【作者基本信息】中央美术学院，雕塑，2007年，硕士

【关键词】陵墓雕塑 大地艺术 空间观念 人与自然的关系

【摘要】以大地艺术的视角分析陵墓雕塑，以陵墓雕塑的空间观念解释大地艺术，会得到一个空间观念的交叉点，也就是人与自然的关系探询。大地艺术的作品空间拓展到自然，它基于现代雕塑的发展以及对博物馆展厅的挑战。大地艺术家对于大自然的思考超越了审美需要，作品更多的展现并提出一种对于自然的思考。陵墓雕塑如果以一件作品来说更是综合的体现了东方思想中人与自然的思考结果，陵墓呈现古人的人与自然、天人合一、共生共灭的和谐关系的思考结论。基于对空间观念的交叉点，我们可以把陵墓雕塑作为大地艺术作品来看，根据此空间观念下的空间语言分析比较，更能清晰地看出陵墓雕塑中各种空间元素的运用方式。也会对空间中各艺术元素对于空间整体精神表达方式有新的借鉴学习的可能。

思索当代雕塑的材料同一语言

【作者】福田全启 【导师】隋建国 【出版授权与投稿人】中央美术学院

【作者基本信息】中央美术学院，雕塑，2007年，硕士

【关键词】雕塑材料 人工塑性材料

【摘要】史前人类使用的雕塑材料是木、石、黏土、兽骨皮革等。此后，开始使用从自然环境容易得到的金、铜等金属，现今石化工业设备生产的塑料和到20世纪才能批量生产的轻合金等各种各样的物质按照它特征和适合用途成为当代雕塑材料。雕塑材料可以分成两大类。一种是木材和石材等自然行成块状的"自然材料"，另一种是金

属，陶瓷，塑料等人力改成块状的“人工材料”或“可塑性材料”。(以下称为“人工塑性材料”)我受到大学美术教育之后，正好过20年。回顾自己作品使用的材料都是人工塑性材料。这并不是因为要刻意避开使用自然材料，只不过在我的创作环境里容易购买。另外，人工塑性材料的优点在于：在理解一些材料物质特征之后，可以通过材料调剂和温度调整管理等人力操作，能够改良其加工性并改善其耐久性等其他因素。因此，本论文的研究对象是过去我亲身经验的人工可塑性材料为主。但是“人工塑性材料”里的陶瓷、金属和塑料的结构物质元素是完全不同的种类，需要进一步研究各种材料的特性从而摸索出物质特征的共通项。因此，在正文开头以化学基础重新整理物质构造之后，具体举出以陶釉调配成分作为人工塑性材料的典型例子来深入阐述。“雕塑”这个艺术表现方法含有的定义，其一是“物质”。在我的雕塑创作过程中，时常感觉到“雕塑”在某种意义上是一种跟雕塑材料的“对话”。跟物质“对话”是没法用人间语言，而只能靠五感观察。雕塑材料是装沉默寡言，但有时用六感来回答，激发新的创作“灵感”。

环县兴隆山清代砖雕艺术研究

【作者】柳庆龄　【导师】包建新　【出版授权与投稿人】西北师范大学

【作者基本信息】西北师范大学，美术学，2007年，硕士

【关键词】兴隆山　砖雕　艺术特色研究　艺术价值研究

【摘要】砖雕是从汉代画像石演变而来的一种艺术，属于雕塑艺术的一部分。甘肃环县兴隆山清代砖雕作为民间传统艺术之一，具有浓郁的地方文化特色。这些砖雕艺术图案，有相当高的艺术价值和历史价值，其不仅反映了晚清时期的建筑装饰图案的艺术风格和发展成就，同时还折射出当时的社会意识形态。本论题为《环县兴隆山清代砖雕艺术研究》，是想从环县兴隆山清代砖雕艺术特色入手，以研究其艺术风格，同时分析影响并促成砖雕艺术的各种因素，目的是更准确地把握环县兴隆山清代砖雕艺术的历史价值和现实意义。论文第一章阐述了甘肃环县兴隆山砖雕庙宇概况；论文第二章对兴隆山砖雕艺术产生的历史背景进行了分析，目的是为下面章节的重点论述和分析打好基础和框架；论文第三章介绍兴隆山清代砖雕的类型及表现手法；论文第四章从艺术的层面深入分析兴隆山砖雕的艺术特色；论文第五章概括总结兴隆山砖雕的艺术价值。环县兴隆山清代砖雕的纹饰和题材更是研究明清地域建筑装饰纹样的生动资料。所以环县兴隆山清代砖雕的研究意义在于继承传统、保护文化遗产。并且期望通过对环县兴隆山清代砖雕艺术的研究，深入挖掘其精神内涵，深入领会其文化意蕴，以及从它的艺术语言、形式与风格中得到新的启示。

东郭先生的“困惑”

【作者】张连喜　【导师】展望　【出版授权与投稿人】中央美术学院

【作者基本信息】中央美术学院，雕塑，2007年，硕士

【关键词】人类利益　自然生命　自我悖论

【摘要】之所以选择这样一个题目我想是与我所经历的人生不同阶段中对于生命的静观所得有关，我想通过这件作品与这段文字阐述身处当下社会的我对于人类与其他生命之间关系的困惑与思考。起初我试图通过作品兴师问罪于我们人类对于其他生命的残酷与亏欠，但结果发现这是一个自我解嘲的悖论，于是我证明不了什么也分不出什么是与非，因羞愧自责而空白的大脑里隐约的感触就像被农夫训斥后的东郭先生一样不知所措，在经历过适者生存这一自然法则的洗礼后，如果我还要坚持做些什么，我想一定是因为那包括东郭先生在内人人都有的说不清亦道不明的恻隐之心吧。

论当代城市雕塑的情境意义

【作者】谭炜　【导师】孙绍群　【出版授权与投稿人】湖北美术学院

【作者基本信息】湖北美术学院，雕塑，2007年，硕士

【关键词】城市雕塑　情境　空间建构　公众参与；

【摘要】本文从城市雕塑的情境概念出发，旨在提出当雕塑置于城市公共环境当中，就不再是一件孤芳自赏的艺术品。它不仅仅作为独立的对象存在，更多的是被赋予了心理性、社会性、文化性的象征意义，从而实现人与城市环境之间情感的沟通。城市雕塑作为公共艺术的一种重要表现形式介入到城市空间，与周围环境的相互依赖、协调发展。作为城市的重要组成部分，城市雕塑在提高城市生态环境品质、传达大众情感交流等方面发挥着重要的作用。同时在展现城市整体风貌，提升城市整体形象，创造潜在经济价值等方面，也具有举足轻重的意义。因此，如何在“公众——雕塑——环境”的情境关系中建构审美文化场景，是本文讨论的重点。文章通过三个部分来论述，第一部分是关于城市雕塑的城市背景和情境理念的阐述，分析了城市设计的实质以及在此背景下城市雕塑情境关系的设置；第二部分是探讨城市雕塑情境意义的生成与表达，从城市雕塑情境空间建构和城市雕塑在情境中的多元化表现两个方面来阐述如何实现和完善城市雕塑的情境建构，并结合实例加以阐叙；第三部分是论述在塑造城市雕塑情境时所应遵循的创作原则，在城市雕塑策划、酝酿、构思、实施的整体过程中，与之相适应的原则指导可以保证创作理念能够有效传达 。

中小城市公共艺术建设的调查与思考

【作者】陈继军　【导师】唐晖　【出版授权与投稿人】中央美术学院

【作者基本信息】中央美术学院，壁画，2007年，硕士

【关键词】公共艺术　建设　地域文化　台州

【摘要】公共艺术是城市面貌的重要组成部分，是城市历史文化的重要载体。一件成功的公共艺术作品呈现出了一座城市的文化品位和精神风貌，它以其特有的艺术形

式潜在地影响公众的生活品质，在使城市纹理与色彩趋于丰富的同时，美化了城市环境。本论文主要采用文献查阅、社会访谈、问卷调查及实地调查相结合的方法。通过文献查阅，对国内的公共艺术发展历程及现状进行系统地分析，并就发展过程中的问题和现状进行了阐述。台州是浙江中部沿海传统文化积淀非常深厚的地区，其在20世纪改革开放后地方经济取得了长足的发展，是中国股份合作制的发源地。作为新兴的沿海中小城市，研究该区域的公共艺术发展态势将显得非常有意义。本文通过对台州市域公共艺术的受众和建设者的访谈，了解掌握双方对台州目前城市公共艺术状况的理解，并选取不同区域内具典型代表性的样点进行实地调查，从公共艺术与自然空间环境关系、公共艺术价值作用体现、公共艺术管理等几个方面入手，去更为细致地分析台州公共艺术的建设现状。整体而言，由于台州城市化历史较短，相比北京、上海、深圳、杭州等大中城市，公共艺术建设处于落后阶段，未来还需要相当长的路要走。本文在对台州公共艺术作品的调查基础上，结合台州特殊的城市环境、城市空间和城市文化，对台州目前现有的公共艺术建设情况作了具体的案例分析，指出了问题和症结所在，并给出了部分合理的建议；同时就台州的未来公共艺术发展提出了一些构想，其中包括公共艺术的表现类型、主题策划、发展原则以及建设机制等方面内容。台州作为一个有着深厚文化历史积淀和新兴的现代中小城市，公共艺术建设要摆脱单一的以城市雕塑为主导的公共艺术表现形式，吸收国内外发达城市的有益经验，以当代思想切入，整合传统资源，与时俱进，方能形成台州的公共艺术个性特征。

中国传统艺术资源与当代雕塑

【作者】陈洁　【导师】吕品昌　【出版授权与投稿人】中央美术学院

【作者基本信息】中央美术学院，雕塑，2007年，硕士

【关键词】传统　景德镇现象

【摘要】1.研究目的：笔者在考察景德镇的陶瓷资源的过程中，注意到自20世纪90年代初到现在，有大批当代雕塑家对景德镇的陶瓷资源兴趣浓厚，并以各种方式把这一资源引用到自己的创作中，从而成为一个深具影响力的现象。由此，笔者产生了要研究这一现象的想法，通过研究“景德镇现象”的起因、现状、所存在的问题以及后来可能的发展趋势，一方面，可以更深入了解民族传统文化在当代语境中的价值；另一方面，因为笔者自己也是处在这一现象中，因此，也对自身在创作实践中寻找创新之路提供理论帮助。2.本文所运用的研究方法。调查研究法：通过全面采集实例，找出问题的普遍性，为立论提供可信的事实基础。理论研究法：使行文更严谨、科学。为立论寻找理论支撑。分析研究法：以实际事例出发进行分析、研究，提出建议、对策和解决问题的思路。3.研究成果：本文从研究当代艺术如何运用传统资源的文化背景出发，通过对“景德镇现象”的成因、历史价值、现状、及发展趋势的深入细致的研究，在同类研究中第一次认真详尽的对这一重要的当代艺术现象进行理论梳理，揭示出这一现象中隐藏的问题，并提出了解决这些问题的建议。4.论文结论：“景德镇现象”中成功的艺术家们在借用西方语言的基础上构建了一个如何运用传统的独特模式，在这一模式中，他们用一种民族特殊性来强调中国性。因此具有一定的学术价值，也正是这种模式的直接有效的特性，间接导致了后来出现的语言同一化，思维模式固定化，视觉效果装饰化的倾向。艺术家们在避免这一倾向时，可以尝试在本土传统资源中找到对精神诉求的东方式的表达，用东方而不是西方的方式建构一个模式，用它来审视全人类共同面临的、而不仅仅是中国人面临的问题。也许这样，我们才有可能同时避免当代艺术走向“西方化”或“狭隘民族化”。

封存的记忆

【作者】郑路　【导师】孙伟　【出版授权与投稿人】中央美术学院

【作者基本信息】中央美术学院，雕塑，2007年，硕士

【关键词】封存　记忆　价值

【摘要】“封存计划”是我于2006年初开始的一项长期的计划。计划封存出现在我生命中的事物。消费时代的来临剥夺了以物怀旧的情素，不断的更新换代，不断的以效率取代质量，这引起我对存在事物的价值与其存在背景的关系的反思。将承载了我不同时期的记忆的物品封存起来，使其成为回忆的真实证据。这些物件不但体现出时代的特色，同时也证明我选择它成为我的所有品的背景。“封存计划在中央美术学院”是“封存计划”的延续，从个人行为发展到在一定范围内的公众行为，将从公众征集来的物品用水泥封存，封存其曾经存在的价值与形式，以极简的方式重新展现在人们面前，以唤起人们对自身以及所有出现在自身周围事物的思考。私人物品和公共空间，两者本无必然联系。将承载着私人情感的物品用水泥封存，最后放置在公共空间内，所能产生的效应却是多重的。文章介绍了“封存计划”始末，对私人物品置于公共空间后所引发的对话交流、开放性及公众与公共空间权利等问题进行了论述。

中国传统陶塑中“立面”空间的创造性

【作者】厉力　【导师】张晓莉　【出版授权与投稿人】湖北美术学院

【作者基本信息】湖北美术学院，陶质雕塑，2007年，硕士

【关键词】陶塑　“立面”空间　创造性　开放性

【摘要】本论文以西方建筑领域中“立面”的空间概念作为艺术视角，论述中国古代陶塑所创造出的“立面”空间的开放性。中国古代陶塑艺术品有着极为丰富的遗存，但是缺少系统的理论研究。所以，本论文以中国古代社会历史和文化的大背景作为古代陶塑发展史的总体脉络，来研究中国古代陶塑造型所创造的开放性“立面”空间是比较严谨地研究方式。本论文将中国古代陶塑与西方古典

雕塑所创造的“立面”空间作了详尽的比较，概括了中西方审美理想的相似性与差异性。在20世纪的现代艺术革命中,古典雕塑通过发展而建立起来的空间概念的规范受到质疑、挑衅和颠覆,现代艺术在瓦解古典空间内涵的基础上并未建立起一个新的合理的现代空间概念。所以,此时研究中国古代陶塑建立的“立面”空间的创造性和开放性是一件有启发性意义的工作。

随“类”赋彩

【作者】李学兵　【导师】陈科　【出版授权与投稿人】中央美术学院

【作者基本信息】中央美术学院，雕塑，2007年，硕士

【关键词】当代　具象雕塑　色彩

【摘要】雕塑色彩和形体是一个硬币的两个面，本是不可分的。艺术家在在构思一件作品时肯定对雕塑的最终呈现面貌有所考虑。当然表面的颜色和质感有其偶然性之处。象“泥性”“塑痕”木石的肌理色彩等。由于雕塑材料本身是有颜色的，所以从这个意义上说，雕塑都是有颜色的。但对雕塑表面涂色20世纪90年代以前的中国现代雕塑中恐怕只是偶然现象。从学院雕塑教学设计上来讲雕塑与色彩关系的研究几乎可以忽略不记。但20世纪90年代中期以后中国当代雕塑却越来越多地涉及到颜色。从而成为当代雕塑发展的一个重现象。本论文的目的是通过对当代中国具象雕塑发展的国际、国内文化语境，中国当代雕塑自身发展的上下文关系来看具象雕塑对颜色的运用现象，试图通过展示方式，创作方式、文化思潮、色彩特性、颜色与雕塑形体以及上色的工具材料和形式技巧等方面来探讨雕塑和颜色的关系。在纵向上有按照时间顺序对色彩在雕塑发展脉络上体现的清理，在横向上结合个案分析对颜色与雕塑种种关系的体现加以总结探讨。由此我们可以看出当代色彩雕塑的发展是时代之需也是雕塑自身多元化的必然。当代雕塑的色彩理应作为雕塑研究曾经被忽略的领域重新加以重视。

宋代以前道教太上老君石刻造像形象初探

【作者】毛小平　【导师】卢丁　【出版授权与投稿人】四川大学

【作者基本信息】四川大学，美术学，2007年，硕士

【关键词】道教　太上老君　石刻造像　传统文化

【摘要】国外有人把道教称为“汉学中的汉学”形成了日本、法国、美国三个主要的研究中心，国内对道教的研究相对于其他学科起步比较晚。在中国的哲学史上，在所有的哲学家中，身后遭遇最离奇的莫过于老子，本来是反对宗教的，后来竟成了道教祖师太上老君。老子的身世、时代是华夏历史上的一大悬案，历代研究老子的相关书籍，可谓是汗牛充栋，数不胜数，其人的存在于世是基本被中华文化圈中的普通民众以及多数学者所肯定的，属于有史可考的历史人物。而老子在后世的神化演变极其丰富，堪称中国历史上最宏大的一次造神运动。在对老子思想的研究已经达到一个相当的高度的同时，对于老子的形象，特别是道教奉老子为教主后的形象研究很少有人探讨。道教石刻造像是中国宗教艺术的重要组成部分，是中国历史文化遗存的形式之一。虽然他的数量远远不及佛教石刻造像，但却是研究道教的宝贵实物资料。本文选取老君造像为研究对象，对魏晋南北朝到宋代的老君造像外貌形象进行梳理，结合道教文献资料，分析影响其造像的因素。笔者认为，虽然从整体上看道教石刻造像的形制主要是受佛教的影响，但是在单个造像的具体表现中，即太上老君造像形象中，道教和传统文化的影响占据了绝对优势。老君的造像基础是历史、文学以及道教经典中形象描述的整合与提升，最终是在民众中丰富完成并得到肯定的。它的精神不但体现了士大夫文化，同样体现了劳动人民朴素的宗教观和宗教情感。

试论中国古代雕塑在旅游中的作用

【作者】周菁　【导师】黎启全　【出版授权与投稿人】贵州大学

【作者基本信息】贵州大学，美学，2007年，硕士

【关键词】中国古代雕塑　人文旅游资源　构建　满足作用

【摘要】本文研究的核心对象——中国古代雕塑，是指我国古代遗存下来，凝聚着历史文化思想、艺术审美理想、宗教哲学思想以及展现时代风尚和社会风貌的雕塑艺术作品。传统对中国古代雕塑的研究多半囿于考古学、历史学、人类学和艺术学，但很少有人站在旅游的角度，把它们当作旅游资源来研究。它们大量存在于中国的各种资源依托型旅游景区中，以其丰富性、独特性、神秘性吸引着中外游客，是一种宝贵的旅游资源。本文就是站在旅游的角度，以美学的视野来探索中国古代雕塑在旅游中的作用的。首先，作为旅游客体的中国古代雕塑是一种人文旅游资源，它们具有可观赏性、自在性、潜在性这三个旅游资源的规定性特点，并且大量存在于中国七大类人文旅游资源的每一类中。其次，中国古代雕塑作为一种人文旅游资源，在资源依托型旅游景区的构建中，起着巨大作用。有的古代雕塑能够独立构建旅游景区；有的古代雕塑与其它人文旅游资源一同构建旅游景区；还有鲜少的一部分古代雕塑与自然旅游资源一同构建旅游景区。再次，中国古代雕塑在旅游者旅游观赏中具有满足旅游者审美心理需求、满足旅游者文化思想教育需求、提高旅游者审美修养的作用。它们以独特的美，为旅游者带来从视觉到情感上的满足，从而实现其艺术意境的表达。最后，有许多经典的古代小型工艺雕塑，被制造成为仿古雕塑纪念品销售，对旅游者来说具有纪念一段旅游经历、装饰和美化环境以及作为实用品使用这三种作用。

基于城市形象塑造的公共空间导识系统设计初探

【作者】王裴　【导师】李向北　【出版授权与投稿人】重庆大学

【作者基本信息】重庆大学，美术学，2007年，硕士

【关键词】公共空间 导向 导识系统 城市形象 城市特色

【摘要】人类积聚在城市里生活，每天都在感受城市。城市本身也是人们能感受、接触和观察到的城市形象要素的表现体系。通过城市形象内部各子系统间的整合，可以形成城市特色，其中很重要的一方面就是通过信息标识系统在方便人们体验城市生活的同时展示城市特色的地域文化、风俗人情和时代风貌。现代城市的多元化、快节奏使得信息流纷繁复杂，城市信息系统的建立有助于提高环境的舒适性和便利性。城市公共空间导识系统，作为导向识别的媒介，为提高人们生活的方便和信息的传达而服务。本文主要研究的即是基于以上两方面融合的视觉传达体系，即基于城市形象塑造的公共空间导识系统。文章从城市公共空间导识系统的概念入手，理清其与城市形象的关系，探索基于城市形象塑造的公共空间导识系统设计原则和方法及其实例应用。笔者长期保持对山地城市地域特色和历史文化的关注，文章还特别针对山地城市形象塑造对导识系统的特殊要求，通过调查与分析探讨了山地城市公共空间导识系统设计的有关方法。本文共分为四个部分，其主要内容介绍如下：第一部分是全文的绪论，介绍论文的研究背景、主要内容和研究方法、框架。第二部分是论文的基础理论部分，由第二章和第三章组成。包括对公共空间导识系统概念的定义、类型的分析，并引入城市形象设计的概念。探讨二者的关系。第三部分是论文的方法探索和实例分析部分，通过对广州具体设计实例的分析，总结出导识系统的设计原则和方法论。并以重庆洪崖洞民俗风貌区行人导识系统的调研，探索具有重庆“山城”特色的导识系统设计方法。同时提出对人性化通用设计的关注。第四部分是论文的结语，基于理论和实例研究对未来导识系统发展的积极展望。

中国石狮造型艺术的嬗变及其美学品格

【作者】陈祥云 【导师】杨家安 【出版授权与投稿人】东北师范大学

【作者基本信息】东北师范大学，美术学，2007年，硕士

【关键词】 石狮造型 时代精神 意象之美 狞厉之美 对称和谐之美

【摘要】中国狮子文化肇始于汉代，至今已有两千余年的历史。随着狮了文化的产生、发展与成熟，狮子的艺术形象也早已成为中华民族独特的精神象征和文化符号，而其中以石狮造型艺术尤为突出。中国石狮艺术最初出现于汉代帝王、贵族官僚陵墓前神道两旁具有护卫的石刻群中，并由此传袭，经由魏晋南北朝、唐，至宋代以后渐入民间，使用也日趋广泛。此间，石狮艺术受思想观念、时代精神等多种因素的影响，造型不断发生变化，但是到了明清，石狮的造型开始稳定，并趋近程式化。石狮艺术经过长期的发展演变，除了呈现强烈的民间性以外，还有着不可替代的魅力及成熟的发展形态，其内容所体现的伦理、宗教、民俗意蕴美与所蕴含的线条、形制、动态的韵律美，构成了东方艺术独特的美学价值。面对喜闻乐见而又林林总总、蔚为大观的石狮艺术，作为总体性研究，从具有代表性的作品入手显得尤为重要。文章在对最具有代表性的石狮艺术形式作典型性研究的基础上，结合文献有关资料，着重考察了石狮造型艺术兴盛的动因、狮子在诸多灵兽中的地位问题，以及采用断代的形式梳理石狮艺术由汉代至明清整体样式的流变，以综合运用图像学(意义解读)、艺术风格学(形式分析)及文献学的方法通过考证、对比探讨其独特内涵和精神指向，揭示艺术形式形成的内在原因，总结归纳其凸显的时代精神和美学品格。

论雕塑的综合材料表现

【作者】王毅 【导师】殷小烽 【出版授权与投稿人】东北师范大学

【作者基本信息】东北师范大学，美术学，2007年，硕士

【关键词】材料 表现 雕塑 运用 表达

【摘要】本文探讨了中国雕塑艺术和西方雕塑艺术中综合材料表现的出现及发展过程，它作为社会文化艺术的组成部分，有其特有的基础和成长历程。针对现代雕塑艺术中的雕塑的综合材料表现发展趋势，文中研究了作为雕塑的综合材料表现的基础阶段的中国早期雕塑创作对材料的理解及运用和西方国家早期的材料雕塑创作对所使用的材料的理解，并结合雕塑家及其作品对西方雕塑的综合材料表现的出现和发展过程进行研究，从而比较中国本土雕塑艺术中的综合材料表现的出现和发展，更进一步的分析、研究、说明中国本土雕塑的综合材料表现的民族化特征，及其所具有的旺盛的生命力。只有民族的才是世界的，具有本民族特征的雕塑的综合材料表现的发展是人类社会发展，人类文明进步的产物，越来越多的艺术家投身于对它的研究与创作实践，它的发展是先建文明的表现。

民族风、民族魂

【作者】白玉 【导师】殷小烽 【出版授权与投稿人】东北师范大学

【作者基本信息】东北师范大学，美术学，2007年，硕士

【关键词】传统文化 原始艺术 民族魂 现代陶艺

【摘要】本文结合中国当前雕塑、陶艺的发展状况，以及中国陶艺发展过程中出现的问题，置疑陶艺领域中部分艺术家对现代陶艺概念的理解，主观缩小了现代陶艺概念的外延，将陶瓷界定为雕塑的一种材料表现形式。通过分析当前主流艺术以及国内外雕塑家、陶艺家对民族性的认识情况，提出继承发展中华民族传统文化的重要意义，并指出民族魂的内涵，以及在艺术创作中如何展现本民族文化。文中追溯了民族风貌，民族审美、民族精神等问题在中国古代雕塑作品(陶塑作品)中的具体体现，分析陶瓷媒介与本土文化之间深层次的联系。通过分析20世纪现代艺术对于原始艺术的借鉴与吸收，揭示艺术创作的本质性问题，进一步阐述艺术家对本土艺术的借鉴和吸收在当代艺术创作中的意义。在新的历史时期研究雕塑艺术创作中的民族性的问题

具有重要的意义。文中通过分析中国古代优秀的传统文化,寻找传统艺术中精神性的东西,倡导艺术家弘扬民族文化,展现民族精神,在面临当今世界主流艺术冲击的今天,艺术家如何看待本土艺术,对我国当代雕塑艺术的发展,陶瓷艺术的发展都具有深远的影响。

传统陶塑艺术在现代陶塑教学中的应用及发展

【作者】桑征 【导师】殷小烽 【出版授权与投稿人】东北师范大学

【作者基本信息】东北师范大学,课程与教学论,2007年,硕士

【关键词】陶瓷雕塑;陶艺创作;陶俑;成型方法

【摘要】一直以来,“陶艺是一种文化,是生活与思想相结合的行为”这种看似直白的理想论断充斥在我们四周,好像与现实中为了追求更大的效益,而进行着大批量机械生产的陶艺现象相去甚远。参照传统陶塑的起源与发展,结合当今多元文化给陶塑教学带来的冲击,解析在这种看似矛盾的观念背后,传统陶塑技法对现代陶塑教学的深远影响。探索研究新的陶塑成型技法和装饰手法,以新材料、新观念的介入来推动陶塑艺术教学的进一步发展。从发展的角度看,综合材料的运用符合现代艺术创作的成长趋势,并且综合材料的运用同样也是现代陶塑艺术同传统陶塑艺术相区分的一个重要标志。通过对陶俑形制发展变化的过程来介入,阐述其实任何一种艺术形式的发生、发展甚至灭亡,与当时所承载的历史文化的发展和变化密切相关。传统应该成为我们成长的基石而不是障碍。传统工艺技法对现代陶艺教学的影响是深远的。纵观古今,我们不得不承认,那些由族群共同创作,承载反映当时人文现象的传统工艺,比起今天所谓个性的艺术创作有更大的力度和深度。所以说:只有过时的思想,没有过时的技术。技法是不会过时的,不管你喜不喜欢,接不接受,任何一种技法都有它的忠实追随者。

《考工记》玉器设计思想研究

【作者】王梦周 【导师】邹其昌 【出版授权与投稿人】武汉理工大学

【作者基本信息】武汉理工大学,设计艺术学,2007年,硕士

【关键词】考工记;玉人;礼玉;设计思想

【摘要】本文主要研究《考工记》玉器设计思想。论文从历史文献入手,通过对文本的详尽解读,细致地挖掘每一种玉器器形的命名原因,形制规定,具体功用,设计思想,从而探究出《考工记》玉器设计思想的真正内涵。《考工记》跨越西周、春秋、战国三个历史时期,这正是中国古代玉器发展的重要历史阶段。殷商的玉器具有“神玉文化”的特点,而周代玉器最大的特点就是“礼玉文化”。天子、诸侯在祭祀、礼仪一系列的重大政治活动中享玉,其目的是为了强化以血缘宗法制度为核心的等级观念,巩固周代的政治制度,既而达到“礼”的最高的境界——天人合一。“天有时,地有气,材有美,工有巧。合此四者,然后可以为良。”是《考工记》全篇的核心设计理念。将自然万物的运行规律和社会的礼制统一起来,既尊重造物的规律也尊重人的道德观念,这正是《考工记》所追求的美善合一,以“和”为美的和谐设计观。这一设计思想对当代设计的可持续发展具有重要意义。这也是作者研究的意义所在。第1章主要论述《周礼·考工记》时代玉器概况。首先概述中国古代玉器发展的总体特征,然后重点分析西周、春秋、战国三个历史阶段礼仪用玉的情况。最后论及《周礼·考工记》成书年代,成书性质和《考工记·玉人》的概况。这一章是全篇论述的基础,从玉器研究的专业角度进行了论述。第2、3、4章是对《考工记·玉人》文本的研读。在立足文本的基础上,通过大量的古代文献资料,全面而细致地分析了《考工记·玉人》中所论及的圭、璧、琮、璋等每一种具体器形的命名、形制、功用、设计思想,试图探究出《考工记》玉器设计的精妙所在。这一部分是全篇立论的基础。第5章是对《考工记》玉器设计思想的理论分析。在前论的基础上从三个方面分析《考工记》玉器设计思想:一,《考工记》玉器用材思想;二,《考工记》玉器装饰思想;三,《考工记》玉器设计美学思想。《考工记》玉器设计体现了一种“以和为美”的系统设计观、和谐发展观。结论部分是对全篇论文的总结,指出蕴涵在《考工记·玉人》中的玉器设计思想对于当代设计发展的意义所在。

雕塑教学浅谈

【作者】于猛 【导师】殷小烽 【出版授权与投稿人】东北师范大学

【作者基本信息】东北师范大学,课程与教学论,2007年,硕士

【关键词】学院雕塑教学;基础训练;文化传承;材料语言;艺术理念培养

【摘要】从雕塑专业学院教育的现状与背景出发,从本学校的教学实践出发,结合当今雕塑艺术发展对学院教育的新要求以及雕塑艺术面向世界发展等因素,深入研究适应时代发展的教学意识与方法,解析学院雕塑教育的新目标,得出学院雕塑教育的基本思路。从而推动雕塑教育改革的进一步深入,推动对当代中国雕塑教学发展方向的思考。文章通过对美术院校雕塑教学的分析研究,结果表明,目前各学院雕塑教学中,重模仿人体,创作目的日益减少人文性与地域特点。因此,对雕塑语言创新的匮乏要在当代雕塑教学中找到相应的解决办法,研究适应时代发展的教学意识与方法,结合作品和案例分析,提出课程的具体目的要求、实施办法、学术价值,将雕塑教学从基础训练、民族文化传承、材料的应用、艺术理念的培养等几个方面分别进行阐释。充分体现出理论与实践相结合这一新时期课程结构的原则与特色,在研究新的教学意识与方法时,强调我们的基础教学应该着重培养学生成为一个当代雕塑家所必需的综合能力,所以我们应全力为他们提供尽情发展的平台,帮助他们发现自己内在的艺术生命的潜能。使雕塑教学的重点由被动的教转到主动的学上来,最后形成积极的良好的创作氛围是雕塑教学的关键。

现代主义雕塑中的身体表现

【作者】李新珂 【导师】刘万琪 【出版授权与投稿人】贵州大学

【作者基本信息】贵州大学，美术学，2007年，硕士

【关键词】雕塑 现代主义 身体 身体表现

【摘要】人的身体是雕塑作品的主要表现对象，是解读不同时期艺术和文化的一个特殊角度。本文运用艺术史中风格比较的方法，在界定了身体概念的基础上，展开对现代主义时期雕塑中身体表现的研究。首先，确定研究对象的内涵和外延，指出作为雕塑作品当中表达艺术家思想和观念的一种艺术形象的身体，不仅是自然的产物而且是文化的产物，并总是受到特定的历史时刻的限制和民族、地域、种族、性别的各种复杂的规定。其次，通过探讨现代主义时期关于"身体"研究的理论的兴起、原因和意义，指出"身体转向"的发生对当代艺术的实验方向与方法产生了重大影响，从而为研究现代主义雕塑中身体表现提供理论背景。再次，通过实例论证身体在现代主义雕塑中的具体呈现。在概述现代主义雕塑特点的基础上，对身体在现代主义雕塑中的表现进行具体分析，从而进一步了解身体表现在现代主义雕塑作品中的特点、发展趋势及表现形式，以及艺术家所处时代和哲学思潮对艺术创作中身体观念的影响。最后，对现代主义艺术作品中的身体表现进行归纳，文章认为：现代主义艺术中强烈的身体观念对形式主义观念的冲击，充分显示出形式主义的脆弱。我们应该从现代主义雕塑作品中身体表现的发展变化，特别是从身体观念对艺术作品中形式主义观念的冲击的角度解读雕塑作品，才能更好的欣赏当代雕塑作品，在创作上体现时代精神。

论城市雕塑的地域适存性

【作者】雷军良 【导师】牟运道 【出版授权与投稿人】西安美术学院

【作者基本信息】西安美术学院，美术学，2007年，硕士

【关键词】城市雕塑 地域性 适存性 城市雕塑

【摘要】城市雕塑对我国来说是一门经验不多的年轻艺术，它是在学习欧洲等国家的城市雕塑后不断创新的结果。作为城市公共艺术其中之一的城市雕塑，其特殊的存在方式要求对它的考察除了要关注自身的形象外，还必须与周围的"内、外"环境联系起来。自20世纪50年代以来，随着高科技，新材料，新结构的应用，造就了当代丰富而特有的建筑形式和城市空间形态，而新的空间形态使城市雕塑的创作面临着许多新的问题。另外，鉴于当前我国城市雕塑存在着概念化，雷同化和千篇一律的问题，本文以城市雕塑与空间环境的适应关系为核心，以其在环境中存在的合理性为出发点进行研究，强调了城市雕塑的地域性要求和适存性原则——以地域的文化为支点，以具体的环境为"舞台"背景，以地域的审美趣味为导向进行适应性"生长"，这样才能体现出城市的个性特色。希望以此问题的探讨能对城雕有更深层次的认识，更希望能产生更多与具体环境多层次协调的优秀作品并对逐步提高我国城雕的艺术水准及使其在城市空间中发挥更好的作用有所帮助。这也是本文的现实意义所在。

西安地域文化载体之城市雕塑研究

【作者】杭挥天 【导师】蔺宝钢 【出版授权与投稿人】西安建筑科技大学

【作者基本信息】西安建筑科技大学，设计艺术学，2007年，硕士

【关键词】地域文化 雕塑 城市雕塑 城市公共艺术

【摘要】杰出的城市历史学家刘易斯·芒福说道："城市的主要功能是化力为形，化能量为文化，化死物为活灵灵的艺术形象，化生物繁衍为社会创新。"我们的城市雕塑从艺术的角度记录了城市的历史、文化，从而体现了这座城市的地域特色和品味而成为地域文化的一个重要的载体。闻名于世界的古都西安，有着任何城市不可替代的深沉的历史文化底蕴，作为艺术设计专业的研究生，尝试从城市雕塑这种文化符号进行探索，分析西安当代的城市雕塑现状，以期能够发现问题，为将来的西安城市雕塑事业作一份力所能及的基础性工作。西安城市雕塑是近几年开始重视并发展起来的，文章涵盖了西安主要城区范围的城市雕塑，对其进行了分类和图标，并进行了数据和理论分析。在论述中，主要站在城市雕塑作为公共艺术的一个门类的立场而进行评价，同时站在设计艺术审美规律的角度分析了当前西安城市雕塑所反映出的多个问题，并作出相应的回答。从整体对西安城市雕塑现状的调研分析得出较为乐观的结果，虽然西安目前存在一些不理想的情况，但随着中国城市雕塑整体势态的逐渐良性化，西安的城市雕塑也将日新月异，

呼应与嬗变：论现代雕塑艺术创作中陶瓷与多种媒材的异质同构

【作者】段冬玲 【导师】吕品昌 【出版授权与投稿人】中央美术学院

【作者基本信息】中央美术学院，美术学，2007年，硕士

【关键词】陶瓷 综合材料 现代雕塑 社会环境

【摘要】当某种创作手法逐渐演变成为一种风格样式，并不断地为更多的艺术家接受、应用并扩展的时候，我们有必要以理性的眼光回顾和追溯形成这种艺术风格的历史渊源，以及这一艺术风格嬗变的轨迹，并因此对此种艺术表现形式进行更为理性、更为深沉而又执著的研究与探索。本文以异质同构的创作方式为切入点，论述在现代艺术进程中，不同时期的艺术家对陶质材料语言的尝试与创作方式的拓展，将原先以实用价值为主的陶瓷艺术，推进到现代雕塑的先锋状态，并进一步打破陶瓷雕塑单一材质的创作模式，走向以陶瓷为主要媒材的综合材料艺术的新空间，完成了陶瓷雕塑在现代艺术环境中形式、材料、主题等一系列语言方式的革新。这不仅是一种合于人类社

会发展的持续生发的艺术现象，更是一种艺术观念乃至文化态度更新的物性呈现，是艺术家在特定社会历史和文化环境中，以其创新观念和创作行为积极回应艺术潮流的自觉嬗变。在此基础上，本文将进一步探讨处于当下多元共存的社会生活和文化环境中，作为以陶瓷为主要创作媒介的当代艺术家，在继承与发展的前提下，突破陶瓷艺术单一材质及成型工艺的局限性，以应用复合媒介为创作手段，应合当下人类生存环境及精神空间对陶质雕塑的新的期待，从综合材料的实验角度出发，面向社会与文化，探索陶瓷艺术更加积极、深刻地介入到宽泛的社会生活之中的有效途径。

四川地区毗沙门天王造像研究

【作者】樊珂　【导师】卢丁　【出版授权与投稿人】四川大学

【作者基本信息】四川大学，美术学，2007年，硕士

【关键词】四川　毗沙门　天王　佛教造像

【摘要】本文从毗沙门天王单独成龛作为切入点，目前关于四川地区的毗沙门天王造像的许多基本情况都尚不清楚，因此本文力图整理出四川地区毗沙门天王造像的基本情况，并与敦煌、中原等地的毗沙门天王作图象的比较，运用各种学科的知识加以分析和理解，从各个方面更加深入探究，这样的研究才有基础和意义。本文运用历史学、美术考古学、图像学、标型学等的方法，对四川地区毗沙门天王造像进行探讨，从对这个主体形象出现的原因和历史背景出发，通过历史文献对四川地区出现的毗沙门天王进行分析；通过图像学、标型学的方法对四川地区的毗沙门天王作一个梳理；运用文化学、考古学等方法关注同时期其地方出现的毗沙门天王造像。最后结合历史文献以及考古报告，对四川地区的毗沙门天王造像作了一些资料的整理和考证，期望能够有更加清晰的认识。文章大致分为四个章节，第一章主要是概述了毗沙门天王的概念以及佛教经典中关于毗沙门天王的记载概况；第二章主要是对四川地区毗沙门天王造像的基本情况(图象和文字资料)进行搜集与整理，并且分区域介绍，目的是能够清晰、客观的概观四川地区的毗沙门天王；第三章主要通过和敦煌、中原等地区的毗沙门天王造像进行比较研究，对四川地区的毗沙门天王的图象特征和源流进行了一定的探讨，分析了四川地区的毗沙门天王的地域特征，认为毗沙门天王在早期的云冈石窟中是没有出现的，到了龙门石窟才出现有天王，而四川的毗沙门天王多是集中在中晚唐时期，而此时的敦煌也出现了大量的关于毗沙门天王的壁画，但是很少有石刻。四川地区的毗沙门天王却是以大量的石刻造像出现，并且单独供养，它应当在开始是受到中原和西域的影响，并逐渐发展的。第四章主要是就毗沙门天王在四川广为流行的原因进行了探讨，主要分析了毗沙门天王造像的流行和当时四川地区的战争有很大的关系，并且密宗在那个时候也兴盛，此外简要介绍了毗沙门天王的神化和世俗化，对毗沙门天王这一形象在今后的流传中的粉本有个大致的了解。

关于雕塑的符号思考

【作者】龚芸　【导师】符宗荣　【出版授权与投稿人】重庆大学

【作者基本信息】重庆大学，设计艺术学，2007年，硕士

【关键词】符号学　雕塑　重庆

【摘要】符号学是研究符号的一般理论的学科。它研究符号的本质、符号的发展变化规律、符号的各种意义、各符号相互之间以及符号与人类多种活动之间的关系。随着我国当前城市建设飞速发展的同时，人们越来越多的感到雕塑理论对于雕塑创作的重要性。然而，由于各种原因，我们对雕塑创作理论的研究还有很多不足。因而我们有必要吸收能引发创见的理论框架来形成具有自身特点的思维方式，从而指导创作实践。论文的研究目的就是力图从符号理论角度探讨其与雕塑创作的关系和影响，依照符号学的基本框架和研究层面，并结合重庆的一些实例着重探讨了雕塑形式的一般组织规律及雕塑的意义及其表达方式，同时也探讨了雕塑符号的语境、解释和功能，并分析了这些因素对雕塑创作的影响，希望能对雕塑创作有积极的意义。

生态学与公共艺术共性分析

【作者】陈卓　【导师】张耀来　【出版授权与投稿人】天津美术学院

【作者基本信息】天津美术学院，艺术设计学，2007年，硕士

【关键词】生态学　公共艺术　精神生态　生态自我　生态雕塑　对话性　共性

【摘要】本文从生态学与公共艺术的具体形态表征的举例分析，用艺术创作思维方式重新理解对生态的概念，并具体分析艺术创作中精神生态和生态自我的重要性。在通过对公共艺术的生态雕塑在认识分析后综合归纳出公共艺术与生态学的本质共同之处。文中在结合个人精神生态和生态自我的艺术创作进行了生态艺术创作方法论的归纳，并创造性地提出对中国公共艺术发展前景的可能性，即对社会深层人文关怀的生态创作观念。

雕塑迹象

【作者】赵展【导师】于世宏；　张向玉；　景玉民

【出版授权与投稿人】天津美术学院

【作者基本信息】天津美术学院，美术学，2007年，硕士

【关键词】迹象　思想轨迹　媒材　表象符号　流行表象

【摘要】迹象这个词最早被用来解释绘画的是钟儒乾先生在1994年《中国画》杂志发表的文章提出的。“架上绘画的精义是迹象与境界。”在此我的本义不是想照抄挪用，只是阐述一下自己对“迹象”一词的理解与看法，探究其与雕塑之间的关联所在。

凝固的艺术 跳动的音符

【作者】曹志勇 【导师】苏桂宁 【出版授权与投稿人】暨南大学

【作者基本信息】暨南大学，文艺学，2007年，硕士

【关键词】广州城市雕塑 审美属性 审美表达与接受问题及原因 美学构想

【摘要】美国著名城市学家伊里尔·沙里（E．Saarinen）曾经说过："让我看看你的城市，我就能说出这个城市的居民在文化上的追求是什么。"文化是城市的灵魂，而城市雕塑就是城市灵魂最好的象征物。城市雕塑是评价城市文明程度的重要标准之一，历来被视为是城市公共环境的有机组成部分，被誉为城市的灵魂和"会说话的眼睛"。随着经济的发展、社会的进步、城市建设的日新月异，城市出现了越来越多的城市雕塑，深受人民的关注。近年来，随着城市文化研究的兴起，城市雕塑作为城市文化的重要组成部分，因而对城市雕塑的关注也成为了研究的热点之一。本文选取具有具有典型意义的广州城市雕塑为个案，以1949年以来广州城市雕塑的发展为线索，从多个层面对它审美性的进行透视，并且分析这种审美性的是如何被表达，如何被接受的，以此探寻城市雕塑在城市文化和城市建设中的所发挥的重要作用。同时指出广州城市雕塑的发展和建设中存在的问题，以及产生这些问题的原因，寻求解决的办法，从而为广州乃至全国的城市雕塑提供可行性的参考意见和建议。

延安鲁艺木刻艺术的民族化特征

【作者】刘文华 【导师】任焕斌 【出版授权与投稿人】西安美术学院

【作者基本信息】西安美术学院，设计艺术学，2007年，硕士

【关键词】延安鲁艺木刻 民族化特征 民间美术

【摘要】本文根据毛泽东同志《在延安文艺座谈会上的讲话》精神，论述了延安鲁艺木刻艺术的民族化特征，并以《讲话》为风格变化的分水岭，表现出其前后木刻风格的传承关系。《讲话》前延安鲁艺木刻的民族化特征有所萌芽，但未脱离欧化的影响，其民族化风格还未整体形成。《讲话》后，延安鲁艺木刻风格发生了根本性的变化。鲁艺木刻家们转变作风，深入生活，和人民群众打成一片，把艺术之根深深地植于陕北民间美术的肥沃土壤之中。认真总结和探究民间美术的艺术魅力，积极主动地吸取民间美术的精华，逐渐淡化欧洲版画的影响，选择性保留其精髓，采用中国民间美术的样式，增添新的内容，创作出极具民族化特征的木刻艺术作品。本文通过分析延安鲁艺创建发展的历史进程和延安鲁艺木刻代表人物和代表作品，来印证延安鲁艺木刻的民族化特征。

论城市标志性雕塑

【作者】徐辉 【导师】王志刚 【出版授权与投稿人】西安美术学院

【作者基本信息】西安美术学院，美术学，2007年，硕士

【关键词】雕塑 城市雕塑 城市标志性雕塑 标志性

【摘要】城市标志性雕塑是在众多的城市雕塑当中最能代表城市形象、城市精神、城市文化、城市性质、城市历史以及城市审美特征的城市雕塑。城市标志性雕塑具有鲜明的标识性、象征性、地域性、纪念性、时代性与艺术性等特征。城市标志性雕塑所具有的标识性特征成为识别城市的重要因素，也就是说其标识性特征增强了城市的可识别性、可记忆性、以及可联想性；城市标志性雕塑所具有的象征性包含显性的标识象征与隐性的标识象征两个层次的含义；地域性同样也是城市标志性雕塑所具有的重要特征，地域文化是城市标志性雕塑建立的基础，城市标志性雕塑是地域人文精神的载体，并且城市标志性雕塑的建立与地域历史发展的主线并行；纪念性是城市标志性雕塑的另一特征，雕塑本身所具有的纪念性意义与其所处的纪念性城市空间有着密切的联系，二者的统一以形成城市雕塑的标志性意义；城市标志性雕塑具有鲜明的时代特征，它成为记录一个时代的标志，反映了一个时代的文化精神，并成为体现时代精神延续性的具象物；最后，城市标志性雕塑一定是具有审美宿求的艺术创造，艺术的审美价值、创造价值以及典型的艺术形象所表现与表达的社会性特征与城市整体的视觉形象、文化精神形象的设计有着必然的联系。

中国当代雕塑作品中的传统文化精神

【作者】邢开 【导师】赵厉平 【出版授权与投稿人】西安美术学院

【作者基本信息】西安美术学院，美术学，2007年，硕士

【关键词】中国当代雕塑 传统 文化 回归现象

【摘要】本文运用历史唯物主义观点，通过文献研究、作品分析和调查研究等方法，以最基本和最具代表性的中国当代雕塑作品中传统文化回归的现象进行了审视，剖析了从其表象与本质上所显现的特征，并从多个层面多个视角论证了中国当代雕塑作品中传统文化回归的原因，指出在政治、经济的发展下中国雕塑家对传统的认识，与其民族自信心和时代责任感具体的表现。全文论证分为5章：开篇是引言，从课题研究的背景出发，提出课题研究的目的、意义和课题研究的方法。第1章：中国传统雕塑与中国现代雕塑发展概述，从宏观上论述了中国传统雕塑发展的脉络以及新中国当代雕塑发展的足迹。第2章：从中国传统雕塑的艺术精神入手，主要讨论中国传统的艺术审美观、中国传统文化的物质沉淀和分析中国传统雕塑作品中的传统精神及其美学特征。第3章：主要分析当代雕塑作品中传统文化的回归现象。首先提到西方文化的冲击，特别是改革开放以来的西方思潮的影响；中国当代雕塑家的探索、与在其他艺术门类中的文化借鉴；中国当代雕塑家在传统文化的回归中的探索和雕塑家在其他艺术门类中的的文化借鉴；最后着重谈到中国传统文化背景影响下的中国当代雕塑家及其作品。第4章：分析当代雕塑作品中传统文化回归的原因。文章将其分为三个部分来探究：宏观上社会历史变迁对中国传统的关注；中观上来说中国艺术家普遍的自觉行为；进一步从

微观上来说是雕塑家的自发责任感。第5章:从中国当代雕塑作品中传统文化回归的现象出发,引发对现代雕塑工作者如何正确认识雕塑艺术与审美观的关系、正确理解雕塑艺术与雕塑工作者素养的关系、正确处理雕塑艺术传承与创新的关系等问题的思考,提出在新的时代背景下如何创造出具有中国特色和时代精神的现代雕塑艺术,进一步揭示了本论题的现实意义及现代雕塑工作者进行雕塑创作必须把握的艺术真谛。最后是结语,总结全文。

由我的雕塑毕业创作引发的思考

【作者】张伟鹏　【导师】苏立群　【出版授权与投稿人】南京艺术学院

【作者基本信息】南京艺术学院，雕塑艺术研究，2007年，硕士

【关键词】普通个体　孤独　身体　70—80的一代

【摘要】在当下，孤独是种奇怪的感受，因为它就弥散在繁华何喧闹之处；“身体”同样不可捉摸，它几乎是这个极大丰庶的消费时代里人类最后的财产；而对于(包括作者在内)我们这一代人来说，独身子女的身份和生存方式成就了他(她)们的独特的共有特征。我的经验告诉我，每个人的创作最终都只会依据各自的内心状态和外在遭遇来展开和制作直至最终呈现出，而作品本身又承载了作者生命态度和生存体验。

中国明器雕塑审美特征论

【作者】张磊　【导师】仪平策　【出版授权与投稿人】山东大学

【作者基本信息】山东大学，文艺学，2007年，硕士

【关键词】明器　雕塑　审美特征

【摘要】明器雕塑作为雕塑中一大特殊类型，集中地反映着中国审美文化的不同方面，在历史发展中呈现出不同的审美状态，并同各个时期社会的经济、政治、文化形成复杂的关系，本文旨在通过对明器雕塑审美特征的历史梳理，对具体的明器雕塑的分析阐释，通过对明器雕塑在各个历史时期的审美文化样态的勾勒，把握和阐明中国明器雕塑的审美特征、民族品格和发展轨迹。论文从整体结构上分为五部分，首先在导论中，界定何谓明器雕塑，以此作为研究的出发点，接着对中国明器雕塑的演变历史作出简要地回顾，并对研究现状作简单的阐述，同时从宏观的角度阐释明器雕塑的中国特色以及中国明器雕塑的四大审美特征、四大历史分期等，为本文的主体进行铺垫和过渡。中国明器雕塑的四大审美特征是本文论述的重点，分为四章。第一章论述明器雕塑世俗化、人间化审美特征。这一特征在整个历史时期经历了早期明器雕塑的世俗化情结、秦汉明器雕塑崇武尚文与现世再现、隋唐明器雕塑家居生活与个性明显、宋元明清明器雕塑雅俗生活与世俗情调四大阶段。第二章主要考察明器雕塑写实与写意的统一。这一特征在整个历史时期经历了早期明器雕塑朴拙写实与抽象写意、秦代明器雕塑鞭笞天下与崇实疾虚、汉代明器雕塑寓意于物与气韵生动、唐代明器雕塑贵本宜实与韵外之致、宋元明器雕塑趣远之心与表情尚意、明清明器雕塑简约朴实与以情拒礼六大阶段。第三章主要考察明器雕塑壮美与优美的统一，阐释这一特征在整个历史时期不同表现及原因，主要经历秦代明器雕塑金戈铁马与威震四海、汉代明器雕塑吴带当风与行云流水、唐代明器雕塑大漠雄风与诗情画意、宋代明器雕塑闲和严静与飘逸婉约四大阶段。第四章主要考察明器雕塑民族性与兼容性相统一，分析了这一特点在整个历史时期不同表现及原因，主要由地域特色明显的明器雕塑、明器雕塑南北风格形成、民族交流中的明器雕塑、民族融合中的明器雕塑四大部分组成。论文在逻辑与历史相结合分析的基础上，从审美文化角度勾勒出中国明器雕塑的审美文化特征，为研究中国明器雕塑提供了一种理论参照。

中国古代陶瓷雕塑的艺术精神

【作者】饶岱珲　【导师】熊钢如　【出版授权与投稿人】景德镇陶瓷学院

【作者基本信息】景德镇陶瓷学院，美术学，2007年，硕士

【关键词】陶瓷雕塑　中国艺术精神　材质　精神

【摘要】本文从中国陶瓷雕塑的角度论证了中国陶瓷雕塑和国人艺术精神之关系，从有社会的一开始就体现中国艺术精神。首先从历史的角度动态地追踪陶瓷的精神流变，从原始陶瓷艺术体现的礼乐到和，及后世的气、理等都是一脉相承的，犹如线串般显现在各个不同历史时期。道、无、气、理构成了中国宇宙的基本，同时也是中国陶瓷艺术的精神体现。接着从材料的角度将陶瓷和其他造型材料诸如玉石、青铜和平面媒体诸如书法、国画相较，体现陶瓷雕塑精神内蕴，并希望现代陶艺家在抒发个人情感，体味自己对人生和艺术的理解的同时能回顾传统，重新寻找适合我们这个时代的人文精神，重建陶瓷雕塑和国人内心世界的联系。

双林寺彩塑艺术特征和历史文化意义研究

【作者】程佳德　【导师】苏立群　【出版授权与投稿人】南京艺术学院

【作者基本信息】南京艺术学院，雕塑，2007年，硕士

【关键词】双林寺　彩塑艺术　历史文化意义研究

【摘要】彩塑艺术数千年来在中国雕塑艺术造型语汇的历史演绎中，结合艺术的本体语言不断的创新、发展、变化。山西平遥双林寺彩塑，是以泥胎彩塑为主传世的经典作品。塑造技法娴熟，数量甚多，构思独具匠心，气势雄浑，彩塑的艺术成就斐然。其承载的历史文化基因是中国佛教造像写实主义的高峰时期，艺术特征明显。(名家语录载：“双林寺，世界瑰宝”——田中淡，“双林寺罗汉堂明塑神品，双林寺韦驮雄健英武，可谓全国韦驮之冠”——钱绍武)。从双林寺彩塑中研读中华民族佛教造像的艺术表现对象与其表现特征，以明代文化、政治变化的成原因来探讨造像平民化、市俗化倾向的审美特征，可谓得到更多的新释新知。

我国公共艺术城市化进程的探究

【作者】杨讴菡 【导师】姜加宁 【出版授权与投稿人】吉林大学

【作者基本信息】吉林大学，设计艺术学，2007年，硕士

【关键词】公共艺术 城市化 城市形象；

【摘要】公共艺术作为一种服务于大众的艺术正逐步深入我们的生活，并且成为衡量一个国家、地区城市文明程度，城市发达程度的重要参数。它是评判一个国家、一个地区城市化优劣的参照，是构建一个和谐城市环境不可缺少的人文体系。城市是公共艺术的栖身之所，公共艺术的发展同目前的城市进程就有如一对孪生姐妹，两者之间相互依存、相互促进、密不可分。本文将对我国尤其是改革开放后的二十几年来公共艺术在城市中的发展进行较为详细的论述，对公共艺术与城市两者之间的关系、公共艺术作品评判的原则及目前存在的问题提出自己的想法并加以论证。

中国综合材料雕塑的产生与现状的简单思考

【作者】孙欣 【导师】苏立群 【出版授权与投稿人】南京艺术学院

【作者基本信息】南京艺术学院，艺术学，2007年，硕士

【关键词】综合材料雕塑 现代工业社会 泛雕塑 多元化

【摘要】综合材料雕塑是雕塑艺术发展到20世纪伴随着工业社会的产生而发展起来的，它打破了传统的雕塑观念，弱化了雕塑的界限，推动了雕塑的泛化。综合材料雕塑在中国尚属新生事物，但是凭着后现代主义的艺术观念，它正逐渐渗入人们的日常生活。本文认为综合材料雕塑在中国有其产生和发展的社会环境和经济基础，对于综合材料雕塑的艺术实践和艺术探索都是十分有意义的。

湖北利川鱼木寨石雕造型内涵研究

【作者】刘敏 【导师】梁玖 【出版授权与投稿人】西南大学

【作者基本信息】西南大学，美术学，2007年，硕士

【关键词】湖北利川 鱼木寨 石雕造型 内涵研究

【摘要】加强少数民族地区地域性的美术研究，有利于中国美术本土文化的完善性、系统性研究。本文是在视觉艺术范畴内对作为文化现象存在的湖北利川鱼木寨石雕造型的研究，诉求对其造型的系统内涵有一个较为全面的专业化学术性的认识、梳理和把握。研究以田野考察的方法和文献研究法为主，并借以艺术学、美术学、民艺学、艺术哲学等相关学科的理论和研究方法为支持，辨证性、客观性、整体性、科学性、具体性地分析、归纳、总结、逻辑性对湖北利川鱼木寨石雕造型动机、造型依据、题材选择、造型方法、造型特征进行逐步探讨和论证陈述，力图揭示湖北利川鱼木寨石雕作为视觉艺术文化的学术意义和社会价值。通过对鱼木寨乡土石雕视觉作品的专题性研究认为，鱼木寨石雕是在鱼木寨族群的价值观念选择下，受到民俗活动、戏曲艺术、社会行为的影响，通过石雕造型的方式所形成的一种的视觉化、物态化的视觉艺术文化形态。它具有价值意图视觉性、媒介材质价值性、视觉转换艺术性、视觉传播功能性的特性。在题材内容中，选择戏曲故事人物、神仙传说人物、现实生活场景以及传统的吉祥图案。在造型过程中，应用概括式、借用式、变形式、叠加式、随形式的方法，呈现出场景式、对称式、组合式、镶嵌式、单一式的造型样式。鱼木寨石雕及造型充分体现了族群的阴阳哲学观、万物有灵的生命观、吉祥幸福的生活观、乐观豁达的生死观，其石雕具有艺术价值、传承价值和拓展价值。通过对鱼木寨石雕造型的认识，提供美术转换和造型的方法上的启发和应用，从而丰富当美术创作的多元化形式、并能对新视觉符号的创生提供方法论的支持。

延展与转化

【作者】吕琼雯 【导师】吕品昌 【出版授权与投稿人】中央美术学院

【作者基本信息】中央美术学院，雕塑，2007年，硕士

【关键词】当代陶艺 雕塑 继承与发展

【摘要】本文着眼于中国当代艺术的大背景下，以陶瓷材质为主要表现语言的艺术作品，参照当代艺术与陶艺理论研究成果，力图对当代陶艺作品中的传统艺术语言的转化做深入研究。通过当代陶艺作品与传统艺术作品对比，分析当代陶艺语言的风格来源，以具有代表性艺术家的主要作品为借鉴和参考，进一步探讨传统语言转化在中国当代陶艺创作中的意义。从事艺术实践的人对艺术语言的研究，主要有两个方面的目的：一是分析艺术风格的成因与渊源，从而与创作实践形成参照，进而明确艺术探索的进展方向；其二是对具体艺术形式进行分析，以借鉴学习其中的艺术语言因素，如材质特性、工艺技法等。本文对当代陶艺的研究正是基于此目的。关于研究的方法，结合专业学习与实践，从典型代表作品入手，进行对比研究。包括风格与形式的比较，以及对艺术观念乃至具体的艺术语言的分析。

一个被分成两半的缪斯

【作者】周彦臻 【导师】林木 【出版授权与投稿人】四川大学

【作者基本信息】四川大学，美术学，2007年，硕士

【关键词】李金发 雕塑 文艺观 多元性

【摘要】在万象云屯的文艺星海中，有一颗异光熠熠的流星，这就是被人们誉为“诗怪”的李金发。他饱吸异国文化的熏香，在留学法国专攻雕塑期间，陶醉于象征派诗歌，开始追求和铸造着自己艺术美的殿堂。李氏在中国现代诗坛上开创了一种新的诗风，是他首先创作了具有现代象征主义风格的诗歌，把象征诗幽深朦胧、颓废感伤的格调引入中国诗坛，从而丰富了白话新诗的内容以及风格，是当之无

愧的中国现代象征诗派的鼻祖。同时他把欧洲铸铜雕塑的技术引进介绍到中国，曾任杭州艺专、广州美专等高校的雕塑教授、雕塑系主任等职，在中国现代雕塑艺术这块处女地上勤恳拓荒，筚路蓝缕，成就斐然，成为中国现代雕塑艺术之元老。虽然有他在美术史和美术教育史上是不可忽略的人物，然而在美术史研究中，他的名字往往只是随着在谈到早期留学归国的雕塑家时一笔带过。目前单独研究李金发其人其诗的文章居多，主要集中在：李金发的诗界定位，李金发诗歌语言的晦涩难懂，歌意象的新奇怪异；尤其是在后两个方面以“怪”为李金发诗歌定性。作为中国象征主义的代表诗人，李金发在中国新诗史上开创象征派诗歌的历史地位己无可厚非，但从其它研究视角关注李金发的论文则略显单薄。一个完整的包含多个侧面的李金发似乎没有真正进入研究者的视域之中。研究他与艺术的关系及其个人矛盾性是对李金发个人研究的重要补充。跨越这多个领域的李氏在不同的艺术语境里采用了两种迥异的表述姿态：在新诗领域，他是前卫的，是象征主义的先驱。在雕塑领域，李金发却是扎实的，是扼守古典主义法则的雕塑家。他崇尚的是16世纪文艺复兴时期米开朗基罗式的强调写实、讲究力度的风格。几乎在同一个时间维度里，我们可以用两种不同的形象诠释李氏：一个新异的、怪诞的、颓废的、梦幻的新诗人形象和一个崇尚解剖结构准确的务实低调的雕塑界泰斗的形象，两种“形象”并置于同一艺术家身上，这是非常有意思的。分析李金发的多面性，欣赏其艺术作品，研究其美育思想的建构，了解其艺术文化心态，可以提供一个新祝角而更贴近他的内心世界，有助于更全面认识研究可以并列于近现代文化巨人序列的李金发。有助于我们在同一个时空中体悟李金发的审美趣向，重新认识李金发的艺术成就和地位，发掘他留给我们的艺术宝藏。作为西方文学艺术的传播者之一，由于时代的要求及个人的兴趣发展，传播的效果是有局限性的。通过对他艺术生涯的认识、分析、梳理，也有助于为我们今后艺术道路的探索提供有力的参照系 。

关于泉州伊斯兰教石刻艺术若干问题的研究

【作者】黄忠杰　【导师】李豫闽　【出版授权与投稿人】福建师范大学

【作者基本信息】福建师范大学，艺术学，2007年，硕士

【关键词】伊斯兰教石刻　纹样装饰　本土化　民间美术　和而不同

【摘要】20世纪80年代以来，泉州古伊斯兰教文化的研究已逐渐受到学术界的关注。国内外学者在宏观研究领域成果颇丰，但在泉州伊斯兰教石刻艺术的研究上却著力甚少，仍付厥如。本文选取泉州地区现存的200多方古伊斯兰教石刻作为研究对象，采用纹章学、艺术文化学、社会学和图像分析的方法，通过对古伊斯兰石刻的风格特征、纹样装饰以及其创作工匠的探析，剥茧抽丝、层层深入地探讨泉州古伊斯兰教石刻的艺术特征；并在此基础上从文化发生学和社会学的角度阐发泉州伊斯兰教石刻的本土化及其对闽南民间美术的影响，探析泉州伊斯兰教石刻深层次的文化内涵，揭示出隐含于其中的“和而不同”的艺术特性及其可供借鉴的历史文化价值。本文在前人研究的基础上，对以下三方面研究作了新的尝试：第一，借助纹章学中形式装饰的分析手法对伊斯兰教的石刻纹样展开分类研究，进而建立其对应的全息图像；第二，基于文献资料和民间石雕艺人的访谈，对泉州伊斯兰教石刻的工匠身份和手艺的门派作初步的辨析，以填补该研究领域的空白，深化泉州宗教石刻的研究；第三，将泉州伊斯兰教石刻艺术作为一种文化系统来进行综合考量，从文化场中考察其艺术形态，又通过各种艺术特征来反观泉州的海上丝绸之路的多元文化特质。

探索中世纪雕塑之精神美

【作者】宁雨霏　【导师】黄兴国　【出版授权与投稿人】河北师范大学

【作者基本信息】河北师范大学，美术学，2007年，硕士

【关键词】中世纪　哥特式　精神空间　形式语言

【摘要】意大利文艺复兴是意大利乃至西方艺术史上最为完美的经典创造时期，研究十三世纪中叶至十六世纪西方艺术史学家多被其吸引，而在这之前曾被人称为“黑暗一千年”的中世纪艺术常常忽略。中世纪是欧洲基督教盛行的时代，十三世纪中叶至十五世纪初的哥特式艺术是这个时代最辉煌的成就，并对后世影响深远。这一古老的艺术形式沿着自己的轨道形成、发展、高潮、传播，逐渐形成了自己的艺术风格。作为哥特式艺术形式的雕塑建筑以独特的方式叙述着这个时代。和存在于它之前的古代罗马雕塑建筑以及它之后的文艺复兴的雕塑建筑相比，在西方美术史上的地位似乎显得微不足道，但是笔者认为对于这种风格的研究有重要意义。采用哥特式风格进行创作的作品有童话般的魅力，现实和梦幻的交融在作品中得以体现。显然艺术家所关注的是某种精神上的超拔。解读这种风格的形式语言，对于理解中世纪的文化现象和人们的宗教生活有很大帮助。这种艺术创作方法也对现代艺术家有启示作用。艺术是体现不同民族和社会文化身份的一个重要组成部分，与此同时它的存在也影响着人类的生存方式和精神状态，艺术的研究对于探索某种特定的民族文化身份意义重大。

论城市雕塑与城市空间

【作者】尉东生　【导师】黄兴国　【出版授权与投稿人】河北师范大学

【作者基本信息】河北师范大学，美术学，2007年，硕士

【关键词】城市雕塑　城市空间　城市文化　人文环境　建筑

【摘要】中国的现当代城市雕塑作为丰富中国现阶段城市空间最强有力的语言，显著地体现了我国雕塑事业的蓬勃发展。它以各种形式和手段营造和丰富着我们所生活的城市空间；潜移默化的影响和满足着我们的审美需求。它显示了我国传统雕塑、现代架上雕塑及绘画所不能的对一

个城市的城市空间的调节作用。当代中国城市雕塑的发展和衍变是在全球化的大背景下，在传统文化的纵向同外来文化的横向交织影响下进行的。所以我们要了解中国城雕的发展历程，明了现阶段我国城雕建设中存在的一些问题，从历史和现实中去寻找解决的办法。主要应从以下几个方面着手：一、吸收和借鉴西方城雕的造型语言和我国传统的造型方法，补充与发展我国城雕的造型语言；二、借鉴西方城雕的材料、技法，丰富和拓展我国城雕的造型手段；三、发展现阶段城雕造型特性、吸取西方各种形式因素、扩展城市雕塑的表现力。城市雕塑的发展要立足中国传统文化核心，掌握传统文化和雕塑中区别于其他民族雕塑的独特形式及语言特征；建立多样视觉语言系统及审美规范；符合当代需要，寻觅到适应这个时代城市空间需要的，满足大众审美需求的城雕表现形式。

从关注自身到介入现实的创作转变

【作者】杨健　【导师】秦俭　【出版授权与投稿人】厦门大学

【作者基本信息】厦门大学，美术学，2007年，硕士

【关键词】并置疼痛　介入现实　疑问

【摘要】本文根据自己思维与作品的发展历程来论述个人对于艺术关注的转变——从希望仅仅通过对自身的反思来达到与最广泛现实的联系转变到直接介入现实来创作，试图以小窥大反映某种发展的路径。文章先是就作者本人的一次牙痛就医的亲身体验对过去一直存于心中思考的关于贯穿自己作品的创作红线，即理念的问题，获得了某种可能的理解：我的创作既是对两次“疼痛”联系记忆的并置。接着在对自己过去作品的分析过程中我发现这种创作方法存有大量的疑问，比如：如何让作品自己说话？如何避免过度的诠释和难以传达对作品带来的影响？以及如何降低创作中的对自我真实性的怀疑等等。在分析并结合了一些成功的艺术作品例子后，作者认为只有通过转换创作思维直接介入现实才是解决之方法。

四川重庆唐代石刻佛像造型考察

【作者】陈红帅　【导师】李静杰　【出版授权与投稿人】清华大学

【作者基本信息】清华大学，美术学，2007年，硕士

【关键词】四川　重庆　唐代　石刻　佛像序列

【摘要】四川、重庆拥有大量的佛教石窟、摩崖造像和单体造像遗存，是继中原之后的另一个唐代佛教石刻造像发达区域。尤其中晚唐时期，佛教造像事业在中原北方彻底衰落，而在四川、重庆保持着发展势头。有关该地区唐代石刻造像的调查研究工作，持续了近一个世纪，实质性进展则始于20世纪80年代。但是，其调查及研究工作目前依然处在起步阶段，关于该地区唐代石刻造像发展脉络的认识，还十分模糊。鉴于这种情况，本稿以实地调查资料为基础，参考学界以往的调查研究成果，选择石刻佛像发展序列课题，采取考古类型学与美术史样式论结合的方法，比较系统地梳理四川、重庆唐代石刻佛像，以期尽可能客观地得出规律性认识。首先，依据姿势，将四川、重庆唐代石刻佛像分为结跏趺坐佛像、倚坐佛像和立佛像三大序列，进而依据手印，将数量众多的结跏趺坐佛像分为若干系列。以姿势、手印的分类为前提，再进行袈裟形式的分类。于是，所有佛像被放置在以袈裟形式为底层基准的，由若干子系列构成的研究框架之中。然后，在上述形式分类的基础上，着眼于人体的比例、四肢与肌体的空间分离程度，以及肌肉隆起和量感等要素，进行造型的样式分析。从而产生关于各个子系列佛像地域和时间演化规律的认识，最终达到对该区域佛像整体发展脉络的认知。基于系统的形式分类和样式分析，本文将四川、重庆唐代石刻佛像分成三个发展阶段。即，第一阶段(7世纪初叶至中叶)，佛像数量相对较少，几乎分布在川北地区。造型主要吸收了以成都为中心的南朝、隋代造像因素，亦见有来自中原的某些因素。唐代造像样式初步形成，还保留着不少隋代及以前造像的痕迹。第二阶段(7世纪末叶至8世纪初叶)，佛像数量众多，分布地域从川北地区扩展到成都周围，以及川东重庆。造型较多地受到来自长安洛阳方面的影响，典型的唐代造像样式形成，出现许多精美作品。第三阶段(8世纪中叶至9世纪末叶)，佛像数量略有减少，分布地域主要集中在成都周围和川东重庆。造型在前一阶段基础上自身演化，除重庆等局部区域外，雕刻粗糙，大体呈现衰落状态。总之，四川、重庆唐代石刻佛像，具有自身发展系统和独特地域特征，构成中国佛教雕刻史的重要一环。

景观雕塑设计及其研究

【作者】裴磊　【导师】武星宽　【出版授权与投稿人】武汉理工大学

【作者基本信息】武汉理工大学，设计艺术学，2007年，硕士

【关键词】环境　景观　雕塑

【摘要】从雕塑的设计角度，雕塑一直被分为架上雕塑和户外雕塑，所谓架上雕塑是指雕塑家自己的艺术创作，完全的个人理念的表达，所以架上雕塑一直都是雕塑家们圈内的一种交流。在这里不做说明，重点是被称之为户外雕塑的研究。以前雕塑家把除开架上雕塑以外的设计都称之为户外雕塑，可以称作城市雕塑，环境雕塑。随着设计系统的不断完善，雕塑作为大型的公共艺术品和环境的关系越来越密切。雕塑为景观所“服务”的理念也越来越得到肯定。雕塑的落脚点是景观的观点无庸质疑。所以这种户外雕塑也就更多的称之为景观雕塑。景观雕塑的“环境”指的就是雕塑周围的景观，环境的不同，景观的差异使雕塑的设计也就大相径庭。景观雕塑有两层含义：景观的雕塑设计和雕塑的景观设计，这两方面都是在强调雕塑与环境的关系。公共空间在功能、性质、作用上的不同，决定了与之相匹配的雕塑在设计上的区别，滨水景观雕塑、广场景观雕塑、园林景观雕塑、街道景观雕塑、山体景观雕塑等在设计上就不可能是千遍一律的，雕塑更多的是突出不同景观的特点。明代造园大师计成先生曾在《园冶》中提到“巧于因借，精于体宜”。这个原则在雕塑设计中同样要遵循。在现代设计中，景观雕

塑更多的是放置于公共空间，雕塑本身与环境产生密切的关系，两者相互关联、相互影响。因此，设计景观雕塑时一定要整体考虑，做好全局的布置，使得环境空间由于雕塑的加入而更加和谐。景观环境与雕塑是密不可分的艺术，最一般的环境因为有了雕塑而产生无限的艺术魅力。但是，如果雕塑和环境不相符合，便会糟蹋环境。因此，当我们在评介景观雕塑时可以从以下几方面来考虑：第一、雕塑与景观是否谐调。第二、景观雕塑在造型、尺度、材质、色彩上是否与环境合适。第三、雕塑创意是否对景观产生影响，使人对景观的区域性有更深刻的印象。雕塑矗立在环境之中，艺术与环境之间形成的互动关系，孕育出清新的视觉空间，显示雕塑与环境结合所放射出其它的艺术无法替代的独特的艺术魅力，才能创造一种真正属于现代的环境文化。

惠山泥塑女艺人研究

【作者】周佳　【导师】杨阳　【出版授权与投稿人】清华大学

【作者基本信息】清华大学，设计艺术学，2007年，硕士

【关键词】惠山泥塑　女艺人　手捏戏文　捏塑　彩绘

【摘要】惠山泥塑，是一种植根于民间、取材于民间又为群众所喜闻乐见的传统民间工艺，它以吉祥的寓意、喜庆的形象、热烈的色彩，在人们心中留下深刻的印象。艺人们就地取材，以无锡惠山特有的粘土为原料，经过长期的艺术实践，逐步总结了一套成熟的泥人创作经验，并形成了自己特有的艺术风格。本文首先即从惠山泥塑的工艺概况入手，对惠山泥塑的历史沿革、制作工艺和艺术风格进行探讨。其次，本文按照时间顺序，对女性泥塑艺人在近现代社会的创作成长过程加以阐述。随着生产的发展，女性艺人们从男性的手中接过这项传统技艺的同时，也将承载于泥塑艺术之上的古老文化传承了下来。此外，本文还选取了当代惠山泥塑中颇具代表性的四位女艺人，从其师承关系、从艺经历、作品风格、艺术成就等方面加以阐述，并对女艺人的常用题材进行了类型分析，并从生理、心理、社会环境、成长经历等方面入手，分析了女艺人的独特气质和艺术风格。惠山泥塑女艺人和她们精美的作品，为中国的民间美术增添了一道独特的风景线，对古老的泥塑技艺以及吴地文化的传承起到了举足轻重的作用。

兰州西固区文化广场雕塑设计研究

【作者】韩琦　【导师】蔺宝钢　【出版授权与投稿人】西安建筑科技大学

【作者基本信息】西安建筑科技大学，设计艺术学，2007年，硕士

【关键词】地域性　城市雕塑　城市空间

【摘要】随着我国城市广场建设步伐的加快，广场中的雕塑作为城市文化的有机构成元素在城市文化符号中扮演着越来越重要的角色。然而，目前中国城市雕塑的发展并不完善，存在明显的不足之处。其一，城市广场雕塑设计与自然环境的脱离。城市广场雕塑充实环境，而环境又制约雕塑，城市广场雕塑必须与环境相协调，二者是一个有机联系的整体。其二，城市广场雕塑和其所处的城市人文环境的不协调。本文在对城市雕塑简单认识的基础上，结合兰州西固区文化广场雕塑设计实例重点分析了广场内的雕塑与所处的空间环境、历史文化背景以及城市的现代文明相融合的重要性。从而总结出，具有地域性文化广场雕塑设计中所需要考虑的因素。首先，必须要了解城市的历史、地域特征、社会文化背景、政治经济发展状况等条件，作为城市雕塑设计的大环境，建立雕塑与城市的整体意识，只有不局限于雕塑本身，才能创造出既符合时代要求，又具有地方特色的城市雕塑作品。其次，要了解城市雕塑所在的特定位置的周围小环境特征，如建筑风格、空间大小、气氛特点等因素，达到城市雕塑设计表现的主题内容、艺术手法、材料选择等方面，与环境和谐统一，起到相互衬托的作用。最后，要以人为本。城市雕塑及其创造的优美高雅的环境最终要服务于人，通过人的视觉反映，满足于人的精神需求。从而达到雕塑家、城市雕塑与欣赏者之间的心灵沟通，产生共鸣。

论雕塑的整体性

【作者】高峻岭　【导师】陈卓明　【出版授权与投稿人】湖南师范大学

【作者基本信息】湖南师范大学，美术学，2007年，硕士

【关键词】雕塑　雕塑的整体性　体量　构建

【摘要】雕塑的整体性是雕塑的本质属性。不同文化背景中，雕塑的整体性表现也不尽相同。如东西方的传统文化中，整体性的表现特征有很大的区别。同时，即使在同一文化传统中，不同的时代，雕塑的整体性也呈现不同。古希腊文化中，雕塑的整体性是以体量为媒介，以人体为标准，到文艺复兴时期，人体虽然是美的标准，但表现美已经不是唯一目的，对形体中情感之力的表达，使雕塑的整体性呈现为体量的团聚。到了雕塑概念极大扩展的当代和现代，雕塑的整体性成了理论探索的新课题，因为体量以消融到了空间中或与空间共同建构雕塑。在东方传统文化中，雕塑的发展和成长是一种缓慢而慢长的过程，一直到唐时才成熟，成熟的同时就以慢慢的不再向前发展。所以雕塑的整体性始终以“大圭不雕”的整体特征呈现于历史之中。在当代的话语下，对雕塑的整体性的探讨可以揭示出雕塑背后的文化现象，揭示时代的文化内涵。

中国秦汉雕塑兴盛原因初探

【作者】吕焜　【导师】吴翘璇　【出版授权与投稿人】江西师范大学

【作者基本信息】江西师范大学，美术学，2007年，硕士

【关键词】秦汉雕塑　兴盛　原因　强势文化

【摘要】中国古代雕塑经过夏、商、周、先秦时代青铜器的铸造和陶器、玉器制作的积累与铺垫，至秦汉时期发展成为雕塑史上的第一个高峰，出现了题材范围广泛、制作规模宏大、工匠技术先进、处理手法成熟、风格雄

浑博大的兴盛现象。两千多年后的今天我们如何看待、分析并挖掘这一现象，需要本着与时俱进的历史唯物主义发展观，在尊重客观历史事实的基础上重新审视重新解读这一现象产生、存在的本质原因，以适应当代现实的发展需求。本文站在美术史学的高度，通过文献研究、实地考察和分析比较等方法，以最根本最核心的对中国传统文化精神的理解为出发点，从秦汉雕塑所处的历史地位、兴盛概貌、艺术特征等角度切入，对秦汉雕塑的历史积淀、风格表现、作品的内在审美诉求及其文化意义等多个层面进行分析。笔者使用了“强势文化”这一具有现代色彩的词汇，系统论证了秦汉时期强势文化的具体表现对雕塑艺术的重大影响，即军事文化的扩张性、思想文化的创造性、政治文化的主动性、艺术文化的包容性建立了雕塑兴盛的强大民族信心；接着又从艺术史角度论述了秦汉艺术人本主义精神的产生、发展及其对雕塑艺术的直接推动作用，如雕塑艺术的现实性、民族化与大众化为秦汉雕塑艺术兴盛奠定了题材、风格和技术基础。由此得出秦汉雕塑兴盛是由秦汉时期的强势文化和秦汉艺术的人本主义精神共同推动之必然结果的结论。这是本文的重点与新观点，对中国秦汉时期雕塑的研究具有一定的史学意义、学术意义和现实意义。本文的目的旨在从秦汉雕塑兴盛原因的探究中挖掘中国传统雕塑艺术独立于世界的文化存在根源和价值基础，使我们通过这一现象认清我们民族传统雕塑精髓的价值，以此唤起国人对中华文化精神的觉悟、认识、尊重与认同，进而从中找到与当代文化基因相契合的共同点，确立我国自身的民族雕塑话语坐标，最终以别具一格的中国特色屹立于世界民族文化之林。

浅论通天岩石窟佛教雕塑艺术

【作者】江山　【导师】吴翘璇　【出版授权与投稿人】江西师范大学

【作者基本信息】江西师范大学，美术学，2007年，硕士

【关键词】通天岩石窟　佛教雕塑　唐宋时期

【摘要】石窟，就是石窟寺的简称。石窟寺，是佛教一种比较特殊的寺庙建筑，它的特点是依就山崖开凿构筑而成。石窟寺起源于印度，以后，随着中西文化的交流传入我国，中国开凿石窟约始于三世纪，唐代达到鼎盛，其后一直延续到明清。中国的石窟分布广、数量多、内容丰富，是中外艺术结合的珍品，具有很高的史料价值和艺术价值。佛教雕塑在石窟寺里占有重要地位，赣州通天岩石窟是我国南方最大的一处石窟，石窟内的佛教雕塑不仅是我国南方佛教雕塑风格的一个典型代表，同时也是我们了解和研究赣州古代历史文化的一个不可忽视的重要窗口。本文采用实地调查法和文献资料法，在阐述石窟艺术的起源和发展的基础上，以通天岩佛教雕塑为出发点，首先，探讨了通天岩石窟开凿的原因，发现一方面是通天岩石窟的丹霞地貌，位于大余岭商道的优势地理环境；另一方面是北民南移，将石窟寺艺术传入，加上经济、政治稳定，佛教盛行，使得通天岩在我国第二次石窟造像的兴盛期，被开创为江南石窟。其次，在对通天岩佛教雕塑开创年代的研究得出，通天岩石窟内佛教雕为唐宋时期开凿，体现的是唐宋时期佛教雕塑的典型特点。通过与同时期其他石窟佛教雕塑的比较分析发现，不同地区的石窟艺术，由于不同的经济，政治和文化背景，雕塑具有各自的地域特点。最后，本文结合通天岩及不同石窟的佛教雕塑艺术特点，进一步的分析得出，唐代佛教雕塑是帝王化和女性化的结合体，而宋代雕塑却呈现世俗化和写实化的风格。

巫文化艺术的美学内涵

【作者】严玉　【导师】江碧波　【出版授权与投稿人】重庆大学

【作者基本信息】重庆大学，美术学，2007年，硕士

【关键词】巫文化　美学内涵　美学特征；

【摘要】巫文化是上古时期人类在繁衍生息、推进社会发展中，创造的一种适应自然，改造自然的原始文化，它也是人们对万物有灵崇拜时期的文化的通称，是人类远古的文化。巫文化融汇了天文地理、人文数理、医卜星相、五行八卦，祭礼娱乐的总和，它诠释了中国传统的道、哲、理、文、联姻，并渗透影响了阴阳学说、庄老思想、屈原诗歌、孔丘仁义。它构成了华夏民族多元文化的重要组成部份，极大的丰富了华夏民族文学艺术宝库、宗教哲学、科学技术，推动了中华文化的成长。本文试图在深入了解远古巫文化的意义、历史背景的基础之上，对巫文化艺术的美学内涵作出较为深入的分析与研究，其中主要以雕塑艺术与景观艺术为例，并结合著名艺术家江碧波教授创作的巫文化系列艺术作品来丰富我们对巫文化艺术之美学内涵的体悟。基于以上思考，本文以巫文化艺术的美学内涵为立论，重点分述为六个部分。由于巫文化艺术的美学内涵问题是存在于远古巫文化之背景上的，因此本文第一部分需要对巫文化的含义、历史文脉做一个清晰的论述，还包括了巫文化蕴含的原始哲学、宇宙观以及它对艺术的影响等。其次，人类的艺术思维方式、美学思想也都是在人类具有审美意识后发展起来的，为了更深入说明巫文化对艺术发生、发展的意义，本文第二部分又对巫文化对人类审美发生意义进行了分析。为了能丰富并深入了解巫文化艺术的内涵，本文第三部分对远古人类的造型艺术形式隐藏的精神内涵进行了论述与分析，主要包含象征性、日常经验性及实用性三部分。由于巫文化艺术的美学内涵总是与华夏美学思想相关，为了能更加深入剖析其美学内涵，文章第四部分则采取比较分析归纳法，在横向与纵向层面上展开，对远古巫文化艺术之思维特征、中国古代人文艺术之思维特征、中国艺术之美学思想进行比较分析，归纳出三者的异同，主要研究他们的连续性。第五部份，则是文章的点睛部分，通过对著名艺术家江碧波教授的巫文化系列艺术作品的艺术表现及其创作语境的分析，而丰富、生动化了巫文化艺术美学内涵。文章最后的结论部分，总结了巫文化艺术研究的重要意义，并提出发掘巫文化的重要价值。

昆明市城市雕塑现状与发展研究

【作者】李荣华　【导师】唐文　【出版授权与投稿人】昆明理工大学

【作者基本信息】昆明理工大学，设计艺术学，2007

年，硕士

【关键词】公共艺术　雕塑　城市雕塑(城雕)

【摘要】城市雕塑是一种文化的积淀，是历史脚步的缩影，也是时代精神的展现，是现代城市建设和城市文化建设的重要组成部分。城市雕塑用其独特的艺术特性、艺术形态、艺术语言，反思社会历史文明的历程彰显现代文明中人类的精神面貌，展示人们对历史、对现实的述说以及对未来的美好祈盼。中国的城市雕塑伴随着城市化进程不断完善，时代性、民族性、地域性等特色异彩纷呈。但是，从漫长的人类城市化进程来看，中国的城市雕塑快速发展的几十年是短暂的，还属于城市雕塑历史的初级阶段，城市雕塑的“进化蜕变”并不尽善，仍有很多问题值得提出讨论和研究。本文在深入研究了中国现代城市雕塑历史发展和现状的基础上，从美术、建筑、环境及城市规划等相互交融的视角，对城市雕塑的特性、城市雕塑的类型以及城市雕塑所处的场所类型做了较科学、全面的分类。归纳出城市雕塑的十大特性：造型性、空间性、视觉性、环境性、公共性、艺术性、时间性、欣赏的强制性、含义的不确定性、文化性；六大城市雕塑类型：主题性城市雕塑、标识性城市雕塑、观赏和装饰性城市雕塑、风格性城市雕塑、建筑性城市雕塑、装置互动性城市雕塑；以及城市雕塑所处空间的五大场所类型：自然场所；交通场所；街道及街道延伸场所；公共建筑场所以及职能单位场所。城市雕塑在无形中陶冶人的情操，在美化生活的同时提升人的文化素养。增加城市的文化积淀，城雕就好比是城市的历史文化发展的一种视觉诠释，每一时期的每一雕塑就好比发展过程中的每一个静态的里程碑。论文后面章节重点分析和总结了昆明城市雕塑的发展历程，对昆明的部分城市雕塑作了深入浅出的分析，把昆明的城市雕塑发展分为两个阶段；同时对昆明市现有城市雕塑进行图片整理和分析，为将来昆明城市雕塑研究和规划提供了一份详尽的基础资料；并且在调查、研究的基础上，从解析昆明的城市文化历史出发，规划昆明市未来十年的城市雕塑发展，为昆明的城市建设和城市文化建设献微薄之力。

玉雕工艺与民俗生活

【作者】郭书宁　【导师】邢莉　【出版授权与投稿人】中央民族大学

【作者基本信息】中央民族大学，民俗学，2007年，硕士

【关键词】岫岩　玉雕工艺　民俗生活　文化保护

【摘要】民间工艺是一种特殊的文化形态，是中国民间文化的物化形式和形象载体。它不仅是民间文化的产物，也是民间文化的内容和组成部分，其蕴含的价值观念、信仰观念及审美观念对民间文化的产生、发展和传承产生了重要的影响，成为一种“文化法则”。本文以辽宁省鞍山市岫岩满族自治县的玉雕工艺为研究个案，采用文献资料和田野考察的方法，以民俗学的视角，从玉雕工艺的文化生态环境、民众的玉观念、采玉习俗与民俗生活以及玉雕工艺与民俗生活四个方面来探讨岫岩的玉雕工艺与民俗生活的深层关系。最后论述岫岩玉雕工艺作为一项非物质文化遗产，应该更好地保护和发展。正文包括绪论、四个章节及结论三大部分。绪论部分交待了选题的原因、与选题相关的研究状况及研究方法等问题。第一章主要交待选题研究的个案——辽宁省鞍山市岫岩满族自治县的基本情况。第二章论述民众中的“玉”观念，从民众的集体记忆和玉雕的题材及造型上体现的玉观念两个方面了解岫岩地区民众对于“玉”的民俗理念，即玉是美、善、灵和神的化身，是气节的象征；玉拥有很高的价值；玉文化离不开民俗生活空间。第三章论述采玉习俗与民俗生活。以采玉方式为基础，描述在采玉过程中与民俗生活息息相关的歌谣、传说及祭祀活动。从而看出，采玉活动不再是单纯的体力劳动，而是与生活、与信仰关联的物质生活与精神生活的统一体。第四章论述玉雕工艺与民俗生活的关系。结论部分总结了本文的主要观点和研究的宗旨，一是岫岩地区玉雕工艺的发展离不开民俗生活，离开了民俗生活，岫岩玉雕就失去存在的本源和内动力，也会失去文化展演的民俗生活空间，玉雕工艺来源于民俗生活，受制于民俗生活，同时也会丰富民俗生活的文化内涵。二是岫岩的玉雕工艺作为国家首批非物质文化遗产名录中的一项，已经开始受到关注，但在迅速发展的同时还存在着很多亟待解决的现实问题，其中最重要的就是如何确保岫岩的玉雕工艺既得到很好的保护又能够健康的发展，这是值得思考的努力的方向。

南阳汉画像石图像发展演变暨工艺之研究

【作者】徐永斌　【导师】张朋川　【出版授权与投稿人】苏州大学

【作者基本信息】苏州大学，设计艺术学，2007年，硕士

【关键词】南阳汉画　图像　演变　工艺　研究

【摘要】南阳有悠久的历史，两汉时期是南阳历史上辉煌的时代，两汉时，南阳郡治宛是全国五大都市之一，故司马迁称宛“亦都会也”。西汉末年，王莽“为新都候，国南阳新野之都乡”并由此登上了新朝的宝座。东汉时，南阳是开国皇帝刘秀发迹的地方，史有“帝乡”“南都”之称。由于南阳政治、经济、文化的特殊地位，就为西汉时兴起的厚葬之风提供了物质和精神条件。西汉时期的墓葬，较之前代的形制和构造、种类更多，而且富于变化，统治阶级的冢墓，主要是木椁墓，空心砖墓、土洞墓、专室墓，另外出现了以石为室、室壁雕刻画像的、仿地上住宅建筑的画像石墓。战国时期冶铁业在全国范围内有了进一步的发展，当时楚国的冶铁业已处于重要地位，而南阳是楚国最重要冶铁基地之一。《荀子·议兵篇》记载“宛钜铁、惨如蜂蛰”谓宛地所产铁，如蜂蛰一样锋利。特别是将生铁“炒炼成钢”新方法，是炼钢史上的一次革命。南阳在东汉就有“五十炼钢刀”和“百炼”之说，这就为汉画的雕刻提供锋利的雕刻工具，对汉画图像发展演变产生了重大的影响和推动作用。本文通过汉画像石图像初创期、成长期、发展期、成熟期不同时代、不同时期汉墓图像构图方法、艺术风格、表现形式的研究，揭示其发展演变关系，

通过结合冶铁技术发展，工艺技术的改善对汉画图像演变与工艺进步结合起来进行研究，使我们对汉画图像演变暨工艺影响的认识更加深入。

解读中国雕塑的写意精神

【作者】邓小刚 【导师】孙泉 【出版授权与投稿人】湖南师范大学

【作者基本信息】湖南师范大学，设计学，2007年，硕士

【关键词】雕塑 写意精神 空间 传统 吴为山

【摘要】中国传统雕塑在几千年的发展历程中，逐渐形成了写意的传统和样式，以其独特的审美形式区别于西方传统写实雕塑。然而由于历史的原因，“五四”以后的中国雕塑和中国传统雕塑根源的割裂，成为中国现代雕塑艺术民族化的制约因素。本文旨在对中国传统雕塑的写意精神进行探源，寻求中国现代雕塑和传统雕塑精神的衔接，以求建立立足于本土文化的雕塑体系和中国雕塑自身的艺术观念及样式。同时文章例举了吴为山的“写意雕塑”，分析了它和中国传统雕塑写意精神之间的联系和区别。作为传统雕塑写意精神的现代转型的成功范例，他的创作对当代中国雕塑创作起到了积极的启示作用。文章共分为4个章节。文章第一章从哲学的源头和意象图式的发展过程，认识中国传统雕塑多元样式背后的写意精神。第二章分析了中国传统雕塑意象形式的认识论基础，指出中西方雕塑迥异的空间观念和观察方法是各自雕塑样式的基础，要建立雕塑的中国样式首先要建立中国式的认识方法。第三章主要从形式特征的角度分析中国传统雕塑的写意性格，提炼出其中影响着现在与未来的形式特征。第四章以吴为山对写意雕塑样式的探索为切入，重点分析中国传统雕塑的写意精神在现代形式上的附着和对中国雕塑样式创新的意义。博古才能通今，探源才能创新，中国雕塑样式的探索必须根植于中国的文化精神。

伊斯兰教石刻艺术在泉州扩展的总体态势及其表象考略

【作者】王振宇 【导师】林木 【出版授权与投稿人】四川大学

【作者基本信息】四川大学，美术学，2007年，硕士

【关键词】藻井 拱拜式 须弥座 云月墓碑

【摘要】古刺桐，独特的海商文化板块，衍生一路活跃的海洋文明，海洋文化的开放包容特质，为伊斯兰教的传入发展提供了良好的接受心态，阿拉伯、波斯穆斯林商人及传教士由海上乘商舶东来泉州通商贸易，“杂处民间”，并带来了伊斯兰教的建筑艺术风格。他们在泉州历史上修建大量的清净寺、墓室、石棺等艺术作品，这写作品大多是以石刻艺术作为载体或表现形式显现在泉州人民面前。今泉州出土200多方伊斯兰教寺院建筑石刻、发现多通元代阿拉伯文石碑及清净寺大型门楣石刻。其数量多、种类多、题材慎广，展现了泉州伊斯兰教艺术的辉煌和伊斯兰教的传播态势。由于伊斯兰教在泉州的传播时间既长，遗留伊斯兰教石刻艺术流传物又多，因此对伊斯兰艺术在泉州地区的传承状况的研究，有很深价值意义：它是研究伊斯兰教在华的传承史的重要部分，是中国美术史研究的重要补充，也是论述中国古代传统艺术的延续与外来美术的东渐过程中不可回避的必然。伊斯兰教美术和泉州本民族艺术在图像学、色彩学、造型方面的交流乃至样式的殖移中，形成的地区性美术史的深层文化底蕴，值得我们作出认真思考。考察泉州伊斯兰教艺术的历史变迁。分析伊斯兰教石刻艺术及其建筑的独特魅力，梳理外来伊斯兰教文化艺术与泉州土著文化艺术的相互碰撞、冲突、融合过程，将给我们带来丰富的宗教文化本土化的信息和艺术风格变迁的启迪。当论及伊斯兰教在泉州如何传承及其艺术风格如何演变，离不开对泉州的地理交通的分析，论及伊斯兰教石刻艺术在泉州能否完成本土化的进程，也离不开对泉州的地方文化气候和宗教文化信仰的阐释。因此本文的第一、二部分分别对泉州的地理基础、海事交通和民族信仰及中阿文化交融现象进行一番论述，以构建本文的写作认识先知和中阿文艺胶着的背景。第三部分，就现存较具代表性质的伊斯兰教石刻艺术进行分类论述，着重从造型样式的角度分析其作品的价值意义。第四部分是对伊斯兰教石刻艺术的总体态势的综合论述和宏观把握及其动机和成因的试论。另外，认识到伊斯兰教及其石刻艺术的泉州传承，并非是一个简单的输出模式或样式殖移的过程，并非泉州民族完全是被动的接受者，而两者是同步的、双相的——影响与接纳。因而在文章的第五分内容加以表述，并对本文的写作做出总结。

还雕花逸事

【作者】郑睿奕 【导师】王建民 【出版授权与投稿人】中央民族大学

【作者基本信息】中央民族大学，人类学，2007年，硕士

【关键词】木雕 反思的艺术人类学 情境与意义

【摘要】本文是反思的艺术人类学对“工艺美术”品东阳木雕进行研究的一次尝试。在反本质主义文化观的关照下，经由生产、消费与展演三个情境的揭示与论证，本文试图指出木雕不仅是物和物质生产过程，更是一个充满意义与情境的社会过程。文中首先考察了“木雕是怎样炼成的”过程，由“浪漫的想象”“温和的作坊”“粗暴的工厂”“无闻的技工”“式微的技校”“显赫的大师”六节来阐述和揭示现时木雕对生产与销售它的人来说意味着什么。接下来，文章转向了过往木雕对于生产与使用它的人来说意味着什么这个话题。卢宅与白坦村老年协会提供了两种不同的可能性，二者身上又都依稀可见旧时匠作与深宅大院的风范。在生产与消费之外，展演越来越成为木雕的一个重要维度。官方的工艺精品馆、横店的明清民居博览城以及商业化并有专业权威保障的杭州西博会都成了木雕展演的场所。本文注重用个人感观上的体验以及私人化感觉来尝试解答“地方对于生活在其中的人来说意味着什么”这一问题，文中认为地方的意味首先是时间与空间上的在地化感觉，尔后是更加复杂的“乡愁”情

绪。受《书写文化》影响，本文较多地强调自己进入田野时的理论准备以及身份问题，总体而言采用质性研究方法，注重情境性与历史性的描述。

试论反法西斯战争雕塑题材的主要艺术语言

【作者】曾华 【导师】郭选昌 【出版授权与投稿人】重庆大学

【作者基本信息】重庆大学，美术学，2007年，硕士

【关键词】雕塑 艺术语言 反法西斯战争题材

【摘要】语言是人类特有的用来表达、交流思想和感受的工具。艺术作品也可以表达、交流思想和感受，所以艺术也有艺术语言。反法西斯战争题材的雕塑艺术语言是雕塑家利用雕塑纪念碑、纪念群雕和纪念架上雕塑的艺术特性来向人们传达出和平与和谐等理念。本文就试从反法西斯战争雕塑题材的三个主要方面：雕塑纪念碑、纪念群雕和纪念性架上雕塑的主要艺术语言来展开论述和研究。通过对这些艺术表现形式的主要艺术语言分析后，以此为基础和参照来提出我们对重庆抗战陪都文化条件下雕塑艺术语言探索的思考。为今后在重庆做此类题材的雕塑作品创作提供理论参考。本文最后总结出反法西斯战争雕塑题材艺术语言研究的取得的主要成就、面临的主要问题和笔者本人对反法西斯战争雕塑题材艺术语言研究未来发展前景的预测。

林清卿寿山石薄意雕刻艺术探究

【作者】陈哲 【导师】李豫闽 【出版授权与投稿人】福建师范大学

【作者基本信息】福建师范大学，艺术学，2007年，硕士

【关键词】寿山石雕 薄意 林清卿 时空背景 渊源

【摘要】目前关于寿山石薄意雕刻的研究基本上还仅仅是一般地、现象地对其源流、题材、技巧等方面展开论述，其中对于“薄意”发展成熟起了至关作用的林清卿的研究，在广度与深度上甚为有限。运用艺术社会学、风格学的方法对林清卿“薄意”艺术进行全面地、系统地考量，对当今寿山石雕乃至中国工艺美术发展，在理论上与实践上都有重要的意义。追溯福州寿山石雕的源流及其雕刻艺术流派的形成，以探寻形成“薄意”的母体与根基。在界定“薄意”的基础上，阐明林清卿对现代“薄意”内涵的形成所起到的作用。通过对林清卿“薄意”风格形成的背景因素、艺术渊源的探究，进而分析其“薄意”的艺术特色及传承影响。清末民初福州独特的人文环境，繁荣的工艺美术，寿山石雕业态以及商号、收藏家、“秀工制”等因素都成为林清卿“薄意”艺术产生与发展的重要基础。林清卿秉承寿山石雕“西门派”的优良传统，吸收中国画、印章篆刻的艺术精髓，并融合了其他门类的雕刻技艺，“以刀代笔、以石作画”，形成独具特色的艺术风格。其“薄意”因材施艺，刀法独到多变，注重形式风格，更追求“文人画”的意境，极具材质美、工艺美和意境美的审美特性，为寿山石雕美学增添了新的审美内涵与范畴，对后世影响深远。

民国前期（1912—1936）西方现代木刻在中国的传播

【作者】郑涛 【导师】潘公凯 【出版授权与投稿人】中央美术学院

【作者基本信息】中央美术学院，美术史，2007年，博士

【关键词】西方现代木刻 美术传播 大众传媒 鲁迅

【摘要】西方现代木刻在中国的传播是新兴木刻运动得以发生和发展的重要因素，本篇论文尝试在晚清以来“西学东渐”的大背景下，用传播学的方法，对这种“文化间的美术传播”进行研究。结果表明，在传入传播基础上发生的本土传播，最晚在20世纪20年代中期就已经出现：一些大众传媒出于各种原因采用西方美术作品作插图，是木刻在中国得到传播的最初原因和相当时期内的重要原因。这使西方现代木刻在中国的传播在两个方面呈现出与同是外来画种的油画的不同之处，首先，它的传播者主要是非美术界的文化出版界人士，其次，它主要通过由这些非专业传播者编辑出版的、在社会上具有一定影响力的大众传播媒介来实现。这两个特点突出说明了以书籍和报刊出版为主的现代大众传媒在美术传播中的重要作用。在1926—1936年的大约十年时间里，西方现代木刻的传播大致可以分成三个阶段，即木刻作为“插图”的使用，木刻作为“纯艺术”的介绍，木刻“本土化”的倡导；这三个阶段分别对应对木刻艺术的不同认识，不同的传播内容和传播目的。鲁迅从介绍木刻到倡导木刻的重要转变出现在1930年左右，其原因是鲁迅认识到木刻不仅可以作为有力的宣传和鼓动工具为中国革命服务，而且是一种符合他一贯的启蒙主义立场，融“创作民主化”、“鉴赏民主化”以及“题材民主化”于一体的“民主化”的艺术。所以，木刻对于鲁迅不仅是服务于“救亡”需要的工具，而且是他针对当时中国新美术的状况提出的一个立足于“启蒙”的方案。

民国时期现代雕塑研究

【作者】刘立彬 【导师】邵大箴 【出版授权与投稿人】中央美术学院

【作者基本信息】中央美术学院，美术学，2007年，博士

【关键词】民国时期 现代雕塑 公共空间

【摘要】民国时期，传统雕塑日益衰落，在以“师夷之长”为目的的留学大潮中，一批抱有艺术理想的年轻人赴法国、意大利、比利时、日本、美国等国家学习西方雕塑。他们回国以后，通过雕塑创作、创办雕塑系(科)、译介西方雕塑文献和资料，成为现代雕塑的拓荒者，他们亦成为中国第一批雕塑家。这些年轻雕塑家凭借从国外学到的写实雕塑技法，塑造名人肖像、创作纪念碑式雕塑，使雕塑进入上层社会和城市公共空间，使已经不是艺术主流的西方学院派

写实雕塑成为中国现代雕塑的“母体”。国民政府成立之后，社会精英人士对城市发展、政府形象塑造有诸多设想，尽管这些设想未能全部付诸实施，但也为公共雕塑的发展提供了一些发展机遇。此后，抗日战争爆发，反映战争题材的雕塑作品多有出现，与名人雕像相比，这些作品的题材因与国家存亡密切相关，引起了社会的更大关注。解放战争时期，国民党的一党专政和贪污腐败引起了社会不满，反映民生疾苦、渴望自由的作品多有出现。同时，国统区的左翼文艺思潮的兴起以及解放区文艺政策的确立使“农”“工”题材作品也崭露头角。本论文以民国时期的现代雕塑为研究对象，期望通过历史材料的钓沉索隐，通过对“历史背景”的构画，揭示现代雕塑产生的历史契机，讨论雕塑家出国学习的个人动机和成行机缘，在中西艺术比较的框架中，透视雕塑家在国外的学习情况和艺术创作情况，以及他们在国外环境中对中西雕塑的反思。留洋雕塑家是民国现代雕塑的最早创作者，笔者从“‘雕塑家’的出现、‘雕塑家’的多重身份、雕塑介入现实生活、雕塑风格的民族化”等方面入手，探究“现代雕塑的出现和发展”，并以此为基础，研究现代雕塑和公共空间以及展览的关系。

共性·个性·女性

【作者】陈艳　【导师】王宏建　【出版授权与投稿人】中央美术学院

【作者基本信息】中央美术学院，美术学，2007年，博士

【关键词】创作共性　女性品质

【摘要】中央美术学院雕塑艺术创作研究所八位女雕塑家所组成的女雕塑家群体，不管是在近代雕塑史上还是在女性艺术史上都是一个独有的现象。这八位女雕塑家，是新中国成立后由中国最高美术院校中央美术学院培养的第一批女雕塑家，又集中在中央美术学院雕塑艺术创作研究所工作，为新中国的城市雕塑建设作出了巨大的贡献。不管是从她们所受的艺术教育还是从艺术成就来看，这个女雕塑家群体在女雕塑家艺术史上是具有代表性的。对于这个女雕塑家群体的研究，本文试图把这个群体现象放在特定历史语境中进行考察，主要从女雕塑家群体的艺术创作共性、创作个性和女性品质这三个方面作为切入点对女雕塑家群体的艺术创作进行分析，并结合社会学层面上的各种因素作为问题研究的参照背景，来反映这个群体的艺术成长和发展过程。论文的第一章介绍了女雕塑家群体的概况，分析了群体形成的原因，并概括了群体的总体特征；第二章主要研究女雕塑家群体的艺术创作共性，分析了影响她们艺术创作共性的必然因素，由此探讨了任务性雕塑如何成为她们艺术创作共性显现的主要途径；第三章主要分析女雕塑家群体的艺术创作个性，探讨了她们艺术创作个性的特征和创作个性发展的多方面途径；第四章是从女性的角度来考察，讨论了她们艺术作品中的女性品质和女性精神；最后，本文总结了女雕塑家群体研究的意义和价值。

与环境共舞的建构

【作者】孙璐　【导师】张宝玮　【出版授权与投稿人】中央美术学院

【作者基本信息】中央美术学院，美术学，2007年，博士

【关键词】公共空间　抽象建构　现代基础

【摘要】由于国情的不同，具像雕塑作品一直以来比较受中国公众的欢迎，而统治欧美艺术史近一个世纪的现代雕塑艺术，在中国的成长之路，却方兴未艾。一种属于现代艺术的抽象范畴，在现代审美研究和学院教学中广受欢迎的雕塑形式——直接金属雕塑，却在隐约提出现代抽象雕塑在中国现阶段和将来发展的可能空间。本文的目的旨在通过直接金属雕塑的创作概念，讨论抽象雕塑在中国目前和以后的城市空间的发展趋势和相应的雕塑教学的基础扩展。研究方法是通过探究直接金属雕塑的历史根源、特殊的成型特性、在现代艺术中的位置和进行这种雕塑创作的必备条件，以及这种抽象的建构方式和某些建筑造型之间审美规律的关系。并以中央美院雕塑系的金属教学为例，分析抽象雕塑在学院艺术教学和公共环境等几个方面的发展状况，求证其在中国城市特殊性土壤中的成长前景。直接金属雕塑是通过对金属材料的切割、锻造、焊接、打磨等一系列工业加工手段，直接以金属材料，构成雕塑结构的艺术形式，严格地讲，它不应该是拷贝自然的，也不应该是纯装饰性的。直接金属雕塑作品有完整的自在性，形式、材料、制作过程有密不可分的联系。形状结构、加工手法、和风格创意是直接金属雕塑的三大要旨，而随时随地与环境和观众的互动关系，是其发展的原动力。中国正处在经济高速发展的时代，公共空间对抽象性雕塑的要求，后现代时期都市人群对反映精神层面艺术品的需求都在提高，而中国当下发展的需求和公众相对滞后的抽象审美意识之间的矛盾，使现代抽象雕塑的发展有时候进入误区。从教学抓起，将现代艺术的基础课，作为有效提高现有写实基础以外的抽象审美水平的必要条件，会对改进将来城市空间中的艺术作品的面貌有多大程度的影响，是本文研究的课题。

抗战时期大后方木刻艺术研究

【作者】谢春　【导师】陈廷湘　【出版授权与投稿人】四川大学

【作者基本信息】四川大学，专门史，2007年，博士

【关键词】抗战时期　大后方　木刻　科学化

【摘要】中国新兴木刻的发展不单是艺术自身的演变和重构，同时，是上层建筑诸如政治、文化、社会等各因素合力下的产物，并规约于一定的经济轨道之中。本文立足中国本位文化的立场，采用历史学、艺术学及社会学的研究方法，将木刻艺术置于抗战与大后方两大特定的时空体系，进行全方位的剖析，以探讨抗战时期大后方木刻艺术的时代特质与文化内涵。力图体现出木刻艺术发展进程中之世界、民族、地域间的统一，揭示在木刻艺术自律与社会外力的相互碰撞下，功利性与艺术性之间的辩正关

系以及社会与艺术之间的互动。全文分为五章，分别以中国新兴木刻的产生、大后方木刻中心的形成与确立、大后方木刻艺术创作思想、大后方木刻艺术的传播及新兴木刻艺术对抗战的贡献为思路，展开对大后方木刻艺术发展的纵横研究。

中国学院背景女雕塑家创作研究

【作者】李仲如　【导师】顾森　【出版授权与投稿人】中国艺术研究院

【作者基本信息】中国艺术研究院，美术学，2007年，博士

【关键词】女雕塑家　风格演变　女性特征　图象阐释

【摘要】本文围绕着中国学院背景女雕塑家的创作中规律性的特点展开研究，以直接史料收集、形式分析和图象阐释结合创作发生的社会历史背景分析等方法为主要方法。全文共分为四章：第一章以探究女性雕塑家创作风格演变以及演变中的女性意识的变化为重点，力求全面地分析、归纳中国学院背景女雕塑家创作风格及其演变的过程。中国学院背景女雕塑家的创作风格，大体可以概括为三大类：现实主义创作风格、现代派创作风格和雏形阶段的女性主义艺术风格。在对中国学院背景女雕塑家创作风格的演变过程的分析中，剥离出其中最显著的两个特点：其一，中国女雕塑家创作风格演变中，表现出的女性意识经历了隐现、觉醒和突显不断变化过程；其二，中国女雕塑家的创作风格演变是一种不以群体转型为主，而以女雕塑家在不同历史时期背景下的自我转型为主的方式。第二章着重分析了中国学院背景女雕塑家创作中的女性特征。所谓女雕塑家创作中的女性特征，是自然和社会文化双重因素在女雕塑家创作中的具体表现。文中通过比较、例证、图像分析等方法归纳出的中国女雕塑家在创作中的女性特征表现为三个方面，即雕塑创作中的女性视角(慧眼)、女性独特感受(兰心)、女性特有的表现方式(水志石言)。第三章总结出中国女雕塑家在雕塑创作中，以女性的方式将传统雕塑技法、民间美术形式和中国传统艺术精神的感悟融入已掌握的西方雕塑创作方法中这一创作特点。这些雕塑作品既呈现出中国传统艺术的特色，又体现了女性对中国传统艺术的特有感悟。第四章分析了女雕塑家在创作中如何受到其它门类艺术影响，并怎样以女性的方式将之融进自身的创作中。这种受到其他艺术门类作品影响的创作特点是女雕塑家在接受专访时普遍强调的，并引起了本文作者的高度重视。在对此问题的论述中，虽然涉及包括文学、影视、音乐、舞蹈、绘画等许多艺术门类，但仍立足于对雕塑本体的研究，而不是对各艺术门类总体规律的美学意义进行探讨。中国女雕塑家创作中体现出的受其它门类艺术影响所形成的特点为：创作中将女性对其他艺术的“感性印象”，通过包括显性和隐性的“移植”方式，体现在雕塑作品上。

陕西炕头石狮艺术研究

【作者】朱尽晖　【导师】杨晓阳　【出版授权与投稿人】西安美术学院

【作者基本信息】西安美术学院，美术学，2007年，博士

【关键词】炕头石狮　风格特征　文化内涵

【摘要】陕西炕头石狮不仅是中国民族民间艺术的重要组成部分，同时也是中国雕塑艺术中的一个独具特征的艺术类型。长期以来，在美术学中，对于陕西炕头石狮的研究相对薄弱，迄今未能形成一个较为完整的理论体系，亦未能全面、深入地揭示其丰富的文化内涵和审美特质。本文针对陕西炕头石狮艺术不同的流布区域及造型各异的类型遗存，首次进行了较为系统的类型整理、艺术分期和客观描述，通过对大量的实物及图像的比较研究，运用文献典籍、考古文物图像资料，结合多次实地调查及综合运用多学科的理论与方法，对陕西炕头石狮的艺术源流、风格特征、文化内涵及美学特征作了较为深入的探讨和论证，初步揭示出了陕西炕头石狮的艺术文化本质及其大美术、大写意的学术价值。通过对陕西炕头石狮艺术的研究，笔者认为，“大象无形”是中国特色的造型艺术观，“以小观大”是大写意的方法论，它们是本文研究的核心理念，本文希冀以此为出发点，在建构陕西炕头石狮艺术为谱系的同时，努力探讨民间美术的文化特性、审美形态及其独特的美学体系，深入研究其作为中国哲学“天人合一”的形象符号和大美术、大写意的典型意象物的理论依据。从而为当代发掘整合中国民间美术遗产，为认知陕西炕头石狮艺术在中国美术史乃至人类文化史上的地位，提供史实证据和理论依据。

凤翔泥塑包装设计研究

【作者】冯文博　【导师】庞永红　【出版授权与投稿人】西北大学

【作者基本信息】西北大学，美术学，2008年，硕士

【关键词】　凤翔泥塑　包装设计　地域化　功能性　形式特点

【摘要】凤翔泥塑是陕西凤翔民间艺术的一朵奇葩，在中国的改革开放进程中，在当地艺人的努力下，它顺利转型，从旧时“耍货”成为中国旅游市场上炙手可热的纪念品，成为亲朋好友相互馈赠的礼物和家居的装饰品。随着中国旅游纪念品市场的成熟和同业竞争的激烈化，凤翔泥塑功能的转变和消费群体的更换使凤翔泥塑原来的简易包装已经不能适应这种变化，不能满足国内外游客的审美需求和携带功能化要求。因此研究设计一系列新型包装，是这篇文章力求解决的问题。在提出这一课题后，笔者多次对凤翔泥塑、凤翔泥塑包装及其市场生存状态进行调研，并认识到对凤翔泥塑进行包装设计的必要性和急迫性。然后笔者从展现凤翔地域风俗和文化，从突出凤翔泥塑独特艺术特点的角度出发，对凤翔泥塑的包装设计给予研究，企求能以此为起点，在众多陕西民间工艺品包装发展中，抛砖引玉，更希望能通过这些民间艺术品的包装，把陕西人民的文化审美精神呈现给世人。为了能更好的体现这一精神，笔者在论述中通过分析凤翔泥塑的图形、造型、色彩、文化内涵；比较同类泥塑作品的审美体验，

推论出其包装设计的元素特点和应用方法。其中还提出了设计绿色环保的泥塑包装，以适应泥塑发展的时代性要求。

时空与艺术

【作者】王思顺　【导师】秦璞　【出版授权与投稿人】中央美术学院

【作者基本信息】中央美术学院，雕塑，2008年，硕士

【关键词】时空　艺术　记忆

【摘要】本文立足自身兴趣和关注点，试图从艺术史牵引出一条贯穿时空和艺术的线索。研究方法例证研究法：通过艺术史实例例证，为论点作立论支撑。实践研究法：通过自身创作实践浅析，具体和强化论点。研究成果经过对古今，东西方艺术史部分作品进行整理，类比，对照，等研究后发现时空和艺术有着很深的交互关系，有时是空间观念的技术拓展影响着艺术观念的更新，有时是艺术以其本身的视角和语言来反观和描述时空。尤其重要的是从笔者找到一种创作思路的来路和可能的前行的方向。

现代金属雕塑发展趋向探究

【作者】李治宇　【导师】姜桦　【出版授权与投稿人】大连理工大学

【作者基本信息】大连理工大学，美术学，2008年，硕士

【关键词】现代金属雕塑　风格　趋向

【摘要】雕塑最根本的目的是为了满足人们一定的需要，除了使用功能以外，最重要的是要满足人们的精神感受和审美需求。作为雕塑艺术中的金属雕塑以它的材质及空间特性充分发挥了它的作用。文章开始于古代金属雕塑止于现代金属雕塑研究，归纳出古典时期侧重题材和实用性，而现代则更强调伦理和空间，揭示了金属雕塑发展规律及其特殊性，强化了余属雕塑作品存在的现实意义。文章采用多种法方法将金属雕塑各种风格进行剖析，并选择一种特定社会、特定时代的见解，对不同文明下的作品进行研究归纳，通过大量实例分析及结合信息时代体现出来的新特征作出了可行性研究。概括起来，文章主要包括以下几部分内容：1.金属雕塑概念界定、常见形式及特征。金属雕塑是指一切以金属为材料的雕塑作品，由于它具有延展性、可塑性、稀有性及光泽性使金属雕塑有其存在的意义，即它的神秘特征、地域特征、权贵特征得以充分体现。2.现代金属雕塑的变革。由于金属雕塑艺术的目标转向了艺术自身，形式美学诞生使艺术在形式构成上产生了变革；金属雕塑在材料的应用上由传统到现代，使金属雕塑在材质特征上产生了变革；而在空间认识上的演变则体现在空间观念的拓展、量块、体积上。3.对现代金属雕塑的风格趋向研究。包括四个方面：(1)浪漫主义倾向(2)自由主义趋向(3)理性与伦理(4)工业化趋向。4.世界文化背景下的现代金属雕塑创作趋向研究。包括：(1)生态化趋向(2)数字化与信息化趋向(3)和谐化趋向(4)公众化趋向。5.基于时代的需求，对世界文化背景下创作趋向进行探讨后，在创作上从科技、空间、生态、功能、布局、材质、色彩等几个方面入手，提出我们现阶段的设计思路，使创作实例更具有时代特征，更符合时代的需求。

苏联雕塑教育模式在新中国的影响

【作者】刘艳萍　【导师】范迪安　【出版授权与投稿人】中央美术学院

【作者基本信息】中央美术学院，美术学，2008年，硕士

【关键词】苏联雕塑教育模式　苏联雕塑教育体系

【摘要】1949年新中国建国初期，百废待兴，由于国际政治、外交关系的制约和意识形态的影响，中国在政治、经济、文化等各个领域实行了向苏联“一边倒”的政策。同样，中国雕塑界也通过多种渠道向苏联学习，其中当时最富有现实意义和历史影响的当属苏联专家举办的雕塑训练班和向苏联派遣雕塑留学生。本文以学习苏联雕塑教育模式最集中的这两个方式为研究对象，系统分析研究苏联雕塑教育模式的内涵及这种雕塑教育模式对新中国雕塑教学产生的影响。鉴于历史资料的缺乏和以往关于这个主题研究的不足，主要采用了口述美术史和社会学的调查方法，并通过查找档案资料，厘清了苏派雕塑家群体形成的过程，并通过苏联雕塑教学的目标，教学思想，教学体制，课程设置，基础教学方法特色，创作教学方法特色等各个方面，复原了当时苏派雕塑家学习苏联雕塑教育模式的内涵，揭示出了苏联雕塑教育模式的独特性。本文的结论是苏联雕塑教育模式对新中国的雕塑教育教学产生了深远的影响，从基础教学到创作教学，苏联雕塑教育模式都在20世纪中、后期逐渐取代了20世纪前半叶的法国雕塑教育模式，占据了主导的地位。苏联雕塑教育模式促成了中国雕塑教育体制的完善；课程设置的增补和教学步骤的科学化；基础教学和创作教学训练方法的改变等，使中国的雕塑教育逐渐走向了正规化。本文也从中国美术教育整体进一步分析，中国雕塑的教育教学并没有“一边倒”的全面倒向苏联，从20世纪50年代至文革前，雕塑的民族化探索一直相伴左右，改革开放后雕塑更加呈现多元化发展，由此也更加反证苏联雕塑教育模式对中国影响的历史意义。

传统木雕文化艺术研究及其在室内设计的应用

【作者】杜文超　【导师】张乘风　【出版授权与投稿人】南京林业大学

【作者基本信息】南京林业大学，设计艺术学，2008年，硕士

【关键词】木雕　木雕装饰　现代设计

【摘要】本文是从设计的角度对传统工艺美术中的木雕文化进行研究的一种尝试。木雕文化及其作品和其他工艺美术一样，无论在表现形式上如何变化多端，隐晦曲折，总是对外部客观世界的反应和作者内心感情的激发。作品本身实际上成为作者借以传情达意的载体。文中首先考察了木雕的基本理论，从木雕的历史源头入手，对木雕所用的材

料,使用的技法,形成的流派等几方面对木雕做一个全面简要的介绍;其次,通过实地考察及资料收集归纳,对木雕的应用范围作深入的研究;随后,对木雕作品中所体现的传统文化进行论述,加以阐述;最后,通过对若干案例的分析,对木雕文化在现代设计中的应用加以论证。设计的核心是展示文化特色,失去特色也就失去了设计存在的价值。在过去的20年中,我国的现代设计展现给世人的更多的是一张“西方”脸,“中国元素”尤其缺乏。其实,美观实用的“中国元素”才是中国应该有的优秀设计。本文注重用个人感观上的体验以及私人化感觉来尝试解答“木雕文化如何才能在现代室内设计中体现”这一问题。本文的目的是通过对木雕文化的分析,在利用传统图形艺术的基础上,创造出新的形象,以体现传统艺术与现代设计在文化价值观上的统一,展示传统文化独特的魅力。

大学校园雕塑设计研究

【作者】王汀　【导师】蔺宝钢　【出版授权与投稿人】西安建筑科技大学

【作者基本信息】西安建筑科技大学，艺术学设计，2008年，硕士

【关键词】大学校园　雕塑　设计

【摘要】随着知识经济的到来,当前,我国大学校园建设正以前所未有的速度发展着。校园环境、校内景观、校园雕塑都成为大家关注的热点问题。本文主要针对大学校园雕塑设计现阶段存在的问题,提出了自己的观点和看法。旨在为以后的大学校园雕塑设计提供一些切实可行的方法和原则,为大学校园雕塑设计发展尽微薄之力。全文分为八个章节,分为提出问题、分析问题和解决问题三个部分进行论述。主要内容如下:第一章绪论,简要介绍了课题背景、研究目的、研究内容和研究方法。第二章雕塑设计概述,重点分析了现代雕塑和现代设计的概念、特征,提出了雕塑设计的概念。第三章大学校园概述,阐明了大学的含义、大学的分类、大学校园的含义、大学校园环境、大学文化以及大学校园环境与大学文化的关系。第四章大学校园雕塑设计概述,介绍了大学校园雕塑设计的含义与分类,并分析了大学校园雕塑设计与大学文化、校园环境、现代设计的关联。第五章西安地区大学的调研分析和思考,归纳出现阶段大学校园雕塑设计存在的问题和弊端。第六章大学校园雕塑设计的原则与方法是重点章节,作者认为大学校园雕塑设计应遵循生态化原则、以人为本原则、空间性原则、整合性原则、文化性原则、创新性原则。大学校园雕塑设计可按照:设计调研、题材选择、位置选择、体量设计、造型设计、材料设计、色彩设计、辅助设计的方法进行设计。第七章大学校园雕塑设计实例分析,着重分析了西安交通大学兴庆校区校园雕塑设计的优点与不足。第八章陕西科技大学新校区雕塑设计探索是设计应用章节,结合上述的原则和方法,作者为该校提出相关模拟方案,将理论应用于实际。最后为全文的结论部分。

雕塑创作中的“自我表现”

【作者】徐阳　【导师】孙伟；　展望　【出版授权与投稿人】中央美术学院

【作者基本信息】中央美术学院，雕塑，2008年，硕士

【关键词】雕塑创作　自我表现

【摘要】雕塑艺术与其他门类的艺术学科一样,在不同的社会环境下会呈现不同的面貌。对于创作雕塑作品的主体来说,他不能脱离社会生活而存在,整个社会的价值取向会影响到他的创作,但他也会将个人的主体情思——或者说,自我表现欲望——融入作品中。但与此同时,雕塑家也必然会将其个性化的主体情思——或者说,自我表现欲望——融入到作品的创作之中。本文以“雕塑艺术中的自我表现”为题,探讨在雕塑艺术中,“自我表现”如何在社会大背景下通过艺术主题和语言表现出来,今天的社会,多元化的视角和全球信息的共享,以及当代社会多样化语言得以并存的宽松环境,给人们的思考和观看方式带来了更多的可能性。在各种艺术表现手法都不足为奇的社会,如何在雕塑中,或者说,在艺术中注入新观念,使艺术创作能够深切的、准确地反映复杂社会环境中最为本质的时代精神,是当代艺术家面临的巨大挑战。并借此文梳理我的毕业创作作品《泰克尼克尔·福》的创作思路。本文正文部分分为三部分:(一)中西方传统中体育精神的艺术表现(二)中国近现代雕塑艺术中的“自我表现”(三)《泰克尼克尔·福》。

机械时代的非“机械复制”

【作者】邹亮　【导师】孙伟　【出版授权与投稿人】中央美术学院

【作者基本信息】中央美术学院，雕塑，2008年，硕士

【关键词】公共艺术　非机械复制　原真性

【摘要】此篇毕业论文主要以笔者的二组毕业创作《花之语·马拉》《花之语·蒙娜丽莎》为基础撰写，论文以对公共艺术的讨论为线索，试图通过从雕刻技法到美学层面的研究阐释作为公共艺术的雕塑的发展前景以及本人的艺术观。笔者的二组毕业创作均是以存世并具有影响力的名画或画像为“摹本”进行雕塑转型创作的，雕塑以写实技法为基础，其间贯穿着本人对艺术品的再次理解消化，目的是探究“非机械复制”的复制的可行性以及追求一种艺术上的“回归”的精神。全文共分五大章节，第一章为对公共艺术之含义的探究及对中国当代公共艺术现状所出现的问题所作的分析和个人的几点看法，第二章为对此次创作原画的解析，第三章为对此次创作的一个理论的概括及对其公共艺术性之研究，第四章为创作过程中所遇到的难题和对自我解决的方法的探究，第五章为简单阐述从美学到哲学层面对艺术及艺术作品的解读。

形体、材质、意味

【作者】安然　【导师】吕品昌　【出版授权与投稿人】中央美术学院

【作者基本信息】中央美术学院，雕塑，2008年，硕士

【关键词】形态语言　材料运用　陶瓷　精神体味

【摘要】由概述与分析中国当代雕塑艺术的大环境入手,以国内外雕塑发展的历史轨迹与当下状况为切入点,参照艺术与雕塑理论研究成果,具体解析以形达意的创作规律,并以具有代表性艺术家的主要作品为先鉴,探讨雕塑中形体、空间、材料的关系,以及从他们之中传达思想、观念的方式。同时对抽象雕塑的形意表达进行了阐述,并结合自己的创作与实践的体会,进一步对当代雕塑形体、材质表现力进行研究,提出材料语言运用在中国当代雕塑创作中的意义,以及对艺术观念乃至具体艺术语言的分析,力图对当代雕塑的形体空间语言和材料语言做深入研究。本文后半部分主要侧重研究雕塑中传统陶瓷材料的当下运用,并结合国内雕塑的状况和感受展开论述,探讨当代中国陶瓷材质作为雕塑主流表现媒介的必要性以及其艺术表现力,如何使陶瓷材料更恰当的运用于中国现代雕塑中,更大限度地把这古老且极富中国文化基因的材料的表现力在当下语境中充分展现出来。并结合材料本身的特质,阐述陶瓷雕塑介入环境空间和公共艺术的优势。本文还结合了艺术家作品,对材料的综合运用进行阐述,明确材质在雕塑创作中精神表现方面的重要作用。文中还对雕塑创作的实践性表明了观点。

20世纪至今的“节庆”公共艺术

【作者】袁进钊　【导师】王中　【出版授权与投稿人】中央美术学院

【作者基本信息】中央美术学院，公共艺术，2008年，硕士

【关键词】节庆公共艺术　经典作品　社会功能

【摘要】伴随着现代绘画、雕塑和建筑以及当代公共空间的发展和转型带来的城市文化新需求,公共艺术成为当代城市文化的重要载体、一种十分重要的当代文化现象,代表了城市与艺术、艺术与大众、艺术与社会等关系的一种新的取向。节庆公共艺术的兴起,是公共艺术发展产生的“新生态”。它不仅是一种艺术新方式,而且是地方“文化形象”重塑的主力军。它打破了传统的艺术只有通过博物馆才能和大众交流这一固有模式,拉近了人与艺术的距离。另外,地域文化的特征,也可以很容易的通过节庆公共艺术的形式展现出来,比如芝加哥的《乳牛大游行》、柏林的《世界和平熊》等。文章大致分为两个部分,第一部分论述公共艺术的概念,节庆公共艺术的几件经典作品。第二部分是文章的主要部分,目的在于寻找节庆公共艺术的社会功能。节庆公共艺术虽然是新生事物,但在较短时间内,已经成为人们谈论的话题,而且担负起了塑造地域文化形象的重任。我的研究希望在诸家的辛勤劳动基础上,进一步探讨新的领域,发现新的问题。

现成物介入雕塑的几种方式

【作者】郭继锋　【导师】隋建国；　张德峰【出版授权与投稿人】中央美术学院

【作者基本信息】中央美术学院，雕塑，2008年，硕士

【关键词】材料　现成品　当代　造型　雕塑　装置

【摘要】长期以来,在雕塑艺术发展过程中,雕塑语言的拓展一直是雕塑学中的关键问题,不同时期的艺术家对雕塑有着不同的认知。雕塑艺术发展至当代,日常生活中的物品越来越多的受到人们的关注,对于现成物品的利用和改造已经成为雕塑语言的一大特征,物的精神价值意义突显。于是围绕着物的问题,甚至物能不能成为雕塑、怎样成为雕塑的问题的争辩,成为学界所关注的一个问题。本文试图从以下几个方面展开探讨,以确立物在拓展雕塑学概念中的定位。要讨论这个问题,需要对雕塑中的“物”的概念进行一番梳理。首先,我们需要明确的一点是,物作为雕塑意识范畴的一份子是随着西方现代主义的产生和发展,逐步被挖掘了出来的。西方现代工业文明的发展所导致的社会分裂,使得人们不能满足于对艺术的美感与和谐的诉求。人们不再满足于对客观事物的完美再现,而着重于一种艺术创作过程的体验和个体精神信息的交流。这种对于物的精神价值的强调,正是体现了强烈的个体意识解放。其次,现实生活中所有的事物都有其自身的存在意义,不仅仅是指人们生活中的物品,还指存在于人们周围的物体、物质。这些事物自身的美感经过艺术家的精神意义的把握和提炼最终成为艺术品,得以成为艺术家传达独特感受的载体。综合这些艺术品,其中的物就包含了物品、媒介、物质和物体。然而物成为雕塑而不是装置作品,就是要在当下雕塑语境下对物进行传统雕塑意义上的加工处理。

泥说

【作者】沙彪　【导师】杨奇瑞；　于小平　【出版授权与投稿人】中国美术学院

【作者基本信息】中国美术学院，美术学，2008年，硕士

【关键词】泥性　城市雕塑　公共艺术　德性　互动性

【摘要】“泥”是五大生命元素之一，是人类的重要资源，在人类传统的雕塑艺术中更是必不可少的元素。但是,在现代雕塑艺术的发展中,随着新的媒介材料的出现和运用,“泥”的地位日渐式微,这样的趋势蔓延至现代雕塑艺术的各个领域,也包括了当代城市雕塑艺术。中国当代城市雕塑艺术的发展,也受到这种趋势的影响,钢、铁、聚乙烯类等新兴工业材料逐渐成为“宠儿”，观念、影像媒介、科技元素等更是成为发展的焦点，而“泥”逐渐沦为初级和底层的一次性消费原料。这与“泥”在中国传统雕塑艺术中的价值与地位，形成了鲜明的反差。本文正是在这样的反差下，从“泥”的角度入手，重新思考“泥”的内涵,挖掘“泥”在工业化浪潮和科技革命后,被忽略的“亲和性”“生死”“德性”“互动性”等本土精神文化内涵;意在摆脱盲从西方潮流,不再局限于以“话语权”“空间占有”等为焦点的外向性发展模式，而是从中国传统文化入手,回归自然,关注“泥”所蕴含的人文关怀,将中国当代城市雕塑创作引向承载本土历史文化内涵的德性道路之上。

景观环境中的雕塑主题公园研究

【作者】张鹏 【导师】姜桦 【出版授权与投稿人】大连理工大学

【作者基本信息】大连理工大学，美术学，2008年，硕士

【关键词】雕塑 主题公园 景观环境 中国

【摘要】雕塑主题公园以它独特的艺术品位、现代理念,和以人为本的服务宗旨,已经成为一座城市,乃至一个国家的文化含量、经济实力、开放程度的象征,它是城市雕塑的“聚落”,是时代精神的体现和文化发展的里程碑。她的出现是现代雕塑艺术发展中出现的一种新现象,有着鲜明的社会和人文发展背景,使得原本处于学院精英范畴的雕塑艺术开始与民众的生活紧密结合起来,以群体性和大众化的形式出现在休闲场所中。雕塑主题公园的源头在欧洲,所以国外对雕塑主题公园的研究已经持续了很久的时间,无论在理论方面还是实践方面都积累了很多的经验,进入了成熟的阶段。但是我国在雕塑主题公园这个领域中却是刚刚起步,其中与景观环境相结合,并成功的例子就更为少见了。本论文主要针对雕塑公园与环境的关系问题展开相应的论述,以具体事例分析为依据,查阅了大量相关资料,实际参观了国内的许多雕塑公园,对其进行汇总和整理,大胆提出当前中国雕塑公园的发展现状,明晰了我国当前雕塑公园发展过程中与景观环境相结合中存在的诸多问题,并加以认真分析,最后试图提出在新形式下中国当前景观环境中的雕塑主题公园的发展趋向。在论文中雕塑主题公园如何与景观环境结合是设计中非常重要的一个环节,同时为本论文研究重点内容。概括起来,文章主要包含以下几个部分内容:一、雕塑主题公园在相关概念方面的定位,以及她的演变发展史。让大家从概念上对雕塑主题公园有所认识,有助于论文进一步的展开。二、从主题方面分析,雕塑主题公园大致可以分为历史主题、地域主题和人文主题三类,通过例子进行具体阐释,紧扣主题性概念。三、从第五章开始进入论文的核心章节。指出景观环境与雕塑主题公园中存在的关系,相互渗透,互为主体的。四、通过大量的例证,抛出雕塑主题公园在中国的现状、具有的艺术特点、存在的意义及存在的问题。五、上文举出了中国雕塑公园发展中遇到的一些问题,对景观环境中的雕塑主题公园在中国存在的问题和对今后的发展对策做了明确详细的分析。重申一些基本观点,提出一些合理的建议。

图像身后的雕塑材料

【作者】张凯琴 【导师】龙翔 【出版授权与投稿人】中国美术学院

【作者基本信息】中国美术学院，美术学，2008年，硕士

【关键词】雕塑材料 传媒 传播 图像时代

【摘要】雕塑材料对于雕塑来说,就像身体对于一个人一样重要,它不仅是雕塑形体的依托,更是雕塑观念的承载。而另一方面,雕塑的意图必须通过有效的传播才能实现。从语言统治时代,到书写统治时代,再到当今视觉图像统治的信息时代,雕塑的主要传播方式跟随历史的发展一直都未停止过改变。在媒体发达和信息爆炸的今天,直接的现场欣赏逐渐被间接的快速读图替代。在这一看似更加迅速便捷的变化中,雕塑材料的美感与意义却在传播过程中逐渐被边缘化了。本文基于雕塑材料在当今视觉文化时代面临的这些传播环境特点,分析了雕塑材料的信息通过媒介传播的现状,提出了雕塑材料传播在当代面临的问题,并对雕塑材料的传播及当今传播特征下雕塑材料的应用进行反思。

论现、当代雕塑材料的非物质化现象

【作者】李政 【导师】李秀勤 【出版授权与投稿人】中国美术学院

【作者基本信息】中国美术学院，雕塑，2008年，硕士

【关键词】非物质化材料 拿来 转换 多元化

【摘要】在古今雕塑材料的探索过程中,东西方在传统雕塑和现代雕塑两个阶段对于雕塑材料的探索方向具有一致性,即从传统雕塑对材料质地的追求转化到现代雕塑对材料形式的追求。雕塑材料非物质化作为现代雕塑材料形式多元化的一个重要表现形式,已被现、当代雕塑家广泛运用,它是社会物质生活改变和意识形态变革的共同产物,随着多元化的艺术思潮的产生而出现。“拿来”和“转换”是雕塑材料非物质化的最典型特征,并在现当代雕塑中表现出独具的魅力。它对于我们认识现当代雕塑表现形式的多元化和材料的多样性结构具有积极的意义。

从茂陵、顺陵石雕看汉唐审美之转变

【作者】张小军 【导师】赵溅球 【出版授权与投稿人】浙江师范大学

【作者基本信息】浙江师范大学，美术学，2008年，硕士

【关键词】汉唐石雕艺术 艺术范式 艺术程式

【摘要】本论文选取汉、唐两代最具代表性的两座陵墓——茂陵霍去病墓石雕和唐顺陵石雕进行分析比较。以两墓主人的身份为线展开研究,把石雕艺术品按照能够体现皇室审美和民间审美的角度进行分类,再具体到每个石雕的题材、内容、表现手法、石雕纹饰等方面,用艺术考古学法对汉及唐的审美转变做以纵深的研究考察。按照对后世艺术的不同影响提出艺术范式、艺术程式的概念。结合汉、唐时期的政治、经济、思想、文化、宗教等的发展梳理出其审美变化过程及此过程的演进状况;通过这一梳理及研究过程,对至今还是猜测的茂陵霍去病墓石雕整体布局提出了自己的观点,并在此基础上由对其雕刻手法的分类之中找出其审美特征;并通过图式对比的图像学方法,在与顺陵比较中展现汉至唐的审美之演进过程。除此之外,论文采取文献研究法对考古资料进行搜集、查阅;并结合实地、实物考证,对资料进行线性方法的梳理;在分析研究中,采用比较方法进行分析,包括:历史比较、图象、图

式比较，从细微处分析比较出从汉到唐陵墓石雕艺术的发展变化。通过对这一转变过程及它对后世艺术影响的研究，得出：艺术审美没有高低方向上的发展，只有风格的转变；陵墓石雕艺术起始于汉，定格于唐；这一定格是陵墓石雕艺术从范式到程式化的演变；并从汉代与唐代石雕创作的不同过程，找寻出其对今天艺术的创造可供借鉴之处。

女性主义艺术中起着先锋主导作用的女性主义雕塑

【作者】王明妍　【导师】殷小烽　【出版授权与投稿人】东北师范大学

【作者基本信息】东北师范大学，美术学，2008年，硕士

【关键词】女性主义　女性主义艺术　雕塑　材料

【摘要】女性主义发展至今经历了女权——女性——女人三个阶段，女性主义艺术的发生也随着女性主义的发展经历了这三个时期。然而在女性主义艺术发生发展的过程中，空间形式的三维雕塑得到了女性艺术家的青睐，并且在女性艺术成长的过程中实现了女性思想和创作手段。雕塑更好的表现了女性艺术的内涵并且由于它的优势，许多作品成为女性主义艺术发展的各个时期具有先锋代表性的作品。

雕塑与动画

【作者】董俊伟　【导师】隋建国　【出版授权与投稿人】中央美术学院

【作者基本信息】中央美术学院，雕塑，2008年，硕士

【关键词】当代艺术　雕塑　实验动画

【摘要】中国当代艺术语境下使雕塑的概念重新界定，其涵盖的空间和内容更加深远博大，其新的概念下影响着艺术领域很多的形式，从而出现了越来越多的多重艺术形式交叉的新的产物。动画的英文为Animation。是由拉丁语的动词animare(赋予生命)演变来的，根据国际动画组织(ASIFA)在1980年南斯拉夫的萨格勒布(今天的克罗地亚首都)会议中对动画(Animation)一词所下的定义："动画艺术是指除使用真实之人或事物造成动作的方法之外，使用各种技术所创作出之活动影像，亦即是以人工的方式所创造之动态影像。"通过对中国和其他国家动画历史和现状的分析，探讨动画在当下艺术中的地位和意义。动画作为一种表现多维空间和时间的影像艺术形式与当代雕塑语言之间有着很多共通的东西，在当代艺术中产生更多的艺术可能性。

非洲雕刻的美学价值及现代意义

【作者】王沫　【导师】杨家安　【出版授权与投稿人】东北师范大学

【作者基本信息】东北师范大学，美术学，2008年，硕士

【关键词】非洲雕刻　宗教信仰　伦理习俗　现代意义

【摘要】20世纪初，突然涌入欧洲的非洲雕刻艺术，打破了欧洲许多既定的美的定义，对有关造型形象特征的观念注入了新的元素。非洲艺术家在作品中所表达的内容也逐渐被人们所理解。非洲民族学和文化史的研究，同时也帮助了对这种雕刻基本内容的认识。非洲雕刻艺术表现着各种大小神祇、祖先灵魂、人兽魔怪等广泛的神话内容，这样内容的雕刻造型与各种现实的形象有着特殊的联系；雕刻家始终注意保持着活生生的人的形象，因为这是他们那种有关维护或者威胁人的渺小存在的超人力量的观念所要求的。非洲艺术家在体现他们的人或动物的形象时，创造了只有自己才懂得的，但也是能够具体感觉到的这种力量的造型象征。非洲雕刻艺术并不是孤立存在的，它与非洲人的传统宗教信仰和非洲人当地的风俗习惯、人文地理等都有着紧密的联系，要真正的了解非洲雕刻艺术，必须对非洲的这些背景环境有深入的了解和体会。本文以非洲传统雕刻以及近代非洲雕刻中继承艺术传统的一些优秀作品为研究对象，采用综合性研究即把非洲雕刻艺术放到得以诞生它的非洲背景环境中去研究，通过对非洲的文化传统和习俗常规的深刻了解对非洲雕刻进行总体的审美评价。同时还总结出非洲雕刻的三大美学价值：内容美、形式美、风格美，并阐述非洲雕刻美学价值形成的原因以及它的现代意义。

现代雕塑艺术中的形式构成结构

【作者】刘婷　【导师】殷小烽　【出版授权与投稿人】东北师范大学

【作者基本信息】东北师范大学，美术学，2008年，硕士

【关键词】现代雕塑　形式构成　结构　主观的　个性化语言　想象空间

【摘要】雕塑艺术创作过程中，从草图的勾画到艺术作品的出炉，其中包括骨架和小样的制作都在不断的考虑形式构成结构。它就是艺术作品的核心，是其"灵魂"的归属。艺术家从着眼观察客观事物的那一刻起，就已经很自然的将形式构成结构作为视觉的焦点，一切艺术的审美在观察、调整、归纳、总结的过程中紧紧围绕着形式构成结构展开。现代雕塑艺术在形式构成结构的追求上已经达到了极致。相对以往，越来越多的抽象要素的出现，留给我们想象的空间被极大的丰富。直至点、线、面、块、柱、空洞等要素的结合，让我们更加深切的感受到形式构成结构的强大力量！而这些要素都是"形式构成结构"的因素。对这种因素的认识就是对艺术的认识，对因素的认识越是深刻，艺术作品越是能达到更高的高度。现代雕塑艺术中无论是抽象还是具象的表达，无不渗透着形式构成结构的美。不同时期由于历史文化背景的转轨，自然会出现不同的艺术形式。艺术具有鲜明的时代特征。无论哪个时期，当人们慢慢沉静下心灵时，会发现当创作与自己有关，与自己的土壤有关，与自己的环境文化有关，这样的作品才比较自然，才会真情流露。艺术家受到不同地域的历史、文化风格的影响，既继承传统又具有每个时代的不同性格，决定了艺术创作形式的异彩纷呈。到了现当代，东西方文化的相互渗透，已经从根本上改变了艺术家的视觉思维模式，并不断的酝酿着新的造型艺术形式的出现。现代雕塑艺术中，主观的形式构成结构的力量不断的突破写实技巧，逐渐转向现代主义对雕塑形式结构

的热切关注。雕塑艺术越是抽象,越讲求形式结构。从历史与传统的记忆中寻找艺术的精神与根源,并深刻体现出现代主义雕塑以形式结构表达普遍抽象性的特征。在现代雕塑艺术中,个人的追求有所不同。罗丹的激情与人性、布德尔的力量与硬度、马约尔的简洁与量感、马里尼的笨拙与生硬、曼祖的洗练与概括、摩尔的内在力与负空间、贾柯梅第的消退与空虚、布朗库西的生命与单纯、考尔德的动感与生态……都体现出形式构成结构在各自雕塑艺术中的支撑作用。对于不同形式构成结构的追求,是寻求艺术个性化语言的必经之路。现代雕塑离不开形式构成结构的美感。

从可触摸的实体到空灵的光芒

【作者】张彩凤 【导师】殷小烽 【出版授权与投稿人】东北师范大学

【作者基本信息】东北师范大学,美术学,2008年,硕士

【关键词】光材料雕塑 光雕塑 光效应艺术 光环境设计

【摘要】传统的观念认为雕塑是静态的、可视的、可触的三维物体,以作品的造型形象和空间形式反映现实。有人称之为:凝固的舞蹈,或被比作凝练的诗句。它不长于叙述情节,只能表现动作的一个片刻状态。传达一个处在沉静中的运动和稳定的观念,是雕塑作品效果生动的重要原因。随着科学技术的发展和观念的变化,在现代艺术中出现了反传统的四维雕塑、五维雕塑、声光艺术、动态雕塑以及软雕塑等。这是由于爱因斯坦的相对论出现,以及现代科学和技术的飞速发展,冲破了由牛顿学说建立的世界观,改变了人们的时空观念,使现代艺术家有条件站在更高的层次上去认识世界和表现世界,突破传统的三维的静态的形式,朝向动态、多维的时空方面探索。随着科技的发展时代的进步,艺术不再局限于手工制作与作坊式生产模式的存在。新材料的探索层出不穷,高科技的运用也屡见不鲜。雕塑作为以体量见长的艺术形式,也在不断探索新的语言和表达方式。软材料,现成品,声音元素,光,活体生命,电子装置,甚至网络技术都被吸纳入雕塑创作中来。雕塑艺术出现了百花齐放,百家争鸣的繁荣局面。光因其色彩斑斓,绚烂夺目,成为受争议,也倍受爱戴的新材料。本文通过对中外光材料艺术的研究,广泛收集整理与光有关的艺术形式和现象。通过追溯光效应艺术的发展,论证了光效应艺术就是光材料雕塑艺术的起源。通过关联和对比,归纳总结出光材料雕塑的分类,填补了光材料雕塑理论的空白。通过追溯光材料雕塑发展的历史和现状,展望光材料雕塑的发展前景和实用价值。随着更多艺术家投身光雕塑作品的创作,我们期待更多更好的光材料艺术作品问世。

"洞"悉空间

【作者】颜筝 【导师】章启群 【出版授权与投稿人】颜筝

【作者基本信息】北京大学,美学,2008年,硕士

【关键词】孔洞 内空间 空间 边界

【摘要】20世纪的西方现代雕塑中出现的"内(负)空间"打破了"雕塑就是空间包围的实体"的传统观念,使雕塑中形体与空间的关系得到极大的丰富。享有盛誉的英国雕塑家亨利·摩尔(Henry Moore,1898—1986)在雕塑中对孔洞的运用堪称完美。亨利·摩尔的作品综合了原始美洲雕刻、非洲雕刻与现代西方雕塑的多种影响,自然、古朴、沉稳,气质宁静,其在雕塑实体中运用孔洞的技巧可谓是同类艺术实践中最为成功的。本文以摩尔雕塑重要特征之孔洞为切入点,结合对其雕塑特色及意义的总体分析,参考海德格尔的相关论述,力图对摩尔雕塑作出新的解释。本文主体分为四章:第一章交代艺术史的背景,结合作品对孔洞造型的初步解读,介绍和分析亨利·摩尔雕塑空间造型特征的总体特征、渊源。第二章论述孔洞在雕塑中的形式意义,主要体现在强调雕塑自身特点、通过增加视点来强化空间感和立体感。第三章着眼于孔洞作为雕塑中空虚部分的特征,通过转换看待"空间"的角度,试图对孔洞的意义做出新的解释。第四章于形式意义的讨论之外揭示孔洞的人文意蕴,尽可能还原摩尔雕塑的人文语境,这主要是出于对作者本人创作意图与解释的考虑,也出于不将孔洞与作者的整体创作相割裂,以期达到完整的交代。

古物和赞助人在安东尼奥·卡诺瓦雕塑艺术风格形成中的作用

【作者】张子谦 【导师】易英 【出版授权与投稿人】中央美术学院

【作者基本信息】中央美术学院,美术学,2008年,硕士

【关键词】安东尼奥·卡诺瓦 新古典主义 赞助人

【摘要】安东尼奥·卡诺瓦(Antonio Canova,1757—1822),是18世纪末19世纪初世界闻名的艺术家,更是新古典主义时期的顶尖雕刻家。卡诺瓦一生始终保持着对希腊罗马时期的古物的痴迷。卡诺瓦的艺术创作深受古物的影响,他通过研究古物来寻找艺术创作的形式语言,以希腊罗马时期的古物为参照进行艺术创作。在卡诺瓦生活的大革命和拿破仑时代,艺术家和赞助人之间的关系具有历史的时代特色:大多数赞助人将自己的政治意志强加到文化生产上,包括艺术作品在内。卡诺瓦利用自己在国际上的声望得到认可的优势捍卫了艺术家独立创作的自由,在艺术作品生产中发挥了艺术家的自主性,从而成为自己作品意义的主要阐释者。我们研究一个艺术家,要把所研究的对象放到他生活的时代中去进行分析和阐释。我们应该去了解艺术家所处的时代背景。一个艺术家的艺术作品是他的艺术观念外化的形态。艺术家自身的成长历程很大程度上影响着艺术家的艺术观念的形成。我们可以从不同的方面和不同的角度对艺术家的成长历程进行分析。艺术家的成长历程带有明显的特殊性。作为新古典主义的雕塑大师,卡诺瓦在艺术史上占有一席之地,他的大理石雕刻出类拔萃,光辉灿烂。我在研究雕塑家的艺术成长历程中发现它所具有的特点。突出的表现在两个方面:古物的影响在雕塑家艺术风格的形

成过程中起了决定性的作用，贯穿了雕塑家一生的创作；其次是雕塑家的赞助人对其影响至关重要。本文从雕塑家卡诺瓦早期的艺术风格中具有的晚期巴洛克风格到新古典主义风格的转变入手，进行研究。通过分析艺术风格转变背后的原因来更好地解读艺术家的作品。本文以古物、赞助人和雕塑家艺术的关系为中心线索，来阐释卡诺瓦艺术风格的转变和形成。根据上述的理解，本文主要由两个部分构成，第一部分从古物对雕塑家卡诺瓦的影响来阐释他新古典主义风格的形成原因及过程。第二部分从巴洛克到新古典主义时期艺术家和赞助人之间的关系变化，以及它对艺术家的艺术创作的影响，来分析雕塑家艺术风格的转变。

公共艺术的公共性与私密性的相互关系

【作者】王放　【导师】孙伟　【出版授权与投稿人】中央美术学院

【作者基本信息】中央美术学院，雕塑，2008 年，硕士

【关键词】公共艺术；人本主义精神；公共性；私密性

【摘要】广义的公共艺术概念是公共场所里长期放置的艺术作品。这里的公共场所是指所有人可以自由出入的公共空间。公共艺术中的“公共性”包含个人创作和公共空间、公共权力的关系。其中的公共空间不光指公共环境、场所、场地、放置雕塑的地理场景，还应该包括社会空间和精神空间，也包括艺术家个体意识对社会文化和精神意识的介入。私密性是指个人或人群有限制自身与他人交换一定质与量的信息的需求。广义的公共艺术所认为的“公共性”是与“私密性”相对的，我认为不然，艺术家在创作的时候个体意识也有可能涉及到“私密性”，当这种“私密性”的表达引起公众的共鸣时，私密话语就可以转化为公共话语，完成“私密性”向“公共性”的转化。

消失的控诉

【作者】李峰　【导师】范迪安　【出版授权与投稿人】中央美术学院

【作者基本信息】中央美术学院，美术学，2008 年，硕士

【关键词】《农奴愤》　泥塑　控诉　西藏

【摘要】《农奴愤》是“文革”后期在拉萨创作的一组大型泥塑，它是西藏自治区党委宣传部为庆祝自治区成立十周年发起创作，由中央美术学院 9 位教师历时一载半创作完成。作品主要采用学院的手法，以“愤怒”为线索，塑造了百余尊真人等大泥塑作品及四面浮雕，全面、立体而深度地控诉旧西藏三大领主对农奴的惨酷压迫。作品陈列于布达拉宫广场的西藏革命展览馆。逼真的造型、激烈的控诉内容、核心的陈列位置以及多方位的宣传报道，使得《农奴愤》在完成之初产生了巨大的影响。然而，随着“文革”的结束，当年海内外影响至远的这组大型泥塑作品迅速被遗忘，并且被拆毁，作为整体的《农奴愤》如今已不存在。本文试图从努力还原作品创作及展示的历时真实入手，以图像学、社会学等方法，探讨藏族题材美术作品的创作题材因袭与变迁。无疑，《农奴愤》受到了《收租院》的巨大影响，但差异义是显见，阶级问题和民族问题搅合在一起，旧西藏的农奴所受压迫更为特殊。在重点讨论“控诉”题材在新中国美术中的流变后，本文发现“控诉”的图像的更早来源是解放区的版画，在叙事模式上又跟戏剧密切相关。通过与西方的描述、现实对照之后，可以发现关于旧西藏存在“地狱”与“天堂”的两种叙述。《农奴愤》以艺术的方式驳斥了西方一厢情愿地认为西藏是完美的“雪域圣地”的说法，西方人头脑中的世外桃源——Shangri-la(“香格里拉”)只能是一种遥远的心理想象。

金属雕塑的别样风景

【作者】袁红立　【导师】李大鹏　【出版授权与投稿人】河南大学

【作者基本信息】河南大学，美术学，2008 年，硕士

【关键词】直接金属雕塑　金属材料　美学特征

【摘要】直接金属雕塑是金属雕塑造型语言拓展的产物，然而随着直接金属雕塑艺术的日益发展，直接金属雕塑的精神价值意义问题突显出来。于是围绕着直接金属雕塑的精神价值意义问题，甚至什么是雕塑的问题的争辩，成为学界所关注的一个焦点。本文试图通过对直接金属雕塑艺术的产生语境、美学特征、创作特点、以及与传统金属雕塑的区别等问题的分析研究，以确立直接金属雕塑在拓展雕塑学概念中的定位。要讨论这个问题，需要对直接金属雕塑产生的背景关系进行一番疏理。首先，我们需要明确的一点是，直接金属雕塑艺术是金属雕塑发展的一种形态。其次，通过对直接金属雕塑艺术的分析研究，我们需要明确在对西方直接金属雕塑艺术引进吸收的过程中的价值立场问题。本文通过对直接金属雕塑这一金属雕塑的别样风景的探索，笔者归纳出以下四点对雕塑艺术乃至艺术创新的的启示：1.对当代社会生活及传统文化的重新审视是创造雕塑新图式的一条出路。2.新材料和新技术的探索是雕塑创新的重要途径。3.艺术的根本目的是满足人的精神需要 4.用材料去思考雕塑作品的创作。

当代雕塑材料研究

【作者】常洁　【导师】顾森　【出版授权与投稿人】中国艺术研究院

【作者基本信息】中国艺术研究院，美术学，2008 年，硕士

【关键词】材料　雕塑　当代　拓展

【摘要】雕塑艺术是人类精神的物化形式，雕塑家对材料的运用与绘画等其它门类艺术相比有其独特性，从雕塑创意到雕塑艺术作品的形成，要经历一个材料选择与加工的过程，在这个过程中，作者将自己的思想和情感凝结在材料之中，最终雕塑作品是以材料所能构成艺术造型形式的支撑性、材质属性、材料的文化信息隐喻等传达给观众，即材料决定了雕塑的存在。材料是人类生活不可或缺的事物，在造型艺术创作中同样也具有着不可取代的作用。近年来，各种造型艺术，无不把对材料的研究提到日程上来。而

雕塑这种三维立体艺术形式从它产生的那一刻就注定与材料有无法割裂的关系，任何形式的雕塑都离不开材料对它的表现和演绎。随着人类文明和技术的发展，材料在雕塑中的运用越来越广泛，尤其到了当下，雕塑艺术对雕塑材料的拓展和运用几乎到了无所不能的程度。在雕塑发展的过程中，材料也是相应地发展的。对材料的运用已经从关注材料物质存在的意义转到应用技术以及社会观念和人文价值的探究上。材料在当代雕塑艺术领域成为人们关注、使用、思考的重要因素，它不仅承担着艺术创作中的物质技术载体的角色，同时已经演化为丰富的艺术语言，实现物质材料自身的审美价值和艺术家的观念。从启发艺术家的灵感、拓展人类的精神文化领域，到促进社会文明和多元文化格局的形成，材料无不以全面的方式推动着雕塑艺术的发展。本文采用对比分析的研究方法，研究材料在雕塑发展史上所处的地位和角色的转化，揭示当代雕塑艺术中材料的特点与规律以及对当代雕塑研究的价值。通过对材料种类工艺的阐述，深化对材料的认识，阐明材料艺术价值的转变。对雕塑家作品及材料应用进行分析，探讨当代雕塑艺术对材料多方面的拓展，以及这种拓展对雕塑审美、观念表达和文化含义的促动，并由此分析得出材料拓展的历史因素以及材料在当代文化语境下的发展趋势。在雕塑艺术背后，材料对艺术语言起着推动的作用，尤其是在对材料研究从外部形态向内部蕴涵逐步延伸的过程中，雕塑艺术自身得到了丰富和拓展，体现出当代社会多元文化背景下的方式与特色。

民族性与西化—当代中国城市公共艺术

【作者】王婷　【导师】任一鸣　【出版授权与投稿人】上海社会科学院

【作者基本信息】上海社会科学院，文艺学，2008年，硕士

【关键词】城市公共艺术　民族性　西化　后殖民主义

【摘要】我国改革开放后城市建设的快速发展中对西方的过分“崇洋”导致本土公共艺术作品的大量照搬西化；为迎合西方对“古老”中国的猎奇，又导致低劣粗糙的“仿古”公共艺术的泛滥。该论文针对这两种现象，以占公共空间大部分的建筑与雕塑为研究对象，对其“崇洋”与“仿古”的现状进行阐述。并尝试从后殖民主义视角切入进行分析，指出“崇洋”即“仿古”，都是对以西方为主导的话语权利的主动迎合，顺从于西方对于东方它者异域文化的定位。引入了霍米巴巴“第三空间”理论，阐明其对我国城市公共艺术发展的启示。提出建设鲜明地域文化特色的本土公共艺术的可行性方案，以期为我国城市公共艺术走出“崇洋”与“仿古”的误区，开拓有中国特色的发展之路提供有益的借鉴。

当代环境雕塑艺术与建筑艺术和建筑环境的共融性

【作者】刘强　【导师】路明　【出版授权与投稿人】东北师范大学

【作者基本信息】东北师范大学，美术学，2008年，硕士

【关键词】当代　环境雕塑　建筑　观念　互融

【摘要】作为造型艺术的不同种类，雕塑艺术同建筑艺术自古以来就被世人称之为“姊妹艺术”，许多杰出的建筑师同时又是著名的雕塑家，他们的建筑作品和他们的雕塑作品同样名垂千古；环境雕塑艺术成为独立的艺术表现形式之后，现代建筑艺术和现代环境雕塑艺术相互辉映，互融共生；当代多元化的意识形态格局和经济、信息的全球化滥觞，使得传统的艺术种类之间的界限愈加模糊，雕塑艺术和建筑艺术以一种全新的面貌呈现出空前的共融于互通。纵观历史，横对当今，我们可以体会到雕塑艺术和建筑艺术这对姊妹艺术的融合和借鉴，在不同的历史时期以不同的形式出现，观念的变迁和技术的革新是其形式沿革的核心推动力之一。当下，观念的变革空前剧烈，从另一个角度阐释了雕塑艺术和建筑艺术的共性和谐。本案以观念的沿革为线索，在时间的坐标上寻找到雕塑艺术和建筑艺术共融性的发展脉络，力图论证当代语境下其新的共融形式，并且力图阐释其对当今的环境雕塑艺术创作的影响。

方城石猴与民间信仰

【作者】宋小静　【导师】高有鹏　【出版授权与投稿人】河南大学

【作者基本信息】河南大学，艺术学，2008年，硕士

【关键词】民间美术　方城石猴造型　民间信仰

【摘要】方城石猴是中原民间石刻艺术的一个独特品类，它的产地在河南省方城县独树镇的砚山铺村。方城石猴雕刻工艺能够流传至今，依赖于它那独特的地理环境和人文环境。方城石猴是当地民间大众的心理写照，并成为一种体现当地民众生命意识和情感特质的艺术形式。民间艺人们用该县黄石山上所特有的石材——花石作为原料，因材构思，雕刻出各种各样的造型，如猴背猴、猴抱猴、母子猴、扭脸猴、捧桃猴、猪背猴、狮背猴等等，其造型古朴、惟妙惟肖、灵气十足。每一件石猴作品都是艺人们凭借着他们生活的灵感和丰富想象力雕刻而成，由雕刻者刻画出来的石猴个个憨态可掬，具有极其鲜活的生命力。本论文从民间美术造型和民间信仰的角度出发，一方面对方城石猴造型创作中体现出的真、善、美理想进行论述，另一方面，对方城石猴造型题材和造型特征中体现出的生命繁衍主题以及祈福纳祥意识给予论述。第一部分简述了方城石猴的地域特征。独特的地理环境和人文环境孕育了充满灵性的方城石猴。第二部分论述了方城石猴的造型及其反映出的民众信仰。首先以创作者的立场为视角，采用以“俗”为特征的生活事实(主要指老艺人的口述和生活现状)，论述了方城石猴创作群体的审美创作理想；然后，从方城石猴作品形式本身出发，从它的题材和造型特征入手，论述方城石猴辟邪、消灾，纳福、求吉以及生命孕育、延续的主题思想；最后在这一章第三节的第四小节又着重阐述了方城石猴所具有的抚慰补偿民众心理的民俗功能，也就是方城石猴造型特征中的实用性特征。值得注意的是，方城石猴造型受到“实用价值”与“审美价值”的双重

制约，而且实用价值对其的制约更为突出。随着民众生产、生活方式与信仰观念、思维方式的转变，方城石猴的民俗意蕴和文化内涵也发生着变化。第三部分将方城石猴与大环境下的中国传统民间文化联系起来，主要针对方城石猴的发展前景提出了一些看法。

城市雕塑文化功能性研究

【作者】张辉　【导师】王家民　【出版授权与投稿人】西安理工大学

【作者基本信息】西安理工大学，设计艺术学，2008年，硕士

【关键词】城市雕塑　公共艺术　环境　文化品位

【摘要】近年来，随着城市建设的发展，人文环境的不断改善以及文化氛围的普遍提高，使得人们在提高物质基础的同时更加关注城市个性、文化、艺术表现等人文思想。城市雕塑由于他特殊的外在形式和内在艺术语言，使其在城市的文化功能继承上占有突出的地位，同时在现时代社会文化思索中也起到了引领作用。现代城市雕塑的精神表现、区域识别、文化传载和休闲娱乐等功能，通过和人文化境、物质环境、公众环境、时代环境相结合，使城市文化展示方式有了新的途径和形式。在人们对城市雕塑的逐渐了解和关注下，它的文化功能应用与发展也愈加广泛和迅速。本文从雕塑的功能性入手，分析了城市雕塑同城市、城市文化、精神、环境等方面的关系，为了阐明城市雕塑发展方向的深层原因，立足于本土文化，总结了中外城市雕塑的具体功能性以及存在的问题，阐述了在观念更新速度加快的时代，要迎接新的挑战，就必需发挥雕塑的功能性，探讨了城市雕塑在设计中功能与物质环境、人文环境、时代环境等方面的关系，认为在现代城市迅猛发展的步伐中，雕塑设计应该关注人文理念的内涵，以达到同环境的共生永存，从而进一步提高城市的文化品味。提出城市雕塑的发展方向要从法规建立、增加群众“话语权”、结合“科技化、媒体化”以及规范市场等方向入手，旨在正确论述其具有的实际意义与可行性，并通过实践案例来解决实际存在的问题。

辽塔浮雕装饰艺术探究

【作者】刘蕴忠　【导师】张朋川　【出版授权与投稿人】苏州大学

【作者基本信息】苏州大学，设计艺术学，2008年，硕士

【关键词】辽塔　浮雕　装饰风格

【摘要】由于传统营造活动的骤减，传统建筑装饰工艺正在走向衰落和死亡，仅此一点，挖掘、研究、保护、继承和弘扬古建筑的装饰艺术及其工艺就具有深远的历史和现实意义。辽塔浮雕装饰作为传统建筑装饰工艺，不仅具有雕塑艺术本身上的独特价值，而且还具有解析辽代宗教渊源、工艺美术、戏曲歌舞与风土人情等诸多方面的文化价值。辽塔浮雕装饰纹样内容丰富，有佛教人物也有寻常百姓，有礼佛乐队也有民间歌舞，辽塔上的伎乐砖雕，不仅在艺术上表现出了极高的雕刻水平，而且它为研究辽代乐器的演变发展提供了珍贵的直观形象资料。辽代乐器在文物发掘方面极为有限，辽塔上的乐器浮雕则可以弥补这方面的不足。本文通过实地考查辽塔的浮雕装饰遗存，查阅大量的考古发现和文献记载，采用历史记载与现存实例研究相结合，专家观点与自身见解相结合的方法，从不同角度探讨辽塔浮雕装饰的艺术特色，同时辅以图片说明，用图文并茂的方式使论述更加客观和真实。文章综合唐宋辽时期的社会、文化背景，指出辽塔浮雕装饰与唐塔、宋塔浮雕装饰具有迥然不同的艺术风格。在此基础上，笔者尝试总结了辽塔浮雕装饰在题材观念和造型方面的规律性内涵，较为深入的探究了辽塔浮雕装饰纹样的设计方法及艺术风格。本文从辽塔浮雕装饰手法的表象入手，深入分析其中的形式内涵，以探寻由此反映出的内在造型及审美规律，并争取通过这方面的研究为弘扬少数民族艺术和传统建筑装饰文化做出一点贡献。

浅谈中国城市雕塑现状及发展方向

【作者】朱家强　【导师】黄兴国　【出版授权与投稿人】河北师范大学

【作者基本信息】河北师范大学，美术学，2008年，硕士

【关键词】城市雕塑　城市文化　发展方向

【摘要】目前，随着我国城市的发展以及人文环境要求的不断提高，城市雕塑得到了空前的发展机遇，并且已经进入了一个高速发展时期，题材越来越广，风格逐渐鲜明，制作手法、色彩及材料运用也逐渐成熟，出现了一批充分体现城市文化需求，贴近人民生活的作品。然而，城市雕塑的整体建设状况和水平还尚未成熟，正处于一个完备阶段，存在于我们城市中经典的雕塑作品还不多，不能满足城市整体发展和城市建筑发展的需要。同时，一些雕塑家创作作品时过于主观、抽象，没有能够充分地考虑到周围的自然环境特征、城市环境特征、人群环境特征以及城市规划等因素，并没有能够很好地满足公众需要。因此，我们不难发现当前城市雕塑建设中还存在着不少问题与弊端。中国城市雕塑要想取得长足的发展，满足不同人群的需要，满足城市发展的需要，成为城市文化不可缺少的一部分就必须要建立相应的政策，加强专业人才的培养，不断提高城市雕塑的质量，同时加强城市雕塑的社会性、新颖性和亲和力。在继承和发掘本土文化中有价值东西的同时，塑造更具个性和地方特点，可以代表城市文化的优秀城市雕塑作品。探索、开拓和创造有自身特色的城市雕塑使之与现代化高速发展的物质文明和精神文明相适应，提高城市的整体品位和公众生活的人文环境。为中国的城市建设增添更多的色彩。节庆公共艺术的几件经典作品。第二部分是文章的主要部分，目的在于寻找节庆公共艺术的社会功能。节庆公共艺术虽然是新生事物，但在较短时间内，已经成为人们谈论的话题，而且担负起了塑造地域文化形象的重任。我的研究希望在诸家的辛勤劳动基础上，进一步探讨新的领域，发现新的问题。

人名索引

人名索引

A

154/ 安 然，1980年生于河北省，2000年毕业于中央美术学院附中，2005年中央美术学院雕塑系毕业，2008年中央美术学院雕塑系研究生毕业，现任教于中央美术学院雕塑系。2007年参加迎世博2007上海国际雕塑年度展，2007年参加“托儿”当代陶艺邀请展。2008年参加第5届中国当代青年陶艺家作品双年展，2008年参加“浮现”——新锐艺术家邀请展。

189/ 安东尼·斯顿司，生于英国，1949年毕业于曼彻斯特圣彼得学院，1951年毕业于曼彻斯特市艺术学院，1961年毕业于新西兰奥克兰师范学院，现为雕塑家、作家、讲师。2008年获得珍·马森·戴维森大赛银奖。

193/ Ashish · Ghosh，生于印度，1999毕业于圣谛尼克坦国际大学美术院雕塑系，获荣誉美术学学士，2001年毕业于圣谛尼克坦国际艺术大学美术学院雕塑系，获艺术硕士学位。2006年《鸟巢》展览于北京规划展览厅，2007年《飞翔的子弹》参加“印度——你将何去何从”展。

B

87/ 白 明，1965年9月生于江西省余干县，1994年毕业于中央工艺美术学院。现为清华大学美术学院（原中央工艺美术学院）陶艺系讲师，中国美术家协会会员，中国油画学会会员，中国陶艺网艺术总监。2007年参加文脉当代——中国版本展，2007年参加中国当代艺术展，2008年参加非象——李路明、白明、党朝阳作品邀请展，2008年参加活着的中国园林展览。

72/ 鲍海宁，1963年生于辽宁，1988年毕业于鲁迅美术学院雕塑系，后在沈阳大学建筑系任教，1995年毕业于鲁迅美术学院雕塑系研究生，现任教于鲁迅美术学院雕塑系。

203/ 北乡悟，日本雕塑家。

C

47/ 蔡国强，1957年生于福建泉州，1985年毕业于上海戏剧学院舞台美术系，获学士学位。1986 年赴日本留学，1995 年移居美国纽约至今。2008 年举办“蔡国强：我想要相信”作品回顾展。

130/ 蔡志松，1972 年生于沈阳，1997 年毕业于中央美术学院雕塑系，获学士学位，2001 年毕业于中央美术学院雕塑系硕士研究生同等学历班，1998~2008 年任教于中央美术学院雕塑系。

103/ 蔡 沙，1962 年出生于西安，1992~1993 年日本京都造型艺术大学陶艺专业研修，1993 年，西安大学艺术设计系任教，2004 年日本京都造型艺术大学陶艺交流研修，现任西安文理学院艺术设计系陶艺教研室主任，中国陶瓷工业协会会员，陕西油画协会会员。2008 年入选《盛世典藏名家透视》，2008 年入选 43 届联合国教科文组织陶艺学会 IEC 年展，2008 年作品《盛器》获陕西省迎奥运美术书法摄影作品展优秀奖，2008 年作品《面孔》获陕西省改革开放三十周年美术作品展览二等奖。

56/ 曹春生，1960 年生于江西都昌，毕业于景德镇陶瓷学院美术系，现任该院美术雕塑教研室主任，副教授。

191/ 朝野浩行（Hiroyuki Asano），1963 年生于日本大阪，1986 毕业于大阪艺术大学，现任东京学芸大学教授。

94/ 曹 晖，1968 年生于昆明，1991 年毕业于云南艺术学院雕塑专业本科，获学士学位，2000 年毕业于中央美术学院雕塑系研究生班，获硕士学位，2000 年至今受聘为中央美术学院雕塑系讲师。2007 年参加戏浪——当代美术展，2007 年参加“指鹿为马——雕塑四人展”，2008 年参加“文明的盛宴”展览，2008 年参加“未来天空”中国当代青年艺术家提名展。

134/ 钞子伟、钞子艺，1970 年生于河南南阳，分别毕业于河南南阳理工学院艺术系、郑州轻工业学院艺术设计系，先后在中央美术学院学习，现居北京，自由艺术家。2007 年参加第四届韩国国际陶艺双年展，2007 年参加妄想国——中国新生代艺术展，2007 年参加第 35 届塞万提斯国际艺术节。

73/ 陈 钢，1963 年生于内蒙古包头市，1982 年参加工作，1985 年考入天津美院雕塑系，1989 年毕业留校任教至今，中国雕塑学会会员。

136/ 陈 辉，1970 年出生，1998 年毕业于中央工艺美术学院雕塑专业，获硕士学位并留校任教，2004~2005 年俄罗斯彼德堡列宾美术学院访问学者，现为清华大学美术学院雕塑系副教授，中国雕塑学会会员，中国雕塑专业委员会会员。2008 年参加第 3 届全国青年美展，2008 年参加第 3 届北京国际双年展，2008 年参加“集”——当代雕塑家提名展。

98/ 陈 克，1965 年生于河南省三门峡市，1989 年毕业于广州美术学院雕塑系，2001~2002 年就读于中央美术学院雕塑系教师研究生班。现为广州美术学院雕塑系副教授、当代艺术研究室负责人、中国雕塑学会会员、中国工艺美术家协会雕塑学会会员、广东省美术家协会会员、广东省美术家协会雕塑艺委会副秘书长。2007 年参加“和而不同”——中国当代雕塑提名展，2007 年参加雕塑与城市的对话当代雕塑展，2008 年参加“里外”——陈克雕塑作品展，2008 年参加“中国姿态”——首届中国当代雕塑大展。

41/ 陈连富，1956 年生于黑龙江省，1986 年毕业于鲁迅美术学院雕塑系，获学士学位，现任职于鲁迅美术学院雕塑系，中国雕塑学会会员，英国皇家雕塑协会会员。2007 年参加“雕塑与城市对话”——迎世博 2007 上海国际雕塑年度展，2007 年参加第三届北方雕塑年度展，2008 年参加中韩大学教授交流展。

4/ 陈启南，1930年生于江西萍乡市，1956年深造于中央美术学院，现为中国美术家协会理事，全国城市雕塑艺术委员会委员，西安美术学院教授。

101/ 陈文令，1969年生于福建泉州，1991年毕业于福建工艺美术学校国画班，1994年结业于中央美术学院雕塑系，现居北京，自由艺术家。

50/ 陈妍音，1958年生于中国上海，1988年毕业于浙江美术学院雕塑系获学士学位，2000年毕业于澳大利亚息尼大学,获硕士学位，现为上海油画雕塑院,雕塑室主任，上海美术家协会雕塑艺委会主任。2007年参加“反饥饿,反迫害,反内战学生运动”全国重大题材，2008年参加《我的母亲-1953,1963,1998》参加中国姿态雕塑展,获大奖。

19/ 陈云岗，1956年生于陕西西安，1982年毕业于西安美术学院雕塑系，留校任教至今，现任西安美术学院雕塑系主任、中国雕塑学会副会长、中国美术家协会会员、中国美术家协会雕塑艺术委员会委员、全国城市雕塑建设指导委员会艺术委员会委员。

81/ 陈志光，1963年出生于福建厦门，1988年毕业于福建师范大学美术系，现工作生活于北京、福建。2007年参加“蝼蚁之道”——陈志光雕塑作品展，2007年参加“惊蛰”雕塑作品展，2008年参加“动物政治学”——陈志光2006~2008作品展，2008年参加“快城快客”第七届上海双年展。

149/ 成　乡，1977年生于河南，2001年毕业于河南大学艺术学院装饰艺术设计专业，获学士学位，2005年毕业于上海大学美术学院，玻璃艺术专业，获硕士学位，现为上海大学美术学院首饰工作室教师。2007年参加全国手工艺展，2008年参加英国Glass Routes: From Wolverhampton to China展览，2008年参加非匠全国手工艺术邀请展。

214/ 崔满麟，1935年生于首尔，1958年毕业于首尔大学美术学院雕塑系，获学士学位，1963年于同校硕士毕业，现为首尔大学名誉教授。

178/ 陈继龙，1980年出生，2008年毕业于东北师范大学美术学院。2008年作品《肩上的信仰》参加全国艺术院校毕业生优秀雕塑作品展，获程允贤奖。

192/ Canu Alessandro，意大利艺术家。

215/ Claudio · Capotondi，1937年生于意大利，现生活和工作在纽约。2007年参加彼得拉桑塔博物馆展览。

D

144/ 戴　耘，1971年生于西安，1990年毕业于西安美术学院附中，1995年毕业于西安美术学院雕塑系同年留校任教，2000年调入深圳雕塑院。2007年作品《砖系列-车》参加“城市与雕塑的对话”展览，2007年参加上海国际雕塑年度展，2007年作品《关中记事》（黏土动画）参加“和而不同”北京总展，2007年作品《国学罐头》参加第三届中国·宋庄文化艺术节“人·社会·自然”雕塑艺术大展。

22/ 邓　乐，1951年生于四川，1978年在四川美院雕塑系学习，现任中国美术家协会会员、中国雕塑学会会员、四川雕塑学会副会长，四川当代雕塑研究会创建人之一，国家二级美术师、职业雕塑家。

100/ 董书兵，1968年生于新疆，1989年毕业于西安美术学院附中，1993年毕业于中央工艺美术学院装饰艺术系雕塑专业，获学士学位，2004年至今中央美术学院雕塑系硕士研究生在读，现为中国雕塑学会会员，中国工艺美术学会雕塑专业委员会会员，获全国城市雕塑建设指导委员会颁发的雕塑创作设计资格证书。

194/ 迪娜·梅哈芙，1937年生于以色列，1957年 毕业于耶路撒冷比撒列艺术设计学院，1985年毕业于海法大学雕塑专业，2007年《和谐之翼》《对话》《鸟车》《椰子树》印度孟买展出，2008年《祈祷》《拥抱的蜥蜴》《翼龙》《鸟类天使》在以色列展出。

202/ 迪奥尼西奥，1965年生于意大利，1983年毕业于意大利安科纳国立艺术学院，1986~1987年在亚洲地区留学一年，1989年获意大利卡拉拉美术研究院雕刻毕业证书，现为职业艺术家。2007年参加“佘山会议厅”讲座，2007年参加“杜马盖地陶土雕塑双年展”。

198/ David · Reekie，1947年出生于英国伦敦，先后毕业于英国Stourbridge艺术学院和伯明翰艺术教育学院，英国玻璃艺术家学会创始会员。

209/ Devin · Laurence，生于美国，1981~1995年跟随艺术家学习，1991年毕业于俄勒冈大学，获学士学位，1993年毕业于俄勒冈大学美术专业，获硕士学位。2008年参加北京奥运公园活动。

F

33/ 范伟民，1954年出生，1982年毕业于中央工艺美术学院，现担为高级工艺美术师，中国《雕塑》杂志社社长、《中国雕塑年鉴》编委会主任，同时担任中国工艺美术学会副理事长兼副秘书长、中国工艺美术学会雕塑专业委员会副主任、全国城市雕塑指导委员会委员、中国艺术铸造委员会艺术顾问、江苏宜兴陶艺学会艺术顾问、北京城市雕塑与环境艺术委员会委员、福建惠安政府顾问、河北曲阳政府顾问、文化部《中外文化交流》杂志编委、美国《世界木雕》杂志特约通讯员、北京精卫文化艺术中心主任、雕塑在线网艺术总监。2007年作品《易》参加“和而不同”——中国当代雕塑提名展，2007年作品《生机》特邀参加“第8届‘汉玉’国际雕刻大奖赛”，2008年作品《翔》入选“百件奥运雕塑”并安置于北京奥林匹克森林公园。

53/ 范海民，1959年出生，1982年毕业于西安美术学院，1985年参加联合国教科文卫艺术培训，1999年就读于清华大学美术学院硕士研究生。现为中国工艺美术学会会员，高级工艺美术师。作品《石榴·人生》入选第7届中国雕刻艺术节。

148/ 范 旻，1973年生于上海，先后毕业于上海师范大学美术学院国画专业,获文学学士学位，上海大学玻璃专业进修研究生，现为上海现代设计集团咨询策划，玻璃设计师。2007年参加折射——当代中国现代玻璃艺术展，2007年参加现代琉璃艺术学院展，2008年参加双城当代玻璃艺术展。

42/ 傅中望，1956年出生于湖北黄陂，1982年毕业于中央工艺美术学院装饰艺术系雕塑专业，曾任湖北省美术院雕塑创作研究室主任、湖北省美术院副院长，现为湖北省艺术馆馆长，一级美术师，中国博物馆学会美术馆专业委员会常务理事，中国美术家协会会员，中国雕塑学会常务理事，湖北省美协雕塑艺委会主任。

G

74/ 甘 丹，1963年生于中国台湾，1982年任朱铭工作室助理，现工作于中国台湾。

167/ 高　苏，1984 年出生，2004 年毕业于四川美术学院附中，2009 年毕业于四川美术学院雕塑系，现为职业艺术家。2008 年《欲望之膨胀》入选四川美术学院雕塑系第 4 届学生作品年展并获年度最佳作品奖和二等奖。

67/ 顾德新，1962 年生于北京，现居中国北京，职业艺术家。2007 年举办“顾德新 2007，03，15”个展，2007 年举办“顾德新 2007，04，14”个展。

39/ 郭景涵，1958 年生于郑州，1986 年广州美术学院毕业，同年完成华南工学院建筑学四年设计课程，1995 年初完成全国城市雕塑艺术委员会和中央美术学院主办的“库巴索夫城市雕塑高级研修班课程”，现任河南省美术馆（河南省雕塑书画院）策展部主任，河南省美术家协会雕塑艺术委员会副主任兼秘书长，中国工艺美术学会雕塑专业委员会委员，中国雕塑学会理事，中国美术家协会会员。2007 年参加“我雕故我在”中国职业雕塑家联展，2008 年参加“中国姿态”首届中国雕塑大展。

115/ 郭　新，1969 年出生，1999 年留学并毕业于美国宾夕法尼亚州印第安那大学艺术学院珠宝设计及金属艺术品设计及制作专业和陶艺专业，获得双硕士学位，2000 年回国并任职于上海大学美术学院玻璃工作室。2007 年参加国家级十大师联展暨中国金属艺术精品展；参加首届上海工艺美术展，2008 年参加“非匠”当代手工艺展，2008 年参加“中国首饰设计名师邀请展”。

111/ 关东海，1966 年出生，1989 年毕业于清华大学美术学院，获学士学位，1997 年毕业于清华大学美术学院，获硕士学位，2003 年毕业于英国胡佛汉顿大学，获玻璃艺术硕士学位，现任教于清华大学美术学院工艺美术系，玻璃艺术工作室主任、副教授，北京水彩画家协会会员。2007 年参加韩国国际艺术博览会，2007 年参加 Mastery —— In Contemporary Glass，2008 年参加第八届玻璃艺术节，2008 年参加玻璃之路展。

H

13/ 韩美林，1936 年生于山东省济南市，1960 年毕业于中央美术学院，中央工艺美术学院。现为全国政协常委，中央文史研究馆馆员、国务院参事，全国政协教科文卫委员会委员，中国美术家协会理事。2007 年作品《第 29 届奥运会吉祥物福娃》获中国动漫游戏行业“金手指”奖，2008 年获中国改革贡献人物奖。

155/ 韩文华，1980 年出生，2004 年毕业于吉林艺术学院美术系获学士学位，2007 年毕业于中央美术学院雕塑系获硕士学位，现为中国雕塑学会会员、吉林艺术学院教师。2007 年参加中央美术学院毕业创作展，2007 年参加“独生一代”当代艺术展，2008 年参加“中国姿态”首届中国雕塑大展，2008 年参加“独生一代 3”展览。

17/ 何力平，1949 年生于重庆丰都，1985 年毕业于四川美术学院雕塑系研究班，获硕士学位，现任教于四川美术学院雕塑系，硕士生导师。中国美术家协会会员。2008 年作品《大河流淌》参加由厦门市政府、中国雕塑学会主办的“中国姿态 · 海峡风”首届中国雕塑大展。2008 年作品《老船》参加“艺术慈善中国”——中国当代艺术国际巡回展（北京、东京、香港）。

7/ 何　鄂，1937 年出生于江苏金山，1955 年毕业于西北艺术学院美术系雕塑专业，现任职全国城雕委艺术委员会委员，中国美术家协会会员，甘肃何鄂雕塑院院长。

25/ 黄永砯，1954 年出生于中国福建省厦门，1982 年毕业于浙江美术学院，1989 年起在法国巴黎居住和工作。

112/ 黄清辉，1968 年生，1991 年台湾艺术学院毕业，1995 年从事雕塑创作。

18/ 霍波洋，1956 年生于沈阳，1982 年毕业于鲁迅美术学院雕塑系，获学士学位，1988 年毕业于鲁迅美术学院雕塑系，获硕士学位，现鲁迅美术学院雕塑系主任、教授、中国美术家协会雕塑艺术委员会委员、全国城市雕塑艺术委员会委员、中国雕塑学会常务理事、英国皇家雕塑协会会员、辽宁省美术家协会副主席。2007 年作品《儿子今年一十八》参加北方雕塑年度展，2007 年作品《行街》参加上海国际雕塑年度展。

187/ Hyonchu · Lee，生于韩国，留学美国。2007 年参加国际木雕研讨会，2008 年参加国际雕塑研讨会，2008 年获得美国 Johnson State 学院硕士成果奖。

J

137/ 蒋颜泽，1975 年出生，2000 年毕业于景德镇陶瓷学院，现任职于南京艺术学院设计学院，国际陶艺协会会员。2008 年参加第 6 届中国当代青年陶艺家作品双年展，2007 年参加第 4 届韩国国际陶艺双年竞赛展。

89/ 蒋铁骊，1966 年出生于北京，1983 年考入景德镇陶瓷学院美术系雕塑专业；1987 年毕业，获学士学位，并留校任教；1992 年考取鲁迅美术学院雕塑系硕士研究生；1995 年毕业，获硕士学位并分配至上海大学美术学院任教；现任上海大学美术学院雕塑系教师，上海大学美术学院综合材料工作室主任。

201/ 金昉熙，1955 年生于首尔，1977 年卒业于弘益大学校美术大学雕刻科，1983 年卒业于弘益大学校大学院雕刻科，获美术学硕士，1988 年国立济州大学校美术学科，教授，现为韩国美术协会雕刻分科委员长。

210/ 金东完，1957 年出生，国立全北大学学士弘益大学硕士，现为全北雕塑会会长韩国美术协会雕塑分会理事。

59/ 姜 波，1961 年生，毕业于江西景德镇陶瓷学院雕塑系本科，俄罗斯列宾美术学院雕塑系硕士毕业。现任郑州轻工业学院艺术学院副教授，硕士研究生导师。2007 年参加中国首届职业雕塑家作品展，2007 年参加中国石佛艺术公社纽约艺术展，2008 年参加中国中青年雕塑家邀请展，获一等奖，2008 年参加回复亚洲 · 当代艺术中部邀请展。

118/ 焦兴涛，1970 年生于四川成都，1996 年毕业于四川美术学院，获硕士学位，现为四川美术学院雕塑系副教授。2007 年参加“咏物” —— 焦兴涛雕塑作品展，2007 年参加“物语”—— 焦兴涛雕塑作品。2008 年参加“Breaking The Waves”。

40/ 景育民，1956 年生于山东蓬莱，1982 年毕业于天津美术学院，1992 年任教于天津美术学院师范系，后转入雕塑系，1994 年入全国城市雕塑高级研修班学习，2001 年入中央美术学院高级研修班学习，现任天津美术学院硕士生导师，教授。

195/ 简 · 提姆，1935 年出生于荷兰，1958~1964 年就读于阿姆斯特丹特维德科学院，1964~1975 年居住和工作在比利时的安特卫普，1975 年返回荷兰。

200/ Jon · Barlow · Hudson，生于美国，现为自由艺术家。2007 年参加第一届国际钢雕艺术节，2008 年参加北京奥林匹克公园活动。

L

133/ 李 鹤，1972 年生于辽宁省，1996 年毕业于鲁迅美术学院雕塑系，获学士学位，

2001 年毕业于清华大学美术学院，获硕士学位，现在清华大学美术学院雕塑系任教，清华大学美术学院党委学生工作组组长，中国雕塑学会会员。2007 年参加中国第三届北方雕塑年度展，2007 年参加“塑本求源”当代雕塑邀请展，2008 年举办“原本”李鹤作品展；2008 年参加“蝶变”中国当代雕塑家邀请展。

57/ 李红军，1960 年生于陕西千阳 1991 年毕业于中央美术学院民间美术系 2006 年入中央美术学院攻读实验艺术专业艺术硕士学位，现居北京。2007 年参加“自在方式”展览，2007 年参加图画手工第二回展，2008 年参加未来天空——中国当代青年艺术家提名展，2008 年参加艺术北京 2008 当代艺术博览会。

109/ 李险峰，1968 年生于湖北浠水，雕塑硕士，园林规划设计博士，现为中国农业大学副教授。2007 年参加雕塑与城市对话—— 2007 迎世博上海国际雕塑年度展，2007 年参加奥林匹克艺术之梦—— 2007 北京国际城市雕塑艺术展，2008 年参加活的中国园林展。

65/ 李象群，1961 年生于哈尔滨市，1982 毕业于鲁迅美术学院并留校任教，1990 毕业于鲁迅美术学院雕塑系研究生，获硕士学位，1990~2000 年中央美术学院雕塑研究所任职，现任清华大学美术学院雕塑系教授，院学术委员会委员，北京市人民代表大会代表，中国美术家协会会员，中国雕塑家学会常务理事，0 工场艺术中心艺术总监。2007 年参加英国皇家肖像雕塑年度展，2008 年作品《堆云 · 堆雪》参加北京国际双年展。

27/ 李秀勤，1953 年出生于山东青岛，1982 年毕业于中国美术学院雕塑系获学士学位，1990 年毕业于英国曼彻斯特大都会大学美术学院雕塑系 获硕士学位，1988 年赴英国斯莱德美术学院研修，1999 年赴美国华盛顿洲立大学讲学，现为中国美术学院雕塑系教授、中国雕塑家协会会员、浙江雕塑家协会理事、浙江美术家协会会员。

120/ 李烜峰，1974 年出生，2000 年毕业于鲁迅美术学院雕塑系，2008 年毕业于南京大学美术研究院，获硕士学位，现为东北师范大学美术学院雕塑系副主任。2007 年《和谐之舞》入选“和而不同”——中国当代雕塑家邀请展，《失落的世界》入选 2007 上海国际雕塑年度展，2008 年《和谐之舞》入选第 3 届北京国际美术双年展，《暴雨将至》入选中国姿态一首届中国雕塑大展获新锐奖。

106/ 李占洋，1969 年生于中国吉林长春，1994 年毕业于中国沈阳鲁迅美术学院雕塑系，1999 年毕业于中国北京中央美术学院同等学历硕士研究班，现任教于中国重庆四川美术学院雕塑系。

84/ 李 真，1963 年出生于中国台湾云林，20 世纪 80 年代初起师从谢栋梁老师学习现代雕塑，现生活工作在中国台湾。2007 年参加第 52 届威尼斯双年展，2008 年参加举办“寻找精神的空间”大型个展，2008 年举办“神魄”系列展览。

181/ 李松涛，1985 年出生，2008 年毕业于东北师范大学美术学院。2008 年作品《呆若木鸡》参加全国艺术院校毕业生优秀雕塑作品展，获郑可奖。

176/ 李渊博，1980 年出生，2008 年毕业于中央美术学院雕塑系。2008 年作品《都市夜系列》参加全国艺术院校毕业生优秀雕塑作品展，获梁明诚奖。

34/ 李先海，1955 年出生，现为自由艺术家。2007 年参加泛雕塑艺术展，2007 年参加中国木雕大赛获金奖，2008 年作品《小川戏》参加第 9 届全国美展，获优秀奖，2008 年参加北京奥运景观城市雕塑巡展。

91/ 林 岗，1967 年生于广东，1985 年在浙江美术学院雕塑系学习，1990 年工作于杭州市雕塑工作室。2008 年作品《对歌》参加厦门首届中国雕塑大赛，2008 年作品《八月赞歌》入选第 29 届奥林匹克美术大会，2008 年作品《少女》参加长春国际雕塑邀请展。

92/ 林乐成，1954年出生，1982年毕业于中央工艺美术学院染织美术系，获学士学位，1993年格鲁吉亚第比利斯美术学院访问学者，1996年法国巴黎国际艺术城进修学习，现任清华大学美术学院教授。

70/ 林天苗，1961年生于中国山西太原，1984年毕业于首都师范大学美术系，1989年毕业于纽约艺术家联盟学院，现居中国北京。2008年参加“妈的”林天苗装置作品展。

122/ 林胜煌，1972年出生。2008年参加阿联酋迪拜国际雕刻艺术节，2008年参加土耳其伊斯坦布尔雕刻双年展，2008年参加中日韩现代美术交流展，2007年参加中国台湾花莲国际石雕艺术展。

162/ 黎 薇，1981年生于北京，2007年毕业于中央美院雕塑系第三工作室，获学士学位，现工作生活于北京。2007年 毕业创作作品获“2007全国高校毕业生优秀雕塑作品展”，获优秀奖。

158/ 刘宝亮，1980年生于辽宁省沈阳市辽中县，2007年毕业于中央美术学院雕塑系。2007年作品《藏》《窥视》《青春期》《偷窥》获中央美术学院年度优秀作品奖，2007年作品《藏》《窥视》《青春期》《偷窥》参加ART北京·上海艺术博览会，2008年作品《小李》《自拍》参加CIGE展览，《神话》《禁区》参加ART北京展览。

161/ 刘 强，1981年出生，2005年毕业于鲁迅美术学院雕塑系，获学士学位，2005年毕业于四川美术学院雕塑系，获硕士学位，现工作于西南大学美术学院雕塑系。2007年作品《积》入选“海峡两岸艺术种子交流计划”展，2007年作品《旷野回音》入选四川美术学院108艺馆首展，2008年作品《23时59分59秒》获“曾竹韶奖学金”，2008年作品《天上人间》《life》参加“中间视界”——2008两岸当代艺术交流展。

145/ 刘若望，1977年 生于陕西佳县，2005年毕业于中央美院助教研究生课程班，现为职业艺术家。2007年参加2007当代雕塑开放展，2007年参加韩国东崇美术馆雕塑个展，2008年参加2008亚洲当代艺术展，2008年参加“未来天空——中国当代青年艺术家提名展”。

12/ 刘万琪，1935年生于四川省新津县，1956年四川美术学院毕业，1959年考入中央美术学院雕塑研究班，师从刘开渠、付天仇、钱绍武，现任中国美术家协会会员，中国工艺美术学会雕塑专业委员会会员，贵州大学艺术学院教授，硕士生导师，获国务院有突出贡献专家津贴。2008年举办刘万琪雕塑展。

31/ 刘炳南，1954年生于湖北孝感，毕业于湖北美术学院雕塑专业，进修于广州美术学院城市雕塑专业；曾工作于湖北甲级城市规划研究院环境艺术研究室，高级工程师，1992年毕业于广州美术学院雕塑研究生班，现为广州市楚汉园林雕塑有限公司法人代表、全国城市雕塑资格雕塑家、中国雕塑专业委员会常委、中国雕塑家学会会员。2007年《力的构成》参加广东新人新作大展，2008年创作的雕塑作品被入选中国首届雕塑大展（大陆、港、澳、台共入选雕塑150件）。

71/ 刘 正，1963年出生于南昌市，1985年毕业于浙江美术学院陶艺专业并留校任教，现为中国美术学院学术委员会委员，中国美术学院公共艺术学院副院长、教授，中国美术家协会会员，中国美术家协会陶艺委员会委员，中国硅酸盐协会陶瓷设计委员会副主任。

142/ 刘 娜，1976年出生，2002年考入天津美术学院服装染织系，纤维造型艺术研究专业研究生，现为天津美术学院教师。2007年纤维艺术作品《生命·怒放》入选首届中国“西部之星”艺术设计大奖赛，获得铜奖，并入选作品集。2008 年纤维艺术作品《生命·无华》入选“‘从洛桑到北京’第 5 届国际纤维艺术双年展”获得铜奖，并入选作品集。

113/ 刘 君，1968 年出生，毕业于苏州大学艺术学院，获学士学位，毕业于武汉理工大学艺术设计学院，获硕士学位,2007 英国南安普敦大学（University of Southampton）访问学者，2008 纤维艺术作品入选第五届“从洛桑到北京”国际纤维艺术双年展获银奖。

205/ 刘·穆诗，1946 年生于荷兰阿姆斯特丹，毕业于荷兰阿墨斯福特美术学院，曾在阿姆斯特丹、乌特列支等地的美术学院任教。1981 年，他移居法国南部，专心创作、绘画及写作。在夏季，他与合作伙伴丁尼克·德克森女士组织美术创作培训班，他曾在泰国的曼谷、普吉岛、清迈教授美术。他的作品曾在荷兰、法国、德国、泰国、美国、中国及其它一些国家美术馆展出。

163/ 柳 青，1982 年生于湖南省湘潭市，2001 年毕业于中央美院附中,2006 年毕业于中央美术学院雕塑系，获学士学位,2006 年进入中央美术学院雕塑系攻读硕士学位。 2007 年参加第三届宋庄艺术节“人·社会·自然”雕塑邀请展，2007 年作品《母亲》参加全国建军八十周年美展，获三等奖，2008 年参加首届中国雕塑大展，获中国雕塑艺术大奖，2008 年作品《外公外婆》参加中央美院第 6 届学院之光优秀作品提名展，获提名奖。

69/ 吕品昌，1962 年出生于江西，1982 年毕业于景德镇陶瓷学院雕塑系，1983 年中国美术学院雕塑系结业，1988 年研究生毕业获硕士学位。现任中央美术学院雕塑系常务副主任、教授、硕土生导师，全国城市雕塑指导委员会艺委会副主任，中国雕塑学会常务理事，中国美术家协会陶艺委会委员秘书长，《中国陶艺家》杂志副主编。2007 年参加“土与火的礼赞”——中国陶艺展，2007 年参加“东方”——中韩当代艺术展，2008 年参加中国姿态·中国雕塑大展，2008 年参加广东当代雕塑邀请展。

23/ 吕胜中，1952 年生于山东省平度县大鱼脊山村，1978 年毕业于山东师范大学艺术系美术专业，1987 年毕业于中央美术学院，获硕士学位，现任中央美术学院教授。2007 年参加“降吉祥”——吕胜中作品展，2008 年参加“沉积”——新东方精神展。

80/ 吕 军，1965 年 6 月 12 日生于西安。1989 年毕业于西安美术学院雕塑系，中国工艺美术家学会雕塑专业委员会委员公共艺术部副主任，中国民主同盟深圳市委盟员，艺术委员会委员，深圳市美术家协会会员，1996 年创办深圳市天嘉艺术有限公司，成为自由雕塑家、艺术家。2003 年作品《色彩的延续》《都市情结》参展于比利时中国艺术家大展，2007 年《男人与鸟·女人与鸟》作品参加了在深圳举办的“第 8 届中国雕刻艺术节“汉玉杯”雕刻大赛”，荣获三等奖。2007 年参加了在上海举行的“2007 年泛雕塑艺术展”《少女系列》荣获优秀奖。2008 年《欢乐时光》参加广州“转型·建构”——2008 首届广东雕塑大展。

110/ 罗小平，1960 年 7 月出生，1987 年毕业于景德镇陶瓷学院雕塑专业，获学士学位，曾任教于上海同济大学、美国亚利桑那州菲尼克斯梅萨公共学院，现任教中国美术学院上海设计学院。

51/ 梁 好，1960 年出生，1985 年毕业于中央美术学院雕塑系，获学士学位，1989 年毕业于克兰布鲁可艺术学院雕塑系，获硕士学位，现任中央美术学院客座副教授。

197/ 雷斯托·伊莫能，生于芬兰，拉普兰大学雕塑教授。1989-2008 年之间在芬兰、瑞典、澳大利亚等各地举办过个展，并于 1991-2008 年之间参加了大量芬兰、瑞典、挪威、俄罗斯、法国、意大利、中国等国家的邀请展和创作营。

M

3/ 马改户，1928 生于陕西彬县。1953 年毕业于西北艺术学院美术系，1958 年毕业于中央美术学院雕塑训练班，现为西安美术学院教授，全国城市雕塑艺术委员会委员，全国雕塑学会委员和陕西省城市雕塑艺术委员会委员。

169/ 马景仁，1986 年出生于广东省湛江市。2004 年考入广州美术学院雕塑系，2007 年成立蚂蚁艺术团体,是其主要成员之一。2007 年参加“村中城”——综合材料雕塑展，2007 年参加“蚂蚁第一回展”，2008 年参加首届中国雕塑大展，2008 年参加“九月坐标”——当代青年艺术展。

124/ 牟柏岩，1976 年生于中国山东，1997 毕业于中国中央美术学院附中，2002 毕业于中国中央美术学院雕塑系，2005 毕业于中国中央美术学院雕塑系，获硕士学位，现为中央美术学院雕塑系教师。2007 年举办“胖子”——牟柏岩雕塑个展，2008 年参加“源”——第 1 届月亮河当代艺术馆雕塑艺术节。

211/ Marcelo · Wong，生于秘鲁，毕业于秘鲁天主教大学，现为职业艺术家。2007 年参加第 1 届德黑兰国际雕塑研讨会。2008 年“Tiawuanaku”雕塑双年展。

N

164/ 牛　淼，2007 年毕业于中央美术学院雕塑系，现生活居住于北京。2007 年参加“失重 · 消费时代的大都会文化当代艺术展”，2007 年作品《产物系列》获今日美术馆全国大学生提名奖铜奖,作品被中央美术学院美术馆及今日美术馆收藏，2008 年参加“源：第 1 届月亮河当代艺术馆雕塑艺术节”。

P

135/ 潘　松，1972 年出生于安徽。1993 年考入中央工艺美术学院装饰雕塑本科，1998 年考入清华大学美术学院雕塑系（原中央工艺美院）攻读雕塑硕士学位。现任教于北京服装学院造型艺术系装饰雕塑专业，副教授，中国雕塑学会理事,中国雕塑学会艺术创作部部长，中国北京 2008 国际雕塑特别邀请展作品监制小组委员，中国美术家协会会员，北京市美术家协会会员。2007 年参加“雕塑与城市的对话—— 2007 上海国际年度雕塑展”，2007 年参加“北京奥林匹克艺术之梦”—— 2007 北京国际城市雕塑艺术展，2008 年参加“中国姿态”首届中国雕塑大展。

186/ 朴石元，1941 年生于韩国庆南镇海，1964 年毕业于弘益大学校美术大学雕塑科，1975 年毕业于弘益大学校大学院雕塑科。

Q

38/ 钱步辉，1956 年出生，现为中国雕塑学会会员，中国工艺美术学会雕塑专业委员会会员，安徽省城市雕塑评审委员会评委。2007 年作品《花鼓女系列 -1》入选第 8 届深圳“汉玉杯”国际石刻大奖赛并获二等奖，2008 年作品《影子系列 - 蹴鞠》入选 2008 北京奥林匹克公园，2008 年作品《花鼓女系列 -3》参加探索 · 创新——中国中青年雕塑家作品邀请展。

2/ 钱绍武，1928 年出生于江苏无锡，雕塑家、画家、书法家，长期从事美术教育和美术理论工作，曾任国家教育委员会委员和北京市人民政府专业顾问，现为中央美术学院教授、学术委员会常设小组成员，中国工艺美术学会雕塑委员会会长，中国城市雕塑全国艺术委员会常委，中国美术家协会雕塑委员会委员。

55/ 秦　红，1960年生于江苏常州，1990年结业于中国美协城市雕塑研究班，现任常州灵叶雕塑工作室总设计师。2007年作品《玫瑰花语系列之六》入选首届中国职业雕塑家作品联展，2007年作品《玫瑰花语》参加“上海泛雕塑展”，获优秀作品奖，2008年作品《花之语》参加第九届中国工艺美术大师作品展，获精品奖优秀奖。

147/ 邱启敬，1979年生于福建福州，1999年毕业于福州市工艺美术学院，2005年毕业于中央美术学院雕塑系，现任中国工艺美术学会雕塑专业委员会会员，中国寿山石研究会常务理事，中国宝玉石协会会员。2008年举办“孪生”雕塑个展，2008年举办“大迁徙之‘双城记’”——地景装置事件当代艺术展。

104/ 邱志杰，1969年生于福建省漳州市，1992年毕业于浙江美术学院版画系，现任中国美术学院综合艺术系副教授，中国美术学院展示文化研究中心副主任，现生活居住在北京和杭州。2008年举办个展“南京长江大桥自杀现象干预计划一：庄子的镇静剂”，2008年举办个展“南京长江大桥自杀现象干预计划二：大桥、南京、天下”。

107/ 瞿广慈，1969年生于上海，1994毕业于中央美术学院雕塑系，1997年获得硕士研究生学位，现居住及工作于上海。2007年举办“集体主义”——广慈作品2005-2007展览，2007年参加“最后的晚餐”展览，2008年参加“反刍”展览，2008年参加“The Power”展览。

121/ 曲英佐，1970生于黑龙江，1990年毕业于鲁迅美术学院雕塑系，获学士学位，2000年毕业于鲁迅美术学院雕塑系，获硕士学位，现任教于鲁迅美术学院雕塑系。2008年举办曲英佐雕塑展，2008年参加“Sky”——红色空间开幕首展。

179/ 亓星光，1985年出生，2008年毕业于清华大学美术学院雕塑系。2008年作品《新中国第一代》参加全国艺术院校毕业生优秀雕塑作品展，获刘开渠奖。

R

143/ 任雪梅，1977年出生于贵州，2003年毕业于云南艺术学院，2008年毕业于华东理工大学，获硕士学位，2003-2005年任教于云南艺术学院，2005至今江苏大学艺术学院教师。2008年作品《爱滋林系列作品——（盆栽）》入选“中国姿态”首届中国雕塑大展，获青年新锐奖。

165/ 任　哲，1983年生于北京，毕业于清华大学美术学院雕塑系获学士学位，现为中国雕塑学会会员。2007年参加“韩国青州国际双年展”，2007年参加“雕塑与城市的对话”——上海国际雕塑年度展，2008年参加“2008北京798艺术节”，2008年参加“互动时代”——中国雕塑学会艺术交流中心开幕展。

29/ 任光辉，1967年出生，清华大学美术学院艺术硕士，现任中国美术家协会会员，中国工艺美术学会理事，中国工艺美术学会纤维艺术专业委员会副秘书长，中国壁画学会会员，清华大学美术学院纤维艺术研究所课题组成员有突出贡献的中青年专家。

190/ Robert · Ward，1949年生于英国，1973年毕业于纽卡斯尔大学，1975年艺术硕士毕业。

S

156/ 沙 泉，1980年出生，2004年毕业于鲁迅美术学院雕塑系，获学士学位，2007年毕业于鲁迅美术学院，获硕士学位，现任鲁迅美术学院雕塑系教师。2007年作品《尘埃》获第二届毕业生作品展"学术奖"。并被学院收藏。2007年作品《IN THE END》获鲁迅美术学院优秀作品奖，并被收藏。

171/ 沙伟臣，1982年生于辽宁省抚顺市，2008年毕业于中央美术学院雕塑系本科，现生活于北京。2007年举办"飞行道具"——沙伟臣个展，2007年参加"刷新中国青年艺术家"展览，2008年参加中央美术学院雕塑系毕业生作品展，获二等奖，2008年参选"曾竹韶雕塑艺术奖学金"获曾竹韶奖。

63/ 尚晓峰，1961年生于北京，1985年毕业于中国中央美术学院雕塑系，获文学学士学位，1994年获墨尔本大学维多利亚艺术学院硕士学位，现为中央美术学院雕塑系教授。2007年作品展览于中央美术学院通道画廊。

95/ 申红飚，1968年生于沈阳市，1993年毕业于鲁迅美术学院雕塑系，获学士学位，1995年毕业于中央美术学院硕士研究班，2001年毕业于法国索邦大学造型艺术系，获硕士学位，2001年攻读法国索邦大学造型艺术系，获博士学位，现任中央美术学院雕塑系教师、中国雕塑学会会员、联合国教科文组织造型艺术协会会员、国际蒙古呼麦协会会员。

26/ 师进滇，1952年出生，现生活工作于北京。2007年"花园中的中国"师进滇个人作品展在法国艾克斯展览，2008年"艺术新加坡2008" 在新加坡展览，2008年"夏季收藏展" 在美国芝加哥安德鲁画廊展览。

20/ 施 惠，1955年出生于上海市，1978年就读于浙江美术学院工艺系（今中国美术学院），1982年毕业于浙江美术学院工艺系染织专业，获学士学位，现任中国美术学院雕塑系教授,纤维与空间艺术工作室学术主持，中国美术学院学术委员会委员，中国美术家协会会员，中国雕塑学会理事。2007年参加"马爹利非凡艺术人物获奖"展，2008年参加"五谷杂粮"——中国当代艺术展。

35/ 石 村，1955年出生，1975年毕业于西安美术学院雕塑系，1987年毕业于西安美术学院，获硕士学位并留校任教，现任西安美术学院雕塑教授 、硕士生导师，中国美术家协会会员，中国雕塑学会会员，中国雕塑专业委员会副主任。

105/ 史金淞，1969年生于中国湖北当阳，1994年毕业于湖北美术学院，现生活、工作于武汉、北京。

140/ 史钟颖，1975年生于云南，1999年毕业于中央美术学院雕塑系，获学士学位，1999~2004 任教于河北大学艺术学院，2004年中央美术学院雕塑系研究生，现生活居住于北京。

88/ 宋 冬，1966年生于北京，1989年毕业于首都师范大学美术系，现生活和工作在北京。

168/ 宋 达，1981年出生于辽宁省沈阳市，2004年毕业于沈阳工业大学艺术设计系 获学士学位，2006年至今鲁迅美术学院视觉传达设计系装饰专业在读研究生，2002-2005年任职于亚洲香港美吉蓝健康食品有限公司，广告部设计师，2006年沈阳思诺计算机学校平面设计部教师。2008年设计作品《飞天舞 · 敦煌情》荣获中国首届GSSP（金曦奖）国际设计金奖"特别创意奖"。2008年作品《源 · 素》入选从洛桑到北京第五届国际纤维艺术双年展。

37/ 隋建国，1956 年生于中国山东省青岛市，现为中央美术学院雕塑系主任、教授。2008 年举办个展“公共化的个人痕迹”，2008 年举办个展“倾斜的桃花源”。

9/ 孙家钵，1940 年出生于北京，1980 年中央美术学院雕塑系研究生毕业，1980 年至今任教于中央美术学院雕塑系，现任中央美术学院学术委员会委员、中央美术学院雕塑系第一工作室导师、博士生导师。

150/ 孙龙本，1970 年出生，1995 年毕业于山东工艺美术学院环艺系雕塑专业，获学士学位，1995 年分配临沂师范学院美术学院工作，1998~1999 年就读于中央美术学院雕塑系助教进修班，2006 年毕业于俄罗斯圣彼得堡列宾美术学院雕塑系，获硕士学位，2006 年于俄罗斯国立穆西娜工艺美术学院，攻读雕塑学博士学位，现为中国工艺美术学会雕塑专业委员会会员，俄罗斯美术家协会艺术理论委员会会员，持全国城市雕塑管理委员会颁发的《城市雕塑设计创作资格证书》。

92/ 孙　艺，1967 年生，1989 年毕业与中央工艺美术学院，现从事木雕创作。

196/ 松尾光伸，1943 年生于日本熊本，1970 年毕业于东京艺术大学美术系，1980~1981 年日本文化厅艺术家在外研修员，美国哈佛大学客员艺术家，1998~2000 年日本基础造形学会会长，2000~2006 年亚洲基础造形学会事务局局长。

T

139/ 谭　勋，1974 年生于河北保定，1993 年毕业于河北工艺美术学校，1997 年毕业于天津美术学院雕塑系并留校任教，2000 年毕业于中央美术学院雕塑系研究生学历班，2001 年结业于中央美术学院高级雕塑材料研修班，现任天津美术学院雕塑系副主任、中国雕塑学会会员、中国工艺美术学会雕塑专业委员会会员。

6/ 田金铎，1932 年生于河北束鹿，1955 年入鲁迅美术学院雕塑系，毕业后留校任教，1963 年结业于中央美术学院雕塑研究班，历任雕塑系副主任、主任，雕塑系教授。

8/ 田世信，1941 年生于北京，1964 年毕业于北京艺术学院美术系预科及本科，学习绘画及雕塑，1964 年大学毕业分配至贵州省清镇县一中任教，1978 年调至贵州艺术专科学校任教，后调任中央美术学院。2007 年参加“和而不同”——中国当代雕塑提名展，并获“学术奖”，2008 年参加北京全国廉政文化大型绘画书法展，2008 年参加“中国姿态”首届中国雕塑大展。

212/ 田钟武，毕业于东国大学艺术学院雕塑专业，曾任东国大学、江原大学、忠南大学教师，现为韩国美术协会公共美术委员韩国雕刻家协会监察。

206/ 田中等，日本雕塑家。

V

208/ Vladimir · zbynovsky，1964 年出生于斯洛伐克的布拉迪斯拉发，1980~1984 年在布拉迪斯拉发装饰艺术学院致力于石头艺术创作，1985~1991 年在布拉迪斯拉发美术学院完成学业，1991 年获得文凭，并开始专攻玻璃艺术，1993 年定居法国。

W

54/ 王 中，1963年生于北京，1988年毕业于中央美术学院雕塑系，现为中央美术学院城市设计学院副院长、城市形象设计学部主任、副教授，硕士研究生导师，北京市人民政府专家顾问团顾问，中国雕塑学会常务理事、副秘书长,全国城市雕塑艺术委员会委员。

43/ 王 度，1956年出生于武汉，1990年起生活和工作于巴黎，1985~1990 华南理工大学建筑设计研究院工作，1990 移居巴黎，现生活工作在巴黎。

126/ 王 芃，1971年生于北京。1991年毕业于北京工艺美术学校，1998年毕业于中央美术学院，2007年参加“和而不同”雕塑提名展，2007年参加“中国气氛”雕塑提名展。

48/ 王少军，1959年生于中国天津，1982年毕业于中央美术学院雕塑系学习，获学士学位。1982~1998年在河北画院从事专业雕塑创作。1998年至今在中央美术学院雕塑系任教，现为中央美术学院教授、硕士研究生导师、雕塑系副主任，全国城市雕塑建设指导委员会艺术委员会委员，中国雕塑学会常务理事、副秘书长，北京市美术家协会雕塑艺术委员会委员。2007年参加“我雕故我在”——2007成都首届中国职业雕塑家作品联展，2008年参加“转型·建构”——2008首届广东雕塑大展。

30/ 王小蕙，1954年出生于上海，1971年就职于上海工艺美术厂学习海派木雕艺术，1976年就学于中央工艺美术学院特艺系，1999年就学于中央工艺美术学院绘画研究生班，现任教于清华大学美术学院雕塑系，中国雕塑学会会员，中国工艺美术学会雕塑专业委员会会员。

61/ 王志刚，1961年生于兰州市，1982年毕业于西安美术学院雕塑系，现为西安美术学院教授、雕塑系副主任，中国美术家协会会员，中国雕塑学会会员。

170/ 王臻达，2007年毕业于中央美术学院雕塑系，2007年作品《Yang Xiaohu》获得第5届法国Une国际雕塑大赛评审团大奖。

166/ 王轶男，2007年毕业于清华大学美术学院，2007年获第2届全国高校毕业生优秀雕塑作品展学术奖。

173/ 王 超，2007年毕业于东北师范大学美术学院，2007年获第2届全国高校毕业生优秀雕塑作品展学术奖。

182/ 王亚楠，1983年出生，2008年毕业于鲁迅美术学院。2008年作品《童年》参加全国艺术院校毕业生优秀雕塑作品展，获田金铎奖。

175/ 王国强，1981年出生，2008年毕业于中央美术学院雕塑系。2008年作品《红楼故事 - 丫鬟》参加全国艺术院校毕业生优秀雕塑作品展，获钱绍武奖。

174/ 王 君，1982年出生，2008年毕业于中央美术学院雕塑系。2008年作品《少女系列》参加全国艺术院校毕业生优秀雕塑作品展，获王卓予奖。

102/ 王瑞青，生于1969年，现为清华大学美术学院研究生。2007年王瑞青艺术作品展，中国济南，2008年“人像与神像”王瑞青中国艺术作品展，德国柏林。

77/ 魏 华，1963年生于湖南张家界，1989年毕业于广州美术学院雕塑系，现任职广州美术学院。2007年广东首届陶艺大展，广州美院大学城美术馆；泛雕塑艺术展，上海世贸大厦，2008 年参加三国演义·中日韩现代陶艺新世代交流展，2008 年参加亚洲当代艺术展。

46/ 魏小明，1957 年出生于广西北海，1982 年毕业于中央工艺美术学院，现为清华大学美术学院雕塑系教授。2008 年作品《奥林匹克风》及《风采》完成并分别安放于国家大剧院及国家奥林匹克中心区。

132/ 吴 彤，1973 年生于沈阳，2001 年毕业于鲁迅美术学院雕塑系，2003 年鲁迅美术学院雕塑系任教，2007 年获鲁迅美术学院雕塑系艺术，硕士学位，现任教于鲁迅美术学院雕塑系。

68/ 吴为山，1962 年生于江苏东台市，1987 年毕业于南京师范大学美术系并留校任教，后任雕塑教研室主任，现任中国民主同盟中央委员会委员，英国皇家雕塑家协会成员，欧洲陶艺工作中心理事，中国美术家协会会员，中国雕塑学会常务理事，南京大学美术研究院院长，南京大学雕塑艺术研究所所长，南京大学教授，中国艺术研究院中国雕塑院院长。

44/ 吴雅琳，1956 年出生于广东省汕头市，1993 年任广州美术学院雕塑系副教授，现为硕士生导师，教研室负责人。

83/ 吴永平，1967 年生于浙江，毕业于中央美术学院雕塑系,获硕士学位,现任教于中央美术学院，中国美术家协会会员,中国雕塑学会会员,副教授。2007 年参加第 3 届为座而设计展暨三十把椅子展，2007 年参加上海泛雕塑展，2008 年举办童年印记“新江湖——x 年 x 月我们 x 岁”个展，2008 年举办“一千年时间和距离”雕塑个展。

X

119/ 夏 航，1978 年生于辽宁沈阳 2002 年毕业于鲁迅美术学院，获学士学位，现于中央美术学院雕塑系，硕士在读。2007 年参加“妄想国：中国新生代艺术”展览，2008 年举办请勿触摸：夏航雕塑个展，2008 年参加中国国际画廊博览会。

58/ 夏和兴，1956 年生于江苏江阴，毕业于景德镇陶瓷学院美术系雕塑专业，现为中国雕塑学会会员，中国工艺雕塑学会副秘书长，现任深圳雕塑院副院长。2007 年作品《江湖水》参加深圳第 2 届国际建筑双年展，2007 年作品《杆秤之三》参加全国雕塑家作品联展，2008 年作品《杆秤之四》参加第 4 届中国宋庄文化艺术节，2008 年参加第 3 届西湖国际雕塑邀请展。

99/ 向 京，1968 年生于北京，1988 年毕业于中央美术学院附中，1995 年毕业于中央美术学院雕塑系，获学士学位，现工作生活在上海。2007 年参加“一百个人演奏你？还是一个人？”展览，2007 年参加“中国·面对现实”展览，2008 年举办全裸——向京 2006~2007 作品亚洲巡展，2008 年参加“人民·中国”——20 世纪中国美术中的人本主义。

16/ 项金国，1950 年生于湖北，1977 年入湖北艺术学院美术系学习雕塑专业，1980 年入四川美术学院跟随叶毓山先生学习研究生课程，现为湖北美术学院教授，雕塑系主任，中国美术家协会会员，中国雕塑学会理事，全国城市雕塑建设指导委员会委员，中国工艺美术学会雕塑专业委员会副主任委员。2007 年作品《焦灼的形态之二》入选“和而不同”中国当代雕塑提名展，2007 年作品《火红年代的记忆》入选迎世博 2007 上海国际雕塑年度展，2008 年作品《梅花桩》入选 2008 奥运景观雕塑方案征集大赛，获优秀奖，2008 年作品《江城印象》入选“转型·建构”雕塑大展。

159/ 项　一，1981年出生于湖北，2006年毕业于湖北美术学院雕塑系，2007年 入湖北美术学院攻读雕塑材料语言硕士研究生，现为中国雕塑学会会员。2007年作品《等待救赎》参加首届中国职业雕塑家联展，2007年作品《虐猫》参加上海“泛雕塑”艺术博览会，2008年作品《宅男》参加“探索·创新”——中国中青年雕塑家邀请展，2008年作品《救命》入选中国姿态——首届中国雕塑大展，获中国雕塑青年新锐奖。

128/ 萧　泰，1970年出生于上海，先后获得华东师范大学美术教育专业学士学位，上海大学美术学院玻璃艺术专业硕士学位，长期从事视觉艺术设计与玻璃艺术创作，现执教于上海第二工业大学艺术设计学院琉璃工作室，高级工艺美术师。2008年作品《BC系列》入选2008中英国际玻璃艺术展，2008年作品《合器系列》入选中国当代手工艺展。

21/ 徐　冰，1955年生于中国重庆，1987年毕业于中央美术学院，获艺术硕士学位，现居北京，任中央美术学院副院长。

160/ 徐　升，1986出生于大连,2006年考入中央美术学院,至今就读于中央美术学院雕塑系四工作室。

188/ 绪方良信，日本，1971到1975年就读于意大利国立美术学院，2007年乌迪内克鲁莎艺术画廊展，2008年参加北京奥林匹克公园活动。

75/ 许鸿飞，1963年生于广东阳江市，1990年毕业于广州美术学院雕塑系，现任广州雕塑院副院长，中国工艺美术学会雕塑专业委员会会员。

79/ 许正龙，1963年生于江西上饶，1985年学士毕业于景德镇陶瓷学院，1991年硕士毕业于中央工艺美术学院，2001年博士毕业于清华大学美术学院，现为清华大学美术学院雕塑系副教授、博士、硕导。2007年参加何去何从——中国当代艺术展，2007年参加韩国中央大学-中国清华美院教授作品交流展，2008年参加记录历史——中国美术家代表作品邀请展，2008年参加中瑞双城互动——中国当代雕塑艺术展。

97/ 薛　中，1968年出生于武汉，1986年考入中国美术学院雕塑系，1987年公派留学前苏联，1988年入莫斯科国立苏里科夫美术学院学习雕塑，1990年入邦达连柯工作室。现任教于中国美术学院、副教授，浙江省雕塑家学会会员，中国雕塑学会会员。

183/ 肖祥红，1982年出生，2008年毕业于景德镇陶瓷学院。2008年作品《胸纳百川》参加全国艺术院校毕业生优秀雕塑作品展，获陈启南奖。

Y

52/ 杨奉琛，1955年生于中国台湾，1976年毕业于“国立”艺术专科学校雕塑科，2009年肆业于“国立”台湾师范大学设计研究所，现任台湾雕塑学会会长，杨英风艺术教育基金会执行长，杨英风美术馆馆长。2008年参加台灣生命力2008雕塑大展，2007年在台北首都艺术中心举办“内敛与外放”——楊奉琛雕塑首展”。

151/ 杨　松，1978年出生，2000年7月毕业于天津美术学院雕塑系，同年进入海潮出版社，任美术编辑。2005年参加曲阳石刻节大赛，其作品《杨琼》获石雕三等奖。另有多件作品参展或发表。

11/ 姚永康，1942年出生于江西南昌，1966年毕业于景德镇陶瓷学院美术系，现任陶瓷学院教授，硕士研究生导师，中国美术家协会会员，江西省雕塑艺术委员会主任，高岭陶艺协会会长，国务院享受政府特殊津贴的专家。

5/ 叶毓山，1935年出生于中国四川省德阳市，1956年毕业于四川美术学院，1963年毕业于中央美术学院雕塑研究生班，历任四川美术学院副院长、教授，四川美术学院院长，四川省文化厅艺术委员会主任，四川省美术家协会名誉主席，全国城市雕塑艺术委员会常务理事，全国第八届人民代表大会代表，国家级有突出贡献专家。

199/ 叶迪兹·戈娜·图汗（YILDIZ GUNER TURHAN），1972年生于土耳其伊斯坦布尔，毕业于迈玛西娜美术大学雕塑系。硕士期间致力于创作玩具系列作品，博士期间致力于研究“面具”系列作品。在2002-2003年期间，或中国政府留学生助学金，并在中央美院吕品昌工作室学习。目前任教于迈玛西娜美术大学雕塑系。

76/ 殷小烽，1963年生于长春市，1988年毕业于鲁迅美术学院雕塑系，获学士学位，1988年毕业任教于东北师范大学美术学院雕塑系，至今为东北师范大学美术学院院长、教授、博士研究生导师。2007年水彩作品《中国嬷嬷人》获第8届全国水彩、粉画作品展，中国美术大奖2007年作品《修复嬷嬷人》参加2007泛雕塑艺术展，2008年大型木雕作品《修复嬷嬷人》特邀参加2008奥运场馆雕塑，2008年作品《嬷嬷》特邀参加“中国姿态”首届中国雕塑大展。

78/ 尹秀珍，1963年生于北京，1989年毕业于首都师范大学美术系获学士学位，现在北京生活和工作，为职业艺术家。

90/ 于 凡，1966年生于中国青岛，1988年毕业于山东艺术学院美术系，获学士学位，1992年毕业于中央美术学院雕塑系，获硕士学位，工作居住于北京。2007年参加天行健——中国当代艺术前沿展，2008年参加上海双年展，2008年参加“移花接木”——中国当代艺术中的后现代方式。

45/ 于小平，1957年出生于安徽芜湖，1978年考入浙江美术学院雕塑系，1988年湖北美术学院雕塑专业研究生毕业，获硕士学位，现为中国美术学院公共艺术学院副院长、教授、研究生导师，中国美术家协会会员，中国雕塑学会会员，中国工艺美术学会雕塑专业委员会副秘书长。2007年应邀参加“深圳国际石刻艺术大赛”，2007年参加“首届中国职业雕塑家联展”，2008年应邀参加2008广东雕塑大展。2008年参加探索·创新——中青年雕塑家作品展。

114/ 俞 峥，1968年出生，1988年毕业于福州工艺美术学校（现福州闽江学院）装饰绘画专业，现为自由职业画家。2007年作品《游动的符号》获“从河姆渡走来——第二届2007国际现代漆艺展”二等奖，2008年漆画及漆艺系列参加北京798艺术中心原点重构2008当代漆艺6人展，2008年漆艺《游动的符号（二）》获“2008中国漆器艺术精品展”银奖，2008年漆画及漆艺系列参加北京798中国漆艺术中心“征途漆艺双人展”。

204/ 鱼田元生（Uota Motoo），1945年生于日本东京。1967~2005年间先后在日本东京、德国汉堡、韩国釜山等地举办20余次个人艺术作品展,并参与多次重要国际艺术大展,并多次获得奖项。其作品以高度的原创性和标新立异饮誉国际艺坛。

146/ 喻 高，1971年生于北京，1991年毕业于北京市工艺美术学校环境装饰专业，1996年毕业于中央美术学院雕塑系，1999年毕业于中央美院雕塑系，获硕士学位。2000年至今任教于北京服装学院，2007年参加“和而不同”雕塑展，2007年参加“海蓝”艺术邀请展，2008年举办“庸和”喻高作品展。

60/ 袁 顺，1961年生于上海，旅德艺术家，现生活工作于中国、柏林。2008年举办“软着陆”展览。

213/ 约翰·尼尔森，1979年生于瑞典，1999~2001年在瑞典学习“建筑技术”，2001~2003年就读于瑞典隆德艺术学校，2003~2005年在爱尔兰担任艺术助理，2005年起为职业艺术家，2007年来到中国。

Z

36/ 展　望，1962年生于北京，1981年毕业于北京市工艺美术学校，1988年毕业于中央美术学院雕塑系，1996年毕业于中央美术学院雕塑系研究生课程班，现居北京，任职于中央美术学院雕塑系。2008年举办“点石成金”——展望雕塑个展，2007年参加“能量——身体·物质·精神”今日文献展，2007年参加文脉当代——中国版本——当代艺术展。

10/ 张大生，1943年生于北京，1980年毕业于中央美术学院雕塑系研究生班，现任中央美术学院教授，硕士生导师，中国美术家协会会员。

62/ 张德峰，1961年出生于北京，1989年毕业于中央美术学院雕塑系，获得学士学位，1996年获德国KAAD特别艺术奖学金，并在纽伦堡艺术学院雕塑研究生班学习，现任中央美术学院雕塑系副教授。

86/ 张　峰，1965年生于辽宁沈阳，1988年毕业于鲁迅美术学院雕塑系，获学士学位，同年留校任教2000年毕业于鲁迅美术学院骨干教师进修班雕塑专业，2006年毕业于纽约艺术学院，获硕士学位，现为鲁迅美术学院雕塑系副教授。2007年参加雕塑空间——全国美术学院雕塑家作品展，2007年参加上海国际雕塑年度展，2008年参加“暗伤2008”当代艺术邀请展，2008年参加“走进紫禁诚”当代雕塑邀请展。

28/ 张修竹，1950年生于四川成都，中国美术家协会会员、一级美术师，先后任四川美术出版社画册编室、综合编室、北京出版中心主任，现居北京、成都。参加“中国西部”当代雕塑邀请展，“和而不同”——中国当代雕塑提名展。

64/ 张克端，1960年出生于内蒙古自治区呼和浩特市，1985年毕业于中国美术学院雕塑系，获学士学位，1988~1991年赴法国研修，现为中国美术学院雕塑系副主任、副教授，浙江省雕塑家协会理事。

108/ 张松涛，1969年出生，1993年湖北美术学院雕塑本科毕业。2002年湖北美术学院雕塑研究生毕业，获硕士学位。现任教于湖北美术学院雕塑系。2007年入选和而不同中国中部当代雕塑展，2007年入选雕塑与城市对话上海国际雕塑年度展》，2008年入选中国姿态雕塑展，2008年参加第三届西湖雕塑邀请展。

127/ 张　玮，1971年出生于山东省枣庄市，1993年毕业于山东曲阜师范大学美术系，2003年毕业于中央美术学院雕塑系，现生活工作于北京。2007年参加“和而不同”中国当代雕塑提名展，2007年参加中国当代雕塑精选作品展。

157/ 张湘溪，1980年生于湖南浏阳，2007年毕业于广州美术学院雕塑系。2007年参加第3届连州国际摄影年展，2007年作品《为了忘却的…》参加第2届广东新青年艺术大展获奖，2008年第3届全国青年美展，2008年参加艺术中国——未来天空——中国当代青年艺术家提名展。

138/ 张　新，1976年生于上海，1990年毕业于上海大学美术学院雕塑系，获学士学位，1990年毕业进上海油画雕塑至今，2007年参加“被枪毙的方案”展。

49/ 张永见，1958 年 生于山东，1980 年毕业于济宁师专美术专业，现为职业艺术家。2007 年石雕一组《印花纪》参加“第 3 届中国宋庄艺术节雕塑展”，2007 年木雕一件《蜀都雄起》参加“首届中国职业雕塑家联展”，2008 年参加第 9 届中国雕刻艺术节。

125/ 张 勇，1971 生于北京，1992 毕业于中央美术学院附属中学，1997 毕业于中国美术学院雕塑系，2004 清华美院雕塑研修班，现为职业雕塑家。

131/ 张 雷，1974 年出生，1998 年毕业于哈尔滨师范大学艺术学院，获学士学位，2008 年毕业于清华大学美术学院工艺美术系，获国家首批艺术硕士学位，现任黑龙江大学艺术学院公共艺术设计系主任，中国美术家协会会员、中国工艺美术学会纤维艺术专业委员会常务理事、中国建筑学会会员、中国壁画学会会员。2008 年参加“从洛桑到北京第五届国际纤维艺术双年展”，2008 年参加“中国首届艺术硕士研究生优秀作品展”，2008 年参加“中国当代漆画精品展”。

180/ 张浩光，2007 年毕业于中国美术学院雕塑系，2007 年获第二届全国高校毕业生优秀雕塑作品展学术奖。

177/ 张舒婷，1984 年出生，2008 年毕业于清华大学美术学院雕塑系。2008 年作品《七宗罪》参加全国艺术院校毕业生优秀雕塑作品展，获叶毓山奖。

123/ 赵 磊，1970 年 生于北京，1995 年毕业于中央美术学院雕塑系,获学士学位，现为中国雕塑学会会员；中国工艺美术学会雕塑专业委员会会员，北京美术家协会会员，北京美术家协会雕塑艺术委员会委员，北京市人文空间雕塑研究所副所长，国家三级美术师。2007 年参加“我雕故我在”全国职业雕塑家联展，2007 年参加中国 “雕塑与城市的对话”—— 2007 迎世博，上海国际雕塑年度展，2008 年参加“物界二”艺术作品邀请展，2008 年参加“人文平台——中国当代青年雕塑家试验肖像作品展”。

32/ 赵 莉，1963 年出生，1987 年毕业于清华大学美术学院，现为国家一级美术师，中国美术家协会会员，中国雕塑学会会员。2007 年参加意大利 Nimis 第 7 届国际木雕创作营，2008 年参加中国杭州第 3 届西湖国际雕塑邀请展，2008 年参加北京奥运景观大赛作品展，获优秀作品奖。

168/ 赵慧颖，1983 年出生于辽宁省抚顺市，2006 年毕业于鲁迅美术学院染织服装艺术设计系，获学士学位，2006 年至今鲁迅美术学院染织服装艺术设计系在读硕士研究生，中国流行色协会会员、中国家纺协会注册设计师。2008 年作品《雪域圣火》获中国家纺布艺款式设计大赛“铜奖”，2008 年论文《吉祥图案在现代婚庆家纺中的应用》获中国国际家用纺织品创意设计、论文大赛“优秀论文奖”，2008 年作品《飞天舞 · 敦煌情》获 GSSP（金曦奖）国际设计金奖“特别创意奖”，2008 年作品《源 · 素》入选第五届从洛桑到北京国际纤维艺术双年展。

144/ 郅 敏，1975 年出生，1997 年毕业于中央工艺美术学院，获文学学士学位，2007 年毕业于中央美术学院雕塑系第四工作室，获文学硕士学位，2006~2007 年中央美术学院公派赴美国罗德岛设计学院学习，现为中国艺术研究院中国雕塑院讲师，专职艺术家，联合国教科文 IOV 中国分会青年委员，中国中央美术学院雕塑系客座教师，中国雕塑学会会员。2007 年参加“打开陶艺之门—— 570 英里”2007 中韩现代陶艺家交流展，2007 年参加火与土的赞礼——中国当代陶瓷艺术国际巡回展，2008 年参加中国当代著名艺术家版画巡展，2008 年参加国际陶艺大展（IAC）。

129/ 钟 声，1971 年出生，现任北京工业大学艺术设计学院装饰艺术系专业主任，中国工艺美术协会漆艺专业委员会常务理事。2007 年参加北京大山子艺术区 S.A.Y 艺展机构二人展，2007 年参加第 2 届全国漆画作品展，获优秀奖，2007 年参加青州国际工艺双年展，2007 年参加厦门2007'（中国）漆画展，获优秀奖。

66/ 周晓鸥，1962 年出生于浙江温州，1987 年毕业于中央工艺美术学院，2002 年在杭州师范大学美术学院成立纤维艺术工作室，现任杭州师范大学美术学院院长、硕士生导师、中国工艺美术学会纤维艺术专业委员会常务理事、浙江省国际美术交流协会艺术指导委员会委员。

96/ 朱光宇，1968 年出生，1995 年毕业于东北师范大学美术学院，2005 年毕业于鲁迅美术学院雕塑系，获硕士学位，现鲁迅美术学院雕塑系教师。2007 年作品《当下云》参加“雕塑与城市的对话”上海国际雕塑年度展，2007 年作品《囱阵》参加第 3 届北方雕塑年度展，2007 年参加“泛雕塑”展，2008 年参加“中国姿态”——中国首届雕塑大展。

24/ 朱尚熹，1954 年生于四川达县，1982 年毕业于中央工艺美术学院装饰雕塑专业，现任中国美术家协会雕塑艺术委员会委员，中国雕塑学会常务理事、副秘书长，中国工艺美术学会雕塑专业委员会秘书长，北京美术家协会理事，英国皇家雕塑家协会会员。爱尔兰雕塑家协会会员。北京人文空间雕塑研究所所长，国家一级美术师。

82/ 朱炳仁，1944 年出生，7 岁定居杭州，清同治浙江绍兴“朱氏铜艺”第四代传人，高级工艺美术师，现为杭州市政协委员，浙江朱炳仁铜雕艺术展馆馆长。

172/ 钟康军，2007 年毕业于广州美术学院雕塑系，2007 年获第二届全国高校毕业生优秀雕塑作品展学术奖。

85/ 翟庆喜，1966 年生于黑龙江省哈尔滨市，1990 年毕业留浙江美术学院（现中国美术学院）雕塑系任教，1992 年攻读浙江美术学院首届助教进修班，1998 年毕业于中国美术学院雕塑系在职硕士研究生，1998~1999 年法国巴黎艺术城研修考察，现任中国美术学院雕塑系副主任、副教授、研究生导师，中国雕塑学会会员，浙江省雕塑家协会理事，浙江省环境艺术家协会会员。2007 年作品《少女》参加“雕塑与城市对话”——迎世博 2007 上海国际雕塑年度展，2007 年作品《女子与蛇》参加学院的力量“临风塑质”雕塑展，2008 年作品《驯马者》参加福建省及国际雕塑名家雕塑作品邀请展，2008 年作品《行走》参加 2008 年西湖国际雕塑邀请展。

207/ 郑官谟，1937 年生于韩国大田，1964 毕业于弘益大学校雕塑科，1972 获得美国克兰布鲁克艺术学院硕士学位，1994 获美国北卡罗琳娜依伦大学荣誉博士。曾任韩国美术青年作家会会长、韩国美术协会理事长，现任诚信女子大学校名誉教授。

后记

《中国雕塑年鉴》（2009）终于和读者朋友们见面了。作为编者此时此刻内心却是百感交集。回忆自筹备到出版以来的这段日子，我们要感谢艺术界同仁们的鼎力支持和关爱，以及各界热心人士中肯的建议。

《中国雕塑年鉴》经过十年，已经出版到第五卷，在对前四册进行客观、系统地总结和分析的基础上，我们继续坚持“辩彰学术”的原则，对发生于前两年的重要事件、文献及艺术家的活动进行归纳式整理；与此同时，我们还做了进一步的完善和调整。首先在栏目设定上更加整合精简，推出三大版块“人物”“纪事”“文献”；其次为了更加直观地呈现2007年至2008年度雕塑艺术的发展脉络和增强可读性，在整体编排上以图片为主，文字为辅；再就是为确保年鉴收录资料的学术性和权威性，甄选了国内外具有学术贡献和实验创新精神的优秀艺术家，并根据生活于同一时代雕塑家表现的总体面貌和解决的主要时代课题将它们划分为“体制与艺术：新中国第一代艺术家”“形式与观念：50、60后艺术家”“传统与现代：70后艺术家”“越界与综合：80后新生代”“域外”五类；秉承“简明扼要、突出重点”的原则，文字部分皆以索引方式编辑，以起到工具书之作用。

《中国雕塑年鉴》（2009）已经面市，希望能以此和所有艺术界人士、广大的艺术爱好者共同分享雕塑艺术的发展历程！

中国雕塑年鉴编委会

2009年3月1日

图书在版编目（CIP）数据

中国雕塑年鉴.(2009)／中国雕塑杂志社编.—北京：中国轻工业出版社，2009.4

ISBN 978-7-5019-6912-8

Ⅰ.中… Ⅱ.雕… Ⅲ.雕塑－中国－2009－年鉴 Ⅳ.J305.2-54

中国版本图书馆CIP数据核字（2009）第049303号

责任编辑：刘云辉　毛旭林

责任终审：滕炎福　封面设计：范海民

版式设计：范海民　责任校对：陈　星　责任监印：张　可

出版发行：中国轻工业出版社（北京东长安街6号，邮编：100740）

印刷：杭州星辰印务有限公司

经销：各地新华书店

版次：2009年4月第1版第1次印刷

开本：210mmx285mm　大16开　印张：25

字数：1020千字

书号：ISBN978-7-5019-6912-8　定价：460.00元

读者服务部邮购热线电话：010-66241695　85111729　传真：85111730

发行电话：010-85119845　65128898　传真：85113293

网址：http：//www.chlip.com.cn

Email:club@chlip.com.cn

如发现图书残缺敬请直接与我社读者服务部联系调换

90275K2X101HBW